世界银行贷款中国经济改革促进与能力加强技术援助

保险公司偿付能力监管规则及讲解

中国银行保险监督管理委员会偿付能力监管部 ◎ 编

中国金融出版社

责任编辑：肖丽敏　赵晨子
责任校对：刘　明
责任印制：王效端

图书在版编目（CIP）数据

保险公司偿付能力监管规则及讲解/中国银行保险监督管理委员会偿付能力监管部编.—北京：中国金融出版社，2021.11

ISBN 978 - 7 - 5220 - 1356 - 5

Ⅰ.①保…　Ⅱ.①中…　Ⅲ.①保险公司—理赔—监督管理—研究—中国　Ⅳ.①F842

中国版本图书馆 CIP 数据核字（2021）第 208526 号

保险公司偿付能力监管规则及讲解

BAOXIAN GONGSI CHANGFU NENGLI JIANGUAN GUIZE JI JIANGJIE

出版
发行　**中国金融出版社**

社址　北京市丰台区益泽路 2 号
市场开发部　（010）66024766，63805472，63439533（传真）
网 上 书 店　www.cfph.cn
　　　　　　（010）66024766，63372837（传真）
读者服务部　（010）66070833，62568380
邮编　100071
经销　新华书店
印刷　保利达印务有限公司
尺寸　185 毫米 × 260 毫米
印张　31.75
字数　652 千
版次　2022 年 1 月第 1 版
印次　2024 年 11 月第 3 次印刷
定价　108.00 元
ISBN 978 - 7 - 5220 - 1356 - 5
如出现印装错误本社负责调换　联系电话（010）63263947

编委会

主　编：赵宇龙

副主编：郭　菁

编委会成员：

目　录

附　录

一、中国风险导向的
偿付能力体系整体框架

中国风险导向的偿付能力体系整体框架

一、建设背景和过程

1998 年，中国保监会成立，提出"市场行为监管和偿付能力监管并重"，我国开始探索建立保险偿付能力监管制度。2003—2008 年，在学习借鉴国际经验和不断探索实践的过程中，我国逐步建立起了第一代偿付能力监管制度体系（以下简称偿一代）。偿一代是由偿付能力报告制度、公司内部风险管理制度、财务分析和财务检查制度、适时监管干预制度和破产救济制度（保险保障基金制度）等构成的"五维"偿付能力监管制度体系。偿一代在促进行业建立资本约束理念、防范和化解行业风险方面发挥了重要作用。

随着保险业快速发展和市场化改革不断推进，保险市场风险日益复杂多样，偿一代以规模为导向、风险覆盖不全面、负债评估过于保守等问题日益凸显，难以满足保险业市场化改革和风险防范的需要。2012 年 3 月，中国保监会发布《中国第二代偿付能力监管制度体系建设规划》，启动中国风险导向的偿付能力体系（以下简称偿二代）建设工作。在对偿一代进行全面总结、比较研究国际偿付能力监管主流模式和改革发展方向的基础上，立足我国实际，2013 年 5 月，中国保监会发布了《中国第二代偿付能力监管体系整体框架》，明确了偿二代的顶层设计和主要技术原则。偿二代建设采用开门搞建设的方式，坚持开放、合作的工作机制，充分调动保险行业的力量，经过样本测试、方案测试、参数测试、校准测试四轮定量测试，充分吸收采纳各方意见建议，保证了偿二代的科学性和有效性。2015 年初，中国保监会正式发布偿二代全部主干技术标准共 17 项监管规则及过渡期试运行的方案。经过一年的试运行后，偿二代于 2016 年正式实施。偿二代是我国保险业偿付能力监管的重大改革和升级，在推进保险监管现代化建设、提升行业风险防控能力、促进行业转型升级、增强我国保险市场和保险监管的国际影响力方面发挥了积极作用。

随着我国经济金融形势以及保险经营环境、业务模式和风险特征的不断变化，偿二代实施过程中遇到了一些新情况、新问题，在制度执行中也暴露出一些问题，需要进一步优化调整。2017 年 9 月，中国保监会印发《偿二代二期工程建设方案》，启动偿二代二期工程建设工作，计划用 3 年左右时间对偿二代监管规则进行全面修订和升级，以补齐偿付能力监管制度短板，提高监管的科学性、有效性和全面性。2018 年 3 月，中国银保监会成立后，偿二代二期工程各项工作持续推进。2018 年 5 月发布了《偿二代二期工程建设路线图和时间表》，确立了总体思路，勾画了施工蓝图，明确了建设路径。偿二代二期工程坚持公开透明的工作机制，调动多方专业力量深入研究论证，共同参与建设工作。在开展单个项目定量测试、多轮行业联动定量测试和充分征求各方意见的基础上，中国银保监会于 2021 年 12 月发布《保险公司偿付能力监管规则（Ⅱ）》。

二、总体目标

（一）偿二代的总体目标

2012 年中国保监会建设偿二代时，总体目标有三个：

一是科学全面地计量保险公司面临的风险，使资本要求与风险更相关。

二是建立有效的激励机制，促进保险公司提高风险管理水平，推动保险业实现高质量发展。

三是积极探索适合新兴市场经济体的偿付能力监管模式，为国际偿付能力监管体系建设提供中国经验。

（二）偿二代二期工程的总体目标

2017 年启动的偿二代二期工程建设主要目标有四个：

一是引导保险业回归保障本源。偿付能力监管通过制度机制设计，有效引导保险公司不断优化业务结构，科学发展保障类保险产品，推动保险业更好地回归保障本源。

二是增强保险业服务实体经济能力。完善偿付能力监管标准，引导保险公司专注主业，防止资本无序扩张，促进保险资金更大力度地支持实体经济，提升保险业服务实体经济质效。

三是科学有力防范保险业风险。进一步提高偿付能力监管制度的风险针对性，扩大风险覆盖面，提高风险计量的科学性和有效性，更加科学有效地防范和化解保险业风险。

四是加大加快金融业全面对外开放。不断加强国际监管交流与合作，优化监管环境，提升国际监管合作效果，防范跨市场、跨领域、跨地区交叉性金融风险，推动实现保险业新一轮高水平对外开放，促进金融业全面对外开放。

三、建设原则

（一）风险导向

坚持风险导向，提升偿付能力监管制度体系的风险针对性和敏感性，进一步扩大风险覆盖面，提高风险计量的科学性和风险管理的有效性，更加及时、准确地反映保险机构风险状况。

（二）中国实际

立足中国实际，深刻把握我国处于社会主义初级阶段的基本国情，牢牢立足我国金融保险业发展实际，坚定我国偿付能力监管的道路自信和制度自信，打造既遵循国际惯例又切实符合我国保险市场实际的偿付能力监管标准。

（三）国际可比

坚持国际可比，充分研究国际金融监管改革发展趋势和经验教训，采用以风险为导向的监管理念、符合国际资本监管改革趋势的监管框架和监管标准，提升我国偿付能力监管制度的国际可比性。

四、框架体系

偿二代采用国际通行的三支柱框架（见图1），主要包括第一支柱定量资本要求、第二支柱定性监管要求和第三支柱市场约束机制。

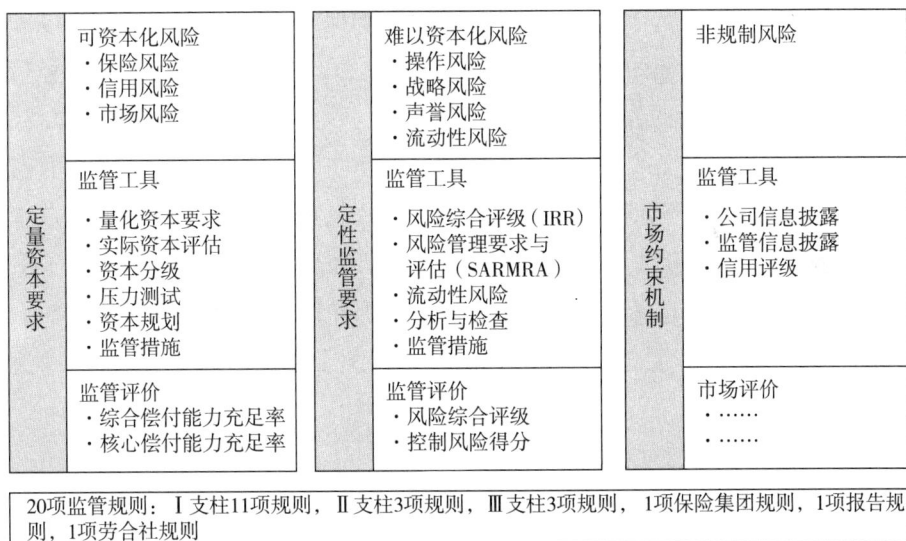

定量资本要求	可资本化风险 ·保险风险 ·信用风险 ·市场风险	定性监管要求	难以资本化风险 ·操作风险 ·战略风险 ·声誉风险 ·流动性风险	市场约束机制	非规制风险
	监管工具 ·量化资本要求 ·实际资本评估 ·资本分级 ·压力测试 ·资本规划 ·监管措施		监管工具 ·风险综合评级（IRR） ·风险管理要求与评估（SARMRA） ·流动性风险 ·分析与检查 ·监管措施		监管工具 ·公司信息披露 ·监管信息披露 ·信用评级
	监管评价 ·综合偿付能力充足率 ·核心偿付能力充足率		监管评价 ·风险综合评级 ·控制风险得分		市场评价 ·…… ·……

20项监管规则：Ⅰ支柱11项规则，Ⅱ支柱3项规则，Ⅲ支柱3项规则，1项保险集团规则，1项报告规则，1项劳合社规则

图1 三支柱监管框架

（一）第一支柱定量资本要求

第一支柱定量资本要求主要防范可资本化风险，包括保险风险、市场风险、信用风险，通过科学地识别和计量各类风险，要求保险公司具备与其风险相适应的资本。在第一支柱中，可资本化风险具备三个特征：一是这些风险是保险公司经营中长期稳定存在的；二是通过现有的技术手段，可以定量识别这些风险的大小；三是这些风险的计量方法和结果是可靠的。

第一支柱定量资本要求有11项监管规则，主要包括六部分内容。一是各类可资本

5

化风险的量化资本要求，具体包括保险风险最低资本要求、市场风险最低资本要求、信用风险最低资本要求等。二是实际资本评估标准，即保险公司资产和负债的评估标准和认可标准。三是资本分级，即对保险公司的实际资本进行分级，明确各级资本的标准。四是压力测试，即保险公司在基本情景和各种压力情景下对其未来一段时间内偿付能力的预测和评价。五是资本规划，即保险公司基于资本充足目标，对资本规模、资本结构、资本来源和运用等进行的计划和安排。六是监管措施，即监管机构对不满足定量资本要求的保险公司，区分不同情形，可采取不同的监管干预措施。

（二）第二支柱定性监管要求

第二支柱定性监管要求是在第一支柱的基础上，进一步防范难以资本化的风险，包括操作风险、战略风险、声誉风险、流动性风险。

第二支柱定性监管要求有 3 项监管规则，主要包括五部分内容。一是风险综合评级（IRR），即监管部门综合第一支柱可资本化风险的定量评价结果和第二支柱难以资本化风险的定性评价，对保险公司总体的偿付能力风险进行全面评估。二是保险公司偿付能力风险管理要求与评估（SARMRA），监管部门明确保险公司风险管理的标准和要求，从制度健全性和遵循有效性两个方面，定期对保险公司的风险管理能力进行监管评估，确定评估得分，反映公司的控制风险，并将监管评分与保险公司的最低资本要求相挂钩，促使保险公司持续提高风险管理能力。三是流动性风险管理，即保险公司应建立健全流动性风险管理体系，开展现金流压力测试，有效识别、计量、监测和控制流动性风险，以保持合理安全的流动性水平。四是非现场分析和现场检查，即对保险公司偿付能力状况进行非现场分析和现场检查，全面监测、识别和评估风险。五是监管措施，即监管部门对不满足定性监管要求的保险公司，区分不同情形，可采取不同的监管干预措施。

（三）第三支柱市场约束机制

第三支柱市场约束机制通过对外信息披露等手段，引导、促进和发挥市场利益相关方的力量，借助市场的约束力，加强对保险公司偿付能力的监管。在第一支柱和第二支柱基础上，第三支柱市场约束机制进一步防范那些依靠常规手段难以防范的风险。其中，市场利益相关方主要包括社会公众、消费者、评级机构、审计机构等。

第三支柱市场约束机制有 3 项监管规则，主要包括三部分内容。一是偿付能力信息公开披露，即规范保险公司向社会公众或利益相关方等信息使用者公开披露偿付能力信息的行为，以持续提升信息透明度，发挥相关方的监督约束作用，增强市场约束力。二是偿付能力信息交流，即通过规范监管部门与市场利益相关方的偿付能力信息交流行为，以强化市场约束机制，有效防范风险。三是保险公司信用评级，通过规范保险公司的信用评级行为，更好地发挥评级机构在风险防范中的作用。

（四）三个支柱的关系

偿二代三个支柱是一个有机整体，在防范风险方面各有侧重。第一支柱是通过定量监管手段，防范可资本化的风险；第二支柱是通过定性监管手段，防范难以资本化的风险；第三支柱是通过信息披露等手段，发挥市场约束力量，可以强化第一支柱和第二支柱的效果，并且更加全面地防范保险公司的各类偿付能力风险。三个支柱相互配合、相互补充、逐层递进，形成完整的风险识别、监测和防范的体系。

（五）其他监管规则

在偿二代监管规则中，保险集团、偿付能力报告和劳合社（中国）三项监管规则涉及三个支柱的所有内容。

保险集团偿付能力监管采用三支柱框架体系，由定量资本要求、定性监管要求和市场约束机制共同组成。第一支柱定量资本要求通过综合考虑保险集团及子公司的可资本化风险，对保险集团的偿付能力充足率进行定量监管；第二支柱定性监管要求通过风险综合评级、偿付能力风险管理要求与评估等强化集团自身的风险管理能力及其对子公司的管理职能；第三支柱市场约束机制通过信息披露要求，提高信息透明度，发挥市场相关方的监督约束作用。保险集团偿付能力监管将保险控股型、非保险控股型及混合型集团都纳入监管范围，从单一法人层面到集团层面再到系统重要性保险集团，三个监管层次逐层递进，实现对保险集团的全面监管，强化对保险集团的监管力度。

偿付能力报告包括偿付能力季度报告、偿付能力季度快报和偿付能力临时报告，形成以偿付能力季度报告为核心的偿付能力报告制度，有利于监管部门对保险业风险早发现、早预警、早处置。

劳合社保险（中国）有限公司是英国劳合社在中国设立的子公司，其主要通过劳合社辛迪加及管理代理公司设立的承保业务部门，在中国开展各类（再）保险业务。结合劳合社中国业务经营模式特点，监管部门按照穿透监管原则，客观反映其风险状况，专门制定劳合社中国监管规则对其进行有针对性的监管评估。

五、技术原则

（一）风险分类

偿二代将保险公司偿付能力风险分为可规制风险和非规制风险（见图2）。可规制风险是在现有技术水平和监管条件下，通过常规手段可以识别、监测和防控的风险。非规制风险是在现有技术水平和监管条件下难以识别、监测和防范的风险。可规制风险包括固有风险、控制风险和系统风险。固有风险是现有的正常的保险行业物质技术条件和生产组织方式下，保险公司在经营和管理活动中必然存在的客观的偿付能力相关风险，包括可资本化风险和难以资本化风险。可资本化风险是指在现有技术水平和条件下，保险公司面临的可量化为最低资本的固有风险，包括保险风险、市场风险和信用风险。难以资本化风险是指在现有技术水平和条件下，保险公司面临的难以量化为最低资本的固有风险，包括操作风险、战略风险、声誉风险和流动性风险。控制风险是指因保险公司内部管理和控制不完善或无效，导致固有风险未被及时识别和控制的偿付能力相关风险。

　　偿二代三支柱框架可以对保险公司各类偿付能力风险进行有效识别、监测和防范。第一支柱定量资本要求和第二支柱定性监管要求对可规制风险进行监管。第一支柱定量资本要求主要对保险风险、市场风险和信用风险等可资本化风险和系统风险进行监管。第二支柱定性监管要求主要对操作风险、战略风险、声誉风险和流动性风险等难以资本化风险和控制风险进行监管。第三支柱市场约束机制主要是防范非规制风险。

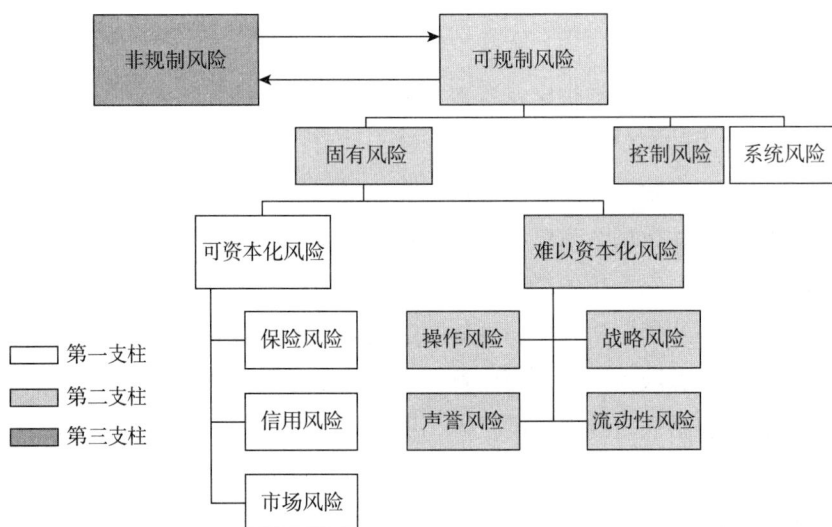

图 2　风险分级模型

（二）定量资本要求基本原则

1. 资产和负债的评估原则

保险公司资产和负债评估应遵循以下原则：

　　一是资产负债评估以中国银保监会认可的我国企业会计准则为基础，根据偿付能力监管的目的对资产、负债的评估标准进行调整。保险公司在企业会计准则的基础上，应对投资性房地产、长期股权投资、应收分保准备金、寿险业务保险合同负债和所得税准备等项目进行适当调整。

　　二是资产负债评估应能适时、恰当地反映出保险公司资产和负债在保险公司的商业模式和市场环境中的价值及其变化。

　　三是实际资本的评估应当以母公司财务报表为基础。

　　四是资产与负债的评估原则应当保持一致。

　　五是不同类型的保险公司经营相同的保险业务，其资产、负债应适用相同的评估原则。

2. 资本分级

在偿二代监管框架下，资本应满足存在性、永续性、次级性、非强制性和外生性五个特性。存在性，即保险公司的资本应当是实缴的资本。永续性，即保险公司的资本应当没有到期日或具有较长期限。次级性，即保险公司资本在破产清算时的受偿顺序应当在保险合同负债和一般债务之后。非强制性，即本金的返还和利息（股息）的支付不是保险公司的强制义务，或者在特定条件下可以返还或支付。外生性，即保险公司不得以任何形式直接或间接为非内源性资本提供者提供资金或融资便利。

根据资本吸收损失的性质和能力，保险公司资本分为两级四类，即核心资本和附属资本。核心资本是指在持续经营状态下和破产清算状态下均可吸收损失的资本，包括核心一级资本和核心二级资本。附属资本是指在破产清算状态下可以吸收损失的资本，包括附属一级资本和附属二级资本。为确保保险公司具备较高的资本质量，偿二代对各级资本设定限额。其中，附属资本不得超过核心资本的100%，核心二级资本不得超过核心资本的30%，附属二级资本不得超过核心资本的25%。

3. 净风险模型

净风险模型反映了固有风险、控制风险和系统风险之间的相互关系及影响。用公式表示如下：

$$净风险 = 固有风险 × 控制风险 × 系统风险$$

保险公司的固有风险是客观存在的，但固有风险并不是公司面临的全部偿付能力风险，除固有风险外，偿付能力风险的大小还取决于控制风险和系统风险的大小。保险公司风险管理能力强，会降低其固有风险；保险公司风险管理能力弱，会增大其固有风险。保险公司面临的系统风险也会增大其偿付能力风险。因此，保险公司的偿付能力风险不仅要考虑保险经营过程中承担的固有风险，还需要考虑控制风险和系统风险状况。净风险模型完整刻画了保险公司所面临的全部风险。根据净风险模型，偿二代下保险公司最低资本由可资本化风险最低资本、控制风险最低资本和附加资本构成。

4. 标准模型法

从国际范围看，最低资本的计量一般有标准模型法和内部模型法两种方法。根据我国新兴保险市场的实际，偿二代采用标准模型法，要求所有保险公司采用统一的不利情景、假设参数、风险因子和计算方法评估偿付能力。目前，偿二代不允许保险公司使用内部模型法。在偿二代标准模型法下，基于我国保险业和金融市场的实际数据，采用在险价值法，按照99.5%的置信区间，对保险公司的保险风险、市场风险和信用风险进行了测算，经反复校准，确定各项风险因子。

5. 穿透监管原则

偿二代对保险公司资产端的市场风险和信用风险采用穿透监管原则，保险公司对投资资产市场风险和信用风险最低资本进行计量时应遵循以下五个原则。

一是应穿尽穿，即对保险公司持有的所有非基础资产均应进行穿透，计量其最低资本。二是彻底穿透，即保险公司对非基础资产进行穿透计量时，应穿透至底层的基础资产或豁免穿透的非基础资产。三是风险穿透，即保险公司对非基础资产穿透计量时，应当识别各层交易结构和底层资产面临的风险，确定底层资产面临的风险类型和风险暴露，计量各项底层资产的最低资本。四是可靠计量，即穿透后能够准确获取非基础资产的交易结构和底层资产等相关信息，并且能够准确计量底层资产的风险暴露。五是信息穿透，即对非基础资产，保险公司应当在偿付能力报告中披露其交易结构、交易对手、底层资产等相关信息。

6. 在险价值法

在偿二代下，第一支柱量化资本要求对保险风险、市场风险和信用风险等可资本化风险的最低资本，采用在险价值（Value at Risk）法进行计量。在险价值是指在一定时间内、一定置信度下，某投资组合最大可能损失。偿二代采用的在险价值法时间参数设定为 1 年，置信水平设置为 99.5%。

7. 综合因子法

国际上，美国、欧盟等偿付能力监管体系在计量最低资本时主要采用的方法是因子法和情景法。偿二代结合国际实践经验和我国国情，主要采用综合因子法计量保险公司的最低资本。对寿险业务保险风险最低资本和人身险公司利率风险最低资本采用情景法进行计量。

综合因子法用公式表示如下：

$$MC = EX \times RF$$

其中，MC 为最低资本；EX 为风险暴露；RF 为风险因子，$RF = RF_0 \times (1 + K)$；RF_0 为基础因子；K 为特征因子，$K = \sum_{i=1}^{n} k_i = k_1 + k_2 + k_3 + \cdots + k_n$；$k_i$ 为基于特定风险或公式的特征系数，n 为特征系数的个数。

风险因子由基础因子和特征因子组成，基础因子衡量行业平均风险状况，特征因子考虑不同公司或不同业务（资产）风险的个性特征。综合因子法对保险公司的每一类资产都设定一个基础因子，对有些特殊资产设定一个或多个特征因子。综合因子法操作简便，准确性高。同时，在设定因子的过程中综合考虑多种因素的影响，更好地体现监管政策导向和中国保险市场实际。

（三）定性监管要求基本原则

1. 风险综合评级（IRR）

第一支柱量化资本要求对可资本化风险通过最低资本、偿付能力充足率等进行量化、监测和管理，但偿付能力充足率无法反映难以资本化风险。因此，偿二代创新监管方法和工具，运用风险综合评级对难以资本化的风险进行监管。

风险综合评级是对保险公司可资本化风险和难以资本化风险的综合评价，是对保险公司整体风险的评价。风险综合评级包括两部分内容：一是对保险公司难以资本化风险，包括操作风险、战略风险、声誉风险和流动性风险进行评价。二是综合保险公司可资本化风险及难以资本化风险的评价结果，评价其整体偿付能力风险。监管部门在对操作风险、战略风险、声誉风险、流动性风险等固有风险评价的基础上，结合保险公司偿付能力充足率及其他偿付能力指标，得到保险公司偿付能力风险的综合评级。偿二代根据保险公司偿付能力风险的整体状况，将保险公司分为 A 类、B 类、C 类、D 类四个监管类别，在市场准入、产品管理、资金运用和现场检查等方面，对四类保险公司实施差异化监管政策。其中，A 类公司可细分为 AAA 类、AA 类和 A 类公司；B 类公司可细分为 BBB 类、BB 类和 B 类公司。

2. 保险公司风险管理要求与评估（SARMRA）

风险管理是保险公司防范化解偿付能力风险的基础，是偿付能力监管的重要内容。在第二支柱定性监管方面，美国、欧盟等发达保险市场大多采用自我风险和偿付能力评估（ORSA），要求保险公司加强自我风险管理。偿二代根据我国国情与市场实际需要，设计了保险公司风险管理要求与评估（以下简称 SARMRA 评估）机制，推动保险公司提高风险管理能力。SARMRA 的主要内容包括以下三方面：

一是明确保险公司偿付能力风险管理要求，为保险公司健全风险管理制度机制、提升风险防控能力提供标准。二是采用监管评估机制，由监管部门定期对保险公司的偿付能力和风险管理能力进行现场评估。SARMRA 评估从制度健全性和遵循有效性两个方面，对保险公司的风险管理能力进行监管评估，确定评估得分，反映公司的控制风险。三是将 SARMRA 评估结果与保险公司的最低资本挂钩，计算控制风险最低资本，引导激励保险公司不断提升风险管控水平。

3. 流动性风险监管

偿二代流动性风险监管采用风险管理、监管指标、压力测试"三位一体"的监管框架，能有效识别、计量、监测和防范流动性风险。根据保险公司流动性风险的特点，偿二代从资产端、负债端和资产负债端三个方面，采用定量监管指标与定性监管要求相结合的方式，及时监测保险公司的流动性风险状况，引导保险业建立健全流动性风险管理体系，提升保险公司流动性风险管理的科学性和有效性。

在定性监管方面，偿二代要求保险公司应建立健全流动性风险管理体系，完善流动性风险管理制度与机制，强化流动性风险管理和监测，定期实施专项评估和压力测试等，有效识别和监控流动性风险。在定量监管方面，偿二代设置了监管指标和监测指标，要求保险公司多维度计量、全方位识别流动性风险。监管指标包括流动性覆盖率、经营活动净现金流回溯不利偏差率、净现金流 3 个指标。监测指标用于预警保险公司的流动性风险，区分产险、寿险、再保险公司，从资产端、负债端等维度识别、监测保险公司的流动性风险状况。

4. 非现场分析和现场检查

除了风险综合评级、SARMRA 和流动性风险监管等要求外，非现场分析和现场检查也是第二支柱定性监管要求的重要监管工具。监管部门对保险公司的偿付能力状况进行非现场分析，包括每季度对保险公司报送的季度偿付能力报告、公开披露的偿付能力季度报告摘要以及其他偿付能力信息和数据等进行核查，对保险公司偿付能力和保险业的风险状况进行分析。监管部门对保险公司偿付能力管理实施现场检查，包括偿付能力管理的合规性和有效性，偿付能力报告、风险综合评级数据以及偿付能力信息公开披露的真实性、完整性和合规性等。通过非现场分析和现场检查手段，能够全面监测、识别和评估保险公司偿付能力风险状况。

（四）市场约束机制基本原则

偿二代通过第三支柱市场约束机制引导、促进和发挥社会公众及利益相关方等的监督约束作用。市场约束机制主要有以下要求和原则：一是要求保险公司应当充分、及时披露偿付能力信息，提升信息透明度，发挥相关方的监督约束作用。二是监管部门建立与相关方的偿付能力信息交流机制。监管部门通过官方网站、新闻发布会等多种方式发布偿付能力监管工作的有关情况，与相关方之间进行偿付能力相关信息的交流，听取各利益相关方对偿付能力监管工作的意见建议，发挥相关方的监督约束作用，有效防范风险。

二、保险公司偿付能力管理规定

保险公司偿付能力管理规定

第一章 总 则

第一条 为加强保险公司偿付能力监管，有效防控保险市场风险，维护保单持有人利益，根据《中华人民共和国保险法》，制定本规定。

第二条 本规定所称保险公司，是指依法在中国境内设立的经营商业保险业务的保险公司和外国保险公司分公司。

第三条 本规定所称偿付能力，是保险公司对保单持有人履行赔付义务的能力。

第四条 保险公司应当建立健全偿付能力管理体系，有效识别管理各类风险，不断提升偿付能力风险管理水平，及时监测偿付能力状况，编报偿付能力报告，披露偿付能力相关信息，做好资本规划，确保偿付能力达标。

第五条 中国银保监会以风险为导向，制定定量资本要求、定性监管要求、市场约束机制相结合的偿付能力监管具体规则，对保险公司偿付能力充足率状况、综合风险、风险管理能力进行全面评价和监督检查，并依法采取监管措施。

第六条 偿付能力监管指标包括：

（一）核心偿付能力充足率，即核心资本与最低资本的比值，衡量保险公司高质量资本的充足状况；

（二）综合偿付能力充足率，即实际资本与最低资本的比值，衡量保险公司资本的总体充足状况；

（三）风险综合评级，即对保险公司偿付能力综合风险的评价，衡量保险公司总体偿付能力风险的大小。

核心资本，是指保险公司在持续经营和破产清算状态下均可以吸收损失的资本。

实际资本，是指保险公司在持续经营或破产清算状态下可以吸收损失的财务资源。

最低资本，是指基于审慎监管目的，为使保险公司具有适当的财务资源应对各类可量化为资本要求的风险对偿付能力的不利影响，所要求保险公司应当具有的资本数额。

核心资本、实际资本、最低资本的计量标准等具体监管规则由中国银保监会另行规定。

第七条 保险公司逆周期附加资本、系统重要性保险机构附加资本的计提另行规定。

第八条 保险公司同时符合以下三项监管要求的，为偿付能力达标公司：

（一）核心偿付能力充足率不低于50%；

（二）综合偿付能力充足率不低于100%；

（三）风险综合评级在 B 类及以上。

不符合上述任意一项要求的，为偿付能力不达标公司。

第二章　保险公司偿付能力管理

第九条 保险公司董事会和高级管理层对本公司的偿付能力管理工作负责；总公司不在中国境内的外国保险公司分公司的高级管理层对本公司的偿付能力管理工作负责。

第十条 保险公司应当建立健全偿付能力风险管理的组织架构，明确董事会及其相关专业委员会、高级管理层和相关部门的职责与权限，并指定一名高级管理人员作为首席风险官负责偿付能力风险管理工作。

保险公司应当通过聘用协议、书面承诺等方式，明确对于造成公司偿付能力风险和损失的董事和高级管理人员，公司有权追回已发的薪酬。

未设置董事会及相关专业委员会的外国保险公司分公司，由高级管理层履行偿付能力风险管理的相关职责。

第十一条 保险公司应当建立完备的偿付能力风险管理制度和机制，加强对保险风险、市场风险、信用风险、操作风险、战略风险、声誉风险和流动性风险等固有风险的管理，以有效降低公司的控制风险。

固有风险，是指在现有的正常的保险行业物质技术条件和生产组织方式下，保险公司在经营和管理活动中必然存在的客观的偿付能力相关风险。

控制风险，是指因保险公司内部管理和控制不完善或无效，导致固有风险未被及时识别和控制的偿付能力相关风险。

第十二条 保险公司应当按照保险公司偿付能力具体监管规则，定期评估公司的偿付能力充足状况，计算核心偿付能力充足率和综合偿付能力充足率，按规定要求报送偿付能力报告，并对其真实性、完整性和合规性负责。

第十三条 保险公司应当按照中国银保监会的规定开展偿付能力压力测试，对未来一定时间内不同情景下的偿付能力状况及趋势进行预测和预警，并采取相应的预防措施。

第十四条 保险公司应当建立偿付能力数据管理制度，明确职责分工，完善管理机制，强化数据管控，确保各项偿付能力数据真实、准确、完整。

第十五条 保险公司应当按年度滚动编制公司三年资本规划，经公司董事会批准后，报送中国银保监会及其派出机构。保险公司应建立发展战略、经营规划、机构设立、产品设计、资金运用与资本规划联动的管理决策机制，通过优化业务结构、资产结构，提升内生资本的能力，运用适当的外部资本工具补充资本，保持偿付能力充足。

第三章 市场约束与监督

第十六条 保险公司应当按照中国银保监会制定的保险公司偿付能力具体监管规则，每季度公开披露偿付能力季度报告摘要，并在日常经营的有关环节，向保险消费者、股东、潜在投资者、债权人等利益相关方披露和说明其偿付能力信息。

上市保险公司应当同时遵守证券监督管理机构相关信息披露规定。

第十七条 中国银保监会定期发布以下偿付能力信息：

（一）保险业偿付能力总体状况；

（二）偿付能力监管工作情况；

（三）中国银保监会认为需要发布的其他偿付能力信息。

第十八条 保险公司聘请的会计师事务所应当按照法律法规的要求，独立、客观地对保险公司偿付能力报告发表审计意见。

精算咨询机构、信用评级机构、资产评估机构、律师事务所等中介机构在保险业开展业务，应当按照法律法规和执业准则要求，发表意见或出具报告。

第十九条 保险消费者、新闻媒体、行业分析师、研究机构等可以就发现的保险公司存在未遵守偿付能力监管规定的行为，向中国银保监会反映和报告。

第四章 监管评估与检查

第二十条 中国银保监会及其派出机构通过偿付能力风险管理能力评估、风险综合评级等监管工具，分析和评估保险公司的风险状况。

第二十一条 中国银保监会及其派出机构定期对保险公司偿付能力风险管理能力进行监管评估，识别保险公司的控制风险。

保险公司根据评估结果计量控制风险的资本要求，并将其计入公司的最低资本。

第二十二条 中国银保监会及其派出机构通过评估保险公司操作风险、战略风险、声誉风险和流动性风险，结合其核心偿付能力充足率和综合偿付能力充足率，对保险公司总体风险进行评价，确定其风险综合评级，分为 A 类、B 类、C 类和 D 类，并采取差别化监管措施。

风险综合评级具体评价标准和程序由中国银保监会另行规定。中国银保监会可以根据保险业发展情况和监管需要，细化风险综合评级的类别。

第二十三条 中国银保监会及其派出机构建立以下偿付能力数据核查机制，包括：

（一）每季度对保险公司报送的季度偿付能力报告的真实性、完整性和合规性进行核查；

（二）每季度对保险公司公开披露的偿付能力季度报告摘要的真实性、完整性和合规性进行核查；

（三）对保险公司报送的其他偿付能力信息和数据进行核查。

核心偿付能力充足率低于60%或综合偿付能力充足率低于120%的保险公司为重点核查对象。

第二十四条 中国银保监会及其派出机构对保险公司偿付能力管理实施现场检查，包括：

（一）偿付能力管理的合规性和有效性；

（二）偿付能力报告的真实性、完整性和合规性；

（三）风险综合评级数据的真实性、完整性和合规性；

（四）偿付能力信息公开披露的真实性、完整性和合规性；

（五）对中国银保监会及其派出机构监管措施的落实情况；

（六）中国银保监会及其派出机构认为需要检查的其他方面。

第五章　监管措施

第二十五条 中国银保监会及其派出机构将根据保险公司的风险成因和风险程度，依法采取针对性的监管措施，以督促保险公司恢复偿付能力或在难以持续经营的状态下维护保单持有人的利益。

第二十六条 对于核心偿付能力充足率低于50%或综合偿付能力充足率低于100%的保险公司，中国银保监会应当采取以下第（一）项至第（四）项的全部措施：

（一）监管谈话；

（二）要求保险公司提交预防偿付能力充足率恶化或完善风险管理的计划；

（三）限制董事、监事、高级管理人员的薪酬水平；

（四）限制向股东分红；

中国银保监会还可以根据其偿付能力充足率下降的具体原因，采取以下第（五）项至第（十二）项的措施：

（五）责令增加资本金；

（六）责令停止部分或全部新业务；

（七）责令调整业务结构，限制增设分支机构，限制商业性广告；

（八）限制业务范围、责令转让保险业务或责令办理分出业务；

（九）责令调整资产结构，限制投资形式或比例；

（十）对风险和损失负有责任的董事和高级管理人员，责令保险公司根据聘用协议、书面承诺等追回其薪酬；

（十一）依法责令调整公司负责人及有关管理人员；

（十二）中国银保监会依法根据保险公司的风险成因和风险程度认为必要的其他监管措施。

对于采取上述措施后偿付能力未明显改善或进一步恶化的，由中国银保监会依法采取接管、申请破产等监管措施。

中国银保监会可以视具体情况，依法授权其派出机构实施必要的监管措施。

第二十七条 对于核心偿付能力充足率和综合偿付能力充足率达标，但操作风险、战略风险、声誉风险、流动性风险中某一类或某几类风险较大或严重的 C 类和 D 类保险公司，中国银保监会及其派出机构应根据风险成因和风险程度，采取针对性的监管措施。

第二十八条 保险公司未按规定报送偿付能力报告或公开披露偿付能力信息的，以及报送和披露虚假偿付能力信息的，中国银保监会及其派出机构依据《中华人民共和国保险法》等进行处罚。

第二十九条 保险公司聘请的会计师事务所的审计质量存在问题的，中国银保监会及其派出机构视具体情况采取责令保险公司更换会计师事务所、行业通报、向社会公众公布、不接受审计报告等措施，并移交注册会计师行业行政主管部门处理。

第三十条 精算咨询机构、信用评级机构、资产评估机构、律师事务所等中介机构在保险业开展业务时，存在重大疏漏或出具的意见、报告存在严重质量问题的，中国银保监会及其派出机构视具体情况采取责令保险公司更换中介机构、不接受报告、移交相关部门处理等措施。

第六章 附 则

第三十一条 保险集团、自保公司、相互保险组织适用本规定。相关法律法规另有规定的，从其规定。

第三十二条 外国保险公司分公司，如在中国境内有多家分公司，应当指定其中一家分公司合并评估所有在华分公司的偿付能力，并履行本规定的偿付能力管理职责，承担偿付能力管理责任。

第三十三条 本规定由中国银保监会负责解释和修订。

第三十四条 本规定自 2021 年 3 月 1 日施行。《保险公司偿付能力管理规定》（中国保险监督管理委员会令 2008 年第 1 号）同时废止。

三、保险公司偿付能力
监管规则及讲解

保险公司偿付能力监管规则第1号：实际资本

第一章 总 则

第一条　为规范保险公司认可资产、认可负债和实际资本评估，明确资本分级标准，制定本规则。

第二条　本规则所称保险公司，是指依法在中华人民共和国境内设立的经营商业保险业务的保险公司和外国保险公司分公司。

第三条　本规则所称非寿险业务，是指保险公司经营的财产保险以及短期意外险、短期健康险和短期寿险。

本规则所称寿险业务，是指保险公司经营的以人身为保险标的的保险，但不包括短期意外险、短期健康险和短期寿险。

第四条　本规则所称实际资本，是指保险公司在持续经营或破产清算状态下可以吸收损失的财务资源。实际资本等于认可资产减去认可负债后的余额。

第五条　实际资本的评估应当遵循以下原则：

（一）在银保监会认可的企业会计准则基础上，根据偿付能力监管的目的，对资产、负债的评估标准进行调整；

（二）实际资本的评估，应适时、恰当地反映保险公司资产、负债在其商业模式和市场环境中的价值及其变化；

（三）实际资本的评估，应当以母公司财务报表而不以合并财务报表为基础；

（四）资产与负债的评估原则应当一致；

（五）不同类型的保险公司经营相同的保险业务，其资产、负债应适用相同的评估原则。

第六条　银保监会根据资本吸收损失的性质和能力，对实际资本实行分级监管。保险公司应当准确计量各级资本，优化资本结构，提高资本质量。

第七条　本规则所称账面价值，包括资产的账面价值和负债的账面价值。资产的账面价值是指保险公司根据企业会计准则确认、计量的资产账面余额扣除资产减值、摊销或折旧后的金额；负债的账面价值是指根据企业会计准则确认、计量的负债账面余额。

保险公司应当按照谨慎性原则，对资产可能发生的损失进行合理判断和估计，及时足额计提减值准备，避免资产价值高估。银保监会认为资产减值计提不恰当的，可要求保险公司对资产减值进行调整。

对保险合同的资产和负债，其账面价值应当按照财政部 2006 年发布的《企业会计准则第 25 号——原保险合同》《企业会计准则第 26 号——再保险合同》和 2009 年发布的《保险合同相关会计处理规定》进行确认和计量。

第二章　认可资产

第八条　在偿付能力监管目的下，保险公司的资产分为认可资产和非认可资产。

认可资产是指处置不受限制，并可用于履行对保单持有人赔付义务的资产。不符合前述条件的资产，为非认可资产。

第九条　认可资产包括以下类别：

（一）现金及流动性管理工具，指保险公司持有的现金以及通常可用于现金管理的金融工具。其中，现金包括库存现金、活期存款等，流动性管理工具包括通知存款、货币市场基金、买入返售金融资产、商业银行票据和拆出资金等。

（二）投资资产，指保险公司资金运用形成的资产，包括定期存款、协议存款、政府债券、金融债券、企业债券、公司债券、权益投资、资产证券化产品、保险资产管理产品、商业银行理财产品、信托计划、基础设施投资、投资性房地产、衍生金融资产、其他投资资产等。

（三）长期股权投资，指保险公司对被投资单位实施控制、共同控制、重大影响的权益性投资，包括对子公司、合营企业和联营企业的权益投资。

（四）再保险资产，包括应收分保准备金、应收分保账款和存出分保保证金等。

（五）应收及预付款项，包括应收保费、应收利息、保单质押贷款、应收股利、预付赔款、存出保证金、其他应收和暂付款项等。

（六）固定资产，包括自用房屋、机器设备、交通运输设备、在建工程、办公家具等。

（七）独立账户资产，指投资连结保险等各投资账户中的投资资产。

（八）其他认可资产，包括使用权资产、递延所得税资产（由经营性亏损引起的递延所得税资产除外）、应急资本等。

第十条　保险公司的下列资产为非认可资产：

（一）无形资产（土地使用权除外）；

（二）由经营性亏损引起的递延所得税资产；

（三）待摊费用和长期待摊费用；

（四）有迹象表明保险公司到期不能处置或者对其处置受到限制的资产；

（五）文物、艺术作品和动植物标本；

（六）银保监会规定的其他非认可资产。

第十一条　有迹象表明保险公司到期不能处置或者对其处置受到限制的资产，包括：

（一）被依法冻结的资产；

（二）为他人担保而被质押或抵押的资产（为自身担保的抵押物和质押物除外）；

（三）由于交易对手或被投资企业出现财务危机、被接管、被宣告破产等事项，导致保险公司处置受到限制的资产；

（四）由于当地的管制、政治动乱、战争、金融危机等原因，导致保险公司对其处置受到限制的境外资产；

（五）其他到期不能处置或处置受限的资产（保险公司参与证券出借业务所出借的证券以及因开办政策性保险业务须存入指定银行的款项除外）。

第十二条　除下列项目外，保险公司各项认可资产以账面价值作为认可价值：

（一）以物权方式或通过项目公司方式持有的投资性房地产；

（二）对子公司的长期股权投资；

（三）寿险业务的应收分保准备金；

（四）银保监会规定的其他项目。

第十三条　保险公司以物权方式或通过项目公司方式持有的投资性房地产，应当按成本模式计量金额作为其认可价值。

第十四条　保险公司对子公司的长期股权投资，应当按照权益法确定其认可价值。

第十五条　保险公司应当充分评估所持有合营企业和联营企业的长期股权投资可能发生减值的迹象，及时进行减值测试，足额计提资产减值。

（一）合营企业或联营企业为上市公司的，市价持续一年以上低于账面价值或市价低于账面价值的比例超过 50% 的，应当根据账面价值和市价的差额计提减值。

合营企业或联营企业为沪深 300 成分股的，且最近三年股息率均在 3% 以上或现金股利支付率均在 10% 以上的，可不按上款计提减值。

（二）合营企业和联营企业为非上市公司的，保险公司应制定审慎明确的减值政策。合营企业和联营企业出现以下情形时，保险公司应当及时足额计提减值，包括但不限于：

1. 已停业或无法开展正常经营活动的；

2. 出现债务违约的；

3. 所处的经济、技术或者法律环境发生重大变化，对其产生重大不利影响的；

4. 受宏观调控政策、监管政策等因素影响，同类可比上市公司的股价或估值出现大幅下调的；

5. 表明已经发生减值的其他情形。

第十六条 保险公司非寿险业务应收分保准备金以账面价值作为其认可价值；寿险业务应收分保准备金应当按照《保险公司偿付能力监管规则第 3 号：寿险合同负债评估》确认其认可价值。

第十七条 保险公司根据银保监会有关规定发行的应急资本，属于认可资产。认可标准由银保监会另行规定。

第三章　认可负债

第十八条 在偿付能力监管目的下，保险公司的负债分为认可负债和非认可负债。

认可负债是指保险公司无论在持续经营状态还是破产清算状态下均需要偿还的债务，以及超过监管限额的资本工具。不符合前述条件的负债，为非认可负债。

第十九条 认可负债包括以下类别：

（一）保险合同负债，包括未到期责任准备金和未决赔款责任准备金；

（二）金融负债，包括卖出回购证券、应付返售证券、保户储金及投资款、衍生金融负债等；

（三）应付及预收款项，包括应付保单红利、应付赔付款、预收保费、应付分保账款、应付手续费及佣金、应付职工薪酬、应交税费、存入分保保证金、租赁负债等；

（四）预计负债，指按照企业会计准则确认、计量的或有事项的有关负债；

（五）独立账户负债，指保险公司对投资连结保险等提取的投资账户负债；

（六）资本性负债，指保险公司发行的资本工具按照银保监会有关规定不能计入资本的部分；

（七）其他认可负债，包括递延所得税负债、现金价值保证、所得税准备等。

第二十条 保险公司的下列负债为非认可负债：

（一）保险公司根据财政部有关规定对农业保险业务提取的大灾风险保费准备金；

（二）保险公司发行的符合核心资本或附属资本标准、用于补充实际资本且符合计入资本相关条件的长期债务，包括次级定期债务、资本补充债券、次级可转换债券等；

（三）银保监会规定的其他非认可负债。

第二十一条 保险公司非寿险业务保险合同负债以账面价值作为其认可价值；寿险业务保险合同负债的认可价值根据《保险公司偿付能力监管规则第 3 号：寿险合同负债评估》确定。

第二十二条 保险公司的金融负债、应付及预收款项、预计负债、独立账户负债、递延所得税负债以账面价值作为其认可价值。

第二十三条　保险公司寿险业务的保险合同负债认可价值与公司最低资本之和，大于或等于公司全部寿险业务的现金价值时，不确认现金价值保证负债。保险公司寿险业务的保险合同负债认可价值与公司最低资本之和小于公司全部寿险业务的现金价值时，应确认现金价值保证负债。

$$现金价值保证的认可价值 = Max(CV - PL - MC, 0)$$

其中，CV 是保险公司全部寿险业务的现金价值；

PL 是保险公司按照《保险公司偿付能力监管规则第 3 号：寿险合同负债评估》计算的全部寿险业务的保险合同负债；

MC 是保险公司的最低资本。

第二十四条　当有证据表明，保险公司的企业所得税应纳税所得额预期在未来持续大于零时，保险公司应当在认可负债中确认所得税准备，即保险公司寿险业务的有效业务价值所对应的所得税义务。保险公司一旦满足所得税准备的确认条件，即应在满足条件的当期确认所得税准备，并且只有当充分的证据显示，公司的所得税应纳税所得额持续大于零的趋势发生根本性、长期性的逆转，方可终止确认所得税准备。

保险公司应当以财务报表的寿险合同负债的剩余边际为基础分析计算所得税准备。具体标准由银保监会另行规定。

银保监会认为保险公司对所得税准备的确认和计量不合理时，保险公司应按照监管要求进行调整。

第二十五条　保险公司发行的次级可转换债券以及没有赎回条款的次级定期债务和资本补充债券，按照下列标准确定认可价值：

（一）剩余期限在 2 年以上（含 2 年）的，认可价值为 0；

（二）剩余期限在 1 年以上（含 1 年）、2 年以内的，以账面价值的 50% 作为其认可价值；

（三）剩余期限在 1 年以内的，以账面价值的 80% 作为其认可价值。

第二十六条　保险公司发行的具有赎回条款的次级定期债务和资本补充债券，按照下列标准确定认可价值：

（一）剩余期限在 4 年以上（含 4 年）的，认可价值为 0；

（二）剩余期限在 3 年以上（含 3 年）、4 年以内的，以账面价值的 20% 作为其认可价值；

（三）剩余期限在 2 年以上（含 2 年）、3 年以内的，以账面价值的 40% 作为其认可价值；

（四）剩余期限在 1 年以上（含 1 年）、2 年以内的，以账面价值的 60% 作为其认可价值；

（五）剩余期限在 1 年以内的，以账面价值的 80% 作为其认可价值。

赎回日之前和赎回日之后的票面利率差额超过 100 个基点，或者有证据表明保险公司会提前赎回的，剩余期限按赎回日计算，否则按到期日计算。赎回日未赎回的，剩余期限按到期日计算。

第二十七条 保险公司其他资本性负债的认可标准，由银保监会另行规定。

第四章 资本分级

第二十八条 保险公司的资本应当符合以下特性：

（一）存在性，即应当是实缴资本，银保监会另有规定的除外；

（二）永续性，即应当没有到期日或具有银保监会规定的较长期限；

（三）次级性，即破产清算时的受偿顺序应当在保险合同负债和一般债务之后；

（四）非强制性，即本金的返还和利息（股息）的支付不是保险公司的强制义务，或者在特定条件下可以返还或支付；

（五）外生性，即保险公司不得以任何形式直接或间接为非内源性资本提供者提供资金或融资便利。

第二十九条 根据资本吸收损失的性质和能力，保险公司资本分为核心资本和附属资本。

（一）核心资本是指在持续经营状态下和破产清算状态下均可以吸收损失的资本。核心资本分为核心一级资本和核心二级资本。

（二）附属资本是指在破产清算状态下可以吸收损失的资本。附属资本分为附属一级资本和附属二级资本。

第三十条 核心一级资本应当符合下列标准：

（一）存在性方面，应当是实缴的。

（二）永续性方面，应当没有到期日，且资本工具发行时不应产生该工具将被回购、赎回或取消的预期。

（三）次级性方面，应当能吸收经营损失和破产损失；破产清算时的受偿顺序排在最后；资本工具发行人或其关联方不得提供抵押或保证，也不得通过其他安排使其在法律或经济上享有优先受偿权。

（四）非强制性方面，任何情况下本金返还和收益分配都不是保险公司的强制义务，且不分配收益不被视为违约。

（五）外生性方面，资本工具发行人不得直接或间接为投资人购买该工具提供融资；投资人不存在通过关联交易、多层嵌套金融产品、增加股权层级等方式套取保险资金，用于购买该工具的情形。

第三十一条 核心二级资本应当符合下列标准：

（一）存在性方面，应当是实缴的。

（二）永续性方面，应当没有到期日或者期限不低于 10 年，发行 5 年后方可赎回并且不得含有利率跳升机制及其他赎回激励。

（三）次级性方面，应当能吸收经营损失和破产损失；破产清算时的受偿顺序列于保单持有人和一般债权人之后，先于核心一级资本；资本工具发行人或其关联方不得提供抵押或保证，也不得通过其他安排使其在法律或经济上享有优先受偿权；有到期日的，应当含有减记或转股条款，当触发事件发生时，该资本工具能立即减记或者转为普通股。

（四）非强制性方面，支付本金或赎回后偿付能力充足率不达标的，不能支付本金或赎回，本金可以递延支付；支付利息后偿付能力充足率不达标的，当期利息支付义务应当取消。发行人无法如约支付本息时，该资本工具的权益人无权向法院申请对保险公司实施破产。

（五）外生性方面，同第三十条第（五）项。

减记或转股条款触发事件，具体标准由银保监会另行规定。

第三十二条 附属一级资本应当符合下列标准：

（一）存在性方面，应当是实缴的。

（二）永续性方面，期限不低于 5 年。

（三）次级性方面，应当能吸收破产损失；破产清算时的受偿顺序列于保单持有人和一般债权人之后，先于核心资本。

（四）非强制性方面，支付本金或利息后偿付能力充足率不达标的，本金或利息应当递延支付。发行人无法如约支付本息时，该资本工具的权益人无权向法院申请对保险公司实施破产。

（五）外生性方面，同第三十条第（五）项。

第三十三条 附属二级资本应当符合下列标准：

（一）存在性方面，应当是实缴的或符合银保监会规定的形式。

（二）永续性方面，期限可以低于 5 年。

（三）次级性方面，应当能吸收破产损失；破产清算的受偿顺序列于保单持有人和一般债权人之后，先于附属一级资本。

（四）非强制性方面，可以不设定本息支付的约束条件。

（五）外生性方面，同第三十条第（五）项。

第三十四条 银保监会有权根据审慎监管原则，指定某项资本工具所属的资本类别。

第三十五条 保单未来盈余是指保险公司现行有效寿险保单剩余期限所对应的当期确认的实际资本。保单未来盈余的计算公式如下：

保单未来盈余 = $\sum_{\text{所有有效寿险保单}}$（现行有效寿险保单剩余期限对应的实际资本）

为简化程序，可采用下述公式近似计算：

保单未来盈余 = 财务报表下寿险合同负债账面价值 - 偿付能力报告下寿险合同负债认可价值 - 现金价值保证 - 所得税准备

其中，财务报表口径下的风险边际与偿付能力报告口径下的风险边际的差额、现金价值保证以及所得税准备等，按照评估时点可直接归属于保单层面的未来盈余分摊至保单。

第三十六条 保险公司应当根据保单剩余期限，对保单未来盈余进行资本工具分级，分别计入核心一级资本、核心二级资本、附属一级资本和附属二级资本。

（一）保单剩余期限 30 年（含）以上的，保单未来盈余按核心一级资本对应的资本报酬率折现到评估时点的现值，作为核心一级资本工具，剩余部分作为附属一级资本工具。

（二）保单剩余期限 10 年（含）以上、30 年以内的，保单未来盈余按核心二级资本对应的资本报酬率折现到评估时点的现值，作为核心二级资本工具，剩余部分作为附属一级资本工具。

（三）保单剩余期限 5 年（含）以上、10 年以内的，保单未来盈余按附属一级资本对应的资本报酬率折现到评估时点的现值，作为附属一级资本工具，剩余部分作为附属二级资本工具。

（四）保单剩余期限在 5 年以内的，保单未来盈余全部作为附属二级资本工具。

$$保单未来盈余的各期金额 = N_j \times \frac{保单未来盈余}{\sum_{i=1}^{n} \frac{N_i}{(1+r)^i}}$$

其中：

N_j 为第 j 期期末的有效保单件数；

r 为折算系数，可按照《保险公司偿付能力监管规则第 3 号：寿险合同负债评估》第十九条规定的折现率数值确定。

上述（一）（二）（三）项中所使用的资本报酬率由银保监会发布和调整。

第三十七条 保险公司根据第三十五条计算的保单未来盈余小于零的，应当直接调减核心一级资本。保单未来盈余根据第三十六条分级之后，分组保单未来盈余小于零的，在按资本报酬率折现前，该组保单未来盈余按零取值，相应冲减保单剩余期限 30 年（含）以上组的未来盈余；保单剩余期限 30 年（含）以上组的未来盈余不足冲减的，冲减核心一级资本。

第三十八条 保险公司开展长期寿险再保险，再保险合同 3 年内可终止的，不得确认该再保险合同对实际资本的影响金额。3 年后方可终止且相关风险和资产真实转移的，再保险合同相应增加的实际资本计入核心一级资本；相关资产未真实转移的，再保险合同相应增加的实际资本按以下规定进行资本分级：

（一）再保险合同期限 10 年（含）以上，5 年后方可终止的，因再保险合同增加的资本计入核心二级资本；

（二）再保险合同期限 5 年（含）以上、10 年以内的，5 年后方可终止的，因再保险合同增加的资本计入附属一级资本；

（三）不满足上述（一）（二）项的再保险合同，相应增加的资本计入附属二级资本。

风险真实转移是指原保险合同相关的保险风险、市场风险、信用风险等部分或全部从分出人真实转移给分入人。

资产真实转移是指再保险合同相关分出保费现金流真实由分出人转入分入人，且未出现分入人通过佣金和手续费大比例返还、存入履约保证金等方式向分出人转回现金流的情况。分出保费递延支付的，递延支付期限不应超过 6 个月。

第三十九条 确认再保险相关的认可资产和认可负债时，分入人和分出人对同一再保险合同的合同性质、期限、所转移的风险和责任、重大保险风险测试结果等的认定，原则上应当一致。

第四十条 保险公司应当以财务报表净资产为基础，分析以下项目对实际资本的影响方向，通过调增或调减净资产计算得到核心一级资本：

（一）本规则第十条所列的各项非认可资产的账面价值；

（二）保险公司持有的长期股权投资的认可价值与账面价值的差额；

（三）投资性房地产（包括保险公司以物权方式或通过项目公司等方式持有的投资性房地产）的认可价值与账面价值的差额（扣除所得税影响）；

（四）递延所得税资产（由经营性亏损引起的递延所得税资产除外）；

（五）对农业保险业务提取的大灾风险保费准备金；

（六）按照本规则第三十五条至第三十七条计算的保单未来盈余；

（七）按照本规则第三十八条至第三十九条计算的长期寿险再保险合同相应的资本金额；

（八）保险公司发行的符合核心一级资本标准的负债类资本工具按规定可计入核心一级资本的金额；

（九）银保监会规定的其他调整项目。

上述第（四）项为附属一级资本。

第四十一条 保险公司各级资本应当符合以下限额标准：

（一）附属资本不得超过核心资本的 100%；

（二）按本规则第三十五条至第三十七条计入核心资本的保单未来盈余不得超过核

心资本的 35%；

（三）核心二级资本不得超过核心资本的 30%；

（四）附属二级资本不得超过核心资本的 25%。

各级资本工具余额超过上述限额的，应当确认为资本性负债，以其超过限额的金额作为该负债的认可价值。

第五章 附 则

第四十二条 保险公司在 2016 年 1 月 1 日前发行的带有赎回条款的次级定期债务，其利率跳升大于 100 个基点但小于等于 200 个基点的，剩余期限按到期日计算，确定认可价值；大于 200 个基点的，剩余期限按赎回日计算，确定认可价值。

第四十三条 保险公司在本规则施行前发行的资本工具，按照发行时的监管规则确认所属的资本类别。

第四十四条 相互保险组织适用本规则。

相互保险组织在本规则施行前发行的资本工具（包括初始营运资金），按照发行时的监管规则确认所属的资本类别。

相互保险组织的核心二级资本限额标准不受本规则第四十一条第（三）项限制。

第四十五条 境外国家（地区）的偿付能力监管制度获得中国偿付能力监管等效资格的，该国家（地区）的保险公司向其在中国境内的保险子公司提供的符合条件的非实缴资本工具可计入实际资本。具体标准由银保监会另行规定。

第四十六条 本规则由银保监会负责解释和修订。

第四十七条 本规则于 2015 年 2 月 13 日第一次发布，于 2021 年 12 月 30 日修订发布。本规则施行日期另行规定。

《保险公司偿付能力监管规则第1号：实际资本》讲解

一、总则概述

《保险公司偿付能力监管规则第1号：实际资本》（以下简称本规则）规范了保险公司实际资本的计量和资本分级标准。保险公司的实际资本是指保险公司在持续经营或破产清算状态下可以吸收损失的财务资源，实际资本等于认可资产减去认可负债。保险公司评估实际资本时应当遵循以下原则：

（一）在银保监会认可的企业会计准则基础上，根据偿付能力监管目的对资产、负债的评估标准进行调整。对于保险合同相关资产和负债，保险公司应当按照财政部 2006 年发布的《企业会计准则第 25 号——原保险合同》《企业会计准则第 26 号——再保险合同》和 2009 年发布的《保险合同相关会计处理规定》进行确认和计量。根据本规则，保险公司在银保监会认可的企业会计准则基础上，应调整的项目有投资性房地产、长期股权投资、应收分保准备金、寿险业务保险合同负债、所得税准备等。

（二）实际资本的评估应适时、恰当地反映保险公司的资产、负债在商业模式和市场环境中的价值及其变化。比如，对于寿险合同负债的评估，偿二代下前 20 年的基础曲线采用 750 日移动平均国债收益率曲线，既符合保险商业模式长期性的特征，又有助于解决我国资本市场有效性不强的问题，避免短期利率波动造成保险公司负债的大幅波动，保持长期负债的相对稳定性。

（三）实际资本的评估应当以母公司财务报表而不以合并财务报表为基础。保险公司评估实际资本应当以母公司财务报表（即自身单体财务报表）为基础，以准确反映长期股权投资、关联交易等风险。保险集团评估实际资本应当以合并财务报表为基础，从而剔除资本重复计算的因素。

（四）资产与负债的评估原则应当一致。在偿付能力评估时，保险公司的资产与负债是紧密关联的，应当采用一致的评估原则。

（五）不同类型的保险公司经营相同的保险业务，其资产、负债应适用相同的评估原则。人身保险公司、财产保险公司经营的短期意外险、短期健康险等保险业务，在资产和负债评估时应适用相同的评估原则。

需要强调的是，保险公司应当按照审慎性原则，对资产可能发生的损失进行合理判断和估计，足额计提减值准备，避免高估资产，虚增偿付能力。银保监会认为资产减值计提不恰当的，可要求保险公司对资产减值进行调整。

二、认可资产和非认可资产

（一）认可资产

保险公司的资产分为认可资产和非认可资产。认可资产指处置不受限制，并可用于履行对保单持有人赔付义务的资产；不符合前述条件的，为非认可资产。认可资产包括现金及流动性管理工具、投资资产、长期股权投资、再保险资产、应收及预付款项、固定资产、独立账户资产以及其他认可资产八类。需要注意以下两点：

一是流动性管理工具。保险公司应当根据持有资产的目的以及资产的流动性状况，确定公司流动性管理工具的范围。本规则列示了通知存款、货币市场基金、买入返售金融资产、商业银行票据和拆出资金等主要流动性管理工具。如果保险公司持有的短期融资券、央行票据等其他类别的资产目的是现金管理，可将其列示为现金及流动性管理工具。

二是长期股权投资。长期股权投资是指保险公司对被投资单位实施控制、共同控制、重大影响的权益性投资，包括对子公司、合营企业和联营企业的权益投资。保险公司持有的能够达到控制、共同控制或重大影响的保险资产管理产品、信托计划等结构化主体，按照企业会计准则应当确认为长期股权投资。但考虑其风险实质，偿付能力下的长期股权投资不包括上述结构化主体，其应当列示为投资资产，按照投资资产评估实际资本，计量最低资本。

（二）非认可资产

非认可资产包括无形资产（土地使用权除外）、由经营性亏损引起的递延所得税资产、待摊费用和长期待摊费用、有迹象表明保险公司到期不能处置或者对其处置受到限制的资产、文物、艺术作品和动植物标本以及银保监会规定的其他非认可资产等。

由经营性亏损引起的递延所得税资产。保险公司未来能否盈利以及相关递延所得税资产能否转回具有较大不确定性，因此，经营性亏损引起的递延所得税资产为非认可资产。除因经营性亏损确认的递延所得税资产外，其他递延所得税资产为认可资产。例如，保险公司财务报表中确认了1000万元的递延所得税资产，其中200万元是因未决赔款准备金产生的可抵扣暂时性差异而确认的，800万元是因可抵扣亏损确认的。根据本规则，未决赔款准备金产生的200万元递延所得税资产为认可资产，因可抵扣亏损确认的800万元递延所得税资产，属于非认可资产。

有迹象表明，保险公司到期不能处置或者对其处置受到限制的资产为非认可资产。但以下三类资产除外：（1）为自身担保的抵押物和质押物；（2）保险公司因开办政策性保险业务须存入指定银行的款项；（3）保险公司参与证券出借业务出借的证券。

（三）认可价值

除投资性房地产、长期股权投资及寿险业务的应收分保准备金外，保险公司其他认可资产均以账面价值作为认可价值。资产的账面价值是指保险公司根据银保监会认可的企业会计准则确认、计量的资产账面余额扣除资产减值、摊销或折旧后的金额。

1. 投资性房地产

保险公司持有的投资性房地产包括以物权方式持有的投资性房地产和以项目公司方式持有的投资性房地产。其中，以项目公司持有的投资性房地产是指保险公司通过设立或入股项目公司的形式，间接持有的投资性房地产。保险公司通过项目公司形式持有的投资性房地产在认可资产表的"投资性房地产"中列示。

保险公司持有的投资性房地产均应按成本模式计量金额作为认可价值。按照企业会计准则，投资性房地产计量模式有两种：成本计量和公允价值计量。保险公司直接或间接持有的投资性房地产，若以成本模式计量，以账面价值作为其认可价值；若以公允价值模式计量，应当调整为成本模式计量的金额，以其作为认可价值。

根据《中国银保监会关于实施保险公司偿付能力监管规则（Ⅱ）有关事项的通知》（以下简称《通知》），关于投资性房地产统一按成本模式计量金额作为其认可价值的规定，在新旧规则切换日的规定如下：对于以公允价值模式计量的投资性房地产，保险公司以 2022 年 1 月 1 日作为初始计量日，将其账面价值作为初始成本，按成本模式计量其认可价值。其中，投资性房地产的购置成本作为核心一级资本，评估增值作为附属一级资本。投资性房地产存在减值迹象的，保险公司应当及时足额计提减值。保险公司计提的减值和按照成本模式计提的折旧，应当在购置成本、评估增值间按比例分摊，相应减少核心一级资本或附属一级资本。

【示例】2012 年 1 月 1 日，A 保险公司以 15 亿元购买了一栋写字楼用于出租，在会计核算时确认为投资性房地产，采用公允价值模式进行计量。2022 年 1 月 1 日，其账面价值为 18 亿元。该栋写字楼的物权 2041 年底到期，残值率为 5%，保险公司对自用办公楼采用直线摊销法。请问保险公司在编制 2022 年第四季度的偿付能力季度报告时，应当如何确认该栋写字楼的认可价值，计入核心资本和附属资本的金额分别是多少？

A 保险公司以公允价值模式对投资性房地产进行会计核算，在编报偿付能力报告时，应当调整为成本模式计量的金额作为其认可价值。2022 年 1 月 1 日，该栋写字楼账面价值为 18 亿元，其中购买成本 15 亿元，评估增值 3 亿元。2022 年 1 月 1 日，保险公司应当以 18 亿元作为初始成本，对该栋写字楼按照成本模式计量的金额确认其认可价值。该栋写字楼物权剩余年限为 20 年，残值率为 5%，每年应计提折旧 18 亿元 ×（1 - 5%）÷ 20 = 0.855 亿元。

2022 年第四季度，该栋写字楼的认可价值为 18 亿元 - 0.855 亿元 = 17.145 亿元。

其中，计入核心资本的部分为 15 亿元 - 0.855 亿元 × （15 亿元 ÷ 18 亿元） = 14.2875 亿元；计入附属资本的部分为 3 亿元 - 0.855 亿元 × （3 亿元 ÷ 18 亿元） = 2.8575 亿元。

2. 对子公司的长期股权投资

为反映保险公司在子公司所享有的权益，体现其实际的损失吸收能力，本规则规定，保险公司对子公司的长期股权投资应按照权益法确定其认可价值。

3. 对合营企业和联营企业的长期股权投资

对于保险公司持有的合营企业和联营企业的长期股权投资，保险公司应当充分评估其可能发生减值的迹象，及时进行减值测试，足额计提资产减值。

（1）合营企业或联营企业为上市公司的，市价持续一年以上低于账面价值或市价低于账面价值的比例超过 50% 的，应当根据账面价值和市价的差额计提减值。市价持续一年以上低于账面价值是指在报告日最近一年每个交易日的市价均低于账面价值；市价低于账面价值的比例超过 50% 是指以报告日或报告日最近一个交易日的收盘价计算的持股市值低于报告日账面价值的比例超过 50%。

对于合营企业或联营企业为沪深 300 成分股的，且最近三年股息率均在 3% 以上或现金股利支付率均在 10% 以上的，可不按上述规定计提减值。

其中，对于沪深 300 成分股的判断，如果某上市公司为同时在 A 股和 H 股上市的公司，在 A 股属于沪深 300 成分股。保险公司同时持有该公司 A 股和 H 股的股票，或者仅持有 H 股的股票，均属于符合沪深 300 成分股的条件。

（2）合营企业和联营企业为非上市公司的，保险公司应制定审慎明确的减值政策。合营企业和联营企业出现以下情形时，保险公司应当及时足额计提减值，包括但不限于：已停业或无法开展正常经营活动的；出现债务违约的；所处的经济、技术或者法律环境发生重大变化，对其产生重大不利影响；受宏观调控政策、监管政策等因素影响，同类可比上市公司的股价或估值出现大幅下调的；表明已经发生减值的其他情形。

4. 应收分保准备金

保险公司非寿险业务应收分保准备金以账面价值作为其认可价值；寿险业务应收分保准备金应当按照《保险公司偿付能力监管规则第 3 号：寿险合同负债评估》（以下简称《3 号规则》）确认其认可价值。

保险公司应当按照《3 号规则》分别评估分保前和分保后的寿险合同负债，将分保前的寿险合同负债确认为认可负债，将分保前和分保后寿险合同负债的差额作为应收分保准备金，确认为认可资产。

三、认可负债和非认可负债

（一）认可负债和非认可负债

保险公司的负债分为认可负债和非认可负债。认可负债是指保险公司无论在持续经营状态还是破产清算状态下均需要偿还的债务以及超过监管限额的资本工具；不符合上述条件的负债，为非认可负债。

保险公司认可负债包括保险合同负债、金融负债、应付及预收款项、预计负债、独立账户负债、资本性负债及其他认可负债七类。

保险公司的非认可负债采用列举法，除列举的非认可负债外，保险公司其他负债均为认可负债。本规则第二十条列举了非认可负债，包括：对农业保险业务提取的大灾风险保费准备金；保险公司发行的符合核心资本或附属资本标准、用于补充实际资本且符合计入资本相关条件的长期债务；银保监会规定的其他非认可负债。

（二）认可价值的确认

除寿险业务保险合同负债外，保险公司的非寿险业务保险合同负债、金融负债、应付及预收款项、预计负债、独立账户负债、递延所得税负债以账面价值作为其认可价值。寿险业务保险合同负债、现金价值保证、所得税准备以及保险公司发行的资本补充工具的认可价值按照以下标准确定：

1. 寿险业务保险合同负债

寿险业务保险合同负债的认可价值根据《3 号规则》确定。《3 号规则》规范了寿险业务的保险合同负债的评估。与企业会计准则相比，《3 号规则》对于费用假设、经验假设、折现率曲线等方面进行了审慎规定。对于财产保险以及短期意外险、短期健康险和短期寿险，不适用《3 号规则》，应当按照企业会计准则评估其保险合同负债，以账面价值作为其认可价值。

2. 现金价值保证

当保险公司寿险业务保险合同负债的认可价值与公司最低资本之和小于公司全部寿险业务的现金价值时，应确认现金价值保证负债，其认可价值为二者的差额。例如，A保险公司寿险业务按照《3 号规则》评估的保险合同负债为 100 亿元，公司的最低资本为 30 亿元，公司整体寿险业务的现金价值为 140 亿元。A 保险公司寿险业务保险合同负债的认可价值与公司最低资本之和为 130 亿元，小于其整体寿险业务的现金价值 140 亿元。保险公司应确认现金价值保证负债，认可价值为 140 亿元 – 130 亿元 ＝ 10 亿元。

3. 所得税准备

当有证据表明，保险公司的企业所得税应纳税所得额预期在未来持续大于零时，保险公司应当在认可负债中确认所得税准备。根据《通知》的相关规定，当保险公司成立以来任意连续三年的应纳税所得额为正时，应当确认所得税准备。只有当充分的证据显示保险公司的应纳税所得额持续为正的趋势发生根本性、长期性的逆转，方可终止确认所得税准备。

保险公司应当以财务报表的寿险合同负债的剩余边际为基础分析计算所得税准备，具体标准为所得税准备以财务报表寿险合同负债的剩余边际金额的 10% 作为其认可价值。

4. 资本性负债

（1）保险公司发行的次级可转换债券、没有赎回条款的次级定期债务和资本补充债券，按照剩余期限确定认可价值。其中，剩余期限在 2 年（含 2 年）以上的，认可价值为零；剩余期限在 1 年（含 1 年）以上、2 年以内的，以账面价值的 50% 作为其认可价值；剩余期限在 1 年以内的，以账面价值的 80% 作为其认可价值。

（2）保险公司发行的具有赎回条款的次级定期债务和资本补充债券，根据其剩余期限确定认可价值。若赎回日之前和赎回日之后的票面利率差额超过 100 个基点，或者有证据表明保险公司会提前赎回的，剩余期限按赎回日计算，否则按到期日计算。赎回日未赎回的，剩余期限按到期日计算。

【示例】2016 年 1 月 1 日，A 保险公司发行了一笔 10 年期的资本补充债券，发行规模 10 亿元，票面利率为 5.5%，第 5 年末公司有赎回权，若不赎回，利率将上升 60 个基点。2020 年 5 月，A 公司发布股东大会决议，宣告该债券将于 2020 年 12 月 31 日以约定的票面利率提前赎回。保险公司在 2016—2019 年、2020 年 6 月末应当如何确定资本性负债的认可价值？

保险公司发行的具有赎回权的资本补充债券，利率跳升（60 个基点）未超过 100 个基点，也没有其他证据表明保险公司会提前赎回，因此，剩余期限按到期日 2025 年 12 月 31 日计算。2016—2019 年的剩余期限均在 4 年以上，该项资本性负债的认可价值为零。2020 年 6 月末，因公司已决定提前赎回，剩余期限应按赎回日计算，为 6 个月，在 1 年以内，以账面价值的 80% 作为该项资本性负债的认可价值。

四、资本分级

（一）资本特性

保险公司的资本应当符合存在性、永续性、次级性、非强制性和外生性。其中，存在性是指保险公司的资本应当是实缴资本；永续性指保险公司的资本应当没有到期日或具有较长期限；次级性是指保险公司的资本在破产清算时的受偿顺序，应当在保险合同负债和一般债务之后；非强制性是指保险公司的本金返还和利息（股息）支付不是保险公司的强制义务，或者在特定条件下可以返还或支付；外生性是指保险公司不得以任何形式直接或者间接为非内源性资本提供者提供资金或融资便利。

（二）资本分级

根据资本吸收损失的性质和能力，保险公司资本分为两级四类，即核心资本和附属资本。其中，核心资本分为核心一级资本和核心二级资本；附属资本分为附属一级资本和附属二级资本。保险公司各层级资本在存在性、永续性、次级性、非强制性和外生性方面应当满足相应条件，才可以确认为相应层级的资本，如表 1 所示。

表 1　　　　　　　　　　　　　　保险公司资本分级

	核心一级资本	核心二级资本	附属一级资本	附属二级资本
存在性	实缴	实缴	实缴	实缴的或符合银保监会规定的形式
永续性	应当没有到期日，且资本工具发行时不应产生该工具将被回购、赎回或取消的预期	应当没有到期日或者期限不低于 10 年，发行 5 年后方可赎回并且不得含有利率跳升机制及其他赎回激励	期限不低于 5 年	期限可以低于 5 年
次级性	应当能吸收经营损失和破产损失；破产清算时的受偿顺序排在最后；资本工具发行人或其关联方不得提供抵押或保证，也不得通过其他安排使其在法律或经济上享有优先受偿权	应当能吸收经营损失和破产损失；破产清算时的受偿顺序列于保单持有人和一般债权人之后，先于核心一级资本；资本工具发行人或其关联方不得提供抵押或保证，也不得通过其他安排使其在法律或经济上享有优先受偿权；有到期日的，应当含有减记或转股条款，当触发事件发生时，该资本工具能立即减记或者转为普通股	应当能吸收破产损失；破产清算时的受偿顺序列于保单持有人和一般债权人之后，先于核心资本	应当能吸收破产损失；破产清算的受偿顺序列于保单持有人和一般债权人之后，先于附属一级资本
非强制性	任何情况下本金返还和收益分配都不是保险公司的强制性义务，且不分配收益不被视为违约	支付本金或赎回后偿付能力充足率不达标的，不能支付本金或赎回，本金可以递延支付；支付利息后偿付能力充足率不达标的，当期利息支付义务应当取消。发行人无法如约支付本息时，该资本工具的权益人无权向法院申请对保险公司实施破产	支付本金或利息后偿付能力充足率不达标的，本金或利息应当递延支付。发行人无法如约支付本息时，该资本工具的权益人无权向法院申请对保险公司实施破产	可以不设定本息支付的约束条件
外生性	资本工具发行人不得直接或间接为投资人购买该工具提供融资；投资人不存在通过关联交易、多层嵌套金融产品、增加股权层级等方式套取保险资金，用于购买该工具的情形			

（三）保单未来盈余

保单未来盈余是指保险公司现行有效寿险保单剩余期限所对应的当期确认的实际资本。

1. 保单未来盈余的分组

根据资本特性，本规则要求保险公司按照保单剩余期限，对保单未来盈余进行资本分级，分别计入核心一级资本、核心二级资本、附属一级资本和附属二级资本。

保单未来盈余应按照保单剩余期限进行分组：一是保单剩余期限在 30 年（含）以上保单所对应的保单未来盈余；二是保单剩余期限在 10 年（含）以上、30 年以内的保单所对应的保单未来盈余；三是保单剩余期限在 5 年（含）以上、10 年以内的保单所对应的保单未来盈余；四是保单剩余期限在 5 年以内的保单所对应的保单未来盈余。

2. 保单未来盈余的计算公式

保单未来盈余的计算公式如下：

$$保单未来盈余 = \sum_{所有有效寿险保单}（现行有效寿险保单剩余期限对应的实际资本）$$

为简化程序，保单未来盈余可采用下述公式近似计算：

保单未来盈余 = 财务报表下寿险合同负债账面价值 − 偿付能力下寿险合同负债认可价值 − 现金价值保证 − 所得税准备

其中，偿付能力下寿险合同负债认可价值按照《3 号规则》进行评估确定。

现金价值保证、所得税准备按照本规则第二十三条、第二十四条确定。

该公式可以做进一步细化，具体如下：

保单未来盈余 =（财务报表下寿险合同最优估计准备金 + 风险边际 + 剩余边际）−（偿付能力下寿险合同最优估计准备金 + 风险边际）− 现金价值保证 − 所得税准备

考虑到偿付能力下的风险边际、现金价值保证和所得税准备难以直接计算保单层面的相关数据。保险公司先计算除上述项目外的可直接归属于保单层面的保单未来盈余，再按照评估时点保单层面的保单未来盈余将上述项目分摊至保单层面。

3. 保单未来盈余的分级

（1）整体判断。保单未来盈余小于零，直接冲减核心一级资本，不再进行后续分组和分级。

（2）分组计算。保险公司按照《3 号规则》和《通知》规定的折现率等相关假设规定，按照组别，将各组保单未来盈余，摊销至未来各期，摊销载体为保单件数。保险公司将计算的各期摊销金额，按照各组对应的资本报酬率进行贴现，分别将现值及剩余部分计入对应层级的资本工具。具体如下：

一是保单剩余期限在 30 年（含）以上的，保单未来盈余按照资本报酬率（13%）折现到评估时点的现值，作为核心一级资本工具，剩余部分作为附属一级资本工具；

二是保单剩余期限在 10 年（含）以上、30 年以内的，保单未来盈余按照资本报酬率

（13%）折现到评估时点的现值，作为核心二级资本工具，剩余部分作为附属一级资本工具；

三是保单剩余期限在 5 年（含）以上、10 年以内的，保单未来盈余按照资本报酬率（10%）折现到评估时点的现值，作为附属一级资本工具，剩余部分作为附属二级资本工具；

四是保单剩余期限在 5 年以内的，保单未来盈余全部作为附属二级资本工具。

若分组后的保单未来盈余小于零，在折现前冲减保单剩余期限 30 年（含）以上组的未来盈余，不足冲减的，冲减核心一级资本如图 1 所示。

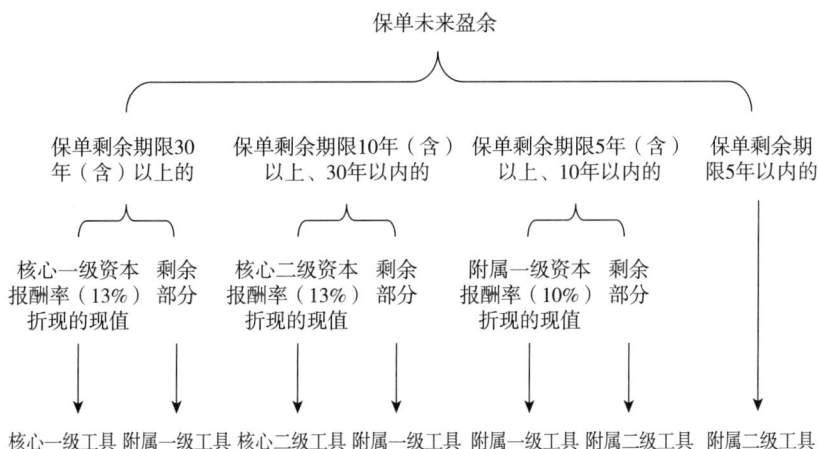

图 1　保单未来盈余分组及分级

【示例】以 A 公司为例，举例说明如何将其 800 亿元的保单未来盈余进行资本分级（见表 2）。

表 2　　　　　　　　　　　　　　　保单未来盈余资本分级　　　　　　　　　　　单位：亿元

	保单未来盈余（四组之和）	第一组 剩余期限 30 年以上	第二组 剩余期限 10 年以上、30 年以内	第三组 剩余期限 5 年以上、10 年以内	第四组 剩余期限 5 年以内	第一步，通过精算模型，对保单剩余期限进行分组标识
一、保单未来盈余分层						第二步，分层
可直接归属保单层面 A	A：820	A1：650	A2：140	A3：40	A4：-10	按照公式，计算各组保单层面的保单未来盈余及加总值
不可直接归属保单面 B	B：-20	-16 $B1=（A1÷A）×B$	-3 $B2=（A2÷A）×B$	-1 $B3=（A3÷A）×B$	0.2 $B4=（A4÷A）×B$	对于不可直接归属保单层面的保单未来盈余，按照评估时点可直接归属于保单层面的未来盈余进行分摊

	保单未来盈余（四组之和）	第一组剩余期限30年以上	第二组剩余期限10年以上、30年以内	第三组剩余期限5年以上、10年以内	第四组剩余期限5年以内	
保单未来盈余总计 C	C：800	624 $C1 = C - sum（C2 + C3 + C4）$	137 $C2 = max（0，A2 + B2）$	39 $C3 = max（0，A3 + B3）$	0 $C4 = max（0，A4 + B4）$	第三步，计算各组保单未来盈余
按照规定的资本报酬率进行折现，得到现值 D		D1：317 资本报酬率（13%）	D2：78 资本报酬率（13%）	D3：29 资本报酬率（10%）		第四步，将保单未来盈余，摊销至未来各期，再按照资本报酬率折现
二、保单未来盈余资本分级						第五步，分级
计入核心一级资本 E	317 $E = E1$	317 $E1 = D1$				各组保单未来盈余折现的现值分别计入核心一级资本、核心二级资本、附属一级资本，剩余部分分别计入附属一级资本或附属二级资本
计入核心二级资本 F	78 $F = F2$		78 $F2 = D2$			
计入附属一级资本 G	395 $G = G1 + G2 + G3$	307 $G1 = C1 - E1$	59 $G2 = C2 - F2$	29 $G3 = D3$		
计入附属二级资本 H	10 $H = H3 + H4$			10 $H3 = C3 - G3$	0 $H4 = C4$	

（四）长期寿险再保险合同

保险公司的寿险再保险合同可以视为分出人向分入人发行的资本工具，应当根据资本的特性，对其实际资本进行分级。长期寿险再保险合同的实际资本评估具体步骤可参照图 2。

对寿险再保险合同实际资本的评估，应把握以下几点：

一是保险公司开展的长期寿险再保险业务，如果没有 3 年内终止的条款，且相关风险和资产均真实转移，属于传统的长期寿险再保险业务，因再保险合同增加的资本可以计入核心一级资本。

二是 3 年终止的条款主要指再保险合同含有提前终止条款或有其他证据表明再保险合同会在 3 年内提前终止。对于因原保险合同满期而终止的再保险合同，不属于 3 年可终止的条款。比如，分出人与分入人签订再保险合同时，原保险合同的期限为 2 年，再

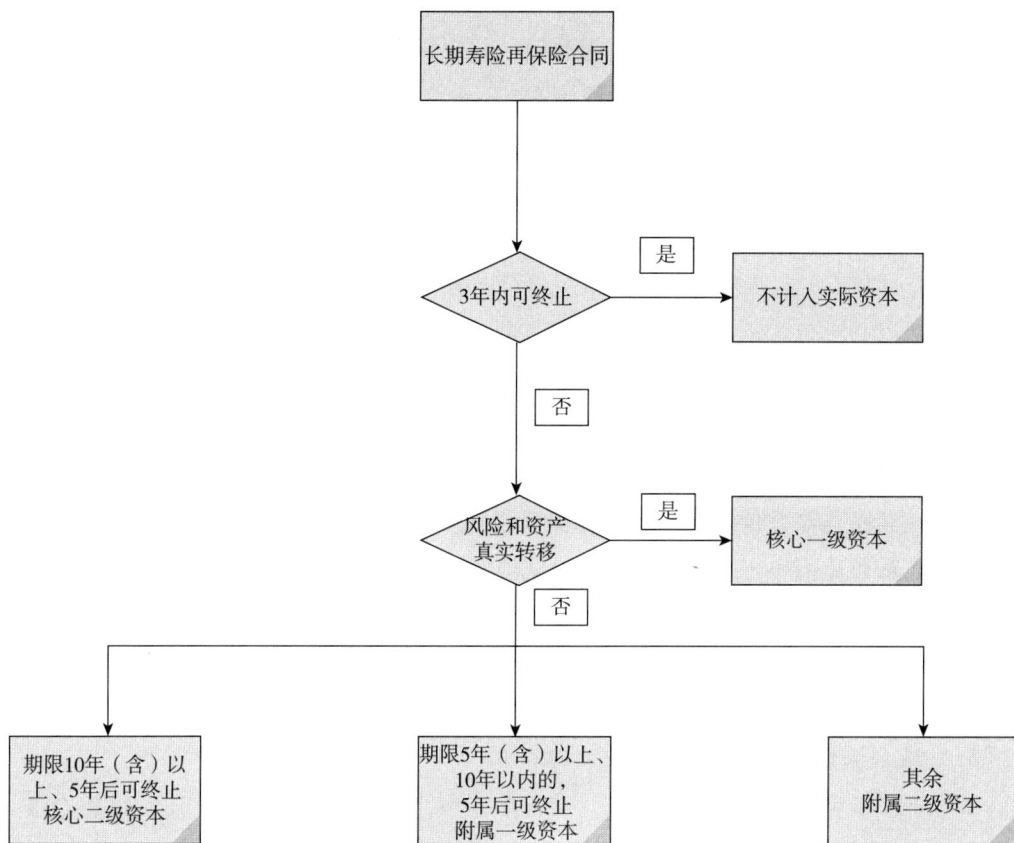

图 2　长期寿险再保险合同的实际资本评估步骤

保险合同因原保险合同满期，在 2 年后自然终止。该再保险合同不属于 3 年可终止的条款，若相关风险和资产真实转移，其增加的实际资本可以计入核心一级资本。

三是相关资产真实转移应同时满足以下条件：再保险合同相关分出保费现金流真实由分出人转入分入人；未出现分出人通过佣金和手续费大比例返还、存出履约保证金等方式向分出人转回现金流的情况；若分出保费递延支付的，递延支付期限不应超过 6 个月。

四是对于 3 年后可终止且相关资产未真实转移的再保险合同，根据其再保险合同期限和终止时间进行资本分级。比如，再保险合同期限 10 年（含）以上，5 年后方可终止的，其增加的资本计入核心二级资本。其中，关于合同期限 10 年（含）以上、5 年后方可终止的规定，与核心二级资本的永续性的要求是一致的。

五是分入人和分出人对再保险合同的相关认定应当一致。分入人和分出人对同一再保险合同的合同期限认定、合同所转移的风险和责任的认定、重大风险测试结果应当一致。

（五）净资产调整为核心一级资本

保险公司应当以财务报表净资产为基础，分析以下项目对实际资本的影响方向，通过调增或调减净资产计算得到核心一级资本。

1. 非认可资产

本规则第十条所列的各项非认可资产的账面价值，为调减项。

2. 长期股权投资

保险公司持有的长期股权投资的认可价值与账面价值的差额，包括子公司的权益法调整金额，以及对合营企业、联营企业减值调整金额。若认可价值大于账面价值，为调增项；若认可价值小于账面价值，为调减项。

3. 投资性房地产

投资性房地产（包括保险公司以物权方式或通过项目公司等方式持有的投资性房地产）的认可价值与账面价值的差额（扣除所得税影响）。若认可价值大于账面价值，为调增项；若认可价值小于账面价值，为调减项。

4. 递延所得税资产

经营性亏损引起的递延所得税资产属于非认可资产，需要按照非认可资产进行调减；其他递延所得税资产属于附属一级资本，需要从净资产中调减。

5. 大灾风险保费准备金

农业保险业务提取的大灾风险保费准备金在会计核算时属于负债，在偿付能力报告口径下属于非认可负债，为调增项。

6. 按照本规则第三十五条至第三十七条计算的保单未来盈余金额

保单剩余期限30年（含）以上的保单未来盈余按核心一级资本对应的资本报酬率折现到评估时点的现值大于零，为调增项；小于零，为调减项。

7. 按照本规则第三十八条至第三十九条计算的长期寿险再保险合同相应的资本金额，应当根据具体情况分析确定是调减项还是调增项

8. 保险公司发行的符合核心一级资本标准的负债类资本工具按规定可计入核心一级资本的金额，通常为调增项

9. 银保监会规定的其他调整项目

（六）各层级资本的限额

考虑到核心资本和附属资本的损失吸收能力不同，为确保保险公司具有较高的资本质量，保险公司各级资本应当符合以下限额标准：

1. 附属资本不得超过核心资本的100%

2. 按本规则第三十五条至第三十七条计入核心资本的保单未来盈余不超过核心资本的35%

3. 核心二级资本不得超过核心资本的30%

4. 附属二级资本不得超过核心资本的 25%

各级资本工具余额超过上述限额的，应当确认为资本性负债，以其超过限额的金额作为认可价值。

五、附则

（一）存续的次级定期债务

本规则采用新老划断的方式，对存续的次级定期债务等资本工具的认可标准进行了规范。一是保险公司在 2016 年 1 月 1 日前发行的带有赎回条款的次级定期债务，其利率跳升大于 100 个基点但小于等于 200 个基点的，剩余期限按到期日计算，确定认可价值；大于 200 个基点的，剩余期限按赎回日计算，确定认可价值。二是在本规则施行前发行的其他资本工具，按照发行时的监管规则确认所属的资本类别。

（二）相互保险组织的实际资本评估

相互保险组织的实际资本评估参照本规则执行。另有规定的，从其规定。

相互保险组织在本规则施行前发行的资本工具（包括初始营运资金），按照发行时的监管规则确认所属的资本类别。相互保险组织的核心二级资本不受"核心二级资本不得超过核心资本的 30%"的限制。

（三）偿付能力监管等效

如果境外国家（地区）的偿付能力监管制度获得中国偿付能力监管等效资格，该国家（地区）的保险公司向其在中国境内的保险子公司提供的符合条件的非实缴资本工具可计入实际资本，具体标准由银保监会另行规定。

保险公司偿付能力监管规则第 2 号：
最低资本

第一章 总 则

第一条 为规范保险公司最低资本的构成、计量原则和计量方法，制定本规则。

第二条 本规则所称保险公司，是指依法在中华人民共和国境内设立的经营商业保险业务的保险公司和外国保险公司分公司。

第三条 保险公司偿付能力风险由固有风险和控制风险组成。

固有风险是指在现有的正常的保险行业物质技术条件和生产组织方式下，保险公司在经营和管理活动中必然存在的客观的偿付能力相关风险。固有风险由可资本化为最低资本的风险（以下简称可资本化风险）和难以资本化为最低资本的风险（以下简称难以资本化风险）组成。可资本化风险包括保险风险、市场风险和信用风险，难以资本化风险包括操作风险、战略风险、声誉风险和流动性风险。

控制风险是指因保险公司内部管理和控制不完善或无效，导致固有风险未被及时识别和控制的偿付能力相关风险。

第四条 最低资本是指基于审慎监管目的，为使保险公司具有适当的财务资源，以应对各类可资本化风险对偿付能力的不利影响，银保监会要求保险公司应当具有的资本数额。

第五条 保险公司最低资本由三部分组成：

（一）可资本化风险最低资本，即保险风险、市场风险、信用风险对应的最低资本；

（二）控制风险最低资本，即控制风险对应的最低资本；

（三）附加资本，包括逆周期附加资本、系统重要性保险机构的附加资本以及其他附加资本。

第二章 计量原则

第六条 最低资本的计量应以风险为基础，涵盖保险公司面临的所有可资本化的固有风险、控制风险和系统风险。

第七条 最低资本的计量应采用相关系数矩阵法，反映各类风险之间的分散效应。

第八条 最低资本计量采用行业统一的方法、模型和参数，银保监会另有规定的除外。

第九条 保险风险、市场风险和信用风险等可资本化风险的最低资本计量采用在险价值（Value at Risk）法，银保监会另有规定的除外。

第十条 控制风险的最低资本计量采用监管评价法。

第十一条 保险风险、市场风险和信用风险的风险暴露不包括非认可资产和非认可负债，银保监会另有规定的除外。

第十二条 独立账户资产和独立账户负债不计提根据保险合同由保单持有人自行承担的市场风险、信用风险所对应的最低资本，银保监会另有规定的除外。

第十三条 保险公司通过特定安排导致其保险风险、市场风险和信用风险的风险暴露和风险特征，与正常情况相比发生重大变动的，银保监会可以调整其最低资本要求，具体标准另行规定。

第十四条 保险公司的长期寿险再保险合同，合同生效日后 3 年内可终止的，不得计量因再保险合同降低的最低资本。

长期寿险再保险合同的分出人和分入人计量最低资本时，分出人减少的最低资本与分入人增加的最低资本，原则上应保持一致。

第三章 计量方法

第十五条 保险公司应当按照偿付能力监管规则有关规定计量保险风险、市场风险和信用风险等可资本化风险的最低资本，并考虑风险分散效应和特定类别保险合同的损失吸收效应，计算公式如下：

$$MC^* = \sqrt{MC_{向量} \times M_{相关系数} \times MC_{向量}^T} - LA$$

其中：

MC^* 代表可资本化风险整体的最低资本；

$MC_{向量}$ 代表保险风险、市场风险和信用风险的最低资本行向量；

$M_{相关系数}$ 代表相关系数矩阵；

LA 代表特定类别保险合同的损失吸收效应调整。

第十六条 财产保险公司 $MC_{向量}$ 由（$MC_{非寿险保险}$，$MC_{市场}$，$MC_{信用}$）组成，其中：

$MC_{非寿险保险}$ 为非寿险业务保险风险最低资本；

$MC_{市场}$ 为市场风险最低资本；

$MC_{信用}$ 为信用风险最低资本；

$M_{相关系数}$ 如下表所示：

相关系数	$MC_{非寿险保险}$	$MC_{市场}$	$MC_{信用}$
$MC_{非寿险保险}$	1	0.1	0.15
$MC_{市场}$	0.1	1	0.27
$MC_{信用}$	0.15	0.27	1

第十七条 人身保险公司 $MC_{向量}$ 由（ $MC_{寿险保险}$ ， $MC_{非寿险保险}$ ， $MC_{市场}$ ， $MC_{信用}$ ）组成，其中：

$MC_{寿险保险}$ 为寿险业务保险风险最低资本；

$MC_{非寿险保险}$ 为非寿险业务保险风险最低资本；

$MC_{市场}$ 为市场风险最低资本；

$MC_{信用}$ 为信用风险最低资本；

$M_{相关系数}$ 如下表所示：

相关系数	$MC_{寿险保险}$	$MC_{非寿险保险}$	$MC_{市场}$	$MC_{信用}$
$MC_{寿险保险}$	1	0.20	0.30	0.15
$MC_{非寿险保险}$	0.20	1	0.1	0.1
$MC_{市场}$	0.30	0.1	1	0.35
$MC_{信用}$	0.15	0.1	0.35	1

第十八条 再保险公司 $MC_{向量}$ 由（ $MC_{寿险再保险}$ ， $MC_{非寿险再保险}$ ， $MC_{市场}$ ， $MC_{信用}$ ）组成，其中：

$MC_{寿险再保险}$ 为寿险再保险业务保险风险最低资本；

$MC_{非寿险再保险}$ 为非寿险再保险业务保险风险最低资本；

$MC_{市场}$ 为市场风险最低资本；

$MC_{信用}$ 为信用风险最低资本；

$M_{相关系数}$ 如下表所示：

相关系数	$MC_{寿险保险}$	$MC_{非寿险保险}$	$MC_{市场}$	$MC_{信用}$
$MC_{寿险保险}$	1	0.10	0.30	0.15
$MC_{非寿险保险}$	0.10	1	0.1	0.15
$MC_{市场}$	0.30	0.1	1	0.27
$MC_{信用}$	0.15	0.15	0.27	1

第十九条 分红保险和万能保险业务应当考虑损失吸收效应调整，计算公式如下：

$$LA = \text{Min}(MC_{分红万能账户} \times \beta, LA_{上限})$$

其中：

（一） $MC_{分红万能账户}$ 为分红保险和万能保险账户合并计算的市场和信用风险最低资本，

计算公式为：

$$MC_{\text{分红万能账户}} = \sqrt{(MC_{\text{市场}})^2 + 2 \times \rho \times MC_{\text{市场}} \times MC_{\text{信用}} + (MC_{\text{信用}})^2}$$

$MC_{\text{市场}}$ 为分红保险账户和万能保险账户合并后的市场风险最低资本；

$MC_{\text{信用}}$ 为分红保险账户和万能保险账户合并后的信用风险最低资本；

ρ 为 $MC_{\text{市场}}$ 与 $MC_{\text{信用}}$ 的相关系数，$\rho = 0.35$。

（二）β 为分红保险和万能保险合同损失吸收效应调整比率，计算公式为：

$$\beta = (1 + K) \times Min(0.5, 0.22 \times \frac{LA_{\text{上限}}}{MC_{\text{分红万能账户}}} + 0.02)$$

K 的具体赋值由银保监会发布，并根据市场周期进行调整。

（三）$LA_{\text{上限}}$ 为损失吸收效应调整上限，计算公式为：

$$LA_{\text{上限}} = Max(PV_{\text{基础}} - PV_{\text{下限}}, 0)$$

$PV_{\text{基础}}$ 为按照《保险公司偿付能力监管规则第 3 号：寿险合同负债评估》计算的分红保险和万能保险在基础情景下的现金流现值；

$PV_{\text{下限}}$ 为按照《保险公司偿付能力监管规则第 3 号：寿险合同负债评估》规定的分红保险保单红利水平和万能保险结算利率假设下限重新预测的现金流，采用基础情景下的折现率评估的现金流现值。

第二十条 保险公司应当根据《保险公司偿付能力监管规则第 12 号：偿付能力风险管理要求与评估》计量控制风险最低资本。

第二十一条 保险公司附加资本计量标准另行规定。

第四章 附 则

第二十二条 境外国家（地区）的偿付能力监管制度获得中国偿付能力监管等效资格的，对于该国家（地区）的保险公司在中国境内设立的保险分公司，银保监会可认可其母公司的偿付能力充足率。具体办法由银保监会另行规定。

第二十三条 相互保险组织适用本规则。

第二十四条 本规则由银保监会负责解释和修订。

第二十五条 本规则于 2015 年 2 月 13 日第一次发布，于 2021 年 12 月 30 日修订发布。本规则施行日期另行规定。

《保险公司偿付能力监管规则第 2 号：最低资本》讲解

一、总则概述

最低资本是基于审慎监管目的，为使保险公司具有适当的财务资源，以应对各类可资本化风险对偿付能力的不利影响，中国银保监会要求保险公司应当具有的资本数额。《保险公司偿付能力监管规则第 2 号：最低资本》（以下简称本规则）在总则部分规定了偿付能力风险分类和最低资本组成。

（一）风险分类

保险公司偿付能力风险分为固有风险和控制风险。其中，固有风险是指在现有的正常的保险行业物质技术条件和生产组织方式下，保险公司在经营和管理活动中必然存在的客观的偿付能力相关风险，由可资本化风险（保险风险、市场风险和信用风险）和难以资本化风险（操作风险、战略风险、声誉风险和流动性风险）组成；控制风险是指因保险公司内部管理和控制不完善或无效，导致固有风险未被及时识别和控制的偿付能力相关风险。

（二）最低资本组成

保险公司最低资本包括三部分：一是保险风险、市场风险和信用风险 3 类可资本化风险的最低资本；二是控制风险最低资本；三是附加资本，包括逆周期附加资本、系统重要性保险机构的附加资本等。

二、计量原则

（一）全面风险计量

最低资本的计量应以风险为基础，涵盖保险公司面临的所有可资本化的固有风险、控制风险和系统风险。

（二）风险分散

保险公司所面临的各类风险不是完全相关的，应当考虑各类风险的分散效应。因此，本规则规定各类风险采用相关系数矩阵法进行风险聚合，以反映不同类风险之间的分散效应。

（三）标准模型

出于审慎性和可比性等考虑，最低资本计量采用行业统一的方法、模型和参数，保险公司不得使用内部模型。保险风险、市场风险和信用风险等可资本化风险的最低资本的计量采用在险价值法，原则上是监管部门根据保险业数据，按照 99.5% 的置信区间测定风险因子。

（四）控制风险采用监管评价法

监管部门定期对保险公司的偿付能力风险管理能力进行监管评估，保险公司根据评估结果计量控制风险最低资本。

（五）风险暴露不含非认可资产和非认可负债

保险风险、市场风险和信用风险的风险暴露不包括非认可资产和非认可负债，非认可资产和非认可负债不计量最低资本。

（六）独立账户资产和独立账户负债

独立账户资产和独立账户负债不计提根据保险合同由保单持有人自行承担的市场风险、信用风险所对应的最低资本。

（七）长期寿险再保险合同最低资本计量

保险公司开展的长期寿险再保险合同，合同生效日后 3 年内可终止的，不得计量因再保险合同降低的最低资本。《保险公司偿付能力监管规则第 1 号：实际资本》规定，对于此类合同，也不得计量因再保险合同增加的实际资本。长期寿险再保险合同的分出人和分入人计量最低资本时，分出人减少的最低资本与分入人增加的最低资本，原则上应保持一致。

三、计量方法

（一）各类可资本化风险的计量

财产保险公司、人身保险公司和再保险公司应当分别按照本规则第十六条、第十七条和第十八条规定的相关系数矩阵，采用第十五条规定的方法，对保险风险、市场风险和信用风险进行聚合，得到可资本化风险整体的最低资本。

人身险公司的可资本化风险整体的最低资本应在上述聚合结果的基础上进一步扣除分红和万能业务的损失吸收效应调整。

（二）损失吸收效应调整

损失吸收效应是指风险事件导致保险公司遭受非预期损失后，保险公司可以根据其管理策略对具备风险共担特征的分红保险和万能保险业务的未来非保证利益的现金流进行调整，以吸收风险事件带来的财务损失。

保险公司应按照本规则第十九条规定的公式计量分红和万能保险业务的损失吸收效应调整。其中，K 为市场周期调整因子，根据《中国银保监会关于实施保险公司偿付能力监管规则（Ⅱ）有关事项的通知》，K 赋值暂为零。

【示例】某保险公司经营分红保险和万能保险业务，如何计量其损失吸收效应调整？

按照《保险公司偿付能力监管规则第 8 号：市场风险最低资本》计算的分红和万能账户市场风险最低资本如下。

单位：万元

	分红	万能	合计
市场风险（考虑风险分散效应）			17460
利率风险	10000	5000	15000
权益价格风险	6000	3500	9500
房地产价格风险	100	100	200
境外固定收益类资产价格风险	0	0	0
境外权益类资产价格风险	2500	1000	3500
汇率风险	300	100	400

按照《保险公司偿付能力监管规则第 9 号：信用风险最低资本》计算的分红和万能账户信用风险最低资本如下表所示：

单位：万元

	分红	万能	合计
信用风险（考虑风险分散效应）			7810
利差风险	2000	1000	3000
交易对手违约风险	4000	2500	6500

按照《保险公司偿付能力监管规则第 3 号：寿险合同负债评估》计算的分红保险和万能保险在基础情景下的现金流现值如下表所示：

单位：万元

	分红	万能	合计
$PV_{基础}$	100000	60000	160000

按照《保险公司偿付能力监管规则第 3 号：寿险合同负债评估》规定的分红保险保单红利水平和万能保险结算利率假设下限重新预测的现金流，采用基础情景下的折现率评估的现金流现值如下表所示：

单位：万元

	分红	万能	合计
$PV_{下限}$	78000	36000	114000

根据本规则第十九条，分红保险和万能保险业务应当考虑损失吸收效应调整，计算公式如下：

$$LA = \mathrm{Min}(MC_{分红万能账户} \times \beta, LA_{上限})$$

其中，$MC_{分红万能账户}$ 为分红保险和万能保险账户合并计算的市场和信用风险最低资本：

$$
\begin{aligned}
MC_{分红万能账户} &= \sqrt{(MC_{市场})^2 + 2 \times \rho \times MC_{市场} \times MC_{信用} + (MC_{信用})^2} \\
&= \sqrt{(17460)^2 + 2 \times 0.35 \times 17460 \times 7810 + (7810)^2} \\
&= 21477.9(万元)
\end{aligned}
$$

$LA_{上限}$ 为损失吸收效应调整上限：

$$LA_{上限} = \mathrm{Max}(PV_{基础} - PV_{下限}, 0) = \mathrm{Max}(160000 - 114000, 0) = 46000(万元)$$

β 为分红保险和万能保险合同损失吸收效应调整比率：

$$
\begin{aligned}
\beta &= (1 + K) \times \mathrm{Min}(0.5, 0.22 \times \frac{LA_{上限}}{MC_{分红万能账户}} + 0.02) \\
&= (1 + 0) \times \mathrm{Min}(0.5, 0.22 \times \frac{46000}{21477.9} + 0.02) \\
&= \mathrm{Min}(0.5, 0.49) \\
&= 0.49
\end{aligned}
$$

因此，该保险公司损失吸收效应调整为：

$$
\begin{aligned}
LA &= \mathrm{Min}(MC_{分红万能账户} \times \beta, LA_{上限}) \\
&= \mathrm{Min}(21477.9 \times 0.49, 46000) \\
&= 10524.2(万元)
\end{aligned}
$$

（三）控制风险最低资本

保险公司应当按照《保险公司偿付能力监管规则第 12 号：偿付能力风险管理要求与评估》，不断建立健全偿付能力风险管理制度机制，提升风险管理能力。监管部门定期对保险公司的偿付能力风险管理能力进行评估，保险公司根据评估结果计量控制风险最低资本。

保险公司偿付能力监管规则第3号：
寿险合同负债评估

第一章 总 则

第一条 为规范人身保险公司和再保险公司基于偿付能力监管目的的寿险合同负债评估，制定本规则。

第二条 本规则所称寿险合同，是指长期寿险合同（含年金保险）、长期健康险合同和长期意外险合同。

人身保险公司经营的短期寿险合同、短期意外伤害险合同、短期健康险合同的负债以财务报表账面价值为认可价值。

第三条 寿险合同负债由未到期责任准备金和未决赔款准备金组成。

未到期责任准备金评估适用本规则相关规定。

未决赔款准备金以财务报表账面价值为认可价值。

第四条 未到期责任准备金的计算公式为：

$$未到期责任准备金 = 最优估计准备金 + 风险边际$$

第五条 保险公司在评估未到期责任准备金时，应当将单个保险合同作为计量单元，也可以将具有同质保险风险的保险合同组合作为计量单元。计量单元的确定标准在各个评估期间应当保持一致，不得随意变更。

第六条 保险公司应当分别评估分保前和分保后的寿险合同负债，将分保前的寿险合同负债确认为认可负债，将分保前和分保后合同负债的差额作为应收分保准备金，确认为认可资产。

第二章 最优估计准备金

第七条 最优估计准备金的计算公式为：

最优估计准备金 = 现金流现值（PV）+ 选择权及保证利益的时间价值（$TVOG$）

第八条 现金流现值应以保险合同产生的预期未来净现金流为基础进行评估。预期未来净现金流等于预期未来现金流出减预期未来现金流入的差额。

预期未来现金流出，是指保险公司为履行保险合同相关义务所必需的、全部的、合理的现金流出，主要包括：

（一）根据保险合同对保单持有人承诺的保证利益，包括死亡给付、残疾给付、疾病给付、生存给付、满期给付、退保给付等；

（二）根据保险合同构成推定义务的非保证利益，包括分红保险红利给付、万能保险结算收益中超过保证利益的部分等；

（三）管理保险合同或处理相关赔付的保单维持费用，包括续期佣金、保险保障基金、监管费、流转税（如有）以及其他维持费用等；

（四）履行保险合同义务的其他现金流出。

预期未来现金流入，是指保险公司承担保险合同相关义务而获得的现金流入，包括保费和其他收费。

第九条 评估万能保险最优估计准备金时，应对保险部分与投资部分的现金流合并评估，不进行拆分。

第十条 评估投资连结保险最优估计准备金时，应对独立账户部分和非账户部分分别评估。独立账户负债的认可价值等于独立账户资产在评估日的市场价值。非账户部分的最优估计准备金按照本规则的相关规定进行评估。

第十一条 保险公司预测未来净现金流的期间应为整个保险期间。对于包含可续保选择权或年金选择权的保险合同，当保单持有人很可能执行选择权，并且保险公司不具有重新厘定保险费的权利时，保险公司应将预测期间延长至选择权终止时点。

第十二条 保险公司在预测分红保险、万能保险、变额年金保险等与资产投资收益率直接关联的保险合同现金流出时，采用本规则第十九条规定的折现率曲线作为投资收益率假设，银保监会另有规定的除外。

第十三条 保险公司应根据不同业务的特征，在预期现金流中合理、客观地反映保险公司的管理策略以及保单持有人行为对保险合同的非保证利益的影响。

分红保险和万能保险的预期未来现金流出，应包含归属于保单持有人的全部利益。其中，分红保险账户归属保单持有人的部分不得低于银保监会规定的下限比例，且应在预期未来保单红利给付的现金流出中予以足额体现。分红保险保单红利水平假设及万能保险结算利率假设不得低于银保监会规定的下限见附件 1。

第十四条 保险事故发生率假设，包括死亡发生率、疾病发生率、医疗及健康赔付损失率等，应根据公司的实际经验和未来发展变化趋势确定，但不得超过银保监会规定的上限或下限。保险事故发生率假设高于上限时，采用上限作为假设；低于下限时，采用下限作为假设。

保险事故损失发生率假设上限与下限见附件 2。

第十五条 保险合同负债预期未来净现金流中的保单维持费用分以下两种情况确定：

（一）续期佣金手续费、保险保障基金、监管费和流转税（如有）按照实际水平确定；

（二）其他维持费用应考虑未来物价总水平变动影响，按照以下规定设定：

保险公司应遵循原保监会 2006 年发布的《保险公司费用分摊指引》规定的原则，采用系统、合理的方法将相关费用分摊到各计量单元，从而设定公司自身的其他维持费用假设。其中，其他维持费用假设不应低于经董事会或管理层批准的财务预算中由有效业务分摊的相应费用预算。

保险公司有证据证明最近两年每年保单维持费用的实际金额与自身费用假设的比例不超过105%的，可采用自身费用假设，并在偿付能力报告中列报相关信息。除上述情况外，其他维持费用假设应不低于银保监会规定的下限。银保监会认为费用假设不合理的，可以要求保险公司调整。

其他维持费用假设下限和物价总水平变动假设下限见附件3。

第十六条 再保险公司应根据自身费用分析结果，确定合理的费用假设，并向银保监会提供费用假设的合理性证明。

银保监会认为费用假设不合理的，可以要求再保险公司调整。

第十七条 预期未来净现金流中的退保给付，包含退保、账户部分领取和停缴续期保费。保险公司应在自身经验分析的基础上确定退保率（含部分领取率、续期缴费率）假设。保险公司不能向银保监会提供经验分析等材料证明自身退保率假设合理性的，应按照以下步骤设定退保率（含部分领取率、续期缴费率）假设：

（一）采用适当的方法确定自身退保率假设。

（二）按照本规则规定的退保率指导区间确定备考退保率假设：在任何保单年度，自身退保率假设高于指导区间上限时，采用上限作为备考退保率假设；低于指导区间下限时，采用下限作为备考退保率假设。

（三）分别计算自身退保率假设和备考退保率假设下的现金流现值，在产品或具有同质风险的保险合同组合层面选取现金流现值较大者对应的退保率假设用于确定退保给付。

退保率假设指导区间见附件4。

第十八条 再保险公司应根据自身退保率经验分析结果，确定退保率假设，并向银保监会提供退保率假设的合理性证明。

银保监会认为退保率假设不合理的，可以要求再保险公司调整。

第十九条 计算现金流现值所采用的折现率曲线由基础利率曲线加综合溢价形成。

基础利率曲线由以下三段组成：

$$\begin{cases} \text{期望无风险收益率曲线} & 0 < t \leqslant t_1 \\ \text{终极利率过渡曲线} & t_1 < t \leqslant t_2 \\ \text{终极利率水平} & t > t_2 \end{cases}$$

其中：

t 为利率期限，t_1 为过渡曲线起点，t_2 为过渡曲线终点。

期望无风险收益率曲线由银保监会综合考虑可观察的活跃市场的无风险收益率、市场的信息有效性程度和保险资产长期无风险收益率等因素确定；终极利率水平由银保监会综合考虑我国经济的长期自然增长率和长期物价总水平变动等因素确定；终极利率过渡曲线连接期望无风险收益率曲线和终极利率水平线，由银保监会采用系统、合理的方法确定。

综合溢价由银保监会综合考虑国债收益率的税收效应、流动性补偿及逆周期调整等因素，根据业务类型等因素分档设定。

银保监会根据业务属性和市场环境的变化，及时调整折现率曲线。

第二十条 保险公司应当计算分红保险、万能保险和变额年金保险等业务的选择权及保证利益的时间价值（TVOG）。计算公式为：

$$TVOG = PV(\text{账户准备金}) \times TVOG \text{ 因子}$$

其中：

分红保险的 PV（账户准备金）为本规则第八条规定的分红保险红利给付所使用的准备金基础的现值之和；

万能保险的 PV（账户准备金）为万能保单账户价值的现值之和；

变额年金保险的 PV（账户准备金）为变额年金保单账户价值的现值之和。

计算上述现值之和时，应使用评估日及以后各年度末的账户准备金。

保险公司应按本规则第十九条规定的折现率曲线计算 PV（账户准备金）。

保险公司应按本规则第五条规定的计量单元计算 $TVOG$。分红保险、万能保险和变额年金保险 $TVOG$ 因子详见附件 5。

第三章 风险边际

第二十一条 风险边际应采用分位点法或监管认可的其他方法计算。分位点法的计算公式为：

$$RM = MC \times \frac{F^{-1}(x\%)}{F^{-1}(99.5\%)}$$

其中：

RM 指风险边际；

MC 指评估时点寿险合同的保险风险最低资本；

$F^{-1}(x\%)$ 指正态分布函数在一定概率水平下对应的分位点，$x=85$。

第二十二条 分保前的风险边际按以下方法计算：

（一）按照《保险公司偿付能力监管规则第 5 号：保险风险最低资本（寿险业务）》，计算分保前保险风险最低资本；

（二）按照本规则第二十一条计算相应的风险边际或采用监管认可的其他方法计算。

第四章 附 则

第二十三条 在偿付能力报告中，列报万能保险合同和按照企业会计准则未能通过重大保险风险测试的保险合同负债时，应将按照金融工具会计准则确认计量的负债价值列报为"保户储金与投资款"，将合同负债减去上述金额后的余额列报为保险责任准备金。

第二十四条 相互保险组织适用本规则。

第二十五条 本规则由银保监会负责解释和修订。

第二十六条 本规则于 2015 年 2 月 13 日第一次发布，于 2021 年 12 月 30 日修订发布。本规则施行日期另行规定。

附件：1. 分红保险保单红利水平和万能保险结算利率假设下限

2. 保险事故损失发生率假设上限与下限

3. 其他维持费用假设和物价总水平变动假设下限

4. 退保率假设指导区间

5. 分红保险、万能保险和变额年金保险 TVOG 因子

附件 1

分红保险保单红利水平和万能保险结算利率假设下限

一、保险公司预测分红保险保单红利现金流出，应满足以下两个条件：

（一）评估时点起连续 36 个月内，向保单持有人分配的红利水平假设下限不得低于产品说明书的红利演示中低档红利水平，且在预测期间不得低于 0；

（二）评估时点起连续 36 个月内，向保单持有人分配的当年年度红利水平假设不得低于上年度红利水平的 80%。

二、保险公司预测万能保险结算利率应满足以下三个条件：

（一）预测期间的每期结算利率假设不得低于合同约定的最低保证利率；

（二）评估时点起连续 36 个月内，结算利率假设与投资收益率假设之间的利差不得高于投资收益率假设的 25% 与 150 个基点之间的较小值；

（三）评估时点起连续 36 个月内，每期的结算利率的复利年化水平假设不得低于上期结算利率复利年化水平的 80%：

1. 月度结算的产品，当月利率假设不得低于上月的 98.16%；

2. 季度结算的产品，当季利率假设不得低于上季度的 94.57%；

3. 年度结算的产品，当年利率假设不得低于上年的 80%。

附件2

保险事故损失发生率假设上限与下限

一、死亡发生率假设

死亡发生率假设的上下限按照以下公式计算：

$$死亡发生率假设＝基础生命表×乘数因子×核保选择因子$$

其中：

（一）基础生命表为《中国人寿保险业经验生命表（2010—2013）》；

（二）乘数因子应符合银保监会规定的上下限。其中非养老类业务为乘数因子下限，养老类业务为乘数因子上限，乘数因子如下表所示：

业务类型	非养老类业务一表		非养老类业务二表		养老类业务表	
	男（CL1）	女（CL2）	男（CL3）	女（CL4）	男（CL5）	女（CL6）
个人业务	0.65	0.65	0.70	0.70	1.00	1.00
团体业务	0.65	0.65	0.70	0.70	1.00	1.00

（三）核保选择因子，前3个保单年度由保险公司根据自身经验确定，不受上、下限约束，其他保单年度为1。

二、重疾率假设

重疾率假设的下限按照以下公式计算：

$$重疾率假设＝基础重疾表×乘数因子×核保选择因子$$

其中：

（一）基础重疾表为《中国人身保险业重大疾病经验发生率表（2020）》；

（二）乘数因子假设为0.7；

（三）核保选择因子，前3个保单年度由保险公司根据自身经验确定，不受上、下限约束，其他保单年度为1。

三、其他保险事故损失发生率假设

其他保险事故损失发生率假设应采用向银保监会报备或报批产品时利润测试模型中的假设或更加合理审慎的假设。

附件3

其他维持费用假设和物价总水平变动假设下限

保险公司应先根据以下两个标准（同时满足）确定所属公司类别，然后根据所属类别确定主险费用和附加险费用假设下限。

一、公司分类标准

公司类别	上年度签单保费 （亿元）	全部长期险产品主险保单件数 （万件）
1类	≥1000	≥2000
2类	≥200	≥500
3类	≥50	≥200
4类	≥20	≥50
5类	其他	其他

二、主险费用假设下限

货币单位：元

公司类别	费用维度＼渠道	个险	银邮	团体	网销	电销	经代
1类	每元保费	0.8%	0.8%	0.8%	0.8%	0.8%	0.8%
	每件保单、每保单年度	40	40	15	15	40	40
2类	每元保费	1.0%	1.0%	1.0%	1.0%	1.0%	1.0%
	每件保单、每保单年度	60	60	30	20	60	60
3类	每元保费	2.0%	2.0%	2.0%	2.0%	2.0%	2.0%
	每件保单、每保单年度	70	70	40	30	70	70
4类	每元保费	2.5%	2.5%	2.5%	2.5%	2.5%	2.5%
	每件保单、每保单年度	80	80	50	40	80	80
5类	每元保费	3.5%	3.5%	3.5%	3.5%	3.5%	3.5%
	每件保单、每保单年度	100	100	60	50	100	100

上表中未涉及的销售渠道，其相应的其他维持费用假设应根据保险公司相应的费用分析结果确定，不设下限。

每保单费用的物价总水平变动假设下限为每年度2%。

三、附加险费用假设下限

货币单位：元

公司类别	费用维度 渠道	个险	银邮	团体	网销	电销	经代
1 类	每元保费	0.8%	0.8%	0.8%	0.8%	0.8%	0.8%
	每件保单、每保单年度	10	10	5	5	10	10
2 类	每元保费	1.0%	1.0%	1.0%	1.0%	1.0%	1.0%
	每件保单、每保单年度	10	10	5	5	10	10
3 类	每元保费	2.0%	2.0%	2.0%	2.0%	2.0%	2.0%
	每件保单、每保单年度	20	20	10	10	20	20
4 类	每元保费	2.5%	2.5%	2.5%	2.5%	2.5%	2.5%
	每件保单、每保单年度	20	20	10	10	20	20
5 类	每元保费	3.5%	3.5%	3.5%	3.5%	3.5%	3.5%
	每件保单、每保单年度	20	20	10	10	20	20

附件 4

退保率假设指导区间

一、产品退保率假设（以保单件数为计算基础）

账户	渠道	缴别	1	2	3	4	5	6 – 10	11 +
传统	个险	趸交	2%～5%	2%～5%	2%～4%	2%～3%	2%～3%	2%～3%	2%～3%
	个险	期交	10%～20%	6%～10%	5%～8%	4%～5%	3%～5%	3%～5%	2%～5%
	银保	趸交	2%～5%	2%～5%	2%～5%	2%～5%	2%～5%	2%～5%	2%～5%
	银保	期交	8%～20%	5%～10%	4%～6%	3%～5%	3%～5%	2%～5%	2%～5%
分红	个险	趸交	2%～5%	2%～5%	2%～5%	2%～5%	2%～5%	2%～4%	2%～3%
	个险	期交	10%～20%	5%～10%	4%～8%	4%～5%	3%～5%	3%～5%	2%～5%
	银保	趸交	2%～5%	2%～5%	2%～5%	2%～5%	2%～5%	2%～5%	2%～5%
	银保	期交	8%～16%	5%～8%	3%～6%	3%～5%	3%～5%	2%～5%	2%～5%
万能	个险	趸交	3%～15%	3%～15%	3%～15%	3%～15%	3%～15%	3%～15%	3%～10%
	个险	期交	5%～20%	5%～10%	4%～8%	4%～8%	4%～8%	4%～8%	3%～7%
	银保	趸交	2%～8%	3%～6%	3%～8%	3%～15%	3%～15%	3%～25%	3%～25%
	银保	期交	5%～15%	4%～10%	4%～8%	4%～8%	3%～8%	3%～8%	3%～8%
投连	个险	趸交	5%～10%	5%～10%	5%～10%	5%～10%	5%～10%	10%～15%	10%～15%
	个险	期交	5%～10%	5%～10%	5%～8%	5%～8%	5%～8%	5%～8%	5%～6%
	银保	趸交	5%～15%	5%～15%	5%～15%	5%～15%	5%～15%	10%～20%	10%～20%
	银保	期交	5%～20%	5%～15%	5%～15%	5%～15%	5%～15%	5%～15%	5%～15%

二、万能保险、投资连结保险产品部分领取率假设指导区间

产品类型＼保单年度	1	2	3	4	5	6 +
个险万能	1%～25%	2%～20%	3%～20%	4%～20%	4%～20%	4%～20%
银保万能	0%～6%	0%～8%	0%～10%	0%～15%	0%～15%	0%～20%
个险投连	2%～15%	3%～20%	3%～20%	3%～20%	3%～25%	3%～25%
银保投连	3%～15%	3%～15%	3%～15%	3%～15%	3%～15%	3%～15%

三、万能保险、投资连结保险产品续期缴费率假设指导区间

业务类型＼保单年度	2	3	4	5	6 +
个险万能 个险投连	70%～90%	70%～90%	40%～90%	40%～90%	40%～90%
银保万能 银保投连	50%～85%	35%～85%	35%～85%	30%～85%	30%～85%

业务类型＼保单年度	2	3	4	5	6 +
电销万能 电销投连	75%～85%	80%～90%	85%～90%	85%～90%	90%～95%

对于期缴的传统保险和分红保险，退保率指导区间仅适用于处于缴费期的保险合同，缴费期后的保险合同适用同类型业务的趸缴指导区间。

对于经代、网销、电销等其他渠道的产品、1999年（含）以前签发的高利率保单、进入领取期的年金保险，由保险公司以自身经验分析为基础确定合理的退保率假设。银保监会认为假设不合理的，可以要求公司调整。

对于前4个保单年度中任一保单年度末保单现金价值（账户价值）与累计生存保险金之和超过累计所缴保费，且预期该产品60%以上的保单存续时间不满5年的人身保险产品，由保险公司以自身经验分析为基础确定合理的退保率假设。银保监会认为假设不合理的，可以要求公司调整。

附件 5

分红保险、万能保险和变额年金保险 TVOG 因子

分红保险、万能保险和变额年金保险 TVOG 因子按下表确定：

保证利率水平	TVOG 因子（单位：万分之一）
0（含）~1%（含）	16
1%~2%（含）	19
2%~2.5%（含）	24
2.5%~3%（含）	38
3%~3.5%（含）	65
高于 3.5%	100

《保险公司偿付能力监管规则第3号：寿险合同负债评估》讲解

一、总则概述

（一）适用范围

《保险公司偿付能力监管规则第3号：寿险合同负债评估》（以下简称本规则）适用于人身保险公司经营的长期寿险合同（含年金保险）、长期健康险合同和长期意外险合同基于偿付能力监管目的的负债评估。人身保险公司经营的短期寿险合同、短期意外险合同、短期健康险合同的负债按照银保监会认可的企业会计准则（即2006年财政部发布的《企业会计准则第25号——原保险合同》《企业会计准则第26号——再保险合同》和2009年发布的《保险合同相关会计处理规定》）进行评估，以财务报表账面价值作为认可价值。

（二）寿险合同负债计量框架

寿险合同负债由未到期责任准备金和未决赔款准备金组成，其中，未到期责任准备金由最优估计准备金和风险边际组成，评估适用本规则相关规定；未决赔款准备金以财务报表账面价值为认可价值。

保险合同负债构成及相应评估要求如图1所示。

二、最优估计准备金

未到期责任准备金中的最优估计准备金包括现金流现值（PV）和选择权及保证利益的时间价值（TVOG）。

（一）现金流现值的评估方法

1. 应纳入评估范围的现金流

现金流现值应以保险合同产生的预期未来净现金流为基础进行评估。预期未来净现金流等于预期未来现金流出减预期未来现金流入的差额。保险公司应按照本规则第八条的规定确定应纳入评估范围的现金流，实务中应重点把握以下4点。

（1）预期未来现金流出应包含根据保险合同构成推定义务的非保证利益现金流，其预测方法应与公司目前的经营原则、实务处理或公司长期假设保持一致。

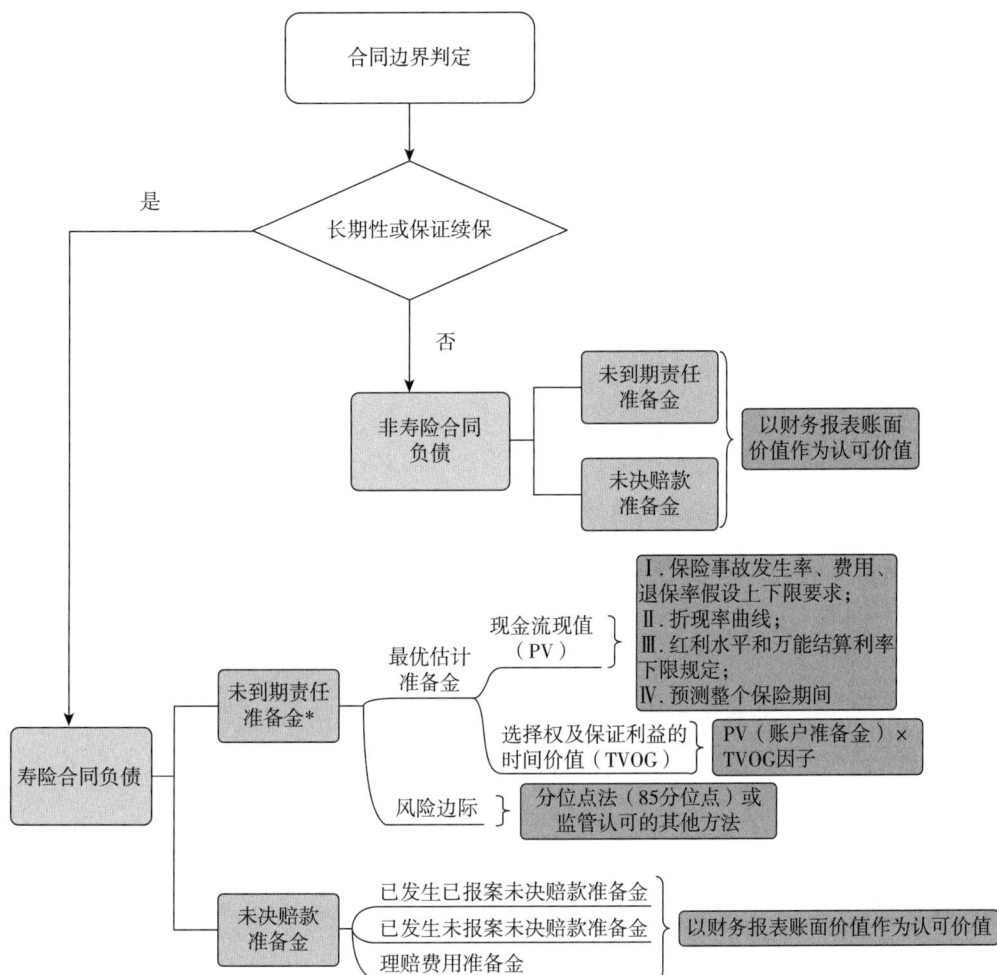

图 1 保险合同负债构成及相应评估要求

（2）评估万能保险最优估计准备金时，应对保险部分与投资部分的现金流合并评估，不进行拆分。

（3）评估投资连结保险最优估计准备金时，应对独立账户部分和非账户部分分别评估。独立账户负债的认可价值等于独立账户资产在评估日的市场价值。非账户部分的最优估计准备金按照本规则的相关规定进行评估。

（4）预测未来净现金流的期间应为整个保险期间。对于包含可续保选择权或年金选择权的保险合同，预测未来净现金流的期间应为整个保险期间。

2. 现金流现值的评估假设

现金流现值的评估假设包括经济假设、非经济假设和管理层行为假设。其中，经济假设包括折现率曲线、通货膨胀因素等；非经济假设包括保险事故损失发生率假设、其他维持费用假设和物价总水平变动假设、退保率假设等；管理层行为假设包括分红保险保单红利水平和万能保险结算利率假设。在使用评估假设时应注意以下事项：

（1）折现率曲线

寿险合同负债评估的折现率曲线由无风险基础利率曲线加综合溢价形成。《中国银保监会关于实施保险公司偿付能力监管规则（Ⅱ）有关事项的通知》附件1对寿险合同负债评估的折现率曲线的计算方法进行了规定，具体分为以下三个步骤：

一是计算基础利率曲线。基础利率曲线为即期曲线，由以下三段组成：

$$\begin{cases} 750\text{日移动平均国债收益率曲线} & 0 < t \leq 20 \\ \text{终极利率过渡曲线} & 20 < t \leq 40 \\ \text{终极利率} & t > 40 \end{cases}$$

其中，20—40年的终极利率过渡曲线采用二次插值方法计算。第一次插值的计算公式为：

$$r_t = r_{20} + (4.5\% - r_{20}) \times (t - 20)/(40 - 20)$$

其中：t 为年度，r_t 为在 t 年度第一次插值的数值。

第二次插值的计算公式为：

$$R_t = r_t \times (t - 20)/(40 - 20) + r_t^* \times (40 - t)/(40 - 20)$$

其中：t 为年度，r_t 为在 t 年度第一次插值的数值，r_t^* 为在 t 年度750日移动平均国债收益率曲线的数值，R_t 为在 t 年度终极利率过渡曲线的数值，如图2所示。

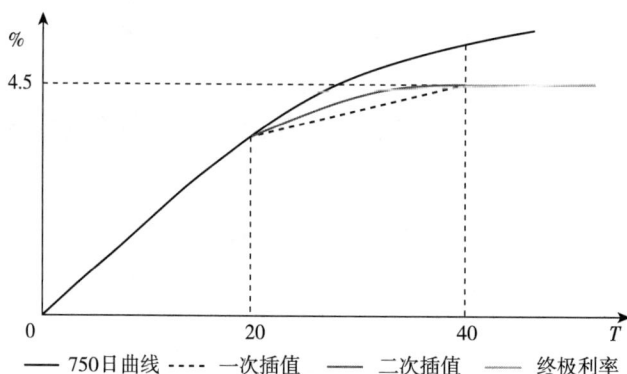

图2 基础利率曲线生成的示例

二是根据前20年的综合溢价水平和40年后的综合溢价水平（溢价水平为零），采用线性插值计算过渡期间的综合溢价，计算得到综合溢价曲线。其中，前20年的综合溢价水平如下：1999年（含）之前签发的高利率保单为75个基点，万能险、投资连结险、变额年金及中短存续期产品为30个基点，其他产品为45个基点。

三是基础利率曲线和综合溢价曲线相加得到即期利率曲线，将此转换成远期利率曲线，用于精算模型评估使用，如下图所示。

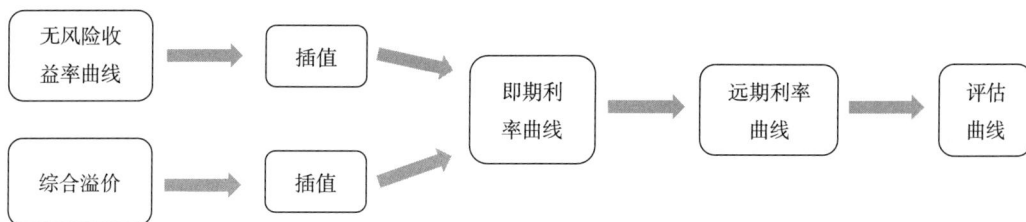

保险公司在预测分红保险、万能保险、变额年金保险等与资产投资收益率直接关联的保险合同现金流出时，应采用该合同对应的折现率曲线作为投资收益率假设。

（2）评估假设的上下限

出于审慎性和可比性等考虑，本规则对现金流现值评估假设的上下限进行了规定：

一是分红保险保单红利水平假设及万能保险结算利率假设不得低于本规则附件 1 规定的下限。

二是死亡发生率、疾病发生率等保险事故发生率假设应符合本规则附件 2 中上下限的规定。

三是维持费用假设和物价总水平变动假设不得低于本规则附件 3 规定的下限，除非保险公司有证据证明最近两年每年保单维持费用的实际金额与自身费用假设的比例不超过 105% 的，则可采用自身费用假设。

四是退保率假设的制定应满足本规则第十七条和附件 4 的相关规定。保险公司如根据自身经验分析确定退保率（含部分领取率、续期缴费率）假设，需要在偿付能力年度报告中说明使用自身假设的合理性。

（二）TVOG 的评估方法

保险公司应当计算分红保险、万能保险和变额年金保险等业务的选择权及保证利益的时间价值（$TVOG$）。计算公式为：

$$TVOG = PV(账户准备金) \times TVOG 因子$$

上述公式中，分红保险的 PV（账户准备金）为分红保险红利给付所使用的准备金基础的现值之和；万能保险的 PV（账户准备金）为万能保单账户价值的现值之和；变额年金保险的 PV（账户准备金）为变额年金保单账户价值的现值之和。

计算上述现值之和时，应使用评估日以及以后各年度末的账户准备金。其中，各年度末的账户准备金指的不是自然年度，而应当滚动计算。比如，第一个年度末指评估日后滚动 12 个月末，第二个年度末指评估日后滚动 24 个月末。

计算账户准备金现值使用的折现率为本规则第十九条规定的折现率曲线，计算账户准备金的其余假设、方法与本规则相关规定保持一致。

分红保险、万能保险和变额年金保险 TVOG 因子如本规则附件 5 所示。

三、风险边际

风险边际应采用分位点法或监管认可的其他方法计算。保险公司采用分位点法计量风险边际时，应当注意以下两点：一是保险公司应当按照《保险公司偿付能力监管规则第 5 号：保险风险最低资本（寿险业务）》，评估分保前的保险风险最低资本，并以此为基础，按照本规则第二十一条的公式计算得到未到期责任准备金的风险边际。二是对于再保险合同的风险边际，分出人应当根据分保前的保险风险最低资本和分保后的保险风险最低资本，分别计算得到相应的风险边际，用分保前的风险边际减去分保后的风险边际，得到再保险合同的风险边际。

【示例】某人身险公司按《保险公司偿付能力监管规则第 5 号：保险风险最低资本（寿险业务）》计算得出的分保前的保险风险最低资本为 100 亿元，分保后的保险风险最低资本为 80 亿元，F^{-1}（85%）$/F^{-1}$（99.5%）=1.0364/2.5758=0.4024，则公司再保前的风险边际为 $100 \times 0.4024 = 40.24$ 亿元，再保后的风险边际为 $80 \times 0.4024 = 32.19$ 亿元，再保险合同的风险边际为 $40.24 - 32.19 = 8.05$ 亿元。

四、附则

在偿付能力报告中，列报万能保险合同和按照企业会计准则未能通过重大保险风险测试的保险合同负债时，应将按照金融工具会计准则确认计量的负债价值列报为"保户储金与投资款"，将合同负债减去上述金额后的余额列报为保险责任准备金。

保险公司偿付能力监管规则第4号：
保险风险最低资本（非寿险业务）

第一章 总 则

第一条 为规范保险公司非寿险业务保险风险最低资本计量，制定本规则。

第二条 本规则所称保险公司，是指依法在中华人民共和国境内设立的经营商业保险业务的财产保险公司、人身保险公司和外国保险公司分公司，但不包括再保险公司及其分公司。

第三条 本规则所称非寿险业务，是指保险公司经营的财产保险，以及保险期间为一年或一年以内的短期意外险、短期健康险和短期寿险。

第四条 本规则所称保险风险，是指由于赔付水平、费用水平等的实际经验与预期发生不利偏离，导致保险公司遭受非预期损失的风险。

第五条 保险公司非寿险业务的保险风险包括保费及准备金风险、巨灾风险。

第六条 保险公司计量非寿险业务的保险风险最低资本时，应将非寿险业务划分为以下类型：

（一）车险，包括机动车辆法定第三者责任保险、机动车辆商业第三者责任保险、机动车辆车体损失保险、机动车辆其他保险；

（二）财产险，包括企业财产保险、家庭财产保险和工程保险；

（三）船货特险，包括船舶保险、货物运输保险、特殊风险保险；

（四）责任险；

（五）农业险，包括种植保险、养殖保险、林木保险；

（六）信用保证险，包括融资性信用保证险、非融资性信用保证险；

（七）短期意外伤害险；

（八）短期健康险；

（九）短期寿险；

（十）其他险，包括以上九类未涵盖的其他类非寿险业务。

第七条 除融资性信用保证险外，各业务类型的保费风险最低资本、准备金风险最

低资本采用综合因子法计算, 计算公式为:

$$MC = EX \times RF$$

其中:

MC 为各业务类型的保费风险或准备金风险的最低资本;

EX 为风险暴露;

RF 为风险因子, $RF = RF_0 \times (1 + K)$;

RF_0 为基础因子;

K 为特征因子, $K = \sum_{i=1}^{n} k_i = k_1 + k_2 + k_3 + \cdots + k_n$, $K \in [-0.25, 0.25]$, 银保监会另有规定的除外;

k_i 为第 i 个特征系数, n 为特征系数的个数;

对特征系数 k_i, 由偿付能力监管规则规定和赋值; 无明确规定并赋值的, 则 $k_i = 0$。

第二章 各业务类型保费风险最低资本

第八条 本规则所称保费风险, 是指由于保险事故发生的频度及损失金额存在不确定性, 导致保费可能不足以支付未来的赔款及费用, 从而使保险公司遭受非预期损失的风险。

第九条 各业务类型的保费风险最低资本风险暴露为该业务类型最近 12 个月的自留保费, 银保监会另有规定的除外。

第十条 车险的基础因子 $RF_0 = 0.103$。

对车险保费风险最低资本, 根据最近 6 个月综合成本率 $C_{车险}$ 设定特征系数 k_1。

$$k_1 = \begin{cases} -0.05 & C_{车险} \in (0, 95\%] \\ 0 & C_{车险} \in (95\%, 100\%] \\ 0.05 & C_{车险} \in (100\%, 105\%] \\ 0.1 & C_{车险} \in (105\%, +\infty) \end{cases}$$

根据 6 个月综合成本率变动 $\Delta C_{车险}$ (最近 6 个月综合成本率 - 最近 6 个月之前的 6 个月综合成本率) 设定特征系数 k_2。

$$k_2 = \begin{cases} -0.05 & \Delta C_{车险} \in (-\infty, -1\%] \\ 0 & \Delta C_{车险} \in (-1\%, 1\%] \\ 0.05 & \Delta C_{车险} \in (1\%, 2\%] \\ 0.1 & \Delta C_{车险} \in (2\%, +\infty) \end{cases}$$

根据最近 12 个月的非比例分保净分出比例 $NE_{车险}$ [(最近 12 个月非比例分保分出保费 - 最近 12 个月非比例分保分入保费) /最近 12 个月自留保费] 设定特征系数 k_3。

$$k_3 = \begin{cases} 0.127 & NE_{车险} \in (-\infty, -1\%) \\ 0.012 & NE_{车险} \in [-1\%, 0) \\ 0 & NE_{车险} \in [0, 2.5\%) \\ -0.012 & NE_{车险} \in [2.5\%, 5\%) \\ -0.035 & NE_{车险} \in [5\%, +\infty) \end{cases}$$

根据公司与行业报告年度的累计原保费收入增速相对值，$C_{车险-公司}$［（公司当年车险累计原保费收入 − 公司上年同期车险累计原保费收入）/公司上年同期车险累计原保费收入］ − $C_{车险-行业}$［（全行业当年车险累计原保费收入 − 全行业上年同期车险累计原保费收入）/全行业上年同期车险累计原保费收入］，设定调控性特征系数 k_4。

1. 对上一会计年度车险原保费收入与分入保费收入之和小于 20 亿元的保险公司，$k_4 = 0$；

2. 对报告期当年度累计车险原保费收入市场份额超过 20% 的保险公司，k_4 赋值为：

$$k_4 = \begin{cases} 0 & C_{车险-公司} - C_{车险-行业} \in (-\infty, 0] \\ 0.15 & C_{车险-公司} - C_{车险-行业} \in (0, 2\%] \\ 0.25 & C_{车险-公司} - C_{车险-行业} \in (2\%, +\infty) \end{cases}$$

3. 对不符合上述条件的其他保险公司，k_4 赋值为：

$$k_4 = \begin{cases} 0 & C_{车险-公司} - C_{车险-行业} \in (-\infty, 10\%] \\ 0.15 & C_{车险-公司} - C_{车险-行业} \in (10\%, 20\%] \\ 0.25 & C_{车险-公司} - C_{车险-行业} \in (20\%, +\infty) \end{cases}$$

根据保险公司的发展阶段设定调控性特征系数 k_5。对于上一会计年度车险原保费收入与分入保费收入之和小于 20 亿元的保险公司，$k_5 = -0.15$；其他保险公司，$k_5 = 0$。

第十一条 财产险的基础因子 $RF_0 = 0.391$。

对财产险保费风险最低资本，根据最近 12 个月的综合成本率 $C_{财产险}$，设定特征系数 k_1。

$$k_1 = \begin{cases} -0.05 & C_{财产险} \in (0, 95\%] \\ 0 & C_{财产险} \in (95\%, 100\%] \\ 0.05 & C_{财产险} \in (100\%, 105\%] \\ 0.1 & C_{财产险} \in (105\%, +\infty) \end{cases}$$

根据最近 12 个月的非比例分保净分出比例 $NE_{财产险}$［（最近 12 个月非比例分保分出保费 − 最近 12 个月非比例分保分入保费）/最近 12 个月自留保费］设定特征系数 k_2。

$$k_2 = \begin{cases} 0.127 & NE_{财产险} \in (-\infty, -1\%) \\ 0.012 & NE_{财产险} \in [-1\%, 0) \\ 0 & NE_{财产险} \in [0, 2.5\%) \\ -0.012 & NE_{财产险} \in [2.5\%, 5\%) \\ -0.035 & NE_{财产险} \in [5\%, +\infty) \end{cases}$$

第十二条 船货特险的基础因子 $RF_0 = 0.232$。

对船货特险保费风险最低资本，根据最近 12 个月的综合成本率 $C_{船货特险}$ 设定特征系数 k_1。

$$k_1 = \begin{cases} -0.05 & C_{船货特险} \in (0, 95\%] \\ 0 & C_{船货特险} \in (95\%, 100\%] \\ 0.05 & C_{船货特险} \in (100\%, 105\%] \\ 0.1 & C_{船货特险} \in (105\%, +\infty) \end{cases}$$

根据最近 12 个月的非比例分保净分出比例 $NE_{船货特险}$［（最近 12 个月非比例分保分出保费 – 最近 12 个月非比例分保分入保费）/最近 12 个月自留保费］设定特征系数 k_2。

$$k_2 = \begin{cases} 0.148 & NE_{船货特险} \in (-\infty, -1\%) \\ 0.012 & NE_{船货特险} \in [-1\%, 0) \\ 0 & NE_{船货特险} \in [0, 2.5\%) \\ -0.023 & NE_{船货特险} \in [2.5\%, 5\%) \\ -0.062 & NE_{船货特险} \in [5\%, +\infty) \end{cases}$$

第十三条 责任险的基础因子 $RF_0 = 0.203$。

对责任险保费风险最低资本，根据最近 12 个月的综合成本率 $C_{责任险}$ 设定特征系数 k_1。

$$k_1 = \begin{cases} -0.05 & C_{责任险} \in (0, 95\%] \\ 0 & C_{责任险} \in (95\%, 100\%] \\ 0.05 & C_{责任险} \in (100\%, 105\%] \\ 0.1 & C_{责任险} \in (105\%, +\infty) \end{cases}$$

根据最近 12 个月的非比例分保净分出比例 $NE_{责任险}$［（最近 12 个月非比例分保分出保费 – 最近 12 个月非比例分保分入保费）/最近 12 个月自留保费］设定特征系数 k_2。

$$k_2 = \begin{cases} 0.136 & NE_{责任险} \in (-\infty, -1\%) \\ 0.012 & NE_{责任险} \in [-1\%, 0) \\ 0 & NE_{责任险} \in [0, 2.5\%) \\ -0.018 & NE_{责任险} \in [2.5\%, 5\%) \\ -0.047 & NE_{责任险} \in [5\%, +\infty) \end{cases}$$

第十四条 农业险的基础因子 $RF_0 = 0.326$。

对农业险保费风险最低资本，根据最近 12 个月的综合成本率 $C_{农业险}$ 设定特征系数 k_1。

$$k_1 = \begin{cases} -0.05 & C_{农业险} \in (0, 95\%] \\ 0 & C_{农业险} \in (95\%, 100\%] \\ 0.05 & C_{农业险} \in (100\%, 105\%] \\ 0.1 & C_{农业险} \in (105\%, +\infty) \end{cases}$$

根据最近 12 个月的非比例分保净分出比例 $NE_{农业险}$〔（最近 12 个月非比例分保分出保费 - 最近 12 个月非比例分保分入保费）/最近 12 个月自留保费〕设定特征系数 k_2。

$$k_2 = \begin{cases} 0.148 & NE_{农业险} \in (-\infty, -1\%) \\ 0.012 & NE_{农业险} \in [-1\%, 0) \\ 0 & NE_{农业险} \in [0, 2.5\%) \\ -0.023 & NE_{农业险} \in [2.5\%, 5\%) \\ -0.062 & NE_{农业险} \in [5\%, +\infty) \end{cases}$$

根据最近 12 个月政策性农业险业务占比 $P_{农业险}$（最近 12 个月政策性农业险自留保费/最近 12 个月农业险全部自留保费）设定调控性特征系数 k_3。

$$k_3 = \begin{cases} 0 & P_{农业险} \in [0, 80\%) \\ -0.05 & P_{农业险} \in [80\%, 90\%) \\ -0.10 & P_{农业险} \in [90\%, 100\%] \end{cases}$$

其中，政策性农业险是指财政部门或地方人民政府给予保险费补贴的农业保险及银保监会认可的其他政策性农业保险。

第十五条 信用保证险包括融资性信用保证险和非融资性信用保证险。

融资性信用保证险按本规则第四章要求，计算保险风险最低资本。

非融资性信用保证险的基础因子 $RF_0 = 0.467$。

对非融资性信用保证险保费风险最低资本，根据最近 12 个月的综合成本率 $C_{非融资性信用保证险}$ 设定特征系数 k_1。

$$k_1 = \begin{cases} -0.05 & C_{非融资性信用保证险} \in (0, 95\%] \\ 0 & C_{非融资性信用保证险} \in (95\%, 100\%] \\ 0.05 & C_{非融资性信用保证险} \in (100\%, 105\%] \\ 0.1 & C_{非融资性信用保证险} \in (105\%, +\infty) \end{cases}$$

根据最近 12 个月的非比例分保净分出比例 $NE_{非融资性信用保证险}$〔（最近 12 个月非比例分保分出保费 - 最近 12 个月非比例分保分入保费）/最近 12 个月自留保费〕设定特征系

数k_2。

$$k_2 = \begin{cases} 0.136 & NE_{非融资性信用保证险} \in (-\infty, -1\%) \\ 0.012 & NE_{非融资性信用保证险} \in [-1\%, 0) \\ 0 & NE_{非融资性信用保证险} \in [0, 2.5\%) \\ -0.018 & NE_{非融资性信用保证险} \in [2.5\%, 5\%) \\ -0.047 & NE_{非融资性信用保证险} \in [5\%, +\infty) \end{cases}$$

对政策性中长期出口信用保险业务和海外投资保险业务设定调控性特征系数k_3，赋值为-0.1。

第十六条 短期意外伤害险的基础因子$RF_0 = 0.122$。

对短期意外伤害险保费风险最低资本，根据最近12个月的综合成本率$C_{短意险}$设定特征系数k_1。

$$k_1 = \begin{cases} -0.05 & C_{短意险} \in (0, 95\%] \\ 0 & C_{短意险} \in (95\%, 100\%] \\ 0.05 & C_{短意险} \in (100\%, 105\%] \\ 0.1 & C_{短意险} \in (105\%, +\infty) \end{cases}$$

根据最近12个月的非比例分保净分出比例$NE_{短意险}$[（最近12个月非比例分保分出保费－最近12个月非比例分保分入保费）/最近12个月自留保费]设定特征系数k_2。

$$k_2 = \begin{cases} 0.136 & NE_{短意险} \subset (-\infty, -1\%) \\ 0.012 & NE_{短意险} \in [-1\%, 0) \\ 0 & NE_{短意险} \in [0, 2.5\%) \\ -0.018 & NE_{短意险} \in [2.5\%, 5\%) \\ -0.047 & NE_{短意险} \in [5\%, +\infty) \end{cases}$$

第十七条 短期健康险的基础因子$RF_0 = 0.115$。

对短期健康险保费风险最低资本，根据最近12个月的综合成本率$C_{短健险}$设定特征系数k_1。

$$k_1 = \begin{cases} -0.05 & C_{短健险} \in (0, 95\%] \\ 0 & C_{短健险} \in (95\%, 100\%] \\ 0.05 & C_{短健险} \in (100\%, 105\%] \\ 0.1 & C_{短健险} \in (105\%, +\infty) \end{cases}$$

根据最近12个月的非比例分保净分出比例$NE_{短健险}$[（最近12个月非比例分保分出保费－最近12个月非比例分保分入保费）/最近12个月自留保费]设定特征系数k_2。

$$k_2 = \begin{cases} 0.136 & NE_{短健险} \in (-\infty, -1\%) \\ 0.012 & NE_{短健险} \in [-1\%, 0) \\ 0 & NE_{短健险} \in [0, 2.5\%) \\ -0.018 & NE_{短健险} \in [2.5\%, 5\%) \\ -0.047 & NE_{短健险} \in [5\%, +\infty) \end{cases}$$

第十八条 短期寿险的基础因子 $RF_0 = 0.085$。

对短期寿险保费风险最低资本，根据最近 12 个月的综合成本率 $C_{短期寿险}$ 设定特征系数 k_1。

$$k_1 = \begin{cases} -0.05 & C_{短期寿险} \in (0, 95\%] \\ 0 & C_{短期寿险} \in (95\%, 100\%] \\ 0.05 & C_{短期寿险} \in (100\%, 105\%] \\ 0.1 & C_{短期寿险} \in (105\%, +\infty) \end{cases}$$

根据最近 12 个月的非比例分保净分出比例 $NE_{短期寿险}$〔（最近 12 个月非比例分保分出保费 – 最近 12 个月非比例分保分入保费）/最近 12 个月自留保费〕设定特征系数 k_2。

$$k_2 = \begin{cases} 0.136 & NE_{短期寿险} \in (-\infty, -1\%) \\ 0.012 & NE_{短期寿险} \in [-1\%, 0) \\ 0 & NE_{短期寿险} \in [0, 2.5\%) \\ -0.018 & NE_{短期寿险} \in [2.5\%, 5\%) \\ -0.047 & NE_{短期寿险} \in [5\%, +\infty) \end{cases}$$

第十九条 其他险的基础因子 $RF_0 = 0.098$，银保监会另有规定的除外。

第二十条 经营期限不足无法计算特征系数，或综合成本率小于 0 的，$k_i = 0$。

第三章 各业务类型准备金风险最低资本

第二十一条 本规则所称准备金风险，是指由于已发生未决案件在未来的赔付金额及时间存在不确定性，导致赔付金额可能超过准备金金额，从而使保险公司遭受非预期损失的风险。

第二十二条 各业务类型的准备金风险最低资本的风险暴露为该业务类型的再保后未决赔款准备金，银保监会另有规定的除外。

第二十三条 车险的基础因子 $RF_0 = 0.123$。

对车险准备金风险最低资本，根据最近一个季度末计算的上两个会计年度末所有车险业务整体的再保后未决赔款准备金回溯偏差率的算术平均数 $R_{车险}$〔回溯偏差率参照

《保险公司非寿险业务准备金回溯分析管理办法》（保监发〔2012〕46号）计算，下同〕设定特征系数 k_1。

$$k_1 = \begin{cases} 0 & R_{车险} \in (-\infty, 2\%] \\ 0.05 & R_{车险} \in (2\%, 5\%] \\ 0.1 & R_{车险} \in (5\%, +\infty) \end{cases}$$

根据保险公司的发展阶段，设定特征系数 k_2。对上一会计年度车险原保费收入与分入保费收入之和小于20亿元的保险公司，$k_2 = -0.15$；其他保险公司，$k_2 = 0$。

第二十四条 财产险的基础因子 $RF_0 = 0.561$。

对财产险准备金风险最低资本，根据最近一个季度末计算的上两个会计年度末所有非车险业务整体的再保后未决赔款准备金回溯偏差率的算术平均数 $R_{非车险}$ 设定特征系数 k_1。

$$k_1 = \begin{cases} 0 & R_{非车险} \in (-\infty, 5\%] \\ 0.05 & R_{非车险} \in (5\%, 10\%] \\ 0.1 & R_{非车险} \in (10\%, +\infty) \end{cases}$$

第二十五条 船货特险的基础因子 $RF_0 = 0.604$。

对船货特险准备金风险最低资本，根据最近一个季度末计算的上两个会计年度末所有非车险业务整体的再保后未决赔款准备金回溯偏差率的算术平均数 $R_{非车险}$ 设定特征系数 k_1。

$$k_1 = \begin{cases} 0 & R_{非车险} \in (-\infty, 5\%] \\ 0.05 & R_{非车险} \in (5\%, 10\%] \\ 0.1 & R_{非车险} \in (10\%, +\infty) \end{cases}$$

第二十六条 责任险的基础因子 $RF_0 = 0.433$。

对责任险准备金风险最低资本，根据最近一个季度末计算的上两个会计年度末所有非车险业务整体的再保后未决赔款准备金回溯偏差率的算术平均数 $R_{非车险}$ 设定特征系数 k_1。

$$k_1 = \begin{cases} 0 & R_{非车险} \in (-\infty, 5\%] \\ 0.05 & R_{非车险} \in (5\%, 10\%] \\ 0.1 & R_{非车险} \in (10\%, +\infty) \end{cases}$$

第二十七条 农业险的基础因子 $RF_0 = 0.441$。

对农业险准备金风险最低资本，根据最近一个季度末计算的上两个会计年度末所有非车险业务整体的再保后未决赔款准备金回溯偏差率的算术平均数 $R_{非车险}$ 设定特征系数 k_1。

$$k_1 = \begin{cases} 0 & R_{\text{非车险}} \in (-\infty, 5\%] \\ 0.05 & R_{\text{非车险}} \in (5\%, 10\%] \\ 0.1 & R_{\text{非车险}} \in (10\%, +\infty) \end{cases}$$

对农业险准备金风险最低资本，根据最近 12 个月政策性农业险业务占比 $P_{\text{农业险}}$（最近 12 个月政策性农业险业务自留保费/最近 12 个月农业险全部自留保费）设定调控性特征系数 k_2。

$$k_2 = \begin{cases} 0 & P_{\text{农业险}} \in [0, 80\%) \\ -0.05 & P_{\text{农业险}} \in [80\%, 90\%) \\ -0.10 & P_{\text{农业险}} \in [90\%, 100\%] \end{cases}$$

第二十八条 非融资性信用保证险的基础因子 $RF_0 = 0.605$。

对非融资性信用保证险准备金风险最低资本，根据最近一个季度末计算的上两个会计年度末所有非车险业务整体的再保后未决赔款准备金回溯偏差率的算术平均数 $R_{\text{非车险}}$ 设定特征系数 k_1。

$$k_1 = \begin{cases} 0 & R_{\text{非车险}} \in (-\infty, 5\%] \\ 0.05 & R_{\text{非车险}} \in (5\%, 10\%] \\ 0.1 & R_{\text{非车险}} \in (10\%, +\infty) \end{cases}$$

对政策性中长期出口信用保险业务和海外投资保险业务设定调控性特征系数 k_2，赋值为 -0.1。

第二十九条 短期意外伤害险的基础因子 $RF_0 = 0.251$。

对短期意外伤害险准备金风险最低资本，根据最近一个季度末计算的上两个会计年度末所有非车险业务整体的再保后未决赔款准备金回溯偏差率的算术平均数 $R_{\text{非车险}}$ 设定特征系数 k_1。

$$k_1 = \begin{cases} 0 & R_{\text{非车险}} \in (-\infty, 5\%] \\ 0.05 & R_{\text{非车险}} \in (5\%, 10\%] \\ 0.1 & R_{\text{非车险}} \in (10\%, +\infty) \end{cases}$$

第三十条 短期健康险的基础因子 $RF_0 = 0.269$。

对短期健康险准备金风险最低资本，根据最近一个季度末计算的上两个会计年度末所有非车险业务整体的再保后未决赔款准备金回溯偏差率的算术平均数 $R_{\text{非车险}}$ 设定特征系数 k_1。

$$k_1 = \begin{cases} 0 & R_{\text{非车险}} \in (-\infty, 5\%] \\ 0.05 & R_{\text{非车险}} \in (5\%, 10\%] \\ 0.1 & R_{\text{非车险}} \in (10\%, +\infty) \end{cases}$$

第三十一条 短期寿险的基础因子 $RF_0 = 0.193$。

对短期寿险准备金风险最低资本，根据最近一个季度末计算的上两个会计年度末所有非车险业务整体的再保后未决赔款准备金回溯偏差率的算术平均数 $R_{非车险}$ 设定特征系数 k_1。

$$k_1 = \begin{cases} 0 & R_{非车险} \in (-\infty, 5\%] \\ 0.05 & R_{非车险} \in (5\%, 10\%] \\ 0.1 & R_{非车险} \in (10\%, +\infty) \end{cases}$$

第三十二条 其他险对应的基础因子 $RF_0 = 0.17$，银保监会另有规定的除外。

第三十三条 经营期限不足无法计算特征系数的，$k_i = 0$。

第四章 融资性信用保证险最低资本

第三十四条 融资性信用保证险是指保险公司为借贷、融资租赁等融资合同的履约信用风险提供保险保障的信用保证险。保险公司承保上述风险，不受限于特定的风险事件，包括但不限于自然灾害、意外事故等。

第三十五条 融资性信用保证险的保险风险最低资本采用综合因子法计算，计算公式为：

$$MC = \left(\sum_{i=1}^{n} EX_i \times RF_i \times (1 + K_i) \right)$$

其中：MC 为融资性信用保证险的保险风险最低资本；

EX_i 为第 i 种贷款类型对应的风险暴露；$EX_i =$ 承保的第 i 种贷款类型再保后贷款余额 – 第 i 种贷款类型对应的再保后未决赔款准备金；

RF_i 为第 i 种贷款类型对应的基础因子，详见下表：

贷款类型	RF_i
1. 个人类贷款	
1.1 个人住房抵押贷款	0.052
1.2 对已抵押房产，在购房人没有全部归还贷款前，以再评估后的净值为抵押追加贷款的，追加的部分	0.157
1.3 个人其他贷款	0.078
2. 企业类贷款	0.105
3. 其他贷款	0.105

K_i 为融资性信用保证险中第 i 种贷款类型的特征因子，$K_i = \sum_{j=1}^{n} k_j = k_1 + k_2 + k_3 + \cdots + k_n$，$K_i \in [-0.25, 0.25]$，银保监会另有规定的除外；

k_j 为融资性信用保证险中第 i 种贷款类型的第 j 个特征系数，n 为融资性信用保证险中第 i 种贷款类型特征系数的个数；

对特征系数 k_j，由银保监会规定和赋值；无明确规定并赋值的，$k_j = 0$。

第三十六条 针对融资性信用保证险中的所有贷款类型，根据公司与行业滚动 12 个月的净保费增速相对值，$C_{融资性信用保证险-公司}$［（公司最近 12 个月融资性信用保证险自留保费 - 公司最近 12 个月之前的 12 个月融资性信用保证险自留保费）/公司最近 12 个月之前的 12 个月融资性信用保证险自留保费］－ $C_{融资性信用保证险-行业}$［（全行业最近 12 个月融资性信用保证险自留保费 - 全行业最近 12 个月之前的 12 个月融资性信用保证险自留保费）/全行业最近 12 个月之前的 12 个月融资性信用保证险自留保费］，设定特征系数 k_1。

$$k_1 = \begin{cases} 0 & C_{融资性信用保证险-公司} - C_{融资性信用保证险-行业} \in (-\infty, 5\%] \\ 0.05 & C_{融资性信用保证险-公司} - C_{融资性信用保证险-行业} \in (5\%, 10\%] \\ 0.10 & C_{融资性信用保证险-公司} - C_{融资性信用保证险-行业} \in (10\%, 15\%] \\ 0.15 & C_{融资性信用保证险-公司} - C_{融资性信用保证险-行业} \in (15\%, 20\%] \\ 0.20 & C_{融资性信用保证险-公司} - C_{融资性信用保证险-行业} \in (20\%, 50\%] \\ 0.25 & C_{融资性信用保证险-公司} - C_{融资性信用保证险-行业} \in (50\%, +\infty) \end{cases}$$

第三十七条 针对融资性信用保证险中的所有贷款类型，根据个人类贷款中单笔业务放款本金小于 20 万元的业务的再保后贷款余额合计和非个人类贷款中单笔业务放款本金小于 100 万元的业务的再保后贷款余额合计占融资性信用保证险再保后贷款余额的比例 $P_{融资性信用保证险}$，设定特征系数 k_2。

$$k_2 = \begin{cases} 0.2 & P_{融资性信用保证险} \in (0, 15\%] \\ 0.1 & P_{融资性信用保证险} \in (15\%, 30\%] \\ 0 & P_{融资性信用保证险} \in (30\%, 100\%] \end{cases}$$

第三十八条 针对融资性信用保证险中的所有贷款类型，根据前十大交易对手集中度 $P_{集中度}$，设定特征系数 k_3。

$$k_3 = \begin{cases} 0 & P_{集中度} \in (0, 5\%] \\ 0.2 & P_{集中度} \in (5\%, 100\%] \end{cases}$$

其中，集中度 $P_{集中度} = \sum_{i=1}^{10}$（第 i 个信用主体再保后贷款余额/融资性信用保证险再保后贷款余额合计）。

第三十九条 针对融资性信用保证险中的所有贷款类型，根据小微企业再保后贷款余额占融资性信用保证险全部再保后贷款余额的比例 $P_{小微企业贷款余额占比}$，设定特征系数 k_4。

$$k_4 = \begin{cases} 0 & P_{\text{小微企业贷款余额占比}} \in [0,30\%) \\ -0.05 & P_{\text{小微企业贷款余额占比}} \in [30\%,60\%) \\ -0.10 & P_{\text{小微企业贷款余额占比}} \in [60\%,100\%] \end{cases}$$

小微企业包括小型企业、微型企业，个体工商户以及小微企业主。其中，小微企业主包含小微企业的法定代表人、股东及其实际控制人。"小型企业和微型企业"的定义参照《中小企业划型标准规定》（工信部联企业〔2011〕300 号）的有关规定。

第四十条 针对融资性信用保证险中的个人其他贷款，根据最近 12 个月的年化损失率 $ALR_{\text{个人其他贷款}}$（最近 12 个月累计净赔款/最近 12 个月平均月均再保后贷款余额），设定特征系数 k_5。

$$k_5 = \begin{cases} -0.1 & ALR_{\text{个人其他贷款}} \in (-\infty,6.5\%] \\ 0 & ALR_{\text{个人其他贷款}} \in (6.5\%,7\%] \\ 0.1 & ALR_{\text{个人其他贷款}} \in (7\%,8\%] \\ 0.2 & ALR_{\text{个人其他贷款}} \in (8\%,10\%] \\ 0.25 & ALR_{\text{个人其他贷款}} \in (10\%,+\infty) \end{cases}$$

其中，累计净赔款为再保后赔款中的贷款本金部分；月均再保后贷款余额为月初再保后贷款余额和月末再保后贷款余额的均值。

第四十一条 针对融资性信用保证险中的所有贷款类型，根据最近 36 个月融资性信用保证险的加权平均综合成本率 $C_{\text{融资性信用保证险}}$，设定特征系数 k_6。

$$k_6 = \begin{cases} -0.1 & C_{\text{融资性信用保证险}} \in [0,95\%) \\ 0 & C_{\text{融资性信用保证险}} \in [95\%,100\%) \\ 0.05 & C_{\text{融资性信用保证险}} \in [100\%,105\%) \\ 0.1 & C_{\text{融资性信用保证险}} \in [105\%,+\infty) \end{cases}$$

最近 36 个月融资性信用保证险的加权平均综合成本率 $C_{\text{融资性信用保证险}}$ 的计算公式如下：

$$C_{\text{融资性信用保证险}} = \frac{\sum_{i=1}^{36} EP_i \times C_i}{\sum_{i=1}^{36} EP_i}$$

当 $\sum_{i=1}^{36} EP_i < 0$ 或 $C_{\text{融资性信用保证险}} < 0$ 时，特征系数 $k_6 = 0$。

其中，EP_i 为融资性信用保证险在最近 36 个月每个日历月对应的已赚保费，C_i 为融资性信用保证险在最近 36 个月每个日历月对应的综合成本率。

第五章 保费及准备金风险最低资本

第四十二条 各类型非寿险业务（信用保证险除外）的保费及准备金风险最低资本

的计算公式为：

$$MC_{保费及准备金_i} = \sqrt{MC_{保费_i}^2 + 2 \times \rho \times MC_{保费_i} \times MC_{准备金_i} + MC_{准备金_i}^2}$$

其中：

$MC_{保费及准备金_i}$ 为业务类型 i 的保费及准备金风险最低资本；

$MC_{保费_i}$ 为业务类型 i 的保费风险最低资本；

$MC_{准备金_i}$ 为业务类型 i 的准备金风险最低资本；

ρ 为 $MC_{保费_i}$ 和 $MC_{准备金_i}$ 的相关系数，$\rho = 0.5$。

第四十三条 信用保证险保费及准备金最低资本的计算公式为：

$$MC_{信用保证险} = MC_{非融资性} + MC_{融资性}$$

$$MC_{非融资性} = \sqrt{MC_{保费非融资性}^2 + 2 \times \rho \times MC_{保费非融资性} \times MC_{准备金非融资性} + MC_{准备金非融资性}^2}$$

其中：

$MC_{信用保证险}$ 为信用保证险的保费与准备金风险最低资本；

$MC_{非融资性}$ 为非融资性信用保证险的保费与准备金风险最低资本；

$MC_{融资性}$ 为融资性信用保证险的保险风险最低资本；

$MC_{保费非融资性}$ 为非融资性信用保证险的保费风险最低资本；

$MC_{准备金非融资性}$ 为非融资性信用保证险的准备金风险最低资本；

ρ 为 $MC_{保费非融资性}$ 和 $MC_{准备金非融资性}$ 的相关系数，$\rho = 0.5$。

第四十四条 保费及准备金风险最低资本的计算公式为：

$$MC_{保费及准备金} = \sqrt{\sum_{i,j(i>j)} 2 \times \rho_{i,j} \times MC_{保费及准备金_i} \times MC_{保费及准备金_j} + \sum_i MC_{保费及准备金_i}^2}$$

其中：

$MC_{保费及准备金}$ 为非寿险业务总的保费及准备金风险最低资本；

$MC_{保费及准备金_i}$ 和 $MC_{保费及准备金_j}$ 分别为业务类型 i 和业务类型 j 的保费及准备金风险最低资本；

$\rho_{i,j}$ 为 $MC_{保费及准备金_i}$ 和 $MC_{保费及准备金_j}$ 相关系数，如下表所示。

$\rho_{i,j}$	$MC_{车险}$	$MC_{财产险}$	$MC_{船货特险}$	$MC_{责任险}$	$MC_{农业险}$	$MC_{信用保证险}$	$MC_{短意险}$	$MC_{短健险}$	$MC_{短期寿险}$	$MC_{其他险}$
$MC_{车险}$	1	0	0.15	0.3	0	0	0.3	0.25	0.2	0
$MC_{财产险}$	0	1	0.4	0.35	0.35	0.05	0.35	0	0	0
$MC_{船货特险}$	0.15	0.4	1	0.25	0.1	0.05	0.3	0.05	0	0
$MC_{责任险}$	0.3	0.35	0.25	1	0.15	0	0.55	0.15	0.25	0
$MC_{农业险}$	0	0.35	0.1	0.15	1	0	0.2	0.1	0	0
$MC_{信用保证险}$	0	0.05	0.05	0	0	1	0	0	0	0

$\rho_{i,j}$	$MC_{车险}$	$MC_{财产险}$	$MC_{船货特险}$	$MC_{责任险}$	$MC_{农业险}$	$MC_{信用保证险}$	$MC_{短意险}$	$MC_{短健险}$	$MC_{短期寿险}$	$MC_{其他险}$
$MC_{短意险}$	0.3	0.35	0.3	0.55	0.2	0	1	0.25	0.5	0
$MC_{短健险}$	0.25	0	0.05	0.15	0.1	0	0.25	1	0.5	0
$MC_{短期寿险}$	0.2	0	0	0.25	0	0	0.5	0.5	1	0
$MC_{其他险}$	0	0	0	0	0	0	0	0	0	1

第六章 巨灾风险最低资本

第四十五条 保险公司应对车险和财产险业务计提巨灾风险最低资本。

第四十六条 巨灾风险的风险区域在境内按省（自治区、直辖市）行政区划进行划分，境外按照亚太、北美、欧洲、其他四个区域进行划分。境内业务的巨灾风险以保险金额作为风险暴露，境外业务的巨灾风险以保费作为风险暴露。

第四十七条 境内车险的台风及洪水巨灾风险最低资本的计算公式为：

$$MC_{车险台风} = \mathrm{VaR}\left(\sum_{各区域}(EX_{各区域} \times DR_{各区域,各情景}), p\right)$$

其中：

$MC_{车险台风}$ 为车险台风及洪水巨灾风险最低资本；

VaR 为在险价值；

$EX_{各区域}$ 为保险公司在各风险区域内承保的、包含台风及洪水巨灾风险责任的车险在比例分保后的净自留有效总保险金额；

$DR_{各区域,各情景}$ 为相应台风及洪水事件情景在每个风险区域的车险巨灾损失因子，见巨灾风险最低资本计算模板（另行发布）；

p 为置信度，$p = 99.5\%$。

保险公司计算境内车险的台风及洪水巨灾风险最低资本时，应计算商业车险中的车损险及其附加险的巨灾风险最低资本，不计算交强险、商业车险中其他险种的巨灾风险最低资本，银保监会另有规定的除外。

第四十八条 境内财产险的台风及洪水巨灾风险最低资本的计算公式为：

$$MC_{财产险台风} = \mathrm{VaR}\left(\sum_{各区域}(EX_{各区域} \times DR_{各区域,各情景}), p\right)$$

其中：

$MC_{财产险台风}$ 为境内财产险的台风及洪水巨灾风险最低资本；

VaR 为在险价值；

$EX_{各区域}$ 为保险公司在各风险区域内承保的、包含台风及洪水巨灾风险责任的财产险在比例分保后的净自留有效总保险金额；

$DR_{各区域,各情景}$ 为相应台风及洪水事件情景在每个风险区域的财产险巨灾损失因子，见巨灾风险最低资本计算模板；

p 为置信度，$p = 99.5\%$。

第四十九条 境内财产险的地震巨灾风险最低资本的计算公式为：

$$MC_{财产险地震} = VaR(\sum_{各区域}(EX_{各区域} \times DR_{各区域,各情景}),p)$$

其中：

$MC_{财产险地震}$ 为境内财产险的地震巨灾风险最低资本；

VaR 为在险价值；

$EX_{各区域}$ 为保险公司在各风险区域内承保的、包含地震巨灾风险责任的财产险在比例分保后的净自留有效总保险金额；

$DR_{各区域,各情景}$ 为相应地震事件情景在每个风险区域的财产险巨灾损失因子，见巨灾风险最低资本计算模板；

p 为置信度，$p = 99.5\%$。

第五十条 境外财产险的台风及洪水巨灾风险最低资本的计算公式为：

$$MC_{境外台风} = \sqrt{\sum_{各区域}(EX_{各区域} \times VaR(DR_{各区域,各情景},p))^2}$$

其中：

$MC_{境外台风}$ 为境外财产险的台风及洪水巨灾风险最低资本；

VaR 为在险价值；

$EX_{各区域}$ 为保险公司在各风险区域内承保的、包含台风及洪水巨灾风险责任的财产险在比例分保后的净自留有效总保费；

$DR_{各区域,各情景}$ 为相应台风及洪水事件情景在每个风险区域的财产险巨灾损失因子，见巨灾风险最低资本计算模板；

p 为置信度，$p = 99.5\%$。

第五十一条 境外财产险的地震巨灾风险最低资本的计算公式为：

$$MC_{境外地震} = \sqrt{\sum_{各区域}(EX_{各区域} \times VaR(DR_{各区域,各情景},p))^2}$$

其中：

$MC_{境外地震}$ 为境外财产险的地震巨灾风险最低资本；

VaR 为在险价值；

$EX_{各区域}$ 为保险公司在各风险区域内承保的、包含地震巨灾风险责任的财产险在比例分保后的净自留有效总保费；

$DR_{各区域,各情景}$ 为相应地震事件情景在每个风险区域的财产险巨灾损失因子，见巨灾风险最低资本计算模板；

p 为置信度，$p = 99.5\%$。

第五十二条 保险公司为境内某类巨灾风险购买巨灾超赔再保险时，该类巨灾风险最低资本的计算公式为：

$$MC_{\text{巨灾}_i} = \text{VaR}\left(\sum EX_{\text{各区域}}^{\text{巨灾}_i} \times DR_{\text{各区域,各情景}}^{\text{巨灾}_i} - RR_{\text{各情景}}^{\text{巨灾}_i}, p \right)$$

$$RR_{\text{各情景}}^{\text{巨灾}_i} = \min\left(\max\left(0, \sum EX_{\text{各区域}}^{\text{巨灾}_i} \times DR_{\text{各区域,各情景}}^{\text{巨灾}_i} - RT_{\text{巨灾}_i}\right), OL_{\text{巨灾}_i} \right) \times SH_{\text{巨灾}_i}$$

其中：

$MC_{\text{巨灾}_i}$ 为考虑巨灾超赔再保险后类型 i 巨灾的风险最低资本；

VaR 为在险价值；

$EX_{\text{各区域}}^{\text{巨灾}_i}$ 为保险公司在境内各风险区域内承保的、包含类型 i 巨灾风险责任的业务在比例分保后的净自留有效总保险金额；

$DR_{\text{各区域,各情景}}^{\text{巨灾}_i}$ 为相应类型 i 巨灾事件情景在每个风险区域的巨灾损失因子；

$RR_{\text{各区域}}^{\text{巨灾}_i}$ 为相应类型 i 巨灾事件情景的再保摊回金额；

$RT_{\text{巨灾}_i}$ 为保障类型 i 巨灾风险的巨灾超赔再保险的起赔点；

$OL_{\text{巨灾}_i}$ 为保障类型 i 巨灾风险的巨灾超赔再保险的各超赔层的事故限额总和；

$$SH_{\text{巨灾}_i} = \frac{\sum \text{各层 } 100\% \text{ 限额}_{\text{巨灾}_i} \times \text{各层分出份额}_{\text{巨灾}_i}}{\sum \text{各层 } 100\% \text{ 限额}_{\text{巨灾}_i}}$$ 为保障类型 i 巨灾风险的巨灾

超赔再保险的平均分出份额；

p 为置信度，$p = 99.5\%$。

第五十三条 保险公司为境外某类巨灾风险购买巨灾超赔再保险时，该类巨灾风险最低资本的计算公式为：

$$MC_{\text{巨灾}_i} = MC_{\text{巨灾}_i}^* - \min\left(\max\left(0, MC_{\text{巨灾}_i}^* - RT_{\text{巨灾}_i}\right), OL_{\text{巨灾}_i} \right) \times SH_{\text{巨灾}_i}$$

其中：

$MC_{\text{巨灾}_i}$ 为考虑巨灾超赔再保险后类型 i 巨灾风险的最低资本；

$MC_{\text{巨灾}_i}^*$ 为未考虑巨灾超赔再保险时类型 i 巨灾风险的最低资本；

$RT_{\text{巨灾}_i}$ 为保障类型 i 巨灾风险的巨灾超赔再保险的起赔点；

$OL_{\text{巨灾}_i}$ 为保障类型 i 巨灾风险的巨灾超赔再保险的各超赔层的事故限额总和；

$$SH_{\text{巨灾}_i} = \frac{\sum \text{各层 } 100\% \text{ 限额}_{\text{巨灾}_i} \times \text{各层分出份额}_{\text{巨灾}_i}}{\sum \text{各层 } 100\% \text{ 限额}_{\text{巨灾}_i}}$$ 为保障类型 i 巨灾风险的巨灾

超赔再保险的平均分出份额。

第五十四条 巨灾风险最低资本的计算公式为：

$$MC_{\text{巨灾}} = \sqrt{MC_{\text{境内,巨灾}}^2 + MC_{\text{境外,巨灾}}^2}$$

$$MC_{\text{境内,巨灾}} = \sqrt{\sum_i MC_{\text{境内,巨灾}_i}^2 + \sum_{i,j<i} 2 \times \rho_{i,j} \times MC_{\text{境内,巨灾}_i} \times MC_{\text{境内,巨灾}_j}}$$

$$MC_{境外,巨灾} = \sqrt{\sum_i MC^2_{境外,巨灾_i}}$$

其中：

$MC_{巨灾}$ 为巨灾风险最低资本；

$MC_{境内,巨灾}$ 为境内业务的巨灾风险最低资本；

$MC_{境外,巨灾}$ 为境外业务的巨灾风险最低资本；

$\rho_{i,j}$ 为 $MC_{境内,巨灾_i}$ 和 $MC_{境内,巨灾_j}$ 的相关系数，见下表：

$\rho_{i,j}$	车险台风	财产险台风	财产险地震
车险台风	1	0.65	0
财产险台风	0.65	1	0
财产险地震	0	0	1

第七章　保险风险最低资本

第五十五条　非寿险业务的保险风险最低资本的计算公式为：

$$MC_{非寿险保险} = \sqrt{MC^2_{保费及准备金} + 2 \times \rho \times MC_{保费及准备金} \times MC_{巨灾} + MC^2_{巨灾}} \times K$$

其中：

$MC_{非寿险保险}$ 为非寿险业务的保险风险最低资本；

$MC_{保费及准备金}$ 为非寿险业务的保费及准备金风险最低资本；

$MC_{巨灾}$ 为巨灾风险最低资本；

ρ 为 $MC_{保费及准备金}$ 和 $MC_{巨灾}$ 的相关系数，$\rho = 0.25$；

K 为调控性特征因子。对于专业科技保险公司，$K = 0.9$；其他保险公司，$K = 1$。

第八章　附　则

第五十六条　相互保险组织适用本规则。

第五十七条　本规则由银保监会负责解释和修订。

第五十八条　本规则于 2015 年 2 月 13 日第一次发布，于 2021 年 12 月 30 日修订发布。本规则施行日期另行规定。

《保险公司偿付能力监管规则第4号：保险风险最低资本（非寿险业务）》讲解

一、总则概述

保险公司计量非寿险业务保险风险最低资本时，应当注意以下几点：

一是适用范围。《保险公司偿付能力监管规则第4号：保险风险最低资本（非寿险业务）》（以下简称本规则）规范的是财产保险以及保险期间为1年或1年以内的短期意外险、短期健康险和短期寿险保险风险最低资本的计量。对于人身保险公司经营的短期意外险、短期健康险和短期寿险，也应当按照本规则计量保险风险最低资本。

二是业务分类。根据不同业务的风险特性，本规则将非寿险业务划分为10个类型，分别为：车险、财产险、船货特险、责任险、农业险、信用保证险、短期意外伤害险、短期健康险、短期寿险和其他险。其中，信用保证险进一步划分为融资性信用保证险和非融资性信用保证险。

三是计量方法。除融资性信用保证险外，各业务类型采用综合因子法分别计量保费风险最低资本、准备金风险最低资本；融资性信用保证险采用综合因子法直接计量保险风险最低资本，不再区分保费风险最低资本和准备金风险最低资本。

四是计量框架。非寿险业务的保险风险包括保费风险、准备金风险和巨灾风险。非寿险保险风险最低资本计量框架如下图所示。

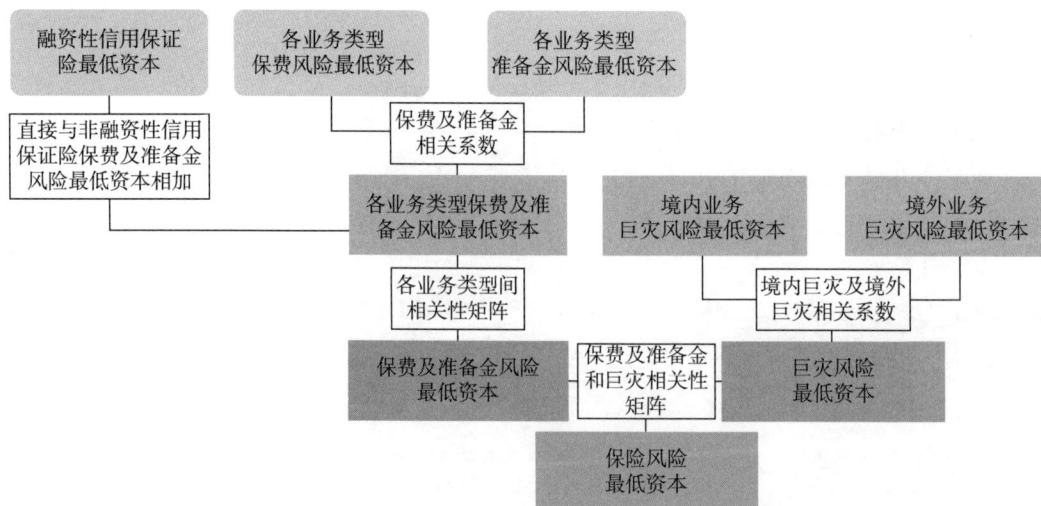

二、保费风险最低资本

（一）风险暴露

保费风险最低资本的风险暴露为各业务类型最近 12 个月自留保费。

（二）基础因子

基础因子不区分公司规模，不同公司的同一业务类型的保费风险最低资本采取统一的基础因子。比如，车险保费风险最低资本的基础因子为 0.103。

（三）特征因子

除其他险外，各业务类型的保费风险最低资本均设置了特征因子，适用于不同的业务类型。各特征因子具体如下表所示。

特征因子	因子描述	适用业务类型
综合成本率	车险根据最近 6 个月综合成本率，其他业务类型根据最近 12 个月综合成本率	除其他险外的所有业务类型
非比例分保净分出比例	根据最近 12 个月非比例分保净分出比例（最近 12 个月非比例分保分出保费 – 最近 12 个月非比例分保分入保费）/最近 12 个月自留保费	除其他险外的所有业务类型
综合成本变动率	根据 6 个月综合成本率变动，即最近 6 个月综合成本率 – 最近 6 个月之前的 6 个月综合成本率	车险
车险原保费收入相对增速	根据公司与行业报告年度的累计原保费收入增速相对值，即（公司当年车险累计原保费收入 – 公司上年同期车险累计原保费收入）/公司上年同期车险累计原保费收入 –（全行业当年车险累计原保费收入 – 全行业上年同期车险累计原保费收入）/全行业上年同期车险累计原保费收入	车险
保险公司发展阶段	根据公司上一会计年度车险原保费收入与分入保费收入之和是否小于 20 亿元	车险
政策性农业险业务占比	根据最近 12 个月政策性农业险业务占比，即最近 12 个月政策性农业险自留保费/最近 12 个月农业险全部自留保费	农业险
政策性中长期出口信用保险业务和海外投资保险业务	根据业务是否为政策性中长期出口信用保险业务和海外投资保险业务	非融资性信用保证险

【示例】A 保险公司 2020 年的车险业务原保费收入为 15 亿元，没有分入保费。到 2021 年 6 月 30 日，其车险业务最近 12 个月的自留保费为 16 亿元，最近 12 个月的非比例分保净分出比例为零，2020 年下半年和 2021 年上半年的综合成本率分别为 101% 和 99%。请问如何评估该公司 2021 年第二季度的车险业务的保费风险最低资本？

车险业务的保费风险最低资本的风险暴露为最近 12 个月的自留保费，即 16 亿元。

车险业务的基础因子为 0.103，特征系数如下：根据最近 6 个月综合成本率为 99%，特征系数 k_1 为零；根据 6 个月的综合成本率变动，特征系数 k_2 为 -0.05；根据非比例分保净分出比例，特征系数 k_3 为零；根据 2020 年车险原保险保费为 15 亿元，低于 20 亿元，特征系数 k_4 为零，特征系数 k_5 为 -0.15。其适用的风险因子为 0.103 ×（1 + 0 - 0.05 + 0 + 0 - 0.15）= 0.0824。该公司 2021 年第二季度的车险业务的保费风险最低资本为 16 亿元 × 0.0824 = 1.3184 亿元。

三、准备金风险最低资本

（一）风险暴露

准备金风险最低资本的风险暴露为各业务类型再保后未决赔款准备金。

（二）基础因子

基础因子不区分公司规模，不同公司的同一业务类型的准备金风险最低资本采取统一的基础因子。比如，车险保费风险最低资本的基础因子为 0.123。

（三）特征因子

除其他险外，各业务类型的准备金风险最低资本均设置了特征因子，适用于不同的业务类型，具体如下表所示。

特征因子	因子描述	适用业务类型
准备金回溯偏差率	根据最近一个季度末计算的上两个会计年度末相关业务类型整体的再保后未决赔款准备金回溯偏差率的算术平均数	除其他险外的所有业务类型
保险公司发展阶段	根据公司上一会计年度车险原保费收入与分入保费收入之和是否小于 20 亿元	车险
政策性农业险业务占比	根据最近 12 个月政策性农业险业务占比（最近 12 个月政策性农业险自留保费/最近 12 个月农业险全部自留保费）	农业险
政策性中长期出口信用保险业务和海外投资保险业务	根据业务是否为政策性中长期出口信用保险业务和海外投资保险业务	非融资性信用保证险

四、融资性信用保证险

（一）风险暴露

融资性信用保证险是指保险公司为借贷、融资租赁等融资合同的履约信用风险提供保险保障的信用保证险。融资性信用保证险不区分保费风险最低资本和准备金风险最低资本，用风险暴露乘以风险因子直接得到其保险风险最低资本。融资性信用保证险的保险风险最低资本的风险暴露为再保后贷款余额减再保后未决赔款准备金余额。

（二）基础因子

融资性信用保证险最低资本根据不同贷款类型采用不同基础因子，具体分类及基础因子如下表所示。

贷款类型	RF_i
1. 个人类贷款	
1.1 个人住房抵押贷款	0.052
1.2 对已抵押房产，在购房人没有全部归还贷款前，以再评估后的净值为抵押追加贷款的，追加的部分	0.157
1.3 个人其他贷款	0.078
2. 企业类贷款	0.105
3. 其他贷款	0.105

（三）特征因子

融资性信用保证险共设置 6 个特征因子，具体因子为：

一是根据公司滚动 12 个月自留保费相对于行业的增速设定的特征系数 k_1；

二是根据个人类贷款中单笔业务放款本金小于 20 万元和非个人类贷款中单笔业务放款本金小于 100 万元的业务的再保后贷款余额，合计占融资性信用保证险再保后贷款余额的比例，设定特征系数 k_2；

三是根据前十大信用主体的再保后贷款余额占比设定的特征系数 k_3；

四是根据小微企业再保后贷款余额占比设定的特征系数 k_4；

五是根据个人其他贷款过去 12 个月的年化损失率设定的特征系数 k_5；

六是根据过去 3 年的加权平均综合成本率设定的特征系数 k_6。

【示例】A 保险公司的融资性信用保证保险中，个人其他贷款、企业类贷款的再保后贷款余额分别为 1000 万元、500 万元，再保后未决赔款准备金余额分别为 80 万元、50 万元，其中，个人其他贷款过去 12 个月的年化损失率的特征系数 k_5 为 0.1，除 k_5 外其他特征系数之和为 0.05。请问如何计量该公司融资性信用保证险的最低资本？

该公司个人其他贷款融资性信用保证保险的最低资本 =（1000 万元 – 80 万元）× 0.078 ×（1 + 0.1 + 0.05）= 82.52 万元，企业类贷款最低资本 =（500 万元 – 50 万元）× 0.105 ×（1 + 0.05）= 49.61 万元，融资性信用保证险最低资本 = 82.52 万元 + 49.61 万元 = 132.13 万元。

五、巨灾风险最低资本

巨灾风险最低资本，主要评估保险公司在比例分保和超赔分保之后，净自留的巨灾风险对偿付能力的影响。本规则采用净自留巨灾风险的 99.5% 在险价值对巨灾风险最低资本进行计量，即出现"两百年一遇"巨灾事件的情况下保险公司的净损失。根据本规则，巨灾风险的风险区域在境内按省（自治区、直辖市）行政区划进行划分，境外按照亚太、北美、欧洲、其他四个区域进行划分。

（一）需计量巨灾风险的业务范围

保险公司应对车险和财产险业务计量巨灾风险最低资本，均包括境内业务和境外业务。在计算车险的台风及洪水巨灾风险最低资本时，只需计算境内车险中车损险及其附加险的巨灾风险最低资本，不计量交强险等车险中其他险种的巨灾风险最低资本。

（二）风险暴露

境内业务的巨灾风险以比例分保后的净自留有效总保额作为风险暴露，境外业务的巨灾风险以比例分保后的净自留有效总保费作为风险暴露。

六、风险聚合

非寿险业务保险风险最低资本按照以下步骤进行风险聚合：

一是保费及准备金风险聚合。首先，将除信用保证险外的各类型非寿险业务的保费及准备金风险最低资本，按照本规则第四十二条的公式进行计量；其次，按照本规则第四十三条的规定将信用保证险的保费及准备金风险进行聚合；最后，按照本规则第四十四条的相关系数矩阵进行风险聚合，得到保费及准备金风险最低资本。

二是巨灾风险聚合。保险公司在计量各子类型的巨灾风险最低资本后，应当按照本规则第五十四条的规定，将各子类型的巨灾风险最低资本依次聚合为巨灾风险最低资本。首先，将各子类型的境内业务巨灾风险最低资本聚合为境内业务巨灾风险最低资本；其次，将各子类型的境外业务巨灾风险最低资本聚合为境外业务巨灾风险最低资本；最后，将境内业务巨灾风险最低资本与境外业务巨灾风险最低资本聚合为巨灾风险最低资本。

三是非寿险业务保险风险聚合。将保费及准备金风险、巨灾风险按照本规则第五十五条的公式和相关系数矩阵进行聚合，得到非寿险业务保险风险最低资本。

四是对于专业科技保险公司设定调控性特征因子 K，赋值为 0.9，即专业科技保险公司按上述要求计算得到的保险风险最低资本乘以 K，得到最终的保险风险最低资本，相当于其保险风险最低资本可以打九折，以体现监管支持。

保险公司偿付能力监管规则第5号：
保险风险最低资本（寿险业务）

第一章 总 则

第一条 为规范保险公司寿险业务保险风险最低资本的计量，制定本规则。

第二条 本规则所称保险公司，是指依法在中华人民共和国境内设立的经营商业保险业务的人身保险公司（含健康保险公司和养老保险公司），但不包括再保险公司及其分公司。

第三条 本规则所称寿险业务，是指保险公司经营的以人身为保险标的的保险，包括长期寿险（含年金保险）业务、长期健康险业务及长期意外险业务，但不包括短期意外险、短期健康险和短期寿险。

第四条 本规则所称保险风险，是指由于损失发生、费用及退保相关假设的实际经验与预期发生不利偏离，导致保险公司遭受非预期损失的风险。

第五条 保险公司寿险业务保险风险包括损失发生风险、费用风险和退保风险。

第六条 寿险业务保险风险最低资本采用情景法计算，即分别在基础情景假设和不利情景假设下计算评估日的现金流现值，最低资本等于两种情景下的现金流现值之差，且不得为负。各类寿险业务保险风险最低资本计算公式为：

$$MC_{保险} = \text{Max}(PV_{不利情景} - PV_{基础情景}, 0)$$

其中：

$MC_{保险}$ 为寿险业务保险风险各类子风险的最低资本；

$PV_{基础情景}$ 为基础情景假设下，按照《保险公司偿付能力监管规则第3号：寿险合同负债评估》考虑再保因素后计算得到的寿险业务现金流现值；

$PV_{不利情景}$ 为不利情景假设下，按照《保险公司偿付能力监管规则第3号：寿险合同负债评估》考虑再保因素后计算得到的寿险业务现金流现值；

基础情景假设是指保险公司在计算最优估计准备金时所采用的假设；

不利情景假设 = 基础情景假设 × （1 + SF），其中 SF 为不利情景因子，表示不利情景对基础情景假设上浮或者下浮一定比例，银保监会另有规定的除外。

第七条 保险公司确定寿险业务保险风险最低资本适用的不利情景,应以单个保险产品或具有同质风险的保险合同组合在评估日的所有有效保单作为计量单元,银保监会另有规定的除外。

第二章 损失发生风险最低资本

第八条 本规则所称损失发生风险,包括死亡发生率风险、死亡巨灾风险、长寿风险、疾病风险、医疗及健康赔付损失率风险、其他损失发生率风险。

第九条 死亡发生率风险是指死亡发生率的实际经验高于预期而使保险公司遭受非预期损失的风险。

死亡发生率风险不利情景因子 SF 为在基础情景假设的基础上,未来剩余保险期间内死亡发生率上浮一定比例。SF 赋值为 15%。

保险公司死亡发生率风险最低资本为全部寿险业务死亡发生率风险最低资本的算术加总。

第十条 死亡巨灾风险是指由于巨灾事件(如流行病、地震、海啸等)的发生导致短期内死亡发生率大幅上升而使保险公司遭受非预期损失的风险。

死亡巨灾风险不利情景为在基础情景假设的基础上,评估日后的 12 个月内年度死亡发生率增加绝对数额 0.0018。

保险公司计量死亡巨灾风险最低资本,应以评估日全部寿险业务的有效保单作为计量单元。

第十一条 长寿风险是指死亡发生率改善的实际经验高于预期而使保险公司遭受非预期损失的风险。

长寿风险的不利情景因子 SF 为在基础情景假设的基础上,未来剩余保险期间内每个年度死亡发生率下浮一定比例。SF 根据评估日后的年度确定,赋值如下:

$$SF = \begin{cases} (1-3\%)^t - 1 & 0 < t \leqslant 10 \\ (1-3\%)^{10} \times (1-2\%)^{t-10} - 1 & 10 < t \leqslant 20 \\ (1-3\%)^{10} \times (1-2\%)^{10} \times (1-1\%)^{t-20} - 1 & 20 < t \leqslant 30 \\ (1-3\%)^{10} \times (1-2\%)^{10} \times (1-1\%)^{10} - 1 & t > 30 \end{cases}$$

其中:

t 为整数,表示评估日后第 t 个年度。

专属商业养老保险业务的长寿风险不利情景因子为 $SF_{长寿风险}$,$SF_{长寿风险} = SF \times 0.9$。

保险公司长寿风险最低资本为全部寿险业务长寿风险最低资本的算术加总。

第十二条 疾病风险是指由于疾病发生的实际经验高于预期而使保险公司遭受非预期损失的风险。

疾病风险包括疾病发生率风险和疾病趋势风险。其中，疾病发生率风险是指由于疾病发生率实际经验高于预期而使保险公司遭受非预期损失的风险；疾病趋势风险是指由于疾病恶化趋势实际经验高于预期而使保险公司遭受非预期损失的风险。

（一）疾病发生率风险不利情景因子 SF 为在基础情景假设的基础上，未来剩余保险期间内疾病发生率上浮一定比例。SF 赋值为 20%。

保险公司疾病发生率风险最低资本为全部寿险业务疾病发生率风险最低资本的算术加总。

（二）疾病趋势风险的不利情景因子 SF 为在基础情景假设的基础上，未来剩余保险期间内每个年度疾病发生率上浮一定比例。SF 根据评估日后的年度确定，赋值如下：

$$SF = \begin{cases} (1+k)^t - 1 & 0 < t \leq 10 \\ (1+k)^{10} - 1 & t > 10 \end{cases}$$

其中：

t 为整数，表示评估日后第 t 个年度；

k 为趋势因子，男性疾病发生趋势因子赋值为 2%，女性疾病发生趋势因子赋值为 3%。

保险公司疾病趋势风险最低资本为全部寿险业务疾病趋势风险最低资本的算术加总。

（三）保险公司疾病风险最低资本的计算公式为：

$$MC_{疾病} = \sqrt{MC_{疾病发生率}^2 + MC_{疾病趋势}^2 + 2 \times \rho \times MC_{疾病发生率} \times MC_{疾病趋势}}$$

其中：

$MC_{疾病}$ 为保险公司疾病风险最低资本；

$MC_{疾病发生率}$ 为保险公司疾病发生率风险最低资本；

$MC_{疾病趋势}$ 为保险公司疾病趋势风险最低资本；

ρ 为疾病趋势风险与疾病发生率风险间的风险相关系数，赋值为 0.25。

第十三条 医疗及健康赔付损失率风险是指由于医疗或健康赔付成本（含意外医疗、护理、失能收入等赔付责任）的实际经验高于预期而使保险公司遭受非预期损失的风险。

医疗及健康赔付损失率风险不利情景因子 SF 为在基础情景假设的基础上，未来剩余保险期间内医疗及健康赔付损失率上浮一定比例。SF 赋值为 20%。

保险公司医疗及健康赔付损失率风险最低资本为全部寿险业务医疗及健康赔付损失率风险最低资本的算术加总。

第十四条 本规则第九条至第十三条未涵盖的其他损失发生率风险的 SF 赋值为 20%。

第十五条 寿险业务的损失发生风险最低资本计算公式为：

$$MC_{损失发生} = \sqrt{MC_{向量} \times M_{相关系数} \times MC_{向量}^{T}}$$

其中：

$MC_{损失发生}$ 为保险公司损失发生风险的最低资本；

$MC_{向量}$ 为一个行向量，由（$MC_{死亡}$，$MC_{死亡巨灾}$，$MC_{长寿}$，$MC_{疾病}$，$MC_{医健}$，$MC_{其他}$）组成；

$MC_{死亡}$ 为保险公司死亡发生率风险最低资本；

$MC_{死亡巨灾}$ 为保险公司死亡巨灾风险最低资本；

$MC_{长寿}$ 为保险公司长寿风险最低资本；

$MC_{疾病}$ 为保险公司疾病风险最低资本；

$MC_{医健}$ 为保险公司医疗及健康赔付损失率风险最低资本；

$MC_{其他}$ 为保险公司其他损失发生率风险最低资本；

$M_{相关系数}$ 代表相关系数矩阵；

$MC_{向量}^{T}$ 为 $MC_{向量}$ 的转置。

第十六条 损失发生风险最低资本汇总相关系数矩阵如下表所示。

	$MC_{死亡}$	$MC_{死亡巨灾}$	$MC_{长寿}$	$MC_{疾病}$	$MC_{医健}$	$MC_{其他}$
$MC_{死亡}$	1.00	0.25	−0.25	0.25	0.25	0.25
$MC_{死亡巨灾}$	0.25	1.00	0	0.25	0.25	0.25
$MC_{长寿}$	−0.25	0	1.00	0	0	0
$MC_{疾病}$	0.25	0.25	0	1.00	0.25	0.25
$MC_{医健}$	0.25	0.25	0	0.25	1.00	0.25
$MC_{其他}$	0.25	0.25	0	0.25	0.25	1.00

第三章 费用风险最低资本

第十七条 本规则所称费用风险，是指由于保单维持费用的实际水平高于预期而使保险公司遭受非预期损失的风险。

第十八条 费用风险不利情景因子 SF 为在基础情景假设的基础上，未来剩余保险期间内各年度维持费用（不含续期佣金、保险保障基金、监管费）上浮一定比例。SF 赋值为 10%。

第十九条 保险公司费用风险最低资本为全部寿险业务费用风险最低资本的算术加总。

第四章　退保风险最低资本

第二十条　本规则所称退保风险，是指由于退保的实际经验与预期发生偏离而使保险公司遭受非预期损失的风险。

退保风险包括退保率风险和大规模退保风险。

第二十一条　退保率风险是指退保率的实际经验与预期偏离而使保险公司遭受非预期损失的风险。

退保率风险不利情景因子 SF 为在基础情景假设的基础上，未来剩余保险期间内各年度退保率上浮或下浮一定比例，上浮和下浮的比例分别为 SF_1 和 SF_2。

保险公司应按照以下方法确定退保率风险的 PV 不利情景：

（一）根据各计量单元归属产品类型确定不利情景因子 SF_1 和 SF_2。

确定计量单元归属产品类型时不考虑非保证利益部分。保险公司应当首先确认单一保单现金价值与累计生存金之和首次超过已交保费的整数年度。当计量单元内超过 50% 的有效保单的该整数年度大于 10 年时，该计量单元归属类型Ⅰ；否则应归属类型Ⅱ。如计量单元内包含万能、投资连结、变额年金等产品，则该计量单元直接归属类型Ⅱ。

不利情景因子 SF_1 和 SF_2 的赋值如下表所示。

产品类型	因子水平	
	SF_1	SF_2
类型Ⅰ	30%	−30%
类型Ⅱ	40%	−40%

（二）分别采用不利情景因子 SF_1 和 SF_2 确定相应的退保率假设（以 100% 为上限），计算现金流现值 PV_{SF1} 和 PV_{SF2}。

（三）计量单元的 $PV_{不利情景}$ 计算公式为：

$$PV_{不利情景} = \mathrm{Max}\left(PV_{SF1}, PV_{SF2}\right)$$

保险公司退保率风险最低资本为全部寿险业务退保率风险最低资本的算术加总。

第二十二条　大规模退保风险是指由于特殊事件（如金融危机、声誉危机等）导致短期内退保率大幅上升而使保险公司遭受非预期损失的风险。

大规模退保风险不利情景为在基础情景假设的基础上，评估日后的 12 个月内年度退保率上浮 150%（退保率以 100% 为上限），上浮后的月度退保率假设不低于 2.4% 或年度退保率假设不低于 25%。

保险公司大规模退保风险最低资本应以评估日所有寿险业务的有效保单（不含评估日现金价值为零的保单）作为计量单元。

第二十三条 保险公司退保风险最低资本的计算公式为：

$$MC_{退保} = \text{Max}（MC_{退保率}，MC_{大规模退保}）$$

其中：

$MC_{退保}$为保险公司退保风险最低资本；

$MC_{退保率}$为保险公司退保率风险最低资本；

$MC_{大规模退保}$为保险公司大规模退保风险最低资本。

第五章　寿险业务保险风险最低资本

第二十四条 保险公司寿险业务的保险风险最低资本计算公式为：

$$MC_{寿险保险} = \sqrt{MC_{向量} \times M_{相关系数} \times MC_{向量}^{T}}$$

其中：

$MC_{寿险保险}$为保险公司寿险业务保险风险的最低资本；

$MC_{向量}$为一个行向量，由（$MC_{损失发生}$，$MC_{费用}$，$MC_{退保}$）组成；

$MC_{损失发生}$为保险公司损失发生风险最低资本；

$MC_{费用}$为保险公司费用风险最低资本；

$MC_{退保}$为保险公司退保风险最低资本；

$M_{相关系数}$为相关系数矩阵；

$MC_{向量}^{T}$为$MC_{向量}$的转置。

第二十五条 寿险业务保险风险最低资本汇总相关系数矩阵如下表所示：

	$MC_{损失发生}$	$MC_{费用}$	$MC_{退保}$
$MC_{损失发生}$	1	0.4	0
$MC_{费用}$	0.4	1	0.5
$MC_{退保}$	0	0.5	1

第六章　附　则

第二十六条 相互保险组织适用本规则。

第二十七条 本规则由银保监会负责解释和修订。

第二十八条 本规则于 2015 年 2 月 13 日第一次发布，于 2021 年 12 月 30 日修订发布。本规则施行日期另行规定。

《保险公司偿付能力监管规则第5号：
保险风险最低资本（寿险业务）》讲解

一、总则概述

保险公司计量寿险业务保险风险最低资本时，应重点把握以下几点：

（一）计量范围

人身保险公司经营的长期寿险（含年金保险）、长期健康险及长期意外险等业务，按照《保险公司偿付能力监管规则第5号：保险风险最低资本（寿险业务）》（以下简称本规则）计量保险风险。人身保险公司经营的短期意外险、短期健康险和短期寿险业务，按照《保险公司偿付能力监管规则第4号：保险风险最低资本（非寿险业务）》计量非寿险业务保险风险最低资本。

（二）采用情景法计量

人身保险公司保险风险最低资本的计量采用情景法。保险公司应当评估不利情景和基础情景下寿险业务现金流现值的差额，得到保险风险最低资本。

（三）现金流的评估要求

保险公司应当按照《保险公司偿付能力监管规则第3号：寿险合同负债评估》（以下简称《3号规则》）的规定，评估考虑再保因素后的基础情景和不利情景的现金流。

（四）计量框架

本规则将寿险业务保险风险分为损失发生风险、费用风险和退保风险，并对相关风险做了进一步细分，如图1所示。

（五）计量单元

保险公司确定寿险业务保险风险最低资本适用的不利情景时，应以单个保险产品或具有同质风险的保险合同组合在评估日的所有有效保单作为计量单元。

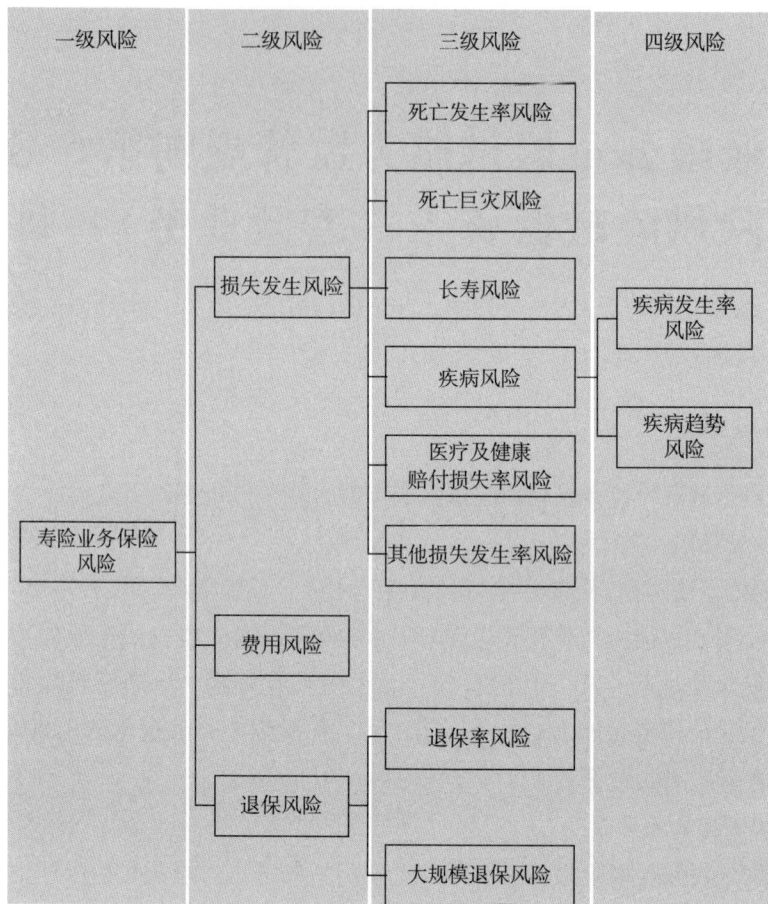

图1 寿险业务保险风险计量框架

二、损失发生风险最低资本

损失发生风险的不利情景和不利情景因子如表1所示。

表1 损失发生风险的不利情景和不利情景因子

风险类别	不利情景	不利情景因子（SF）
死亡发生率风险	死亡发生率上浮一定比例	15%
死亡巨灾风险	评估日后 12 个月内年度死亡发生率增加绝对数额	0.0018
长寿风险	未来剩余保险期间每个年度死亡发生率下浮一定比例	按照本规则第十一条的公式计算
疾病发生率风险	疾病发生率上浮一定比例	20%
疾病趋势风险	疾病发生率上浮一定比例	按照本规则第十二条的公式计算
医疗及健康赔付损失率风险	医疗及健康赔付损失率上浮一定比例	20%
其他损失发生率风险	其他损失发生率上浮一定比例	20%

保险公司计量损失发生风险最低资本时，需要注意以下几点：

一是本规则第十二条的疾病发生率风险和疾病趋势风险的不利情景因子作用于所有疾病发生率。重疾、中症、轻症、特定疾病等类型产品均需计量疾病发生率风险最低资本和疾病趋势风险最低资本。《3 号规则》中关于疾病发生率上下限的规定，仅适用于重疾率假设的下限。

二是计量死亡巨灾风险最低资本时，保险公司应以评估日所有寿险业务的有效保单作为计量单元。

三是损失发生风险最低资本的聚合，应在计量死亡发生率风险、死亡巨灾风险、长寿风险、疾病风险、医疗及健康赔付损失率风险、其他损失风险的最低资本基础上，按照本规则第十五条的公式和第十六条相关系数矩阵进行风险聚合。

【示例】某保险公司寿险业务产品 A 以 100% 的《中国人身保险业重大疾病经验发生率表（2020）》作为重大疾病发生率基础情景假设。该公司以单个保险产品在评估日的所有有效保单作为计量单元，应当如何计量产品 A 的疾病发生率风险最低资本和疾病趋势风险最低资本？

（1）确定疾病发生率风险和疾病趋势风险不利情景因子。根据本规则第十二条规定，疾病发生率风险的不利情景因子为在基础情景假设基础上上浮 20%；疾病趋势风险的不利情景因子根据评估日后的年度确定，男性疾病发生趋势因子赋值为 2%，女性疾病发生趋势因子赋值为 3%。例如，评估日后第 5 个年度的男性和女性疾病发生率不利情景因子 SF 分别为 $[(1+2\%)^5-1]$ 和 $[(1+3\%)^5-1]$。

（2）确定不利情景假设。基于疾病发生率风险和疾病趋势风险不利情景因子确定不利情景假设。例如，对于评估日 25 岁的男性投保人，根据《中国人身保险业重大疾病经验发生率表（2020）》，基础情景下评估日后第 5 个年度的疾病发生率假设为 0.0712%。疾病发生率风险的不利情景下评估日后第 5 个年度的疾病发生率为 $0.0712\% \times (1+20\%) = 0.08544\%$；疾病趋势风险不利情景下，评估日后第 5 个年度的疾病发生率为：

第 5 个年度：$0.0712\% \times \{1+[(1+2\%)^5-1]\} = 0.0786\%$

（3）计量疾病发生率风险和疾病趋势风险最低资本。分别计算基础情景假设和不利情景假设下评估日的现金流现值，不利情景减去基础情景下得到的差额即为疾病发生率风险最低资本或疾病趋势风险最低资本。

三、费用风险最低资本

费用风险不利情景因子是在基础情景假设的基础上，未来剩余保险期间内各年度维持费用（不含续期佣金、保险保障基金、监管费）上浮一定比例。不利情景因子 SF 为 10%。

保险公司费用风险最低资本为全部寿险业务费用风险最低资本的算术加总。

四、退保风险最低资本

保险公司计量退保风险最低资本时，应当根据本规则第二十一条的规定，每个评估时点重新确定计量单元的产品类型归属。对于产品类型Ⅰ和类型Ⅱ，分别适用不同的不利情景因子。如计量单元内包含万能、投资连结、变额年金等产品，该计量单元直接归属类型Ⅱ。其他计量单元的产品类型根据保单现金价值与累计生存金之和首次超过已交保费的整数年度确定。

退保风险不利情景因子确定流程如图2所示。

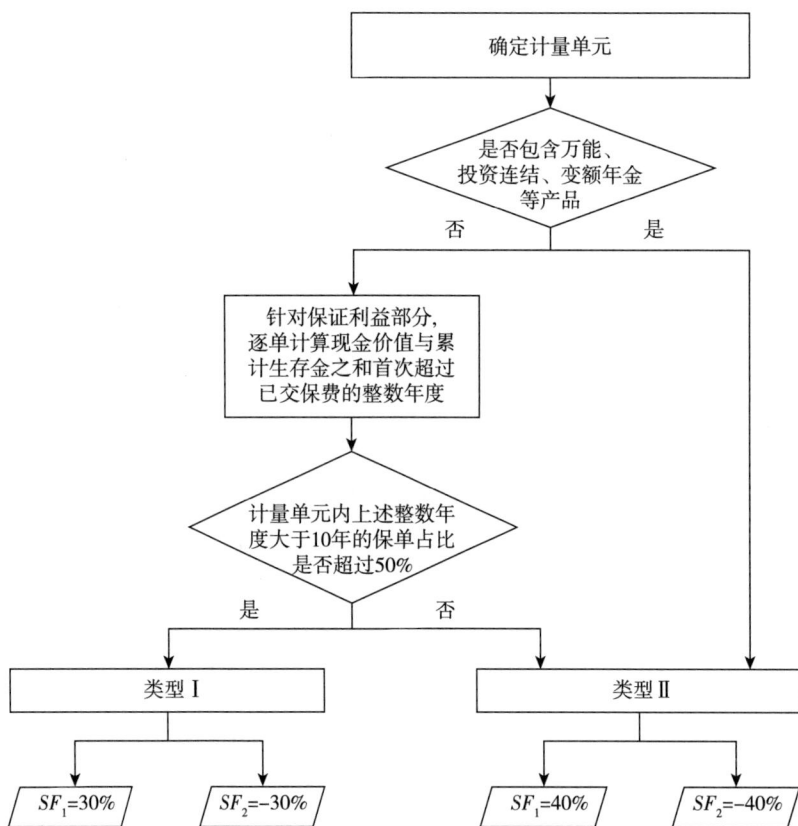

图2 退保风险不利情景因子确定流程

退保风险包括退保率风险和大规模退保风险，需分别计量其最低资本，并取较大者作为退保风险最低资本。

五、风险聚合

寿险业务保险风险采用以下方式进行风险聚合：将损失发生风险、费用风险和退保风险按照本规则第二十五条的寿险业务保险风险最低资本汇总相关系数矩阵进行聚合，得到寿险业务保险风险最低资本。

保险公司偿付能力监管规则第6号：
保险风险最低资本（再保险公司）

第一章 总 则

第一条 为规范再保险公司再保险业务保险风险最低资本计量，制定本规则。

第二条 本规则所称再保险公司，是指依法在中华人民共和国境内设立的经营再保险业务的再保险公司和境外再保险公司的分支机构。

第三条 再保险业务分为非寿险再保险业务和寿险再保险业务，均包括合约再保险和临分再保险。

第四条 非寿险再保险业务分为比例再保险业务和非比例再保险业务，具体包括以下类型：

（一）比例车险，包括机动车辆法定第三者责任保险、机动车辆商业第三者责任保险、机动车辆车体损失保险、机动车辆其他保险的比例再保险业务；

（二）比例财产险，包括企业财产保险、家庭财产保险和工程保险的比例再保险业务；

（三）比例船货特险，包括船舶保险、货物运输保险、特殊风险保险的比例再保险业务；

（四）比例责任险；

（五）比例农业险；

（六）比例信用保证险，包括融资性信用保证险、非融资性信用保证险的比例再保险业务；

（七）比例短期意外伤害险；

（八）比例短期健康险；

（九）比例短期寿险；

（十）比例其他险，包括以上九类未涵盖的其他类非寿险业务的比例再保险业务；

（十一）非比例财产险，包括企业财产保险、家庭财产保险、工程保险和车险的非比例再保险业务；

（十二）非比例责任险及非比例短期人身险，包括责任险、短期意外伤害险、短期健康险和短期寿险的非比例再保险业务；

（十三）非比例特殊险，包括船舶保险、货物运输保险、特殊风险保险、信用保险、保证保险、农业险和其他类非寿险业务的非比例再保险业务。

第五条　寿险再保险业务包括原保险合同为长期人寿险、长期健康险和长期意外险，以共保、修正共保或年度保证续保等方式分保的再保险业务。

其中，以年度保证续保方式分保的再保险业务，满足以下条件的，为寿险再保险业务，否则为非寿险再保险业务：

（一）保证续保；

（二）保证再保险费率（包括保证再保险费率浮动范围）。

再保险公司也可以选择将保证再保险费率浮动范围不具有经济实质的业务归入非寿险再保险业务。保证再保险费率浮动范围具有经济实质是指该浮动范围能够对交易双方产生清晰可辨认的经济影响。判断再保险费率浮动范围是否具有经济实质应从再保险费率浮动范围的限制是否可被触及进行考虑。再保险业务交易双方应对保证再保险费率浮动范围是否具有经济实质进行沟通，确保双方对经济实质的判断保持一致。

第六条　再保险公司对再保险业务通过条款或其他方式作出保险风险缓释或增强安排的，银保监会可以调整该类业务保险风险最低资本标准。

第二章　非寿险再保险业务保险风险最低资本

第七条　非寿险再保险业务的保险风险是指由于赔付率等假设的实际经验与预期发生不利偏离，导致再保险公司遭受非预期损失的风险。

第八条　非寿险再保险业务的保险风险最低资本按照以下步骤计算：

（一）计算各非寿险再保险业务类型的保费风险最低资本和准备金风险最低资本；

（二）计算各非寿险再保险业务类型的保费及准备金风险最低资本；

（三）计算非寿险再保险业务的保费及准备金风险最低资本；

（四）计算非寿险再保险业务的巨灾风险最低资本；

（五）计算非寿险再保险业务的保险风险最低资本。

第九条　非寿险再保险业务的保费风险最低资本和准备金风险最低资本采用综合因子法计算，计算公式为：

$$MC = EX \times RF$$

其中：

MC 为各非寿险再保险业务类型的保费风险或准备金风险的最低资本要求；

EX 为风险暴露；

RF 为风险因子，$RF = RF_0 \times (1 + K)$；

RF_0 为基础因子；

K 为特征因子，$K = \sum_{i=1}^{n} k_i = k_1 + k_2 + k_3 + \cdots + k_n$，银保监会另有规定的除外；

k_i 为第 i 个特征系数，n 为特征系数的个数；

对特征系数 k_i，由偿付能力监管规则规定和赋值；无明确规定并赋值的，则 $k_i = 0$。

第十条 分出公司应当在每季度结束后 10 日内，向境内分入公司提供融资性信用保证险各贷款类型的比例再保险业务分出部分贷款余额、境内业务各省（自治区、直辖市）车险和财产险的比例再保险业务分出部分有效保险金额以及境外业务各区域（亚太、北美、欧洲、其他）的比例再保险业务分出部分有效保单保费等计算保险风险最低资本所必需的相关数据。

第一节 各类非寿险再保险业务保费风险最低资本

第十一条 本规则所称保费风险，是指由于保险事故发生的频度及损失金额存在不确定性，导致保费可能不足以支付未来的赔款及费用，从而使再保险公司遭受非预期损失的风险。

第十二条 比例再保险业务保费风险最低资本要求适用《保险公司偿付能力监管规则第 4 号：保险风险最低资本（非寿险业务）》，另有规定的除外。

《保险公司偿付能力监管规则第 4 号：保险风险最低资本（非寿险业务）》所规定的关于非比例分保净分出比例特征系数、车险的综合成本率变动特征系数、保费收入增速特征系数、保险公司发展阶段特征系数以及融资性信用保证险最低资本的特征系数均不适用再保险公司的比例再保险业务。

第十三条 非比例再保险业务保费风险最低资本的风险暴露 EX 为该类型业务的过去 12 个月自留保费。

其中，在计算非比例财产再保险的风险暴露时，不包括财产险巨灾超赔再保险和财产险位与巨灾混合超赔再保险的自留保费。

第十四条 非比例财产再保险的保费风险基础因子 RF_0 赋值为 0.394。

第十五条 责任险、短期意外险、短期健康险和短期寿险的非比例再保险的保费风险基础因子 RF_0 赋值为 0.254。

第十六条 非比例特殊风险再保险的保费风险基础因子 RF_0 赋值为 0.376。

第二节 各类非寿险再保险业务准备金风险最低资本

第十七条 本规则所称准备金风险，是指由于已发生未决案件在未来的赔付金额及时间的不确定，导致赔付金额可能超过准备金计提金额，从而使再保险公司遭受非预期损失的风险。

第十八条 比例再保险业务准备金风险最低资本要求适用《保险公司偿付能力监管规则第 4 号：保险风险最低资本（非寿险业务）》，另有规定的除外。

《保险公司偿付能力监管规则第 4 号：保险风险最低资本（非寿险业务）》中关于各类非寿险业务的准备金回溯偏差率特征系数以及车险的保险公司发展阶段特征系数不适用再保险公司的比例再保险业务。

第十九条 非比例再保险业务准备金风险最低资本的风险暴露 EX 为该类型业务的再保后未决赔款准备金。

第二十条 非比例财产再保险的准备金风险基础因子 RF_0 赋值为 0.653。

第二十一条 责任险、短期意外险、短期健康险和短期寿险的非比例再保险的准备金风险基础因子 RF_0 赋值为 0.488。

第二十二条 非比例特殊风险再保险的准备金风险基础因子 RF_0 赋值为 0.541。

第三节 非寿险再保险业务保费及准备金风险最低资本

第二十三条 各业务类型的保费及准备金风险最低资本的计算公式为：

$$MC_{保费及准备金_i} = \sqrt{MC_{保费_i}^2 + 2 \times \rho \times MC_{保费_i} \times MC_{准备金_i} + MC_{准备金_i}^2}$$

其中：

$MC_{保费及准备金_i}$ 为业务类型 i 的保费及准备金风险最低资本；

$MC_{保费_i}$ 为业务类型 i 的保费风险最低资本；

$MC_{准备金_i}$ 为业务类型 i 的准备金风险最低资本；

ρ 为 $MC_{保费_i}$ 和 $MC_{准备金_i}$ 的相关系数，$\rho = 0.5$。

第二十四条 保费及准备金风险最低资本的计算公式为：

$$MC_{保费及准备金} = \sqrt{\sum_{i,j(i>j)} 2 \times \rho_{i,j} \times MC_{保费及准备金_i} \times MC_{保费及准备金_j} + \sum_i MC_{保费及准备金_i}^2}$$

其中：

$MC_{保费及准备金}$ 为非寿险再保险业务的保费及准备金风险最低资本；

$MC_{保费及准备金_i}$ 和 $MC_{保费及准备金_j}$ 分别为业务类型 i 和业务类型 j 的保费及准备金风险最低资本；

$\rho_{i,j}$ 分别为 $MC_{保费及准备金_i}$ 和 $MC_{保费及准备金_j}$ 的相关系数，如下表所示。

$\rho_{i,j}$	MC_1	MC_2	MC_3	MC_4	MC_5	MC_6	MC_7	MC_8	MC_9	MC_{10}	MC_{11}	MC_{12}	MC_{13}
MC_1	1	0	0.15	0.3	0	0	0.3	0.25	0.2	0	0.2	0.05	0
MC_2	0	1	0.4	0.35	0.35	0.05	0.35	0	0	0	0.4	0	0
MC_3	0.15	0.4	1	0.25	0.1	0.05	0.3	0.05	0	0	0	0	0.3
MC_4	0.3	0.35	0.25	1	0.15	0	0.55	0.15	0.25	0	0	0.15	0
MC_5	0	0.35	0.1	0.15	1	0	0.2	0.1	0	0	0.15	0	0.3
MC_6	0	0.05	0.05	0	0	1	0	0	0	0	0	0	0.25

$\rho_{i,j}$	MC_1	MC_2	MC_3	MC_4	MC_5	MC_6	MC_7	MC_8	MC_9	MC_{10}	MC_{11}	MC_{12}	MC_{13}
MC_7	0.3	0.35	0.3	0.55	0.2	0	1	0.25	0.5	0	0	0.15	0
MC_8	0.25	0	0.05	0.15	0.1	0	0.25	1	0.5	0	0	0.15	0
MC_9	0.2	0	0	0.25	0	0	0.5	0.5	1	0	0	0.15	0
MC_{10}	0	0	0	0	0	0	0	0	0	1	0	0	0
MC_{11}	0.2	0.4	0	0	0.15	0	0	0	0	0	1	0	0.15
MC_{12}	0.05	0	0	0.15	0	0	0.15	0.15	0.15	0	0	1	0
MC_{13}	0	0	0.3	0	0.3	0.25	0	0	0	0	0.15	0	1

其中，$MC_1 - MC_{13}$ 依次为本规则第四条所列举的十三类业务的保费及准备金风险最低资本。

第二十五条 对于同时涵盖多个业务类型的单一再保险合同，应将再保险保费以系统、合理的方法拆分到各个业务类型后再计算最低资本。

第四节 非寿险再保险业务巨灾风险最低资本

第二十六条 再保险公司应当对车险和财产险的再保险业务计提巨灾风险最低资本。

第二十七条 比例再保险业务的巨灾风险最低资本要求适用《保险公司偿付能力监管规则第4号：保险风险最低资本（非寿险业务）》，另有规定的除外。

第二十八条 非比例再保险业务巨灾风险最低资本的风险暴露 EX 为该巨灾业务的过去12个月自留保费。对于既包含险位又包含巨灾的非比例再保险业务，以全部自留保费作为风险暴露。

第二十九条 非比例再保险业务巨灾风险基础因子 $RF_0 = 1.85$。

第三十条 巨灾风险最低资本的计算公式为：

$$MC_{巨灾} = \sqrt{MC_{比例巨灾}^2 + 2 \times \rho \times MC_{比例巨灾} \times MC_{非比例巨灾} + MC_{非比例巨灾}^2}$$

其中：

$MC_{巨灾}$ 为再保险业务的巨灾风险最低资本；

$MC_{比例巨灾}$ 为比例再保险业务的巨灾风险最低资本；

$MC_{非比例巨灾}$ 为非比例再保险业务巨灾风险最低资本；

ρ 为 $MC_{比例巨灾}$ 和 $MC_{非比例巨灾}$ 的相关系数，$\rho = 0.5$。

第五节 非寿险再保险业务保险风险最低资本

第三十一条 非寿险再保险业务的保险风险最低资本的计算公式为：

$$MC_{保险} = \sqrt{MC_{保费及准备金}^2 + 2 \times \rho \times MC_{保费及准备金} \times MC_{巨灾} + MC_{巨灾}^2}$$

其中：

$MC_{保险}$ 为非寿险再保险业务的保险风险最低资本；

$MC_{保费及准备金}$ 为非寿险再保险业务的保费及准备金风险最低资本；

$MC_{巨灾}$ 为非寿险再保险业务的巨灾风险最低资本；

ρ 为 $MC_{保费及准备金}$ 和 $MC_{巨灾}$ 的相关系数，$\rho = 0.25$。

第三章　寿险再保险业务保险风险最低资本

第三十二条　寿险再保险业务的保险风险是指由于损失发生率、退保率及费用率等假设的实际经验与预期发生不利偏离，导致再保险公司遭受非预期损失的风险。

第三十三条　寿险再保险业务的保险风险包括损失发生风险、费用风险和退保风险。

第三十四条　寿险再保险业务的保险风险最低资本的计量适用《保险公司偿付能力监管规则第 5 号：保险风险最低资本（寿险业务）》，退保率风险不利情景因子适用产品类型Ⅰ，银保监会另有规定的除外。

第三十五条　计量寿险再保险业务保险风险最低资本时，应当以转分保后的净现金流为基础评估再保险合同负债。

第三十六条　寿险再保险合同涵盖多个保险产品的，在确定保险风险最低资本适用的不利情景时，应以单个保险产品在评估日所有有效原保险合同作为一个计量单元。

寿险再保险合同的现金流取决于多个计量单元的（如一个再保险合同涵盖多个保险产品，且需要在再保险合同层面合并计算再保险手续费、纯益手续费等），应将多个计量单元合并。

第三十七条　分出公司应及时向分入公司提供寿险再保险业务保险风险最低资本计算所必需的保单信息，包括但不限于产品责任、保费、保额、保单件数等。

第四章　附　则

第三十八条　除再保险公司外，银保监会可根据审慎监管需要，指定满足特定条件的直接保险公司适用本规则，并延伸适用其他偿付能力监管规则的再保险相关规定。

第三十九条　本规则由银保监会负责解释和修订。

第四十条　本规则于 2015 年 2 月 13 日第一次发布，于 2021 年 12 月 30 日修订发布。本规则施行日期另行规定。

《保险公司偿付能力监管规则第6号：
保险风险最低资本（再保险公司）》讲解

一、总则概述

（一）适用范围

《保险公司偿付能力监管规则第6号：保险风险最低资本（再保险公司）》（以下简称本规则）适用于再保险公司的非寿险再保险业务和寿险再保险业务，包括合约再保险业务和临分再保险业务。

本规则不适用于直接保险公司分入的再保险业务。直接保险公司分入的再保险业务应当按照《保险公司偿付能力监管规则第4号：保险风险最低资本（非寿险业务）》（以下简称《4号规则》）和《保险公司偿付能力监管规则第5号：保险风险最低资本（寿险业务）》（以下简称《5号规则》）计量保险风险最低资本。

（二）非寿险再保险业务保险风险

非寿险再保险业务的保险风险包括保费风险、准备金风险和巨灾风险。非寿险保险风险最低资本计量框架如图1所示。

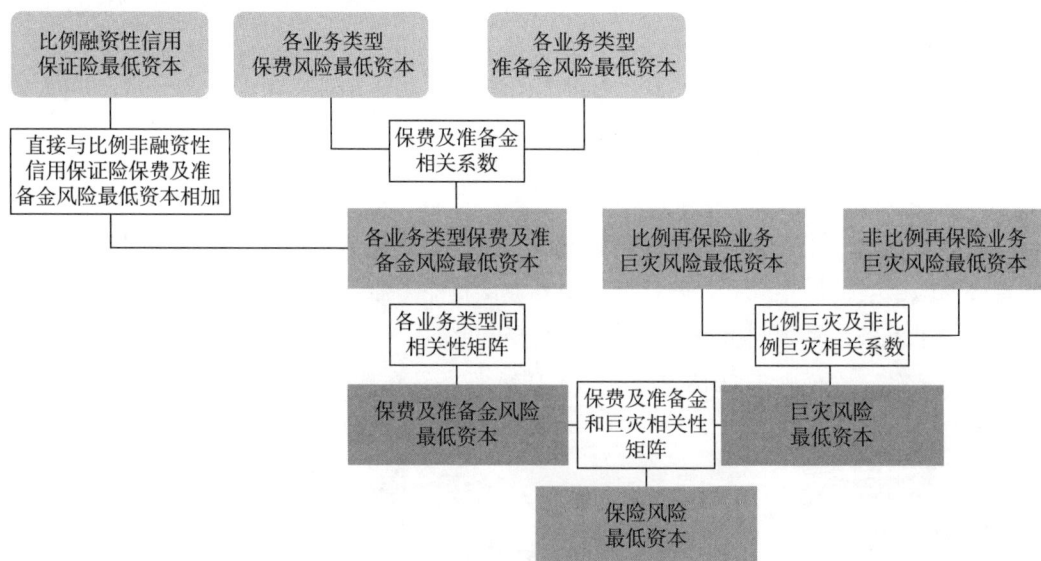

图1 非寿险保险风险最低资本计量框架

非寿险再保险业务分为比例再保险业务和非比例再保险业务。其中，比例再保险业务的分类与《4 号规则》相同，分为车险、财产险等 10 类。非比例再保险业务根据不同业务的风险特征，分为非比例财产险、非比例责任险及短期人身险、非比例特殊险 3 类。

（三）寿险再保险业务保险风险

1. 寿险再保险业务的保险风险包括损失发生风险、费用风险和退保风险，均采用情景法计量最低资本。

2. 寿险再保险业务的判定标准。寿险再保险业务包括原保险合同为长期人寿险、长期健康险和长期意外险，以共保、修正共保或年度保证续保等方式分保的再保险业务。对于以年度保证续保方式分保的再保险业务，满足保证续保或保证再保险费率（包括保证再保险费率浮动范围）的，为寿险再保险业务，否则应当归类为非寿险再保险业务。

对于具有保证再保险费率浮动范围的保证续保再保险业务，再保险公司应当对再保险费率浮动范围是否具有经济实质进行判断。如果费率浮动范围不具有经济实质，保险公司可以选择将其分类为非寿险再保险业务或寿险再保险业务。如果费率浮动范围具有经济实质，再保险公司应将该业务分类为寿险再保险业务。

（四）分出公司向分入公司提供数据的要求

为确保分入公司能准确计量保险风险最低资本，本规则规定了分出公司向分入公司提供有关数据的要求。其中，第十条规定，分出公司应当在每季度结束后 10 日内，向境内分入公司提供融资性信用保证保险、车险和财产险的有关数据，便于分入公司能够准确计量其最低资本。相关数据包括：融资性信用保证险各贷款类型的比例再保险业务分出部分贷款余额；境内业务各省（自治区、直辖市）车险和财产险的比例再保险业务分出部分有效保险金额；境外业务各区域（亚太、北美、欧洲、其他）的比例再保险业务分出部分有效保单保费等。第三十七条规定，分出公司应及时向分入公司提供寿险再保险业务保险风险最低资本计算所需的保单信息，包括不限于产品责任、保费、保额、保单件数等。

二、非寿险再保险业务保险风险最低资本

非寿险再保险业务的保费风险最低资本和准备金风险最低资本采用综合因子法进行计量。

（一）比例再保险业务

比例再保险业务的保费风险最低资本的风险暴露为该业务类型最近 12 个月的自留保费，准备金风险最低资本的风险暴露为该业务类型的再保后未决赔款准备金；保费风险最低资本和准备金风险最低资本的风险因子适用《4 号规则》。考虑再保险公司的经营特点，部分《4 号规则》所规定的特征系数不适用于再保险公司的比例再保险业务。再保险公司的比例再保险业务适用的特征因子具体如表 1、表 2 所示。

表1   再保险公司的比例再保险业务保费风险最低资本计量适用的特征因子

特征系数　　业务类型	保费风险最低资本	
	适用	不适用
比例车险	综合成本率	非比例分保净分出比例、综合成本率变动、车险保费收入相对增速、保险公司发展阶段
比例财产险	综合成本率	非比例分保净分出比例
比例船货特险	综合成本率	非比例分保净分出比例
比例责任险	综合成本率	非比例分保净分出比例
比例农业险	综合成本率、政策性农业险业务占比	非比例分保净分出比例
比例非融资性信用保证险	综合成本率、政策性中长期出口信用保险业务和海外投资保险业务	非比例分保净分出比例
比例融资性信用保证险	—	所有特征系数
比例短期意外伤害险	综合成本率	非比例分保净分出比例
比例短期健康险	综合成本率	非比例分保净分出比例
比例短期寿险	综合成本率	非比例分保净分出比例
比例其他险	—	—

表2   再保险公司的比例再保险业务准备金风险最低资本计量适用的特征因子

特征系数　　业务类型	准备金风险最低资本	
	适用	不适用
比例车险	—	准备金回溯偏差率、保险公司发展阶段
比例财产险	—	准备金回溯偏差率
比例船货特险	—	准备金回溯偏差率
比例责任险	—	准备金回溯偏差率
比例农业险	政策性农业险业务占比	准备金回溯偏差率
比例非融资性信用保证险	政策性中长期出口信用保险业务和海外投资保险业务	准备金回溯偏差率
比例短期意外伤害险	—	准备金回溯偏差率
比例短期健康险	—	准备金回溯偏差率
比例短期寿险	—	准备金回溯偏差率
比例其他险	—	—

（二）非比例再保险业务

非比例再保险业务保费风险最低资本的风险暴露为该业务类型最近12个月的自留保费，准备金风险最低资本的风险暴露为该业务类型的再保后未决赔款准备金；非比例再保险业务保费风险的风险因子按照本规则第十四条、第十五条和第十六条确定，准备金风险的风险因子按照本规则第二十条、第二十一条和第二十二条确定。

（三）巨灾风险最低资本的计量

再保险公司应当对车险和财产险业务计提巨灾风险最低资本，包括比例再保险业务和非比例再保险业务。其中，比例再保险业务的巨灾风险最低资本按照《4 号规则》第六章的相关规定进行计量；非比例再保险业务的巨灾风险最低资本采用综合因子法，按照本规则第二十八条、第二十九条计量最低资本。

（四）风险聚合

再保险公司在计量各子风险最低资本后，应当按照本规则规定的相关系数依次聚合为保险风险最低资本。一是将各业务类型的保费及准备金风险最低资本聚合成非寿险再保险业务的保费及准备金风险最低资本；二是将比例再保险业务与非比例再保险业务的巨灾风险最低资本聚合为巨灾风险最低资本；三是将非寿险再保险业务的保费及准备金风险最低资本与巨灾风险最低资本聚合为非寿险再保险业务保险风险最低资本。

三、寿险再保险业务保险风险最低资本

寿险再保险业务保险风险包括损失发生风险、费用风险和退保风险，其最低资本计量适用本规则。再保险公司按照本规则分别计算基础情景假设和不利情景假设下评估日的现金流现值，两种情景下的现金流现值之差为最低资本，且不得为负。

寿险再保险业务保险风险的不利情景因子根据本规则确定。考虑到寿险再保险业务的特殊性，寿险再保险业务退保风险的不利情景因子直接适用《5 号规则》第二十一条的产品类型 I 的不利情景因子。

保险公司偿付能力监管规则第7号：
市场风险和信用风险的穿透计量

第一章　总　则

第一条　为规范保险公司市场风险和信用风险的穿透计量，制定本规则。

第二条　本规则所称保险公司，是指依法在中华人民共和国境内设立的经营商业保险业务的保险公司和外国保险公司分公司。

第三条　基础资产是指风险清晰、信息完备、可以直接计量最低资本的境内和境外资产。基础资产通常包括：

（一）现金及流动性管理工具；

（二）保险公司存放在金融机构的定期存款、协议存款、大额存单、结构性存款；

（三）债券资产，包括国债、央行票据、地方政府债、政府支持机构债券、企业债券、公司债券、金融债券、非金融企业债务融资工具、同业存单、信贷资产支持证券、资产支持票据、证券交易所挂牌交易的资产支持证券等，含可转债、可交换债；

（四）股权投资，包括上市普通股票、优先股、未上市股权和存托凭证，对子公司、合营企业和联营企业的长期股权投资，特殊目的载体（SPV）除外；

（五）以物权方式或项目公司股权方式直接持有的投资性房地产，房地产信托投资基金（公募）；

（六）公募证券投资基金（公开募集基础设施证券投资基金除外）；

（七）期货、远期、期权、互换等金融衍生品；

（八）对企业或个人的债权资产。

保险公司应当按照《保险公司偿付能力监管规则第8号：市场风险最低资本》《保险公司偿付能力监管规则第9号：信用风险最低资本》计量基础资产最低资本。

第四条　非基础资产是指不可以直接计量最低资本的资产，通常包括但不限于：

（一）信托计划；

（二）保险资产管理产品，包括债权投资计划、股权投资计划、组合类产品和银保监会规定的其他产品；

（三）股权投资基金，包括私募股权投资基金、创业投资基金、夹层基金等；

（四）债转股投资计划；

（五）特殊目的载体（SPV）（保险公司为发行巨灾债券设立的特殊目的载体除外）；

（六）银行理财产品；

（七）资产支持计划；

（八）不动产金融产品；

（九）公开募集基础设施证券投资基金。

保险公司应当按照本规则，对非基础资产最低资本进行穿透计量。

第五条 银保监会可以根据实际情况，调整基础资产和非基础资产范围。

第六条 本规则所称底层资产是指基础资产和豁免穿透的非基础资产。本规则所称表层资产是指非基础资产第一层交易结构涉及的资产。

第七条 保险公司应当建立非基础资产穿透计量管理制度，及时获取非基础资产的相关信息，识别非基础资产的交易结构和底层资产，评估非基础资产的风险水平，准确计量非基础资产的最低资本。

第二章 穿透计量的基本原则

第八条 保险公司应当遵循应穿尽穿原则，对所有非基础资产进行穿透，计量其最低资本。

第九条 保险公司应当遵循穿透到底原则，将所有非基础资产逐层穿透至基础资产或者豁免穿透的非基础资产。

第十条 保险公司应当遵循风险穿透原则，识别非基础资产每层交易结构的风险和底层资产的风险，按照底层资产的风险类别和风险暴露并考虑交易结构风险，计量各项底层资产的最低资本，并按照表层资产的风险计量相应的最低资本。

第十一条 保险公司应当遵循可靠计量原则，准确计量非基础资产的最低资本：

（一）保险公司应当能够获取非基础资产的交易结构、底层资产等相关信息，以准确识别每层交易结构和底层资产；

（二）保险公司应当能够准确计量底层资产的风险暴露和保险公司在底层资产中持有的份额。

保险公司应使用本季度相关信息进行资产穿透计量。如因客观条件限制，保险公司无法获取非基础资产相关信息的，可以使用上季度投后报告等相关信息穿透计量非基础资产。保险公司无法获取非基础资产本季度或上季度相关信息的，应当将该项资产作为无法穿透的非基础资产。

第十二条 保险公司应当遵循信息穿透原则，在偿付能力报告中披露非基础资产的交易结构、交易对手、穿透后的底层资产等相关信息。

第三章　穿透计量方法

第十三条　非基础资产最低资本穿透计量包括以下两部分内容：

（一）各项底层资产按照其风险性质并结合交易结构风险分别计量其最低资本；

（二）表层资产的交易对手违约风险（若表层资产为债权类资产）。

第十四条　非基础资产穿透后，其底层资产最低资本计算公式为：

$$MC_{底层资产i} = EX_{底层资产i} \times RF_{底层资产i}$$

其中：

$EX_{底层资产i}$为第 i 项底层资产的风险暴露；

$RF_{底层资产i}$为第 i 项底层资产的风险因子，$RF_{底层资产i} = RF_0 \times （1 + K + K_p）$，$K_p$为交易结构风险特征系数。$RF_{底层资产i}$超过 1 时，取值为 1。

第十五条　底层资产的风险暴露按照以下方法确定：

（一）有公开活跃交易市场的上市股票、证券投资基金、债券等，应当按照市价确定其风险暴露。

（二）没有公开活跃交易市场的底层资产，应当按照非基础资产的产品管理人提供的财务报表中底层资产的账面价值确认其风险暴露；没有财务报表的，可以按投后报告中底层资产的投资金额确认其风险暴露。

银保监会另有规定的除外。

第十六条　保险公司应当按照合同约定，确定其在底层资产中的持有份额，以准确计量底层资产的风险暴露。

第十七条　保险公司应当按照《保险公司偿付能力监管规则第 8 号：市场风险最低资本》《保险公司偿付能力监管规则第 9 号：信用风险最低资本》确定底层基础资产的基础因子 RF_0 和特征系数 K。

第十八条　保险公司应当按照非基础资产交易结构层级确定交易结构风险特征系数 K_p：

$$K_P = \begin{cases} (n-1) \times 0.1 & 非基础资产为债权类资产 \\ n \times 0.1 & 其他非基础资产 \end{cases}$$

其中：n 为交易结构的层数，包括表层，不包括底层。

第十九条　对于公开募集基础设施证券投资基金，在计算其底层资产最低资本时，设定特征系数 k_1，赋值为 -0.2。

第二十条　人身保险公司持有的非基础资产穿透后，其底层资产中的固定收益类基础资产不计量利率风险最低资本。财产保险公司持有的非基础资产穿透后，其底层资产中的境内债券资产和利率金融衍生品等基础资产应当计量利率风险最低资本。

第二十一条 非基础资产的表层资产为债权类资产的，应当单独计量表层资产的交易对手违约风险，最低资本计算公式为：

$$MC_{\text{表层资产}} = EX_{\text{表层资产}} \times RF_{\text{表层资产}}$$

其中：

$EX_{\text{表层资产}}$ 为表层资产的风险暴露；

$RF_{\text{表层资产}}$ 为表层资产的风险因子，$RF_{\text{表层资产}} = RF_0 \times (1 + K_{\text{表层资产}})$。

第二十二条 非基础资产的表层资产风险暴露 $EX_{\text{表层资产}}$ 为其认可价值。

第二十三条 非基础资产的表层资产基础因子 RF_0 根据非基础资产的信用评级赋值如下：

非基础资产的信用评级	基础因子 RF_0
AAA	0.010
AA +	0.015
AA	0.020
AA −	0.025
A + / A / A −	0.075
BBB + 及以下，无评级	0.150

非基础资产属于债权投资计划的，设定特征系数 $K_{\text{表层资产}}$，赋值为 −0.2。

第二十四条 非基础资产的各项底层资产的最低资本、表层资产的交易对手违约风险最低资本、豁免穿透的非基础资产最低资本和无法穿透的非基础资产最低资本，应当按照《保险公司偿付能力监管规则第 8 号：市场风险最低资本》第八章、《保险公司偿付能力监管规则第 9 号：信用风险最低资本》第五章规定，进行市场风险最低资本汇总和信用风险最低资本汇总。

第四章 豁免穿透

第二十五条 满足下列条件的非基础资产可以豁免穿透，包括：

（一）全部直接投资于基础资产的组合类保险资产管理产品，且最大一笔底层资产的账面价值不超过底层资产账面价值总和的 20%；

（二）全部直接投资于基础资产，符合《商业银行理财业务监督管理办法》的商业银行理财产品，且最大一笔底层资产的账面价值不超过底层资产账面价值总和的 20%；

（三）底层资产大于 100 笔，且最大一笔底层资产的账面价值不超过底层资产账面价值总和 20% 的资产支持计划；

（四）银保监会认为可以豁免穿透的其他非基础资产。

现金及流动性管理工具，政府债券、政策性银行发行的金融债券和政府支持机构债券不受前述 20% 的限制。

第二十六条 豁免穿透的组合类保险资产管理产品应当计量权益价格风险，风险暴露为其认可价值；基础因子赋值如下：

（一）货币市场类保险资产管理产品的基础因子为 0.01；

（二）固定收益类保险资产管理产品的基础因子为 0.06；

（三）权益类保险资产管理产品的基础因子为 0.28；

（四）混合类、商品及金融衍生品类的保险资产管理产品的基础因子为 0.23。

第二十七条 豁免穿透的商业银行理财产品应当计量权益价格风险，风险暴露为其认可价值；基础因子赋值如下：

（一）现金管理类商业银行理财产品的基础因子为 0.01；

（二）固定收益类商业银行理财产品的基础因子为 0.06；

（三）权益类商业银行理财产品的基础因子为 0.28；

（四）混合类、商品及金融衍生品类的商业银行理财产品的基础因子为 0.23。

第二十八条 豁免穿透的资产支持计划应当计量交易对手违约风险，风险暴露为其认可价值，基础因子赋值如下：

信用评级	基础因子
AAA	0.1
AA +	0.13
AA	0.18
AA −	0.23
A +、A、A −	0.33
BBB + 及以下，无评级	0.45

第二十九条 保险公司可以选择放弃豁免权，按照本规则穿透计量保险资产管理产品和商业银行理财产品的最低资本。

第五章 无法穿透

第三十条 有下列情形之一的非基础资产为无法穿透的非基础资产：

（一）无法识别底层资产；

（二）无法确定在底层资产中持有的份额；

（三）无法可靠计量底层资产的风险暴露。

第三十一条 下列无法穿透的非基础资产应当计量权益价格风险：

（一）权益类信托计划；

（二）股权投资计划；

（三）股权投资基金；

（四）债转股投资计划；

（五）特殊目的载体 SPV；

（六）银行理财产品；

（七）不动产金融产品；

（八）组合类保险资产管理产品；

（九）公开募集基础设施证券投资基金。

上述非基础资产的风险暴露为其认可价值，基础因子为 0.6。

第三十二条 下列无法穿透的非基础资产应当计量交易对手违约风险：

（一）固定收益类信托计划；

（二）债权投资计划；

（三）资产支持计划。

上述非基础资产的风险暴露为其认可价值，基础因子为 0.6。

第六章 部分穿透

第三十三条 无法穿透识别全部底层资产的非基础资产，应当按照以下方法计量最低资本：

（一）对于可识别的底层资产，应当按照本规则第十四条至第二十条计量相应的最低资本；

（二）对于无法穿透的非基础资产部分，应当按照本规则第三十一条和第三十二条计量相应的最低资本；

（三）对于表层资产（若表层资产为债权类资产），应当按照本规则第二十一条至第二十三条计量交易对手违约风险最低资本。

第三十四条 非基础资产无法穿透的部分占 90% 以上的，保险公司可以直接将其认定为无法穿透的非基础资产，按照本规则第三十一条和第三十二条计量相应的最低资本。

第七章 附 则

第三十五条 相互保险组织适用本规则。

第三十六条 本规则由银保监会负责解释和修订。

第三十七条 本规则于 2021 年 12 月 30 日第一次发布，施行日期另行规定。

《保险公司偿付能力监管规则第 7 号：市场风险和信用风险的穿透计量》讲解

一、总则概述

《保险公司偿付能力监管规则第 7 号：市场风险和信用风险的穿透计量》（以下简称本规则）将保险公司的投资资产分为基础资产和非基础资产两类。保险公司在计量投资资产的最低资本时，应当首先判断投资资产属于基础资产还是非基础资产。如果属于非基础资产，应当按照本规则穿透计量最低资本；如果属于基础资产，应当按照《保险公司偿付能力监管规则第 8 号：市场风险最低资本》（以下简称《8 号规则》）和《保险公司偿付能力监管规则第 9 号：信用风险最低资本》（以下简称《9 号规则》）直接计量其最低资本。

保险公司对于基础资产、非基础资产的分类以及最低资本的计量，应重点把握以下几点：

（一）基础资产采用列举法

基础资产是指风险清晰、信息完备、可以直接计量最低资本的境内和境外资产。本规则第三条列举了基础资产的种类，包括现金及流动性管理工具、各类存款、债券资产、公募证券投资基金等。对于本规则未列为基础资产的投资资产，均应按照非基础资产计量最低资本。

（二）非基础资产应当穿透计量最低资本

对于保险公司持有的非基础资产，保险公司均应穿透计量其最低资本。如果保险公司因不掌握底层资产等原因，无法进行穿透计量，应当按照无法穿透计量最低资本。

（三）穿透管理要求

保险公司应当建立健全非基础资产穿透管理制度，明确内部职责分工，确保能够及时获取非基础资产的相关信息，准确识别非基础资产的交易结构和底层资产，以满足最低资本计量的相关要求。对于保险资金委托投资的情形，保险公司应当要求受托方建立投资资产的穿透管理制度，或协助保险公司对投资资产进行穿透管理（见图 1）。

```
                    ┌──────────┐
                    │ 投资资产 │
                    └────┬─────┘
                         ↓
                    ◇资产分类◇ ──本规则第一章→ ┌──────────┐ ──《8号规则》《9号规则》──┐
                         │                      │ 基础资产 │                            │
                  《7号规则》第一章              └──────────┘                            ↓
                         ↓                                                    ┌──────────┐
                    ┌──────────┐                                              │ 综合因子法 │
                    │ 非基础资产 │                                             └──────────┘
                    └────┬─────┘                                               ↑  ↑    ↑
                         ↓                                                     │  │    │
                 ◇满足豁免条件◇ ──是──→ ┌──────────┐ ─本规则第四章→           │  │    │
                         │              │ 无须穿透 │                           │  │    │
                         否             └──────────┘                           │  │    │
                         ↓                                                     │  │    │
                    ┌──────────┐                                               │  │    │
                    │ 应当穿透 │                                                │  │    │
                    └────┬─────┘                                               │  │    │
                         ↓                                                     │  │    │
                    ◇可靠计量◇ ──否──→ ┌──────────┐ ─本规则第五章              │  │    │
                         │             │ 无法穿透 │  基础因子为0.6 ────────────┘  │    │
                         是            └──────────┘                              │    │
                         ↓                 ↑                                     否    │
                    ┌──────────┐           是                             本规则第三章  │
                    │ 进行穿透 │           │                                    │    │
                    └────┬─────┘           │                                    │    │
                         ↓                 │                                    │    │
              ◇表层资产为债权类资产◇       ◇无法穿透部分占比◇ ─────────────────┘    │
                  │           │            │  90%以上  │                              │
                 是          否            └──────────┘                              │
                  ↓           ↓                  ↑                                   │
            ┌────────┐  ┌────────┐               │                                   │
            │表层资产│  │底层资产│               │                                   │
            └───┬────┘  └────────┘               │                                   │
                ↓                                 │                                   │
            ┌────────┐                            │  本规则第二十一条、第二十二条、第二十三条
            │底层资产│ ───────────────────────────┘   其中Kp=（n-1）×0.1 ──────────────┘
            └────────┘
```

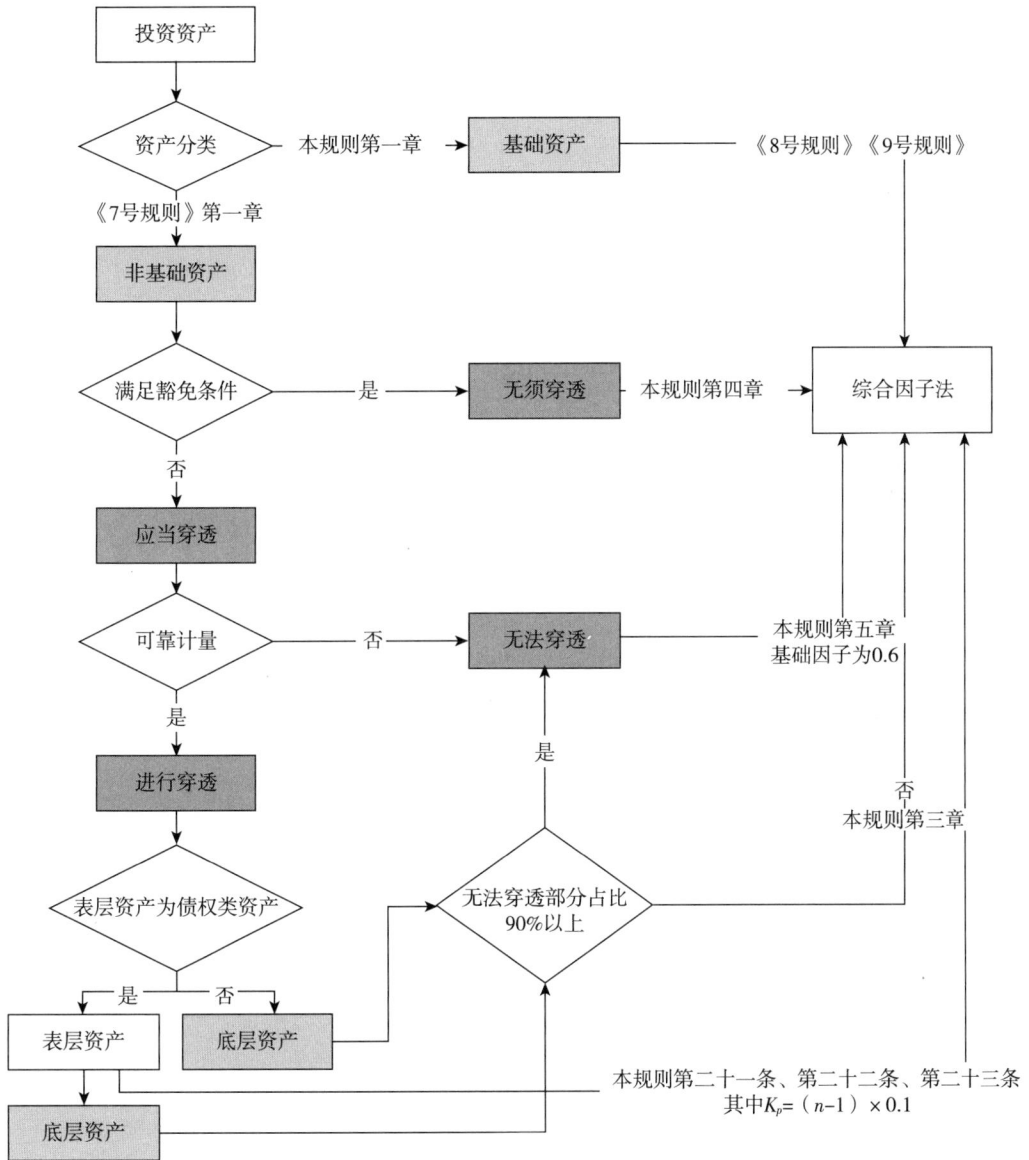

图 1　市场风险和信用风险穿透计量流程

二、穿透计量的基本原则

保险公司进行穿透计量时应遵循以下原则：

（一）应穿尽穿

保险公司持有的所有非基础资产均应进行穿透，计量其最低资本。

（二）穿透到底

保险公司对非基础资产进行穿透计量时，应当穿透至基础资产或豁免穿透的非基础资产。

（三）风险穿透

偿二代穿透计量的目的是准确识别和反映保险公司各项投资资产面临的风险。保险公司对非基础资产穿透计量时，应当识别各层交易结构和底层资产面临的风险，确定底层资产面临的风险类型和风险暴露，计量各项底层资产的最低资本。对于债权类非基础资产，需同时计量表层交易对手违约风险最低资本。

（四）可靠计量

保险公司在穿透计量非基础资产的最低资本时，应当符合可靠计量的原则，否则应当按照无法穿透处理。可靠计量的要求主要包括两方面：一是能够准确获取非基础资产的交易结构和底层资产等相关信息；二是能够准确计量底层资产的风险暴露以及保险公司在底层资产中持有的份额。

保险公司应当使用非基础资产本季度的投后报告等信息进行穿透计量。如果因客观条件限制，无法获得本季度信息的，可采用上季度信息进行穿透计量。如果保险公司无法获得上季度或本季度信息的，应当将该项资产作为无法穿透的非基础资产计量最低资本。

（五）信息穿透

对于非基础资产，保险公司应当在偿付能力报告中披露其交易结构、交易对手、底层资产等相关信息。

三、穿透计量的方法

保险公司持有的非基础资产，应当按照本规则第三章相关要求计量最低资本。

（一）非基础资产最低资本的计量方法

非基础资产最低资本穿透计量包括两部分内容：一是各项底层资产按照其风险性质并结合交易结构风险分别计量的最低资本；二是表层资产的交易对手违约风险最低资本。对于表层资产，需要区分是否为债权类资产，只有债权类资产才需要计量交易对手违约风险最低资本。

（二）底层资产的风险暴露和风险因子

非基础资产穿透后的底层资产，其风险暴露和风险因子应当按照以下原则确定：

一是确定风险暴露的基础。有公开活跃交易市场的股票、债券等，均以市价作为其风险暴露；没有公开活跃交易市场的底层资产，按照非基础资产管理人提供的财务报告中底层资产的账面价值确认其风险暴露。没有财务报告的，可按照投后报告中底层资产的投资金额确认其风险暴露。

二是确定持有份额。保险公司应当根据合同约定，确定在底层资产中的持有份额，根据整个底层资产的风险暴露乘以持有份额，得到保险公司该项底层资产的风险暴露。

三是风险因子。底层资产为基础资产的，其基础因子 RF_0 和特征系数 K 应当按照《8 号规则》《9 号规则》确定；底层资产为豁免穿透的非基础资产的，其风险因子应当按照本规则确定。

（三）交易结构层数的确定

保险公司确认交易结构层数时，从表层交易结构开始计算，底层资产不算交易结构，即包括表层，不包括底层。

【示例】某非基础资产通过表层资产、中间结构 1、中间结构 2 穿透到底层资产，底层资产在第 4 层。从表层资产开始计算，但不包括底层，该非基础资产的交易结构层数为 3（见图 2）。

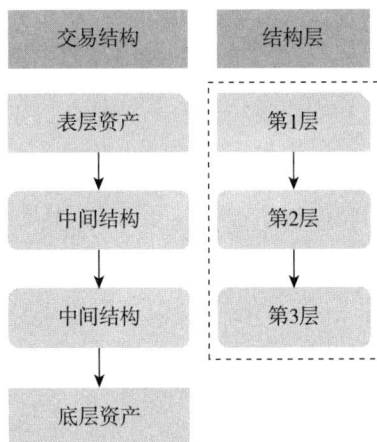

图 2　交易结构层级示例

（四）表层资产最低资本的计量

保险公司持有的非基础资产，需要判断其是否为债权类资产。若属于债权类资产，需要单独计量表层资产的交易对手违约风险，其风险暴露为非基础资产的认可价值，基础因子应当按照本规则第二十三条根据其信用评级确定。若不属于债权类资产，不计量表层资产最低资本。

（五）利率风险最低资本的计量

财产险公司采用综合因子法计量利率风险最低资本，对于非基础资产穿透后持有的境内债券资产、利率金融衍生品等，均应计量利率风险最低资本。人身保险公司利率风

123

险最低资本的计量采用情景法，对于保险公司直接持有的具有确定现金流、且现金流仅为本金和利息的投资资产，均可以用来对冲利率风险。对于非基础资产穿透后的底层资产，即使其符合具有现金流、且现金流仅为本金和利息的特征，但由于底层资产的现金流与表层资产的现金流没有必然联系，也不能用来对冲利率风险。因此，人身保险公司计量利率风险的资产范围只包括公司直接持有的符合条件的基础资产和非基础资产，不包括穿透后的底层资产。

（六）风险聚合

对于非基础资产，底层资产市场风险最低资本按照《8 号规则》第八章进行风险聚合；表层资产的交易对手违约风险最低资本和底层资产的信用风险最低资本，按照《9 号规则》第五章进行聚合。也就是说，非基础资产表层资产和底层资产的最低资本应当按照其风险类型进行聚合。

四、豁免穿透

保险公司持有的符合条件的组合类保险资产管理产品、商业银行理财产品和资产支持计划，可以豁免穿透，根据其风险暴露和风险因子直接计量最低资本。

（一）豁免穿透的条件

组合类保险资产管理产品和商业银行理财产品符合以下条件，可以豁免穿透。具体包括：一是全部直接投资于基础资产。如果直接投资资产中有非基础资产，不能豁免穿透；二是最大一笔底层资产的账面价值不超过底层资产账面价值总和的 20%。资产支持计划符合以下条件，可以豁免穿透。具体包括：一是底层资产大于 100 笔，二是最大一笔底层资产的账面价值不超过底层资产账面价值总和的 20%。

此外，现金及流动性管理工具、政府债券、政策性银行发行的金融债券和政府支持机构债券，不受 20% 的限制。例如，保险公司投资的某只固定收益类保险资产管理产品，全部直接投资于债券，最大一笔为国债，其账面价值占底层资产账面价值总和的 35%，其他底层资产的账面价值占底层资产账面价值总和均不超过 20%。根据上述原则，其符合豁免穿透的条件。

（二）风险类型和风险因子

豁免穿透的组合类保险资产管理产品和商业银行理财产品应当计量权益价格风险最低资本，风险暴露为其认可价值，基础因子应当按照本规则第二十六条、第二十七条确定。豁免穿透的资产支持计划应当计量交易对手违约风险，风险暴露为其认可价值，基础因子应当按照本规则第二十八条的规定，根据其信用评级确定。

对于符合豁免穿透条件的组合类保险资产管理产品、商业银行理财产品和资产支持计划，保险公司可以放弃豁免权，对其进行穿透计量。

五、无法穿透

非基础资产若存在以下情形之一的，为无法穿透的非基础资产：一是无法识别底层资产；二是无法确定在底层资产中持有的份额；三是无法可靠计量底层资产的风险暴露。

对于无法穿透的非基础资产，应当按照本规则第三十一条、第三十二条的规定计量权益价格风险或交易对手违约风险最低资本，风险暴露为其认可价值，基础因子为0.6。

六、部分穿透

非基础资产进行穿透计量时，如果存在无法识别的底层资产且无法穿透部分占比不超过90%的，保险公司可以对该非基础资产采取部分穿透方式计量其最低资本。

其中，对于可以识别的底层资产，按穿透计量方法分别计量其表层资产和各项底层资产的最低资本；对于无法穿透的非基础资产部分，按无法穿透非基础资产的规定计量市场风险最低资本或信用风险最低资本，基础因子为0.6。

如果无法穿透的部分占非基础资产90%以上的，保险公司可以直接将其认定为无法穿透的非基础资产。

【示例】保险公司通过认缴股权基金设立的有限合伙企业部分份额，间接投资于3个项目：（1）持股境内 A 股份有限公司，在投资期间 A 公司上市（主板股、沪深 300指数成分股）；（2）持有 B 境外发达市场基金管理公司部分股权，且该基金已投资三个项目，获得对应公司股权；（3）通过认购 C 创业投资中心的有限合伙份额间接投资其他项目，但无法获取相关信息，该项目投资占比不超过 10%。具体投资结构如图 3 所示。

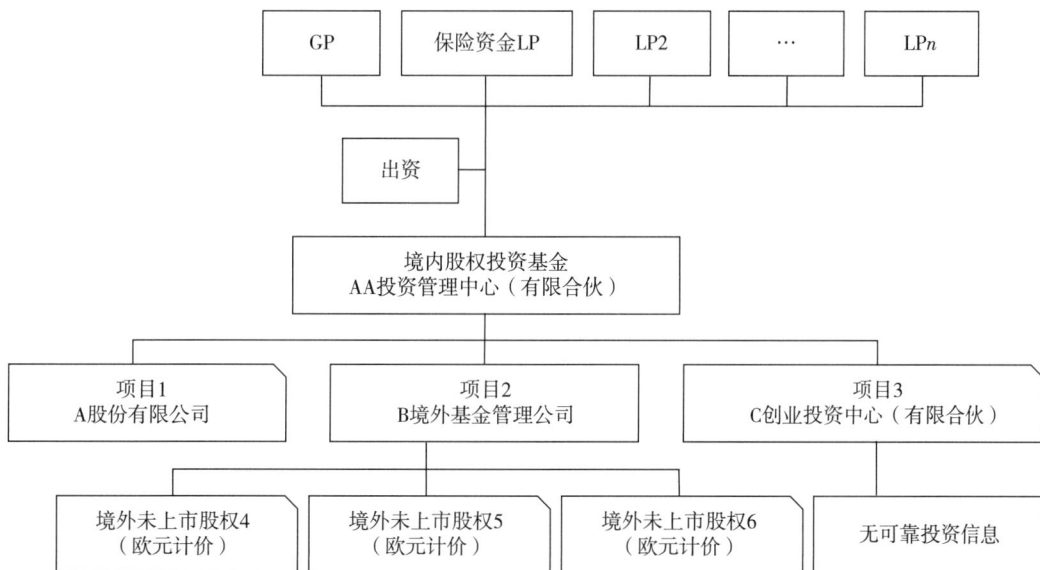

图3 股权投资基金 AA 的投资结构

该股权投资基金为非债权类非基础资产，不对表层资产单独计量最低资本；穿透后有 4 个底层资产，分别为上市股票 A、境外未上市股权 4、境外未上市股权 5、境外未上市股权 6，创业投资中心 C 无法穿透。

项目 1 上市股票 A 为底层资产：A 公司上市后，保险资金间接持有的底层股票不适用涨跌幅特征系数，$k_1 = 0$，沪深 300 指数成分股 $k_2 = -0.05$，交易结构层数 $n = 1$，其风险因子 $RF = 0.35 \times (1 - 0.05 + 1 \times 0.1) = 0.3675$。

项目 2 的底层资产为 3 个境外未上市股权：境外未上市股权 4（发达市场）的基础因子为 0.45，投资市场特征系数 $k_1 = 0$；交易结构层数 $n = 2$，风险因子 $RF = 0.45 \times (1 + 2 \times 0.1) = 0.54$；境外未上市股权 4 还需计量汇率风险，风险因子 $RF = 0.08 \times (1 + 2 \times 0.1) = 0.096$；境外未上市股权 5 和股权 6（发达市场）境外权益资产价格风险因子 RF 均赋值为 0.54，汇率风险因子为 0.096。

项目 3 的底层资产的相关信息无法获得，不满足可靠计量要求，按无法穿透处理，风险因子 $RF = 0.6$；如果项目 3 的占比超过 90% 以上，则境内股权基金 AA 可以直接按无法穿透计量。

保险公司偿付能力监管规则第8号：市场风险最低资本

第一章 总 则

第一条 为规范保险公司市场风险最低资本的计量，制定本规则。

第二条 本规则所称保险公司，是指依法在中华人民共和国境内设立的经营商业保险业务的保险公司和外国保险公司分公司。

第三条 本规则所称市场风险，是指由于利率、权益价格、房地产价格、汇率等不利变动，导致保险公司遭受非预期损失的风险。

第四条 保险公司的市场风险包括利率风险、权益价格风险、房地产价格风险、境外资产价格风险、汇率风险和集中度风险。

第五条 本规则所称基础资产和非基础资产是指《保险公司偿付能力监管规则第7号：市场风险和信用风险的穿透计量》规定的各项资产。

保险公司应当按照本规则计量基础资产的市场风险，按照《保险公司偿付能力监管规则第7号：市场风险和信用风险的穿透计量》计量非基础资产的市场风险。

第六条 除人身保险公司的利率风险最低资本外，市场风险最低资本采用综合因子法计量。各类资产（负债）的市场风险最低资本计算公式为：

$$MC_{市场} = EX \times RF$$

其中：

$MC_{市场}$为市场风险最低资本；

EX为风险暴露，等于该项资产（负债）的认可价值，另有规定除外；$EX \leq 0$时，EX取值为0；

RF为风险因子，$RF = RF_0 \times (1 + K)$，$RF \geq 1$时，RF取值为1；

RF_0为基础因子；

K为特征因子，$K = \sum_{i=1}^{n} k_i = k_1 + k_2 + k_3 + \cdots + k_n$，$K \in [-0.25, 0.25]$，银保监会另有规定的除外；

k_i 为第 i 个特征系数，n 为特征系数的个数；

对特征系数 k_i，由偿付能力监管规则规定和赋值；无明确规定并赋值的，则 $k_i=0$。

第七条 保险公司计量某类资产（负债）的市场风险最低资本时，应对该类别的各项资产（负债）分别计量，不得按类别合并计量。

第八条 保险公司对某项资产（负债）采取市场风险缓释或增强安排的，其市场风险最低资本计量标准由银保监会另行规定。

第九条 保险公司表外业务的市场风险最低资本计量标准由银保监会另行规定。

第二章　利率风险最低资本

第十条 本规则所称利率风险，是指由于无风险利率的不利变动导致保险公司遭受非预期损失的风险。

第十一条 财产保险公司直接持有和通过非基础资产间接持有的境内债券资产和利率类金融衍生品，应按本规则计量利率风险最低资本，包括但不限于：

（一）债券资产，包括国债、地方政府债、政府支持机构债券、企业债券、公司债券、金融债券、非金融企业债务融资工具、同业存单、信贷资产支持证券、资产支持票据、证券交易所挂牌交易的资产支持证券等，含央行票据和短期融资券，不含可转债（可交换债）；

（二）利率类金融衍生品，包括利率互换、国债期货等；

（三）银保监会规定的其他资产。

第十二条 人身保险公司计量利率风险最低资本，应反映无风险利率不利变动对资产、负债的综合影响。

第十三条 人身保险公司直接持有的、根据合同约定具有确定性现金流、且现金流仅为本金和利息的境内投资资产以及境内利率类金融衍生品，应按本规则计量利率风险最低资本，包括但不限于：

（一）保险公司存放在金融机构的定期存款、协议存款、结构性存款、大额存单等；

（二）债券资产，包括国债、地方政府债、政府支持机构债券、企业债券、公司债券、金融债券、非金融企业债务融资工具、同业存单、信贷资产支持证券、资产支持票据、证券交易所挂牌交易的资产支持证券等，含央行票据和短期融资券，不含可转债（可交换债）；

（三）其他固定收益类投资资产；

（四）利率类金融衍生品，包括利率互换、国债期货等；

（五）保单质押贷款；

（六）银保监会规定的其他资产。

第一节　财产保险公司利率风险最低资本

第十四条　财产保险公司利率风险最低资本采用综合因子法计量，本规则第十一条所称的债券资产的利率风险暴露 EX 为其公允价值；基础因子 RF_0 赋值如下：

$$RF_0 = \begin{cases} D \times (-0.001 \times D + 0.0217) & 0 < D \leq 5 \\ D \times (-0.00106 \times D + 0.022) & 5 < D \leq 10 \\ D \times 0.0114 & D > 10 \end{cases}$$

其中：D 为资产的修正久期，修正久期的计算可参照中国国债登记结算有限责任公司公布的方法。对于浮息债，D 为资产的利率久期。对于永续债，如存续期内有赎回安排的，D 按照到期日为下一赎回日计算；如存续期内没有赎回安排，D 按照永续期限计算。

第十五条　利率互换的利率风险暴露 EX 为合约名义本金；基础因子 RF_0 赋值如下：

$$RF_0 = \begin{cases} D \times [-0.001 \times ABS(D) + 0.0217] & 0 < ABS(D) \leq 5 \\ D \times [-0.00106 \times ABS(D) + 0.022] & 5 < ABS(D) \leq 10 \\ D \times 0.0114 & ABS(D) > 10 \end{cases}$$

其中：

ABS 表示绝对值；

D 为资产的修正久期；

合约方向为收固定利率、付浮动利率的，合约久期为正，反之为负。

第十六条　保险公司对国债资产进行套期保值操作对冲风险的，应按以下规定计量利率风险最低资本：

（一）套期保值操作符合会计准则规定的套期有效性的要求，且套期期限不低于 1 个月的，可将国债期货空头与被套期债券组合合并计算利率风险最低资本，计算公式为：

国债期货套期组合最低资本 $=ABS($ 被套期债券组合资本要求

　　　　　　　　　　 $-$ 国债期货空头合约价值 × 套期有效性 × 风险因子 $)$

其中：ABS 表示绝对值；

风险因子与本规则第十四条中风险因子相同。

（二）套期保值操作符合会计准则规定的套期有效性的要求，但套期期限低于 1 个月的，国债期货空头不与被套期债券组合合并计算利率风险最低资本，其最低资本等于 0。

（三）套期保值操作不符合会计准则规定的套期有效性的要求，国债期货空头不与被套期债券组合合并计算利率风险最低资本。国债期货空头单独计量利率风险最低资本，计算公式为：

国债期货空头最低资本 = ABS（国债期货空头合约价值 × 风险因子）

其中：ABS 表示绝对值；

风险因子与本规则第十四条中风险因子相同。

被套期债券组合的利率风险最低资本按照本规则第十四条规定计算。

（四）保险公司通过国债期货进行多头套保，国债期货多头单独计量利率风险最低资本，计算公式为：

国债期货多头最低资本 = 国债期货多头合约价值 × 风险因子

其中，风险因子与本规则第十四条中风险因子相同。

第十七条 财产保险公司利率风险最低资本为各项基础资产和非基础资产穿透后的底层资产的利率风险最低资本算术加总。

第二节 人身保险公司利率风险最低资本

第十八条 人身保险公司利率风险最低资本采用情景法计量，计算公式为：

$$MC_{利率风险} = \text{Max}\left[PV(NCF)_{不利情景} - PV(NCF)_{基础情景}, 0\right]$$

其中：

$MC_{利率风险}$ 为利率风险最低资本；

$PV(NCF)_{基础情景}$ 为基础情景假设下人身保险公司净现金流现值，折现率曲线适用利率风险评估的基础折现率曲线；

NCF 为净现金流，等于人身保险公司预期未来现金流出减去预期未来现金流入的差额。负债现金流为按照《保险公司偿付能力监管规则第 3 号：寿险合同负债评估》考虑再保因素后计算得到的评估日寿险业务现金流。资产现金流的计算如下：

（一）对于不含权的固定收益类投资资产，根据其面值和票面利率计算现金流；

（二）对于含权且与利率挂钩的标准化固定收益类投资资产，以报告期末的市场远期利率曲线和行权利率比较，判断行权时间，再计算现金流；

（三）对于其他含权资产，按照报告日后首次行权到期日行权计算现金流；

（四）对于利率类金融衍生品等，根据合约或其特征计算现金流；

（五）保单质押贷款现金流基于存量保单质押贷款，按照公司经验及预测假设进行计算（期限与保单质押贷款合同保持一致），现金流入为保单质押贷款本金及其应计利息。

$PV(NCF)_{不利情景}$ 为不利情景假设下人身保险公司净现金流现值，折现率曲线适用利率风险评估的不利情景折现率曲线，其预期净现金流与计算 $PV(NCF)_{基础情景}$ 时的预期现金流保持一致。

第十九条 利率风险评估所采用的折现率曲线由基础利率曲线加综合溢价形成。

基础利率曲线由以下三段组成：

$$\begin{cases} \text{期望无风险收益率曲线} & 0 < t \leqslant t_1 \\ \text{终极利率过渡曲线} & t_1 < t \leqslant t_2 \\ \text{终极利率水平} & t > t_2 \end{cases}$$

其中：

t 为利率期限，t_1 为过渡曲线起点，t_2 为过渡曲线终点。

期望无风险收益率曲线由银保监会综合考虑可观察的活跃市场的无风险收益率、市场的信息有效性程度、风险反映的及时性等因素确定；终极利率水平由银保监会综合考虑我国经济的长期自然增长率和长期物价总水平变动等因素确定；终极利率过渡曲线连接期望无风险收益率曲线和终极利率水平线，由银保监会采用系统、合理的方法确定。

综合溢价由银保监会综合考虑行业整体资产配置情况、国债收益率的税收效应、流动性补偿及逆周期调整等因素设定。

银保监会根据业务属性和市场环境的变化，及时调整利率风险评估折现率曲线。

基础曲线和综合溢价由银保监会另行规定。

第二十条 不利利率情景假设应综合考虑利率曲线的各方形态变化和资产负债计量属性的影响，由银保监会根据宏观经济政策、金融市场和保险行业状况以及审慎监管需要确定、发布并适时调整。

第三节 再保险公司利率风险最低资本

第二十一条 单独经营财产险再保险业务的再保险公司，其利率风险最低资本要求按照财产保险公司相关规则计量。

第二十二条 单独经营人身险再保险业务的再保险公司，其利率风险最低资本要求按照人身保险公司相关规则计量。

第二十三条 同时经营财产险和人身险业务的再保险公司，应对非寿险业务和寿险业务分别使用综合因子法和情景法计量利率风险最低资本，经算术加总得到再保险公司利率风险最低资本。如有证据表明计量结果不存在重大差异，再保险公司可以按照分出公司类型，分别适用财产保险公司或人身保险公司相关规则计量利率风险最低资本。

第三章 权益价格风险最低资本

第二十四条 本规则所称权益价格风险，是指由于权益价格不利变动导致保险公司遭受非预期损失的风险。

第二十五条 保险公司直接持有和通过非基础资产间接持有的境内权益类基础资产（房地产权益类资产除外），应当按照本规则计量权益价格风险最低资本。包括但不限于：

（一）上市普通股票；

（二）未上市股权（不含子公司、合营企业、联营企业股权）；

（三）对子公司、合营企业和联营企业的长期股权投资；

（四）证券投资基金（含货币市场基金）；

（五）可转债（可交换债）；

（六）股指期货；

（七）优先股；

（八）无固定期限资本债券。

第二十六条 上市普通股票的权益价格风险暴露 EX 为其认可价值；基础因子 RF_0 赋值如下：

$$RF_0 = \begin{cases} 0.35 & \text{沪深主板股} \\ 0.45 & \text{创业板股、科创板股} \end{cases}$$

根据保险公司所有直接持有股票的加权涨跌幅度设定特征系数 k_1，赋值如下：

$$k_1 = \begin{cases} 1 & x \geqslant 1 \\ x^2 & 0 \leqslant x < 1 \\ -x^2 & -1 \leqslant x < 0 \end{cases}$$

其中，$x = \dfrac{\sum_{i=1}^{n} \text{上市股票 } i \text{ 的账面价值} - \sum_{i=1}^{n} \text{上市股票 } i \text{ 的购买成本}}{\sum_{i=1}^{n} \text{上市股票 } i \text{ 的购买成本}}$，$n$ 为保险

公司购买的股票只数，但不包括非基础资产穿透后底层资产为上市股票的情形，购买成本为某只股票各次购买价格的加权平均值。

根据股票是否为沪深 300 指数成分股设定特征系数 k_2，赋值如下：

$$k_2 = \begin{cases} -0.05 & \text{沪深 300 指数成分股} \\ 0 & \text{其他} \end{cases}$$

第二十七条 未上市股权的风险暴露 EX 为其认可价值；基础因子 RF_0 赋值为 0.41。

前款所称未上市股权是指保险公司对被投资对象不具有控制、共同控制或重大影响，并且在活跃市场没有报价、公允价值不能可靠计量的权益性投资。

第二十八条 保险公司对子公司、合营企业和联营企业的长期股权投资，其权益价格风险暴露 EX 为该项投资的认可价值，除以下项目外，基础因子 RF_0 赋值为 1：

（一）保险类子公司及属于保险主业范围内的子公司，基础因子 RF_0 赋值为 0.35。

（二）合营企业和联营企业为上市公司的，基础因子 RF_0 赋值为 0.35；合营企业和联营企业为非上市公司的，基础因子 RF_0 赋值为 0.41。

第二十九条 本规则所称证券投资基金，包括债券基金、股票基金、混合基金、商品及金融衍生品基金、货币市场基金。

第三十条 债券基金的权益价格风险暴露 EX 为其认可价值；基础因子 RF_0 赋值为 0.06。

第三十一条 股票基金的权益价格风险暴露 EX 为其认可价值；基础因子 RF_0 赋值为 0.28。

第三十二条 混合基金、商品及金融衍生品基金的权益价格风险暴露 EX 为其认可价值；基础因子 RF_0 赋值为 0.23。

第三十三条 货币市场基金的权益价格风险暴露 EX 为其认可价值；基础因子 RF_0 赋值为 0.01。

第三十四条 可转债（可交换债）的权益价格风险暴露 EX 为其认可价值；基础因子 RF_0 赋值为 0.23。

第三十五条 保险公司对上市普通股票进行套期保值操作的，应当按照以下规定计量权益价格风险最低资本：

（一）套期保值操作符合会计准则规定的套期有效性要求，且套期期限不低于 1 个月的，可将股指期货空头与其被套期股票组合合并计算权益价格风险最低资本，公式如下：

$$股指期货套期组合最低资本 = ABS(被套期股票组合资本要求 - 股指期货空头合约价值 \times 套期有效性 \times 风险因子)$$

其中：

ABS 表示绝对值；

风险因子赋值为 0.35。

（二）套期保值操作符合会计准则规定的套期有效性要求，但套期期限低于 1 个月的，股指期货空头与其被套期股票组合不得合并计算权益价格风险最低资本。股指期货空头合约的权益价格风险最低资本等于 0。

（三）套期保值操作不符合会计准则规定的套期有效性要求，股指期货空头与其被套期股票组合不得合并计算权益价格风险最低资本。股指期货空头单独计量权益价格风险最低资本，计算公式如下：

$$股指期货空头最低资本 = ABS（股指期货空头合约价值 \times 风险因子）$$

其中：

ABS 表示绝对值；

风险因子赋值为 0.35。

（四）保险公司通过股指期货进行多头套保，股指期货多头单独计量权益价格风险最低资本，计算公式如下：

$$股指期货多头最低资本 = 股指期货多头合约价值 \times 风险因子$$

其中：风险因子赋值为 0.35。

第三十六条 金融机构发行的优先股和无固定期限资本债券的权益价格风险暴露 EX 为其认可价值，除银保监会另有规定外，基础因子 RF_0 赋值如下：

发行机构和类型			基础因子
银行、金融资产管理公司、保险公司发行的，不带强制转换为普通股或减记条款的			0.15
银行发行的带有强制转换为普通股或减记条款的	各级资本充足率全部达到监管要求	政策性银行、国有大型商业银行	0.15
		股份制商业银行	0.20
		城市商业银行	0.25
		其他商业银行	0.30
	各级资本充足率未全部达到监管要求		0.45
金融资产管理公司发行的带有强制转换为普通股或减记条款的	各级资本充足率全部达到监管要求		0.20
	各级资本充足率未全部达到监管要求		0.45
保险公司发行带有强制转换为普通股或减记条款的	各级偿付能力充足率全部达到监管要求		0.15
	各级偿付能力充足率未全部达到监管要求		0.45

非金融机构发行的优先股权益价格风险暴露 EX 为其认可价值；其中，不带强制转换为普通股条款的优先股，基础因子 RF_0 赋值为 0.10；带强制转换为普通股条款的优先股，基础因子 RF_0 赋值为 0.25。

本规则所称商业银行的类型划分标准参照银保监会的相关规定。境内法人机构在境外的分行适用其境内总行的基础因子，银保监会另有规定的除外。

各级资本充足率是指《商业银行资本管理办法（试行）》《金融资产管理公司资本管理办法（试行）》规定的资本充足率、一级资本充足率、核心一级资本充足率。各级充足率达标是指上述三个充足率指标均达到监管部门规定的标准。

商业银行、金融资产管理公司的资本充足率数据应采用可获取的最近一期数据。若无法获取最近一年内的资本充足率数据，按照资本充足率未全部达标确定风险因子。

第三十七条 权益价格风险最低资本为各项基础资产、非基础资产穿透后的底层资产、豁免穿透的非基础资产以及无法穿透的非基础资产的权益价格风险最低资本算术加总。

第四章 房地产价格风险最低资本

第三十八条 本规则所称房地产价格风险，是指由于投资性房地产价格不利变动导致保险公司遭受非预期损失的风险。

第三十九条 保险公司直接持有和通过非基础资产间接持有的境内投资性房地产，应计量房地产价格风险最低资本。包括但不限于：

（一）以物权形式持有的投资性房地产；

（二）以项目公司形式持有的投资性房地产股权。

第四十条　以物权形式持有的投资性房地产，其房地产价格风险暴露 *EX* 为其认可价值；基础因子 RF_0 赋值为 0.15。

根据房地产所处位置设定特征系数 k_1，赋值如下：

$$k_1 = \begin{cases} 0 & \text{直辖市、省会城市、计划单列市} \\ 0.2 & \text{境内其他地区} \end{cases}$$

第四十一条　保险公司以项目公司形式持有的投资性房地产股权，其房地产价格风险暴露 *EX* 为下述两者中的较大者：

（一）项目公司持有的投资性房地产的账面价值与保险公司持有项目公司股份比例的乘积；

（二）保险公司持有的项目公司股权投资的认可价值。

风险因子按照本规则第四十条确定。

第四十二条　保险公司向其控股的经营投资性房地产业务的项目公司提供的各项融资借款，应当计量房地产价格风险最低资本。风险暴露为其认可价值，风险因子按照本规则第四十条确定。

第四十三条　房地产价格风险最低资本为公司直接持有的各项投资性房地产和非基础资产穿透后的底层投资性房地产的最低资本算术加总。

第五章　境外资产价格风险最低资本

第四十四条　本规则所称境外资产价格风险，是指由于境外资产价格不利变动导致保险公司遭受非预期损失的风险。

第四十五条　保险公司直接持有和通过非基础资产间接持有的境外投资资产（不含境外流动性资产），应当计量境外资产价格风险最低资本，包括但不限于：

（一）境外固定收益类投资资产；

（二）境外权益类投资资产，含境外房地产类投资资产。

保险公司通过内地与香港股票市场交易互联互通机制，买卖规定范围内的香港联合交易所上市的股票，或者主要投资于港股通标的的基金按照境外权益类资产计量最低资本。

第四十六条　境外固定收益类资产价格风险暴露 *EX* 为其认可价值；除银保监会另有规定外，基础因子 RF_0 赋值如下：

$$RF_0 = \begin{cases} 0.03 & \text{同业存单、短期融资券} \\ 0.08 & \text{其他境外固收资产（不含存款）} \end{cases}$$

根据投资市场设定特征系数 k_1，赋值如下：

$$k_1 = \begin{cases} 0 & \text{发达市场} \\ 0.25 & \text{新兴市场} \end{cases}$$

除银保监会另有规定外，发达市场和新兴市场的区分标准适用《保险资金境外投资管理暂行办法实施细则》（保监发〔2012〕93 号）。

第四十七条　境外固定收益类资产价格风险的最低资本计算公式为：

$$MC_{境外-固收} = \sqrt{MC_{境外-固收-发达}^2 + 2 \times \rho \times MC_{境外-固收-发达} \times MC_{境外-固收-新兴} + MC_{境外-固收-新兴}^2}$$

其中：

$MC_{境外-固收}$ 为境外固定收益类资产价格风险的最低资本；

$MC_{境外-固收-发达}$ 为境外发达市场固定收益类资产的市场风险最低资本；

$MC_{境外-固收-新兴}$ 为境外新兴市场固定收益类资产的市场风险最低资本；

ρ 为 $MC_{境外-固收-发达}$ 和 $MC_{境外-固收-新兴}$ 的相关系数，$\rho = 0.1365$。

第四十八条　境外权益类资产价格风险暴露 EX 为其认可价值；除银保监会另有规定外，基础因子 RF_0 赋值如下：

$$RF_0 = \begin{cases} 0.01 & \text{货币基金} \\ 0.08 & \text{债券型基金} \\ 0.39 & \text{上市股票、股票基金和混合基金} \\ 0.45 & \text{境外未上市股权和其他境外权益资产} \end{cases}$$

根据投资市场设定特征系数 k_1，赋值如下：

$$k_1 = \begin{cases} 0 & \text{发达市场} \\ 0.25 & \text{新兴市场} \end{cases}$$

主要投资境外基础资产的、符合豁免穿透条件的组合类保险资产管理产品和商业银行理财产品，按照境外权益类资产计量最低资本，基础因子 RF_0 赋值为 0.39。

境内公司在境外发行的优先股，按本规则第三十六条确定基础因子。

第四十九条　保险公司对境外子公司、合营企业和联营企业的长期股权投资，应当按照本规则第二十八条计量最低资本。

根据投资市场对合营企业和联营企业设定特征系数 k_1，赋值如下：

$$k_1 = \begin{cases} 0 & \text{发达市场} \\ 0.25 & \text{新兴市场} \end{cases}$$

第五十条　保险公司以物权方式持有的境外投资性房地产，其房地产价格风险暴露 EX 为其认可价值；基础因子 RF_0 赋值为 0.15。

根据房地产所处位置设定特征系数 k_1，赋值如下：

$$k_1 = \begin{cases} 0.2 & \text{发达市场} \\ 0.4 & \text{新兴市场} \end{cases}$$

第五十一条　保险公司持有的境外房地产信托投资基金（公募），其风险暴露 EX 为其认可价值；基础因子 RF_0 赋值为 0.15。

根据房地产信托投资基金（公募）挂牌交易的国家和地区设定特征系数 k_1，赋值如下：

$$k_1 = \begin{cases} 0.2 & \text{发达市场} \\ 0.4 & \text{新兴市场} \end{cases}$$

第五十二条 以项目公司形式持有的境外投资性房地产股权，其房地产价格风险暴露 EX 按照本规则第四十一条确定；风险因子按照本规则第五十条确定。

第五十三条 境外权益类资产价格风险的最低资本计算公式为：

$$MC_{\text{境外-权益}} = \sqrt{MC^2_{\text{境外-权益-发达}} + 2 \times \rho \times MC_{\text{境外-权益-发达}} \times MC_{\text{境外-权益-新兴}} + MC^2_{\text{境外-权益-新兴}}}$$

其中：

$MC_{\text{境外-权益}}$ 为境外权益类资产价格风险的最低资本；

$MC_{\text{境外-权益-发达}}$ 为境外发达市场权益类资产的市场风险最低资本；

$MC_{\text{境外-权益-新兴}}$ 为境外新兴市场权益类资产的市场风险最低资本；

ρ 为 $MC_{\text{境外-权益-发达}}$ 和 $MC_{\text{境外-权益-新兴}}$ 的相关系数，$\rho = 0.375$。

第五十四条 境外固定收益类投资资产和境外权益类投资资产的价格风险最低资本分别为所属各项境外资产（包括非基础资产穿透后的底层境外资产）价格风险最低资本算术加总。

第六章 汇率风险最低资本

第五十五条 本规则所称汇率风险，是指由于汇率波动引起资产与负债（含外汇衍生品）价值变动，导致保险公司遭受非预期损失的风险。

第五十六条 保险公司应对其直接持有和通过非基础资产间接持有的、以外币计价的资产与负债计量汇率风险最低资本。包括但不限于：

（一）外币流动性管理工具；

（二）外币固定收益类投资资产；

（三）外币权益类投资资产；

（四）外币衍生品；

（五）外币房地产；

（六）外币其他资产；

（七）外币负债。

第五十七条 保险公司应将其外币资产和负债区分币种进行对冲汇总，汇率风险暴露 EX 为同币种资产认可价值减去同币种负债认可价值的净额绝对值（美元和汇率跟美元挂钩的货币之间，可视为同币种计算金额）；基础因子 RF_0 赋值如下：

$$RF_0 = \begin{cases} 0.05 & \text{美元和汇率跟美元挂钩的货币} \\ 0.08 & \text{欧元、英镑} \\ 0.15 & \text{其他货币} \end{cases}$$

第五十八条 保险公司对外汇资产或负债通过外汇远期合约进行套期保值操作对冲风险的，应当按照以下规定计量汇率风险最低资本：

（一）套期保值操作符合会计准则规定的套期有效性要求的，可将外汇远期合约与其被套期资产（负债）组合合并计算汇率风险资本，公式如下：

汇率套期组合最低资本 $=ABS($被套期外币资产（债务）总规模

$-$外汇远期合约名义价值 × 套期有效性）× 风险因子

其中：

ABS 表示绝对值；

风险因子与本规则第五十七条中汇率风险因子相同。

（二）套期保值操作不符合会计准则规定的套期有效性要求的，外汇远期合约与其被套期资产（负债）组合不得合并计算汇率风险资本。外汇远期汇率风险最低资本计算公式如下：

外汇远期最低资本 $=ABS$（外汇远期合约名义价值 × 风险因子）

其中：

ABS 表示绝对值；

风险因子与本规则第五十七条中汇率风险因子相同。

第五十九条 汇率风险的最低资本为公司直接持有的各项外币资产（负债）和非基础资产穿透后的各项外币底层资产（负债）的汇率风险最低资本算术加总。

第七章　集中度风险

第六十条 本规则所称集中度风险，是指保险公司对同一交易对手或同类资产的风险敞口过于集中而导致保险公司遭遇非预期损失的风险。

第六十一条 保险公司应当按照本规则计量集中度风险最低资本，包括交易对手集中度风险最低资本、大类资产集中度风险最低资本和房地产集中度风险最低资本。

第六十二条 对于需计量集中度风险的资产，保险公司在计量市场风险最低资本和信用风险最低资本时，应当按照本规则设置的特征系数，计量集中度风险最低资本。

第六十三条 保险公司交易对手集中度风险最低资本应当按照以下原则确定交易对手：

（一）交易对手为融资主体；融资主体出现违约的，以担保人作为交易对手；不能确定融资主体的，产品发行人为交易对手。保险公司应当按照穿透原则确定资产真实的融资主体。

（二）金融衍生品，其交易对手为产品创设机构。产品创设机构为依法设立的期货交易所的，不需计量交易对手集中度风险最低资本。

第六十四条 除下列资产外，保险公司应对其他所有资产计量交易对手集中度风险最低资本：

（一）政府债券；

（二）政策性银行、政府支持机构发行的金融产品；

（三）国有大型商业银行存款和发行的股票、债券等金融产品；

（四）货币市场类保险资产管理产品；

（五）外国再保险公司分公司向所属集团及其子公司转分保形成的再保险资产；

（六）所属保险集团下保险资产管理公司或所控股的保险资产管理公司发行、银保监会规定可不计量交易对手集中度风险最低资本的保险资产管理产品；

（七）投资性房地产。

第六十五条 保险公司应当计量持有同一交易对手的各类资产账面价值总和。持有同一交易对手资产账面价值总和超过如下阈值的，所有涉及资产在计量权益价格风险最低资本、境外资产价格风险最低资本和信用风险最低资本时，应当同时计量交易对手集中度风险最低资本。设置特征系数 $k_{集中度1}$，赋值为 0.4。

阈值超额累退表如下：

人身险公司总资产	阈值比例	财产险（再保险）公司总资产	阈值比例
100 亿元（含）以下部分	8%	20 亿元（含）以下部分	8%
100 亿—500 亿元（含）部分	5%	20 亿—50 亿元（含）部分	5%
500 亿—1000 亿元（含）部分	4%	50 亿—500 亿元（含）部分	4%
1000 亿元以上部分	3%	500 亿元以上部分	3%

总资产是指报告日母公司会计报表所列示的总资产。

保险公司总资产为 5 亿元以下的，不计提交易对手集中度风险最低资本。

第六十六条 保险公司直接持有的权益类资产、其他金融资产和境外投资，超过《中国保监会关于加强和改进保险资金运用比例监管的通知》（保监发〔2014〕13 号）及其他相关规定的监管比例限制的，应当计量大类资产集中度风险最低资本。

对于需计量大类资产集中度风险的资产，设置特征系数 $k_{集中度2}$，赋值为 0.2。

第六十七条 保险公司直接持有的投资性房地产和通过非基础资产间接持有的投资性房地产的账面价值占保险公司总资产的比例超过 25%，应当计量房地产集中度风险。对所有计量房地产价格风险的资产，设置特征系数 $k_{集中度3}$，赋值为 0.5。

总资产是指报告日母公司会计报表所列示的总资产。

第八章 市场风险最低资本汇总

第六十八条 保险公司持有的基础资产、穿透计量的非基础资产、豁免穿透的非基础资产以及无法穿透的非基础资产的市场风险，应当按照本规则汇总计量市场风险最低资本。

第六十九条 各类市场风险的最低资本采用相关系数矩阵进行汇总，计算公式为：

$$MC_{市场} = \sqrt{MC_{向量} \times M_{相关系数} \times MC_{向量}^T}$$

其中：

$MC_{市场}$ 代表市场风险的最低资本；

$MC_{向量}$ 为一个行向量，由（$MC_{利率}$，$MC_{权益价格}$，$MC_{房地产}$，$MC_{境外固收}$，$MC_{境外权益及房地产}$，$MC_{汇率}$）组成；

$MC_{利率}$ 为利率风险的最低资本；

$MC_{权益价格}$ 为权益价格风险的最低资本；

$MC_{房地产}$ 为房地产风险的最低资本；

$MC_{境外固收}$ 为境外固定收益类资产价格风险的最低资本；

$MC_{境外权益及房地产}$ 为境外权益类资产价格风险的最低资本；

$MC_{汇率}$ 为汇率风险的最低资本；

$M_{相关系数}$ 为各类市场风险最低资本相关系数矩阵；

$MC_{向量}^T$ 为 $MC_{向量}$ 的转置。

第七十条 市场风险最低资本相关系数矩阵如下：

	$MC_{利率}$	$MC_{权益价格}$	$MC_{房地产}$	$MC_{境外固收}$	$MC_{境外权益及房地产}$	$MC_{汇率}$
$MC_{利率}$	1	−0.14	−0.18	0	−0.16	0.07
$MC_{权益价格}$	−0.14	1	0.22	0.06	0.50	0.04
$MC_{房地产}$	−0.18	0.22	1	0.18	0.19	−0.14
$MC_{境外固收}$	0	0.06	0.18	1	0.04	−0.01
$MC_{境外权益及房地产}$	−0.16	0.50	0.19	0.04	1	−0.19
$MC_{汇率}$	0.07	0.04	−0.14	−0.01	−0.19	1

第九章 附 则

第七十一条 对于保险资金支持国家战略形成的投资资产，在计量市场风险最低资本时，银保监会可设置调控性特征因子，以体现监管支持。具体标准另行规定。

第七十二条 本规则未明确的资产和负债市场风险最低资本的计量标准，由银保监会另行规定。

第七十三条 相互保险组织适用本规则。

第七十四条 本规则由银保监会负责解释和修订。

第七十五条 本规则于 2015 年 2 月 13 日第一次发布，于 2021 年 12 月 30 日修订发布。本规则施行日期另行规定。

《保险公司偿付能力监管规则第8号：市场风险最低资本》讲解

一、总则概述

保险公司计量市场风险最低资本时，应重点把握以下几点：

（一）保险公司直接持有的基础资产以及通过非基础资产间接持有的基础资产，若存在市场风险，均应按照《保险公司偿付能力监管规则第8号：市场风险最低资本》（以下简称本规则）计量市场风险最低资本。

（二）与会计准则金融工具分类脱钩。市场风险最低资本计量与金融资产的会计分类无关，即保险公司在计量市场风险最低资本时，不考虑金融资产的会计分类。

（三）除人身保险公司利率风险采用情景法计量外，其他市场风险均采用综合因子法计量。人身保险公司的利率风险主要是资产负债不匹配的风险，需联动考虑无风险利率的不利变动对资产端、负债端的影响，因此采用情景法计量。除此之外的市场风险，主要反映资产端的非预期损失，采用综合因子法进行计量。

二、利率风险

（一）财产保险公司的利率风险

财产保险公司的利率风险采用综合因子法计量，应重点把握以下几点：

一是境内的债券资产和利率类金融衍生品等，应计量利率风险最低资本。境外的债券资产和利率类金融衍生品等，应当按照本规则第四十六条、第四十七条规定，计量境外资产价格风险最低资本。

二是财产保险公司直接持有的和非基础资产穿透后间接持有的债券资产和利率类金融衍生品，均应计量利率风险最低资本。

三是与金融资产的会计分类无关。例如，保险公司投资一笔企业债券，无论在会计上划分为交易性金融资产，还是持有至到期金融资产，均应计量利率风险最低资本。

四是风险暴露与风险因子。债券类资产、利率互换和国债资产的套期保值分别按照本规则第十四条、第十五条和第十六条的规定计量其利率风险最低资本。比如，债券类资产的风险暴露为其公允价值，基础因子按照修正久期确定。

（二）人身保险公司的利率风险

人身保险公司的利率风险最低资本采用情景法进行计量，主要通过评估不利情景和基础情景下保险公司净现金流现值的差额得到利率风险最低资本。净现金等于人身保险公司预期未来现金流出减去预期未来现金流入的差额。

1. 需计量人身保险公司利率风险的资产范围

根据本规则第十三条的规定，人身保险公司直接持有的、根据合同约定具有确定性现金流且现金流仅为本金和利息的境内投资资产以及境内利率类金融衍生品，均应计量利率风险最低资本。

一是必须是直接持有的资产。非基础资产穿透后的底层资产，是间接持有的资产，即使符合具有确定性现金流且现金流仅为本金和利息的特征，也不能用来对冲利率风险。

二是必须是境内资产。对于境外的债券资产和利率类金融衍生品等，不计量利率风险最低资本，应当按照本规则第四十六条、第四十七条计量境外资产价格风险最低资本。

三是符合条件的非基础资产应当计量利率风险最低资本。如果保险公司直接持有的非基础资产，符合具有确定性现金流且现金流仅为本金和利息的特征，也可以用于对冲利率风险。

四是与会计准则金融工具分类脱钩。从风险实质出发，将对利率敏感的资产全部纳入利率风险的计量范围。比如，保险公司直接持有的一笔企业债券，具有确定的现金流且现金流仅为本金和利息，无论分类为持有至到期金融资产，还是交易性金融资产，均可以用于对冲利率风险。

2. 现金流的评估

人身保险公司的负债现金流按照《保险公司偿付能力监管规则第 3 号：寿险合同负债评估》（以下简称《3 号规则》），考虑再保因素后计算得到评估日寿险业务现金流。资产现金流按照本规则第十八条的规定计算。

3. 折现率曲线

根据本规则第十九条的规定，利率风险计量所采用的折现率曲线由基础利率曲线加综合溢价形成。基础利率曲线和综合溢价具体标准，根据《中国银保监会关于实施保险公司偿付能力监管规则（Ⅱ）有关事项的通知》的附件 3 确定。

三、权益价格风险

（一）需计量权益价格风险最低资本的资产范围

权益价格风险最低资本的计量范围包括直接持有的境内权益类基础资产以及通过非基础资产间接持有的境内权益类基础资产，包括但不限于以下几类：

一是上市普通股股票；

二是未上市股权（不含子公司、合营企业和联营企业）；

三是对子公司、合营企业和联营企业的长期股权投资；

四是证券投资基金（含货币市场基金）；

五是可转债（可交换债）；

六是股指期货；

七是优先股；

八是无固定期限资本债券。

保险公司豁免穿透的保险资产管理产品、商业银行理财产品以及无法穿透的权益类信托计划、股权投资计划等，应当按照《保险公司偿付能力监管规则第 7 号：市场风险和信用风险的穿透计量》（以下简称《7 号规则》）第二十六条、第二十七条和第三十一条的规定计量权益价格风险最低资本。

（二）权益价格风险最低资本的计量

保险公司计量权益价格风险最低资本时，应当注意以下几点：

1. 上市普通股票的涨跌幅特征系数

本规则第二十六条规定，根据保险公司所有直接持有股票的加权涨跌幅度设定特征系数 k_1。在计算和运用 k_1 时，一是只包括保险公司直接持有的股票，不包括非基础资产穿透后间接持有的股票；二是公司直接持有的所有股票一并计算，而不是对每只股票进行单独计算。

2. 长期股权投资

保险公司对子公司、合营企业和联营企业的长期股权投资，其权益价格风险暴露为该项投资的认可价值，基础因子具体如下：一是对于保险类子公司及属于保险主业范围内的子公司，不区分是否属于上市公司，基础因子均为 0.35。二是除上述外的子公司长期股权投资，基础因子为 1。三是对于合营企业和联营企业，根据是否属于上市公司分别适用不同的基础因子。上市的合营企业和联营企业的基础因子为 0.35；非上市的合营企业和联营企业的基础因子为 0.41。

3. 优先股和无固定期限资本债券

金融机构发行的优先股和无固定期限资本债券、非金融机构发行的优先股需要计量权益价格风险，风险暴露均为其认可价值。其中，对于金融机构发行的优先股和无固定期限资本债券，风险因子根据本规则第三十六条的规定，根据发行机构类型、是否带有转股或减记条款、资本充足水平等确定基础因子；对于非金融机构发行的优先股，风险因子根据本规则第三十六条的规定，按照是否带有转股条款确定基础因子。此外，需要特别注意的是，非金融机构发行的永续债，应根据本规则第二章和《保险公司偿付能力监管规则第 9 号：信用风险最低资本》（以下简称《9 号规则》）第二章的规定计量利率风险和利差风险。

四、房地产价格风险

保险公司直接持有的境内投资性房地产和通过非基础资产间接持有的境内投资性房地产，应当计量房地产价格风险。在确定房地产价格风险的资产计量范围时，应当注意以下几点：一是境内以物权形式持有的投资性房地产和以项目公司形式持有的投资性房地产股权均应计量房地产价格风险最低资本。二是境外以物权方式持有的投资性房地产、境外房地产信托投资基金（公募）以及以项目公司持有的境外投资性房地产股权，分别按照本规则第五十条、第五十一条和第五十二条的规定，计量境外资产价格风险最低资本。三是保险公司向其控股的经营投资性房地产业务的项目公司提供的各项融资借款，应当计量房地产价格风险。如不对其实施控股，融资借款按照《9 号规则》第三十七条的规定计量交易对手违约风险。四是以物权形式持有的自用房地产和以项目公司形式持有的自用房地产股权不计量市场风险。五是对于不动产金融产品、公募基础设施 REITs 等不动产类非基础资产，应当按照《7 号规则》进行穿透计量。

【示例】2021 年 1 月，A 保险公司出资 20 亿元成立全资的项目公司 B。2021 年 4 月，B 公司购买了一栋位于重庆的写字楼，用于出租，确认为投资性房地产，以成本模式计量。2021 年第四季度末，A 保险公司对 B 公司的长期股权投资成本法核算的账面价值为 20 亿元，调整为权益法核算的金额为 19.6 亿元，写字楼的账面价值为 19.2 亿元。保险公司在 2021 年第四季度末，应当如何计量该项目公司的最低资本？

保险公司通过项目公司持有的投资性房地产，应当计量房地产价格风险最低资本。根据本规则第四十一条的规定，保险公司风险暴露取以下二者较大者：一是项目公司持有的投资性房地产账面价值与保险公司持有项目公司股份比例的乘积（19.2 亿元 × 100% = 19.2 亿元）；二是保险公司持有项目公司股权投资的认可价值（19.6 亿元）。二者取大，其风险暴露为 19.6 亿元。投资性房地产的基础因子为 0.15，该房地产所在地为重庆市，属于直辖市，特征因子为零。该项目公司房地产价格风险最低资本为 19.6 亿元 × 0.15 = 2.94 亿元。

五、境外资产价格风险

境外资产价格风险最低资本的计量范围包括境外固定收益类投资资产、境外权益类投资资产以及境外投资性房地产，需要把握以下几点：

一是保险公司持有的境外的现金及流动性管理工具、银行存款，不计量境外资产价格风险，应当按照《9 号规则》计量交易对手违约风险最低资本。

二是除存款外的境外固定收益类资产，应当按照本规则第四十六条的规定计量境外资产价格风险最低资本。

三是保险公司通过内地与香港股票市场交易互联互通机制，买卖规定范围内的香港联合交易所上市的股票或者主要投资于港股通标的的基金，按照境外权益类资产计量最低资本。比如，保险公司通过港股通、沪港通等投资的港股，应当计量境外资产价格风险最低资本，同时需按照本规则第六章的规定计量汇率风险最低资本。

四是境外固定收益类资产价格风险最低资本、境外权益类资产价格风险最低资本分别按照发达市场和新兴市场进行聚合，得到相应的最低资本。

六、汇率风险

保险公司计量汇率风险最低资本时，应把握以下几点：

一是保险公司直接持有和通过非基础资产间接持有的外币资产和外币负债，均需计量汇率风险最低资本。

二是风险暴露采用对冲汇总方式计算。保险公司应当将同币种的外币资产和外币负债进行汇总，将其认可价值相减后的绝对额作为风险暴露。对于美元以及汇率跟美元挂钩的货币，视同为同币种。

三是汇率风险的基础因子根据币种来确定。美元以及汇率与美元挂钩的货币的基础因子为 0.05；欧元、英镑的基础因子为 0.08；其他货币的基础因子为 0.15。

七、集中度风险

集中度风险指保险公司对同一交易对手或同类资产的风险敞口过于集中而导致保险公司遭遇非预期损失的风险，包括交易对手集中度风险、大类资产集中度风险和房地产集中度风险。

一是对于计量集中度风险的资产，以特征系数形式计量集中度风险最低资本，增加对应资产的市场风险最低资本或信用风险最低资本。也就是说，集中度风险最低资本不是单独存在的，而是体现在市场风险最低资本和信用风险最低资本中。

二是对于超过集中度上限或阈值的交易对手或资产，计量集中度风险最低资本的风险暴露为其全部风险敞口。

三是保险公司确定交易对手时，应当按照穿透原则确定资产真实的融资主体。交易对手为融资主体；融资主体出现违约的，以担保人作为交易对手，不能确定融资主体的，产品发行人为交易对手。

保险公司偿付能力监管规则第9号：
信用风险最低资本

第一章 总 则

第一条 为规范保险公司信用风险最低资本的计量，制定本规则。

第二条 本规则所称保险公司，是指依法在中华人民共和国境内设立的经营商业保险业务的保险公司和外国保险公司分公司。

第三条 本规则所称信用风险，是指由于利差的不利变动，或者由于交易对手不能履行或不能按时履行其合同义务，或者交易对手信用状况的不利变动，导致保险公司遭受非预期损失的风险。

保险公司信用风险包括利差风险、交易对手违约风险和集中度风险。

第四条 本规则所称基础资产和非基础资产是指《保险公司偿付能力监管规则第7号：市场风险和信用风险的穿透计量》规定的各项资产。

保险公司应当按照本规则计量基础资产的信用风险，按照《保险公司偿付能力监管规则第7号：市场风险和信用风险的穿透计量》计量非基础资产的信用风险。

第五条 保险公司使用外部信用评级的，采用的评级应当符合下列规定：

（一）境内信用评级原则上应当按照境内评级机构的评级结果确定，境外信用评级原则上应当按照国际公认评级机构的评级结果确定；

（二）同一资产项目或发行主体有一家以上符合要求的评级机构给予评级的，从低适用；

（三）对被投资产品和主体原则上应当定期跟踪评级，编报偿付能力报告时应当采用最近一期符合要求的评级结果；

（四）资产的信用评级是指项目评级和交易对手评级，有项目评级的资产应采用项目评级，无项目评级的资产应采用交易对手评级。

银保监会认为外部信用评级结果不能客观反映资产风险的，有权要求保险公司根据银保监会认可的评级结果，调整该资产的信用评级或指定其适用的信用风险因子。

第六条 各项资产（负债）的信用风险最低资本计算公式为：

$$MC_{信用} = EX \times RF$$

其中：

$MC_{信用}$为信用风险的最低资本；

EX为各项资产（负债）的风险暴露；

RF为风险因子，$RF = RF_0 \times (1 + K)$，$RF \geqslant 1$时，RF取值为1；

RF_0为基础因子；

K为特征因子，$K = \sum\limits_{i=1}^{n} k_i = k_1 + k_2 + k_3 + \cdots + k_n, K \in [-0.25, 0.25]$，银保监会另有规定的除外；

k_i为第i个特征系数，n为特征系数的个数；

对特征系数k_i，由偿付能力监管规则规定和赋值；无明确规定并赋值的，则$k_i = 0$。

第七条 保险公司计量某类资产（负债）的信用风险最低资本时，应对该类别的各项资产（负债）分别计量，不得按类别合并计量。

第八条 保险公司对某项资产使用信用风险缓释工具或信用保护工具的，该资产及信用风险缓释（保护）工具的最低资本合并计算，计算公式为：

$$MC_{信用} = EX_A \times RF_{调整后} + EX_B \times RF_{调整前}$$

其中：

$MC_{信用}$为标的资产及信用风险缓释（保护）工具的合并信用风险的最低资本；

$EX_A = CRM \times EX_{标的资产受保护部分的风险暴露} + EX_{信用风险缓释（保护）工具}$

$EX_B = (1 - CRM) \times EX_{标的资产受保护部分的风险暴露} + EX_{标的资产未受保护部分的风险暴露}$

$EX_{信用风险缓释（保护）工具}$为信用风险缓释（保护）工具的风险暴露，信用风险缓释（保护）工具的风险暴露为其账面价值；

$RF_{调整前}$为标的资产运用信用风险缓释（保护）工具前的风险因子；

$RF_{调整后}$为标的资产运用信用风险缓释（保护）工具后的风险因子，保险公司应当以信用风险缓释（保护）工具创设机构主体信用评级与标的资产信用评级孰高的原则，确定标的资产运用风险缓释（保护）工具后的评级，并以此确定风险因子$RF_{调整后}$。

CRM赋值如下：

标的资产	利差风险	交易对手违约风险
政策性银行发行的金融债券	—	—
政府支持机构债券	—	—
AAA	30%	100%
AA +	40%	100%
AA	50%	100%
AA −	55%	100%

标的资产	利差风险	交易对手违约风险
A +	57%	100%
A	60%	100%
A −	65%	100%
BBB +/BBB/BBB −/无评级	70%	100%

第九条 保险公司表外业务的信用风险最低资本计量标准由银保监会另行规定。

第十条 保险公司持有的政府债券和央行票据不计量信用风险最低资本，银保监会另有规定的除外。

第二章 利差风险最低资本

第十一条 本规则所称利差风险，是指利差（资产的收益率超过无风险利率的部分）的不利变动而导致保险公司遭受非预期损失的风险。

第十二条 保险公司直接持有的境内标准化债权类资产和非基础资产穿透后的境内标准化债权类资产，应按本规则计量利差风险最低资本，包括但不限于：

（一）政府支持机构债券；

（二）企业债券、公司债券、金融债券、同业存单、短期融资券，不含可转债（可交换债）；

（三）信贷资产支持证券、资产支持票据、证券交易所挂牌交易的资产支持证券；

（四）其他标准化债权类资产。

上述资产的风险暴露为其公允价值。

第十三条 政策性银行发行的金融债券（含资本补充债券）的利差风险 RF_0 赋值如下：

资产修正久期（年）	基础因子
$0 < D \leqslant 5$	$D \times (-0.0012 \times D + 0.012)$
$D > 5$	$D \times 0.001 + 0.025$

第十四条 政府支持机构债券的利差风险 RF_0 赋值如下：

资产修正久期（年）	基础因子
$0 < D \leqslant 5$	$D \times (-0.001 \times D + 0.012)$
$D > 5$	$D \times 0.001 + 0.03$

第十五条 除第十三条和第十四条规定的资产外，其他境内标准化债权类投资资产的利差风险 RF_0 赋值如下：

信用评级	资产修正久期	基础因子
AAA	$0 < D \leq 5$	$D \times (0.0006 \times D + 0.012)$
	$D > 5$	$D \times 0.015$
AA +	$0 < D \leq 5$	$D \times (0.0007 \times D + 0.0165)$
	$D > 5$	$D \times 0.02$
AA	$0 < D \leq 5$	$D \times (0.0009 \times D + 0.025)$
	$D > 5$	$D \times 0.0295$
AA –	$0 < D \leq 5$	$D \times (0.001 \times D + 0.033)$
	$D > 5$	$D \times 0.038$
A +	$0 < D \leq 5$	$D \times (0.002 \times D + 0.04)$
	$D > 5$	$D \times 0.05$
A	$0 < D \leq 5$	$D \times (0.003 \times D + 0.045)$
	$D > 5$	$D \times 0.06$
A –	$0 < D \leq 5$	$D \times (0.004 \times D + 0.05)$
	$D > 5$	$D \times 0.07$
BBB +	$0 < D \leq 5$	$D \times (0.005 \times D + 0.05)$
	$D > 5$	$D \times 0.075$
BBB/BBB – / 无评级	$0 < D \leq 5$	$D \times (0.01 \times D + 0.05)$
	$D > 5$	$D \times 0.1$

第十六条 第十三条至第十五条中，金融债券、政府支持机构债券以及其他境内标准化债权类投资资产属于支持碳减排项目绿色债券的，设定调控性特征系数 k_1，赋值为 –0.1。

第十三条至第十五条中，修正久期的计算可参照中央国债登记结算有限责任公司公布的方法。对于浮息债，D 为利率久期。对于没有到期日的债券，如存续期内有赎回安排的，D 按照到期日为下一赎回日计算，如存续期内没有赎回安排，D 按照永续期限计算。

金融机构发行的无固定期限资本债券应当按照《保险公司偿付能力监管规则第 8号：市场风险最低资本》第三十六条的规定计量最低资本。

第十七条 保险公司的利差风险最低资本为各项基础资产的利差风险最低资本和非基础资产穿透后的底层资产的利差风险最低资本算术加总。

第三章 交易对手违约风险最低资本

第十八条 本规则所称交易对手违约风险，是指交易对手不能履行或不能按时履行其合同义务，导致保险公司遭受非预期损失的风险。

第十九条 保险公司持有的下列资产应按本规则计量交易对手违约风险最低资本：

（一）现金及流动性管理工具，不含央行票据、短期融资券和货币市场基金；

（二）保险公司存放在金融机构的定期存款、协议存款、结构性存款、大额存单；

（三）再保险资产，包括应收分保准备金、应收分保款项；

（四）保单质押贷款；

（五）用于套期保值的外汇远期和利率互换；

（六）应收保费；

（七）应收利息；

（八）其他应收及预付款项；

（九）债权类非基础资产，包括固定收益类信托计划、债权投资计划、资产证券化产品等；

（十）非基础资产穿透后的底层贷款资产；

（十一）债务担保。

除特别规定外，上述资产的风险暴露为其认可价值。

保险公司应当按照《保险公司偿付能力监管规则第 7 号：市场风险和信用风险的穿透计量》计量债权类非基础资产的交易对手违约风险最低资本。

第二十条 现金及流动性管理工具（包括境内和境外）的交易对手违约风险的 RF_0 赋值如下：

$$RF_0 = \begin{cases} 0 & \text{现金、买入返售金融资产及其他} \\ 0.03 & \text{拆出资金} \\ 0.05 & \text{存放在第三方支付机构账户的资金} \end{cases}$$

第二十一条 定期存款、协议存款、结构性存款、大额存单的交易对手违约风险的 RF_0 赋值如下：

存款类型	存款机构类型	资本充足率	基础因子
定期存款、协议存款、大额存单	国有大型商业银行、政策性银行		0.005
	股份制商业银行	12% 及以上	0.03
		12% 以下	0.05
	城市商业银行及国际信用评级在 A 级及以上的外资商业银行	13.5% 及以上	0.04
		[12.5%，13.5%)	0.08
		[12.0%，12.5%)	0.10
		12% 以下	0.15
	农村商业银行	14.5% 及以上	0.08
		[13.5%，14.5%)	0.1
		[12.5%，13.5%)	0.15
		12.5% 以下	0.18

存款类型	存款机构类型	资本充足率	基础因子
定期存款、协议存款、大额存单	其他境内商业银行和境外银行	13.5%及以上	0.1
		13.5%以下	0.18
保本结构性存款	国有大型商业银行、政策性银行		0.055
	股份制商业银行	12%及以上	0.08
		12%以下	0.1
	城市商业银行及国际信用评级在A级及以上的外资商业银行	13.5%及以上	0.1
		[12.5%，13.5%)	0.13
		[12.0%，12.5%)	0.15
		12%以下	0.2
	农村商业银行	14.5%及以上	0.13
		[13.5%，14.5%)	0.15
		[12.5%，13.5%)	0.2
		12.5%以下	0.23
	其他境内商业银行和境外银行	13.5%及以上	0.15
		13.5%以下	0.23
非保本结构性存款	各类银行	—	0.5
存款	企业集团财务公司		0.1

本条所称各类存款包括保险公司在境外的存款。

本规则所称商业银行的类型划分标准参照银保监会的相关规定，境内法人机构在境外的分行适用其境内总行的基础因子，银保监会另有规定的除外。

资本充足率是指《商业银行资本管理办法（试行）》规定的资本充足率。

商业银行的资本充足率数据应采用可获取的最近一期数据。若无法获得商业银行最近一年内的资本充足率数据，按照所属银行类型的最高一档基础因子计量最低资本。

第二十二条 财产保险公司和人身保险公司（含健康保险公司和养老保险公司）的再保分出业务应收分保款项的交易对手违约风险暴露 EX 为 Max（同一交易对手按照合同约定债权债务可自行抵消前提下抵消后的债权净额，0），再保分出业务应收分保准备金的 EX 为 Max（同一交易对手分出业务应收分保准备金的认可价值，0），RF_0 赋值如下：

再保险分入人偿付能力水平或评级		基础因子
境内再保险分入人的综合偿付能力充足率	200%或以上	0.008
	[150%，200%)	0.013
	[100%，150%)	0.047
	[50%，100%)	0.261
	50%以下或无法获得再保险人偿付能力数据	0.745

再保险分入人偿付能力水平或评级			基础因子
境外再保险分入人的偿付能力水平	各级偿付能力充足率全部达到监管要求	有担保措施的部分	0.077
		无担保措施的部分	0.499
	最近一期偿付能力充足率不能满足当地偿付能力监管要求或无法获得再保险人偿付能力数据		0.867

担保措施（下同）指符合银保监会相关规定的担保措施。

第二十三条 再保险公司的再保分出业务应收分保款项的交易对手违约风险暴露 EX 为 Max（同一交易对手按照合同约定债权债务可自行抵消前提下抵消后的债权净额，0），再保分出业务应收分保准备金的 EX 为 Max（同一交易对手分出业务应收分保准备金的认可价值，0），RF_0 赋值如下：

再保险分入人偿付能力水平或评级			基础因子
境内再保险分入人的综合偿付能力充足率	200% 或以上		0.008
	［150%，200%）		0.013
	［100%，150%）		0.047
	［50%，100%）		0.261
	50% 以下或无法获得再保险人偿付能力数据		0.745
境外再保险分入人的评级	最近一期偿付能力充足率满足当地偿付能力监管要求	AAA	0.030
		AA +	0.036
		AA	0.046
		AA −	0.056
		A +	0.069
		A	0.087
		A −	0.107
		BBB +	0.134
		BBB	0.167
		BBB −	0.209
		其他	0.494
	最近一期偿付能力充足率不能满足当地偿付能力监管要求或无法获得再保险人偿付能力数据		0.8

对于再保险公司再保分出业务，根据境外再保险分入人是否提供担保措施，对再保险分出业务应收分保款项和应收分保准备金的交易对手违约风险设定 k_1，赋值如下：

$$k_1 = \begin{cases} 0 & \text{无担保措施部分} \\ -0.25 & \text{有担保措施部分} \end{cases}$$

第二十四条 根据再保险分入人的风险特征，对再保险分出业务应收分保款项和应收分保准备金的交易对手违约风险设定以下特征系数：

（一）根据再保险分入人是否为再保险公司设定 k_2，赋值如下：

$$k_2 = \begin{cases} 0 & \text{再保公司} \\ 0.1 & \text{直保公司} \end{cases}$$

（二）根据再保险分入人是否为境内独立法人机构设定 k_3，赋值如下：

$$k_3 = \begin{cases} 0 & \text{境内独立法人机构} \\ 0.05 & \text{境内非独立法人机构} \end{cases}$$

第二十五条　根据境外再保险分入人是否采取了提高信息透明度的措施，对再保险分出业务应收分保款项和应收分保准备金的交易对手违约风险设定 k_4，赋值如下：

$$k_4 = \begin{cases} 0 & \text{无} \\ -0.15 & \text{透明度增强措施} \end{cases}$$

前款所称提高信息透明度的措施包括：

（一）成为银保监会认可的第三方保险交易平台的会员，并通过向平台报送再保险交易信息、由平台出具审核意见等方式来提高信息透明度；

（二）其他银保监会认可的提高信息透明度的措施。

第二十六条　境外再保险分入人所在国家（地区）的偿付能力监管制度获得中国偿付能力监管等效资格的，对其再保险分出业务应收分保款项和应收分保准备金的交易对手违约风险因子给予支持。

实施细则由银保监会与获得中国偿付能力监管等效资格的国家（地区）的保险监管部门商定。

第二十七条　对于修正共保业务，再保险合同中明确规定交易对手双方可以采用债权、债务抵消后的净额进行结算的，分出业务交易对手违约风险的风险暴露 EX 为 Max（同一交易对手按照合同约定债权债务可自行抵消前提下抵消后的债权净额，0）。

第二十八条　再保险合同涉及多个再保险分入人，应当分别计算各再保险分入人对应的应收分保款项、应收分保准备金，再适用各自的风险因子。无法合理计算各再保险分入人对应的应收分保准备金、应收分保款项的，采用再保险分入人中综合偿付能力充足率或评级最低者对应的风险因子。

第二十九条　保险公司无法获取境外再保险分入人最近一年内信用评级的，按照 CCC + 以下信用评级对应的 RF_0 计算最低资本。

境外再保险分入人有多个评级的，适用最低评级确定 RF_0。国际各主要评级机构的信用评级可参照以下对照表：

信用评级	标准普尔	穆迪	贝氏	惠誉
AAA	AAA	Aaa	A + + ／ aaa	AAA
AA +	AA +	Aa1	A + + ／ aa +	AA +
AA	AA	Aa2	A + ／ aa	AA
AA －	AA －	Aa3	A + ／ aa －	AA －
A +	A +	A1	A ／ a +	A +
A	A	A2	A ／ a	A
A －	A －	A3	A － ／ a －	A －
BBB +	BBB +	Baa1	B + + ／ bbb +	BBB +
BBB	BBB	Baa2	B + + ／ bbb	BBB
BBB －	BBB －	Baa3	B + ／ bbb －	BBB －
BB + 、BB、BB －	BB +	Ba1	B/bb +	BB +
	BB	Ba2	B/bb	BB
	BB －	Ba3	B － /bb －	BB －
B + 、B、B －	B +	B1	C + +/b +	B +
	B	B2	C + +/b	B
	B －	B3	C +/b	B －
CCC + 以下	CCC +	Caa1	C/ccc +	CCC +
	CCC	Caa2	C/ccc	CCC
	CCC －	Caa3	C － /ccc －	CCC －
	CC	Ca	C － /cc	CC
	C	C	D/c	C

第三十条 分入业务再保险资产的交易对手违约风险的风险暴露 EX 为 Max（同一交易对手按照合同约定债权债务可自行抵消前提下抵消后的债权净额，0）；RF_0 赋值如下：

账龄	基础因子
不大于 6 个月	0
（6 个月，12 个月]	0.7
12 个月以上	1

第三十一条 在确定再保险分入人的偿付能力状况时，应遵循以下原则：

（一）对于境内再保险人（包括境外再保险公司在境内设立的分支机构），应采用银保监会规定的标准计算综合偿付能力充足率；对于境外再保险人，适用其总部所在国家或地区的偿付能力评估规则所计算得到的偿付能力充足率水平，银保监会另有规定的除外；

（二）境内再保险分入人应向境内分出机构及时通报自身的偿付能力状况；

（三）再保险分出人应使用再保险分入人本报告期末或上一报告期末的偿付能力数据。

第三十二条 保单质押贷款的交易对手违约风险的 RF_0 赋值为 0.05。

第三十三条 用于套期保值的外汇远期和利率互换，风险暴露 EX 为 Max（同一交易对手下外汇远期和利率互换账面价值的债权、债务抵消后的债权净额，0），RF_0 赋值如下：

交易对手信用评级	基础因子
AAA	0.08
AA +	0.13
AA	0.18
AA −	0.23
A +、A、A −	0.33
BBB + 及以下，无评级	0.45

第三十四条 应收保费的交易对手违约风险 RF_0 赋值如下：

业务类型	账龄	基础因子
农业保险、与各级政府合作的城乡居民大病保险等享受各级政府保费补贴的业务	不大于 9 个月	0
	（9 个月，12 个月]	0.2
	（12 个月，18 个月]	0.7
	18 个月以上	1
其他业务	不大于 6 个月	0
	（6 个月，12 个月]	0.5
	12 个月以上	1

应收保费的账龄是指从合同约定的投保人缴费日到偿付能力报告日所经历的时间。

第三十五条 应收利息的交易对手违约风险的 RF_0 为孳生该利息的资产类别所对应的交易对手违约风险的 RF_0。对于计量利差风险的资产，其应收利息的 RF_0 赋值如下：

信用评级	基础因子
AAA	0.006
AA +/AA −/AA	0.015
A +/A/A −	0.025
BBB + 以下	0.030

政策性金融债、政府支持机构债券应收利息的交易对手违约风险的 RF_0 赋值为 0.006。

第三十六条 其他应收及预付款项的交易对手违约风险的 RF_0 赋值如下：

（一）预付赔款、待抵扣的预交税费，RF_0 赋值为 0。

（二）未通过重大保险风险测试的保险业务所对应的应收及预付款项，RF_0 适用本规则第三十四条的规定。

（三）保险公司向其控股的、经营投资性房地产业务的项目公司的各项融资借款应当按照《保险公司偿付能力监管规则第 8 号：市场风险最低资本》计量房地产价格风险最低资本；保险公司向其非控股的、经营投资性房地产业务的项目公司的各项融资借款，应当按照本规则第三十七条的规定，根据债权资产风险分类等级确定 RF_0。

（四）保险公司向集团外的关联方提供融资借款的，应当按照本规则第三十七条的规定，根据债权资产风险分类等级确定 RF_0。

（五）除上述外的其他应收及预付款项的 RF_0 赋值如下：

账龄	基础因子
不大于 6 个月	0.03
（6 个月，12 个月]	0.15
（12 个月，18 个月]	0.5
18 个月以上	1

第三十七条 非基础资产穿透后，底层资产为贷款资产的，应当按照贷款资产风险分类等级确定风险因子，RF_0 赋值如下：

资产风险分类等级	基础因子
正常类	0.085
关注类	0.135
次级类	0.3
可疑类	0.5
损失类	1

贷款资产的风险分类等级参照商业银行贷款五级分类标准确定。

第三十八条 保险公司对外提供债务担保，交易对手违约风险的风险暴露 EX 为担保金额；RF_0 赋值为 0.3。

第三十九条 保险公司的交易对手违约风险的最低资本为各项基础资产、非基础资产的表层资产、非基础资产穿透后的底层资产以及无法穿透的非基础资产的交易对手违约风险最低资本算术加总。

第四章　集中度风险

第四十条 本规则所称集中度风险，是指保险公司对同一交易对手或同类资产的风险敞口过于集中而导致保险公司遭遇非预期损失的风险。

第四十一条 保险公司应当按照《保险公司偿付能力监管规则第 8 号：市场风险最低资本》第七章规定计量集中度风险。

第五章 信用风险最低资本汇总

第四十二条 保险公司持有的基础资产、穿透计量的非基础资产以及无法穿透的非基础资产的信用风险，应当按照本规则汇总计量信用风险最低资本。

第四十三条 保险公司信用风险最低资本 $MC_{信用}$ 的计算公式为：

$$MC_{信用} = \sqrt{MC_{利差}^2 + 2 \times \rho \times MC_{利差} \times MC_{交易对手违约} + MC_{交易对手违约}^2}$$

其中：

$MC_{信用}$ 为信用风险最低资本；

$MC_{利差}$ 为利差风险最低资本；

$MC_{交易对手违约}$ 为交易对手违约风险最低资本；

ρ 为 $MC_{利差}$ 和 $MC_{交易对手违约}$ 之间的相关系数，$\rho = 0.25$。

第六章 附 则

第四十四条 对于保险资金支持国家战略形成的投资资产，在计量信用风险最低资本时，银保监会可设置调控性特征因子，以体现监管支持。具体标准另行规定。

第四十五条 本规则未明确的资产和负债的信用风险最低资本的计量标准，由银保监会另行规定。

第四十六条 相互保险组织适用本规则。

第四十七条 本规则由银保监会负责解释和修订。

第四十八条 本规则于 2015 年 2 月 13 日第一次发布，于 2021 年 12 月 30 日修订发布。本规则施行日期另行规定。

《保险公司偿付能力监管规则第9号：
信用风险最低资本》讲解

一、总则概述

保险公司计量投资资产的信用风险最低资本时，应注意以下几点：

第一，保险公司直接持有的基础资产以及通过非基础资产间接持有的基础资产，若存在信用风险，均应按照《保险公司偿付能力监管规则第9号：信用风险最低资本》（以下简称本规则）计量信用风险最低资本。

第二，利差风险和交易对手违约风险的划分。原则上，保险公司投资的标准化债权类资产，应当计量利差风险最低资本，同时计量利率风险最低资本；对于非标准化债权类资产以及应收类资产等，应当计量交易对手违约风险最低资本。其中，标准化债权类资产按照中国人民银行、银保监会、证监会和外汇局发布的《标准化债权类资产认定规则》确定，不符合该规则的为非标准债权类资产。

第三，与会计准则金融工具分类脱钩。信用风险最低资本计量与金融资产的会计分类无关，即保险公司在计量信用风险最低资本时，不考虑金融资产的会计分类。

第四，信用评级的使用。部分资产计量信用风险最低资本时，需运用信用评级数据。在采用信用评级数据时，保险公司应当遵守本规则第五条的有关规定。

二、利差风险

（一）需计量利差风险最低资本的资产范围

保险公司在确定需计量利差风险最低资本的资产范围时，应注意以下几点：一是境内的标准化债权类资产，比如政府支持机构债券、企业债券、公司债券等，需计量利差风险最低资本。境外的标准化债权类资产，应当按照《保险公司偿付能力监管规则第8号：市场风险最低资本》（以下简称《8号规则》）第四十六条、第四十七条，计量境外资产价格风险最低资本。二是保险公司直接持有的和非基础资产穿透后间接持有的标准化债权类资产，均需计量利差风险最低资本。三是与金融资产的会计分类无关。保险公司投资一笔公司债，无论在会计上划分为交易性金融资产，还是持有至到期金融资产，在最低资本计量时是一致的，均应计量利差风险最低资本。四是国债和央行票据不计量利差风险最低资本。国债、央行票据面临的主要风险是无风险利率的变动，仅需计量利率风险最低资本，不计量利差风险最低资本。

（二）利差风险最低资本计量

1. 风险暴露。对于计量利差风险的标准化债权类资产，其风险暴露按照公允价值确定。例如，保险公司投资一笔公司债券，会计分类为持有至到期金融资产，偿付能力报告日的账面价值为 10 亿元，公允价值为 10.5 亿元。保险公司评估偿付能力时，其风险暴露应当按 10.5 亿元计算。

2. 风险因子。保险公司应当按照以下原则确定风险因子：

一是对于政策性银行发行的金融债券（含资本补充债券）、政府支持机构债券，根据债券的修正久期和本规则第十三条、第十四条的规定，即可直接得到基础因子。

二是其他境内标准化债权资产，应根据其信用评级和修正久期，按照本规则第十五条计算基础因子。

三是对于修正久期，保险公司可以参照中央国债登记结算有限责任公司公布的方法进行计算。其中，对于浮息债券，修正久期为利率久期。对于非金融机构发行的永续债，如存续期内有赎回安排的，修正久期按照到期日为下一赎回日计算；如存续期内没有赎回安排，修正久期按照永续期限计算。例如，某非金融机构发行的永续债存续期内无赎回安排，票面利率为 5%。该永续债按照永续期限计算，修正久期为：$1 \div 5\% = 20$ 年。

【示例】保险公司投资了某只企业债券，该债券属于支持碳减排项目的绿色债券，信用评级为 AAA 级，修正久期为 4 年，偿付能力评估日的公允价值为 1200 万元，应当如何计量其最低资本？

该企业债券属于标准化债权类资产，风险暴露按照其公允价值确定，即该只债券的风险暴露为 1200 万元。

根据本规则第十五条规定，企业债券应当根据其信用评级和修正久期，确定基础因子。该只债券的评级为 AAA 级，修正久期为 4 年，基础因子 $RF_0 = D \times (0.0006 \times D + 0.012) = 4 \times (0.0006 \times 4 + 0.012) = 0.0576$。因其属于绿色债券，适用特征系数 k_1，风险因子 $RF = 0.0576 \times (1 - 0.1) = 0.05184$。

该笔债券利差风险最低资本为：1200 万元 $\times 0.05184 = 62.208$ 万元。

三、交易对手违约风险

（一）需计量交易对手违约风险最低资本的资产范围

保险公司在确定交易对手违约风险的资产计量范围时，应当包括直接持有的以及通过非基础资产间接持有的资产，主要有以下几类：

一是现金及流动性管理工具。其中，保险公司现金流动性管理工具中的央行票据、短期融资券和货币市场基金不计量交易对手违约风险最低资本。央行票据属于标准化债权资产，面临的主要风险是无风险利率的变动，仅计量利率风险最低资本，不计量交易对手违约风险。短期融资券属于标准化债权类资产，应当计量利差风险，不计量交易对手违约风险。货币市场基金主要面临市场价格波动的风险，应当按照《8 号规则》计量权益价格风险最低资本。

二是各类存款。包括保险公司存放在境内和境外金融机构的定期存款、协议存款、结构性存款和大额存单。

三是再保险资产。包括应收分保准备金、应收分保款项。

四是除再保险资产外的应收及预付类项目。主要包括应收保费、应收利息、其他应收及预付款项等。

五是保单质押贷款。即保险公司按照保险合同的约定，以投保人持有的保单现金价值为质，向投保人出借短期资金形成的资产。

六是债权类非基础资产。固定收益类信托计划等债权类非基础资产，应当按照《保险公司偿付能力监管规则第 7 号：市场风险和信用风险的穿透计量》第二十二条、第二十三条的规定，计量交易对手违约风险。

七是穿透后的底层贷款资产。保险公司持有的非基础资产穿透到底层后，如果为贷款类资产的，应当计量交易对手违约风险最低资本。

八是债务担保。指保险公司对外提供的债务担保。

（二）存款最低资本的计量

1. 风险暴露。各类存款的风险暴露为其认可价值。

2. 风险因子。保险公司计量存款风险最低资本时，应当按照本规则第二十一条，根据存款类型、存款机构类型、存款机构的资本充足率等确定所适用的风险因子。

【示例】保险公司在某国有商业银行的境外分行存放了一笔美元定期存款，偿付能力报告日的认可价值是 5000 万元人民币，应当如何计量该笔存款的交易对手违约风险最低资本？

该笔存款为境外外币存款，应当计量交易对手违约风险最低资本和汇率风险最低资本。其中，交易对手违约风险最低资本的风险暴露为 5000 万元；境外分行适用境内总行的基础因子，国有商业银行的基础因子为 0.005。因此，交易对手违约风险最低资本为 5000 万元×0.005＝25 万元。对于该笔境外存款，应当同时按照《8 号规则》计量汇率风险最低资本。

（三）再保险资产最低资本的计量

1. 风险暴露。再保分出业务应收分保款项的风险暴露为 Max（同一交易对手按照合同约定债权债务可自行抵消前提下抵消后的债权净额，零），再保分出业务应收分保准备金的风险暴露为 Max（同一交易对手分出业务应收分保准备金的认可价值，零）。

2. 风险因子。确定再保险资产适用的风险因子时，应注意以下几点：

一是直保公司和再保险公司向境内再保险分入人分保，均根据分入人的偿付能力充足率确定适用的基础因子。比如，综合偿付能力充足率在 200% 及以上的，基础因子为 0.008。

二是直保公司向境外再保险分入人分保，根据分入人的偿付能力充足率是否达标以及是否提供担保措施确定适用的基础因子。

三是再保险公司向境外再保险分入人分保，根据分入人的偿付能力充足率是否达标以及信用评级确定适用的基础因子。根据是否有担保措施，适用特征系数 k_1。

四是根据再保险分入人是否为再保险公司、是否为境内独立法人机构、是否有透明度增强措施等，分别适用特征系数 k_2、k_3、k_4。

五是境外再保险分入人所在国家（地区）的偿付能力监管制度获得中国偿付能力监管等效资格的，对其再保险分出业务应收分保款项和应收分保准备金的交易对手违约风险因子给予支持。实施细则由银保监会与获得中国偿付能力监管等效资格国家（地区）的保险监管部门商定。

（四）应收保费

1. 风险暴露。应收保费的风险暴露为其认可价值。

2. 风险因子。应收保费的风险因子根据业务类型和账龄确定。其中，应收保费的账龄是指从合同约定的投保人缴费日到偿付能力报告日所经历的时间，即账龄不是从会计上确认应收保费的时间开始计算，而是从逾期日开始计算。

（五）应收利息

1. 风险暴露。应收利息的风险暴露为其认可价值。

2. 风险因子。应收利息的风险因子根据孳生资产的类别确定。对于计量交易对手违约风险最低资本的资产，其孳生的应收利息适用该资产的风险因子；对于计量利差风险最低资本的资产，其孳生的应收利息按照本规则第三十六条的规定，根据其信用评级确定风险因子。

（六）其他应收和预付款项

1. 风险暴露。其他应收和预付款项的风险暴露为 Max（同一交易对手债权债务抵消后的债权净额，零）。

2. 风险因子。保险公司的其他应收及预付款项存在多种情况，基础因子根据其类别分别进行确定，详见下表：

类型		RF_0
预付赔款、待抵扣的预交税费		零
未通过重大保险风险测试的保险业务所对应的应收及预付款项		按照本规则第三十五条确定基础因子
融资借款	借款方：保险公司控股的且经营投资性房地产业务的项目公司	按照《8 号规则》计量房地产价格风险最低资本
	借款方：保险公司非控股的且经营投资性房地产业务的项目公司	按照本规则第三十八条，根据贷款资产风险分类等级确定基础因子
	借款方：集团外的关联方	
其他		按照本规则第三十七条规定，根据账龄确定基础因子

（七）贷款资产

1. 风险暴露。贷款资产的风险暴露为其认可价值。

2. 风险因子。非基础资产穿透后的底层资产为贷款资产的，应当按照贷款资产的风险分类确定适用的风险因子。保险公司应当按照《中国银监会关于印发〈贷款风险分类指引〉的通知》（银监发〔2007〕54 号），根据借款人的还款能力、逾期情况等将贷款资产划分为正常类、关注类、次级类、可疑类和损失类五类，并适用不同的风险因子。

保险公司偿付能力监管规则第10号：
压力测试

第一章　总　则

第一条　为规范保险公司偿付能力压力测试，制定本规则。

第二条　本规则所称保险公司，是指依法在中华人民共和国境内设立的经营商业保险业务的保险公司和外国保险公司分公司。

第三条　本规则所称偿付能力压力测试，是指保险公司在基本情景和各种压力情景下对其未来一段时间内偿付能力充足率的预测和评价，旨在识别和预警导致偿付能力充足率不达标的主要风险因素，及时采取相应的管理和监管措施，预防偿付能力充足率不达标情况的发生。

本规则所称基本情景是指保险公司合理估计的未来发生的情景。

本规则所称压力情景是指保险公司未来有可能发生并且会对偿付能力充足率产生重大不利影响的情景。

第四条　保险公司压力测试分为情景法测试、敏感性测试和反向压力测试三类。

情景法测试评估多种风险因素同时联动变化情景下对公司偿付能力充足率的影响。

敏感性测试评估某一特定风险因素的变动对公司偿付能力充足率的影响。

反向压力测试针对特定风险因素，反向评估偿付能力充足率不达标时该风险因素的不利变动幅度。

第五条　压力测试应遵循审慎性原则。保险公司应在本规则允许范围内，充分考虑历史经验、未来趋势等，采用审慎的方法和假设进行压力测试。

第六条　压力测试对象应涵盖保险公司全部业务，其中，保险业务应包括截至报告期末的有效业务和测试期间内的新业务。

第七条　保险公司应当定期开展季度压力测试和年度压力测试。季度压力测试为敏感性测试；年度压力测试包括情景法测试、敏感性测试和反向压力测试。

银保监会可以根据保险业情况或特定保险公司的风险状况提出针对性的压力测试要求。

第二章　季度压力测试

第八条　保险公司应当每季度开展季度压力测试，动态监控公司的风险状况，及时预警风险事项并采取风险防控措施。

第九条　季度压力测试为动态单因素敏感性测试，指保险公司基于基本情景下的预测，分别评估特定风险因素单独发生或变动的情况下，保险公司下一季度末实际资本、核心资本、最低资本、偿付能力溢额、偿付能力充足率等偿付能力指标的变化情况。

第十条　季度压力测试的风险因素包括必测风险因素和自选风险因素。

必测风险因素由银保监会综合考虑宏观经济金融形势、行业风险状况、监管要求等统一确定发布，并可根据市场变化和行业发展情况适时调整。

自选风险因素由保险公司基于自身风险状况选取确定。

第十一条　保险公司应当参照本规则附件 1 和附件 2 的相关要求，预测基本情景下的下一季度末的偿付能力充足率。在此基础上，按照银保监会对压力情景的规定，预测压力情景下的偿付能力充足率变动状况。

第三章　年度压力测试

第一节　基本情景预测

第十二条　保险公司应当基于基本情景开展年度压力测试。

第十三条　保险公司应确定基本情景下的假设，预测测试期间内的实际资本、核心资本、最低资本、偿付能力溢额、偿付能力充足率等偿付能力指标。

第十四条　基本情景下，保险公司应预测报告年度后未来两个会计年度末的偿付能力指标。

第十五条　保险公司应当根据《保险公司偿付能力监管规则第 1 号：实际资本》计算测试期间的实际资本。

第十六条　基本情景下的预测应反映银保监会已批准（认可）的增资和资本补充工具发行等资本补充事项，不应考虑测试期间内未得到银保监会批准（认可）的资本补充行为。

第十七条　基本情景下的预测应反映公司的股利分配计划，即使股利分配计划尚未得到批准。

第十八条　保险公司应根据《保险公司偿付能力监管规则第 2 号：最低资本》计算测试期间的保险风险、市场风险和信用风险的最低资本。财产保险公司的具体预测方法见附件 1，人身保险公司的具体预测方法见附件 2。

控制风险最低资本采用保险公司最近一期风险管理能力评估得到的控制风险因子进行计算。

附加资本应按照相关监管规定进行计算。

第十九条 基本情景下的预测假设应根据历史经验和对未来趋势的判断确定，并与公司经营规划一致。

新业务假设应与经董事会或管理层批准的公司业务规划一致。

费用假设应与经董事会或管理层批准的公司业务规划和财务预算一致。

再保险假设应符合公司再保险管理策略。

投资假设应与经董事会或管理层批准的公司战略资产配置规划保持一致。

分红保险保单红利和万能保险结算利率相关假设应符合公司分红保险业务、万能保险业务的实际管理策略和发放水平。

保险公司实际经营情况与经董事会或管理层批准的规划发生明显变化的，应根据审慎性原则选取合理的预测假设。

第二十条 保险公司应按照本规则附件 1 和附件 2 的规定，预测基本情景下的偿付能力指标。

第二节 情景法测试

第二十一条 情景法测试的压力情景分为必测压力情景和自测压力情景。

第二十二条 保险公司应根据必测压力情景和自测压力情景的假设，预测测试期间内的实际资本、核心资本、最低资本、偿付能力溢额、偿付能力充足率等偿付能力指标。

第二十三条 压力情景下，保险公司应测试未来一个会计年度末的偿付能力指标。

第二十四条 银保监会根据行业情况确定统一的必测压力情景，并根据市场变化和行业发展情况调整必测压力情景。

第二十五条 保险公司应根据自身风险状况确定至少一种自测压力情景。

设置自测压力情景应选择至少两个重大风险因素。风险因素的选择应充分参考年度敏感性测试结果、公司未来的发展规划以及预期可能发生的市场变化等，充分反映公司面临的风险。

第二十六条 保险公司应按照本规则附件 1 和附件 2 的规定，预测测试期末各种压力情景下的偿付能力指标。

第三节 敏感性测试

第二十七条 年度敏感性测试为动态单因素敏感性测试，指保险公司基于基本情景下的预测，分别评估特定风险因素单独发生或变动的情况下，保险公司下一个年度末实际资本、核心资本、最低资本、偿付能力溢额、偿付能力充足率等偿付能力指标变化情况。

第二十八条 年度敏感性测试的风险因素包括必测风险因素和自选风险因素。

必测风险因素由银保监会综合考虑宏观经济金融形势、行业风险状况、监管要求等统一确定发布，并根据市场变化和行业发展情况适时调整。

自选风险因素由保险公司基于自身风险状况选取确定。

第二十九条 保险公司应根据本规则附件 1 和附件 2 的相关要求，按照银保监会对年度敏感性测试压力情景的规定，确定风险因素的发生或变动情况。

第四节　反向压力测试

第三十条 基本情景下，报告年度后未来一个会计年度末综合偿付能力充足率处于100%～150%的保险公司，应开展反向压力测试。

第三十一条 保险公司应根据自身风险状况，选择一个最主要的风险因素，在维持基本情景下的其他风险因素不变的情况下，假设公司报告年度后下一个会计年度末的综合偿付能力充足率降低至 100% 的水平时，计算该风险因素的变化水平，以评估保险公司对主要风险的承受能力。

第三十二条 保险公司根据自身风险状况，可以选择多个主要风险因素分别进行反向压力测试。

第四章　监督管理

第三十三条 保险公司应将压力测试嵌入公司经营决策环节，基于压力测试结果识别和控制风险。

第三十四条 保险公司应每年评估和校验压力测试模型、预测方法和关键假设，确保公司整体压力测试体系科学、有效。

第三十五条 保险公司应当根据《保险公司偿付能力监管规则第 18 号：偿付能力报告》的相关要求，在季度偿付能力报告中，列报季度压力测试结果及相关信息等。

第三十六条 保险公司应在每年 5 月 31 日前向银保监会报送年度压力测试报告。报告内容包括但不限于：

（一）基本情景预测，包括基本情景假设、预测结果等；

（二）情景法测试，包括压力情景及测试结果等；

（三）敏感性测试，包括风险因素及测试结果等；

（四）反向压力测试，包括风险因素及测试结果等；

（五）主要预测方法；

（六）公司拟采取的风险管理措施和实施计划。

具体报告要求见本规则附件 1 和附件 2 中的相关规定。

第三十七条 年度压力测试报告应经保险公司董事会批准。董事会对压力测试的合规性和合理性承担最终责任。

第三十八条 保险公司年度压力测试报告须经独立第三方机构审核。独立第三方机构是指符合独立性要求和具备压力测试审核所必需的专业胜任能力的会计师事务所、精算咨询顾问公司等机构。除会计师事务所外，其他独立第三方机构从事压力测试审核业务，应报银保监会备案。具体审核要求见附件 3。

第三十九条 基本情景下，季度压力测试中下一季度末或年度压力测试中任一会计年度末的综合偿付能力充足率低于 100% 或核心偿付能力充足率低于 50% 的，保险公司应在偿付能力季度报告或年度压力测试报告中详细说明拟采取的管理措施及实施计划，并提供管理措施实施后的偿付能力指标预测值。

对出现上述情况的保险公司，银保监会可采取监管谈话、风险提示等措施，并可向保险公司了解管理措施的实施情况。

第四十条 压力情景下，季度压力测试中下一季度末或年度压力测试中会计年度末的综合偿付能力充足率低于 100% 或者核心偿付能力充足率低于 50% 的，保险公司应在偿付能力季度报告或年度压力测试报告中说明拟采取的偿付能力改善措施。

第四十一条 银保监会对保险公司偿付能力季度报告和年度压力测试报告中的预测假设、测试方法、自选风险因素、管理措施等事项进行不定期检查。对于压力测试方法不科学、结果不审慎，未能充分揭示实质风险的，银保监会可以要求保险公司重新测算或采取必要监管措施。

第四十二条 银保监会可根据保险公司压力测试结果视情况采取监管措施。

第五章　附　则

第四十三条 再保险公司、自保公司应参照本规则的有关原则和规定，根据自身情况，自主设计和开展本公司季度偿付能力压力测试和未来一个会计年度偿付能力压力测试，并向银保监会报送年度压力测试报告及在季度偿付能力报告中披露压力测试的相关信息。

第四十四条 相互保险组织适用本规则。

第四十五条 本规则由银保监会负责解释和修订。

第四十六条 本规则于 2015 年 2 月 13 日第一次发布，于 2021 年 12 月 30 日修订发布。本规则施行日期另行规定。

附件：1. 财产保险公司偿付能力压力测试实施指引

2. 人身保险公司偿付能力压力测试实施指引

3. 偿付能力压力测试的第三方独立审核要求

附件 1

财产保险公司偿付能力压力测试实施指引

一、测试对象

（一）业务

1. 测试对象应涵盖保险公司的全部业务，既包含保险业务也包含非保险业务，既包含有效业务也包含新业务。

其中，保险业务与非保险业务的口径应与《保险公司偿付能力监管规则第 1 号：实际资本》所认可的财务报告的口径保持一致；有效业务是指截至报告年度末保险公司已经承保且依然有效的保单；新业务是指保险公司在测试期间内对现有产品（包括已经研发和列入推广计划中的产品）签发的新保单。

2. 保险公司应当按照《保险公司偿付能力监管规则第 4 号：保险风险最低资本（非寿险业务）》规定的业务类别对测试对象进行分类。根据上述分类要求，保险公司的测试对象可以分为十个类别。保险公司根据其产品的具体风险特征有更为细致分类的，可以在上述分类的基础上对测试对象作进一步细分。

（二）资产

1. 测试资产类别应当涵盖保险公司的全部资产类型，包括测试期间内各年度末的存量资产，以及新业务或资产满期等因素导致净现金流变化而增加或减少的资产。

2. 保险公司应当将测试期间的资产类别按照《保险公司偿付能力监管规则第 7 号：市场风险和信用风险的穿透计量》《保险公司偿付能力监管规则第 8 号：市场风险最低资本》和《保险公司偿付能力监管规则第 9 号：信用风险最低资本》规定的资产类别进行分类。

二、基本情景预测假设

（一）基本情景下的预测假设包括测试期间内的新业务假设、财务口径费用假设、再保险假设、保险业务相关假设、投资假设、资本变动假设等，其中：

1. 新业务假设包括再保前保费增长率等新业务规模相关假设；

2. 财务口径费用假设包括手续费、业务及管理费、再保摊回费用等相关费用假设；

3. 再保险假设包括保费自留比例等相关假设；

4. 保险业务相关假设包括保费赚取比例、赔付率、赔付模式等相关假设；

5. 投资假设包括投资资产比例、资产类别组合及各类资产的投资收益率等相关假设；

6. 资本变动假设包括股利分配、银保监会已批准的股东增资、银保监会已批准（认可）发行的资本补充工具等相关假设。

（二）保险公司应根据历史经验、行业现有信息和对未来趋势的判断确定基本情景下的各项预测假设。

新业务假设、财务口径费用假设、再保险假设和投资假设应符合本规则第十九条的规定。

资本变动假设应符合本规则第十六条和第十七条的规定。

保险业务相关假设应根据本公司的历史经验、未来业务规划、行业现有信息及对未来趋势的判断确定其最优估计，在缺乏经验数据的情况下，可参考行业同类业务经验做合理假设。

赔付率假设应考虑直接理赔费用和间接理赔费用。预测赔付率应以报告年度末责任准备金评估得到的事故年度最终赔付率为基础，并且应在年度压力测试报告中对赔付率假设的选择理由作出说明。保险公司应区分再保前和再保后分别对赔付率假设作出预测。

三、测试程序

为了测试保险公司在基本情景和压力情景下未来的偿付能力充足率状况，保险公司需要建立测试期间内的资产负债模型，预测和反映对偿付能力充足率有重要影响的主要资产负债表项目。

保险公司应在公司当前的资产、负债以及资本的基础上，合理确定预测假设，基于权责发生制原则，结合公司业务规划构建测试期间内的资产负债模型。

在测试中，保险公司应根据未来的再保安排，分别测试再保前和再保后各业务类别的现金流。

保险公司应在预测《保险公司偿付能力监管规则第 1 号：实际资本》所认可的会计报表的基础上，按照偿付能力监管相关规则，预测实际资本、最低资本和偿付能力充足率。

（一）会计利润预测

保险公司应当在各业务类别现金流预测的基础上预测未来的会计利润，计算公式如下：

会计利润 =（保费收入 + 分入保费 − 分出保费 + 投资收益）−（赔付支出 + 未决赔款准备金提转差 + 未到期责任准备金提转差 + 手续费支出 + 业务及管理费）+ 其他业务利润 + 营业外收支利润 − 所得税

会计利润预测内容主要包括：

1. 保费预测。保险公司可以根据已确定的保费增长率假设，预测测试期间内各年的直接业务保费和分入保费。

2. 分出保费预测。保险公司应根据未来的再保险安排预测测试期间内各年的分出保费。

3. 已赚保费预测。保险公司可根据保费赚取比例和首日费用比率预测报告年度后未来各测试时点的再保后未到期责任准备金及相应的提转差，从而计算测试期间内各年的已赚保费。保险公司应当根据偿付能力监管规则关于非寿险合同负债评估的相关规定，评估各业务类别在测试期间内各测试时点再保前和再保后的未到期责任准备金。

4. 费用预测。保险公司应根据上述关于保费收入的预测和已确定的费用假设，合理估计手续费、其他业务和管理费用等费用项目。固定资产折旧可简化处理，包括在其他业务和管理费用中一并预测。保险公司还应根据已确定的再保险假设及摊回分保费用率假设，合理估计摊回分保费用。

5. 赔款和准备金提转差预测。保险公司应该根据已确定的最终赔付率、最终损失的赔付模式假设，预测测试期间内各年的已付赔款（含理赔费用）、未决赔款准备金（含理赔费用准备金）提转差。在此基础上，保险公司应根据已确定的再保险假设合理估计摊回分保赔款和应收分保未决赔款准备金提转差，得到各年的再保后赔付支出和未决赔款准备金提转差，加总得到赔款。

6. 投资收益预测。保险公司应依据预测的投资资产和各类投资资产投资收益率假设，预测测试期间内各年的投资收益。此处所称的投资收益率假设包括利息收入、股息红利收入、投资资产买卖产生的收益、交易类金融资产的公允价值变动损益，不包括可供出售金融资产公允价值变动。

7. 所得税预测。保险公司应根据上述各项预测结果，预测测试期间内各年的所得税金额。

8. 其他项目预测。保险公司应预测测试期间内各年的其他利润项目。

（二）会计报表资产和负债预测

根据上述程序得到测试期间内各测试时点的利润表各项目的预测值后，保险公司可以对测试期间内各测试时点的会计报表负债和资产进行预测。

1. 负债预测

测试期间内各测试时点的负债＝上期末的负债＋当期的负债变化。其中，当期的负债变化＝当期的再保前责任准备金提转差＋当期的应付债券变化＋保户储金及投资款变化＋当期的其他负债变化。

保险公司的应付债券、保户储金及投资款无重大影响的，可合并至其他负债中预测。其他负债是指除责任准备金负债等有重大影响的负债以外的所有其他负债。保险公司可以根据实际和规划的情况采用系统、合理的方法预测测试期间内各时点的其他认可负债，并在年度压力测试报告中对预测方法进行说明。

2. 资产预测

保险公司应基于公司期初投资资产，结合预测期间的资产负债现金流和公司的再投资策略，预测各时点投资资产相关信息，包括资产分布、资产的账面价值和投资收益等。

保险公司可根据间接法确认资产负债表中的其他资产，即测试期间内各测试时点的资产＝上期末的资产＋当期的资产变化。其中，当期的资产变化＝当期的负债变化＋当期会计利润＋当期可供出售金融资产公允价值变动＋当期资本变动。保险公司应当在年度压力测试报告中说明资产预测的方法、采用的模型和主要假设。资产预测所使用的假设应符合银保监会的相关监管规定。

（三）偿付能力充足率预测

在前述预测的基础上，保险公司可以对测试期间内各测试时点的偿付能力充足率进行预测，即对实际资本、核心资本和最低资本进行预测。

1. 实际资本预测

保险公司应根据《保险公司偿付能力监管规则第 1 号：实际资本》的规定，在预测会计报表资产和负债的基础上，相应调整得到预测测试期间的认可资产、认可负债和实际资本。

保险公司应合理假设测试期间内非认可资产和非认可负债的变动情况。

2. 核心资本预测

保险公司应根据《保险公司偿付能力监管规则第 1 号：实际资本》的规定，在预测会计报表资产和负债的基础上，预测测试期间各测试时点的核心资本。

3. 最低资本预测

保险公司应根据最低资本计量的相关监管规则对测试期间内各测试时点的最低资本进行预测。

最低资本预测应当涵盖保险公司主要的资产和负债所对应的各类风险。最低资本的预测应至少细化至：非寿险业务保险风险下的保费风险、准备金风险和巨灾风险，市场风险下的利率风险、权益价格风险、房地产价格风险、境外固定收益类资产价格风险、境外权益类资产价格风险、汇率风险和集中度风险，信用风险下的利差风险、交易对手违约风险和集中度风险。各类风险应依据保险公司偿付能力监管规则相关规定进行计量。

在预测各个时点最低资本时，公司可以基于业务规划和资产配置计划对各类风险采用与评估日相同的原则和方法进行计量，也可以在对预测结果准确性无重大影响的前提下适当采取简化的预测方法。

采用与评估日相同的原则和方法进行计量时，对于风险计量时含有特征因子的，可以按以下原则对特征因子进行简化处理：若报告期特征因子大于零，假设预测期特征因子维持不变；若报告期特征因子小于或等于零，假设预测期特征因子为零。

对于市场风险和信用风险的最低资本计量，保险公司可以采用与评估日相同的计量方法，也可以在不对压力测试结果构成重大影响的前提下，采用报告时点各资产类别对应的各二级风险（如利率风险）最低资本占对应资产风险暴露的比例，分别乘以预测期间内各时点的资产风险暴露得到该资产类别的二级风险最低资本。将同一种二级风险对应的各资产风险最低资本算术加总，得到该二级风险最低资本；再按照偿付能力监管规则所规定的市场风险和信用风险的最低资本汇总方法，将二级风险最低资本汇总为一级风险最低资本。市场风险与信用风险最低资本采用的预测方法在测试期间内应当保持一致。

对于保险风险中巨灾风险最低资本的计量，在不对压力测试结果构成重大影响的前提下，保险公司可以假设报告时点巨灾风险最低资本占非寿险业务类型中车险、境内财产险和境外财产险自留保费的比例在测试期间保持不变，预测测试期间的巨灾风险最低资本。巨灾风险最低资本采用的预测方法在测试期间内应当保持一致。

控制风险的最低资本采用保险公司最近一期的偿付能力风险管理评估得到的控制风险因子进行计算。附加资本应按照银保监会的相关规定进行计算。

各压力情景及反向压力情景下，最低资本的计量方法与基本情景相同。

4. 偿付能力充足率预测

保险公司应分别预测核心偿付能力充足率和综合偿付能力充足率。核心偿付能力充足率 = 核心资本/最低资本，综合偿付能力充足率 = 实际资本/最低资本。

四、压力情景测试

（一）保险公司应当根据本规则设定季度和年度压力测试的因素或情景。

（二）压力情景测试的测试程序与基本情景测试程序相同，按照本指引第三部分的测试程序进行预测。

五、压力测试报告的列报要求

（一）保险公司应在偿付能力季度报告中列报季度压力测试的相关信息

1. 测试期间内基本情景和压力情景下公司的实际资本、核心资本、最低资本、偿付能力溢额和偿付能力充足率等偿付能力指标；

2. 本季度压力测试所选择的自选风险因素及其确定依据；

3. 预测时采用的重大假设，包括新业务假设、赔付率假设、死亡发生率假设、疾病发生率假设、退保率假设、费用假设和投资收益假设等；

4. 下季度对公司偿付能力有重大影响的经营活动，包括公司改制上市计划、新产品上市计划、分支机构开设计划、业务结构调整、资产配置变化、资产负债管理改进等；

5. 其他有利于理解下季度偿付能力预测结果的信息；

6. 针对偿付能力充足率不达标的测试结果，保险公司拟采取的管理措施。

（二）保险公司应在向银保监会报送的年度压力测试报告中列报以下信息

1. 基本情景的假设及测试结果，包括基本情景采用的假设及其确定依据；测试期间内基本情景下公司的净利润、净资产等财务指标和实际资本、核心资本、最低资本、偿付能力溢额和偿付能力充足率等偿付能力指标；上一年度压力测试报告中，基本情景下的新业务假设、自留比例、财务口径费用、赔付率及投资收益率假设与本年度实际经验的偏差性分析等。

2. 压力情景及测试结果，包括情景法测试、敏感性测试和反向压力测试下的压力情景及选取依据，以及公司的净利润、净资产等财务指标和实际资本、核心资本、最低资本、偿付能力溢额和偿付能力充足率等偿付能力指标等。

3. 主要测试方法，包括各业务类别现金流的预测方法、预测使用的软件以及对预测模型的简要描述；测试期间内对资产、负债的预测所采取的近似或简化处理；测试期间内对非认可资产和非认可负债的预测方法及依据；测试期间内最低资本测算假设和简化方法（如有）等。

4. 针对偿付能力充足率不达标的测试结果，保险公司拟采取的管理措施。

（三）保险公司应在年度压力测试报告的明细表中列报以下信息

1. 保费增长率、保费自留比例、保费赚取比例、各项费用率、赔付率、赔付模式、投资收益率基本情景假设；

2. 基本情景和各个压力情景下测试期间内各会计年度的预测利润表，预测最低资本表和预测偿付能力表。

附件 2

人身保险公司偿付能力压力测试实施指引

一、测试对象

（一）业务

1. 测试对象应涵盖保险公司的全部业务，既包含保险业务也包含非保险业务，既包含有效业务也包含新业务。

其中，保险业务与非保险业务的口径应与《保险公司偿付能力监管规则第 1 号：实际资本》所认可的财务报告的口径保持一致；有效业务是指截至报告年度末保险公司已经承保并且仍然有效的保单；新业务是指保险公司在测试期间内对现有产品（包括已经研发和列入推广计划中的产品）签发的新保单（包括续保保单）。

2. 保险公司应按照销售渠道以及《保险公司偿付能力监管规则第 3 号：寿险合同负债评估》规定的业务类别对测试对象进行分类。

其中，销售渠道至少划分为以下 5 类：个险、银邮、团体、网销及其他销售渠道。产品类型至少划分为 1999 年（含）之前签发的高利率产品和非高利率产品。非高利率产品进一步划分为长期传统保险产品、长期分红保险产品、长期健康保险产品、万能保险产品、投资连结保险产品、变额年金保险产品、短期意外伤害保险产品、短期健康保险产品和短期人寿保险产品以及其他保险产品类型，共 10 种类型。

保险公司根据其销售渠道以及产品风险特征有更细致分类的，可以在上述分类的基础上对测试对象作进一步细分。

（二）资产

1. 测试资产类别应当涵盖保险公司的全部资产类型，包括测试期间内各年度末的存量资产，以及新业务或资产满期等因素导致净现金流变化而增加或减少的资产。

2. 保险公司应当将测试期间的资产类别按照《保险公司偿付能力监管规则第 7 号：市场风险和信用风险的穿透计量》《保险公司偿付能力监管规则第 8 号：市场风险最低资本》和《保险公司偿付能力监管规则第 9 号：信用风险最低资本》规定的资产类别进行分类。

二、基本情景预测假设

（一）基本情景下的预测假设包括测试期间内的新业务假设、财务口径费用假设、保险业务相关假设、投资假设、资本变动假设、寿险合同负债评估的精算假设等，其中：

1. 新业务假设包括新业务增长率等新业务规模相关假设；新业务假设应在区分不同的销售渠道及业务类别的基础上合理设定；

2. 财务口径费用假设包括佣金、业务及管理费、再保摊回费用等假设；

3. 保险业务相关假设包括保险事故损失发生率、退保率、分红保险保单红利水平及万能保险结算利率等假设；

4. 投资假设包括投资资产比例、资产类别组合、投资资产会计分类及各类资产的投资收益率等相关假设；

保险公司的投资收益率假设应区分传统保险账户、分红保险账户、万能保险账户、投资连结保险账户和股东盈余账户（可与传统保险账户合并）。保险公司应当明确各个资产账户在测试期间内的资产配置策略和各资产类别的预期收益假设。有条件的公司可以根据具体业务情况作进一步的细分。

此处所称的投资收益率假设包括利息收入、股息红利收入、投资资产买卖产生的收益、交易类金融资产的公允价值变动损益等假设。

5. 资本变动假设包括股利分配以及银保监会已批准（认可）的股东增资、发行资本补充工具等相关假设；

6. 寿险合同负债评估的精算假设包括保单维持费用、保险事故损失发生率、退保率、分红保险保单红利水平及万能保险结算利率等精算假设。

（二）保险公司应根据历史经验、行业现有信息和对未来趋势的判断确定基本情景下的各项预测假设。

新业务假设、财务口径费用假设、保险业务相关假设和投资假设应符合本规则第十九条的规定。

资本变动假设应符合本规则第十六条和第十七条的规定。

用于合同负债评估的精算假设应符合《保险公司偿付能力监管规则第 3 号：寿险合同负债评估》中规定的上下限规定。

三、测试程序

为了测试公司未来的偿付能力充足率状况，保险公司需要建立测试期间内的资产负债模型，预测和反映对偿付能力充足率有重要影响的主要资产负债表项目。

保险公司应基于权责发生制原则，在公司当前的资产、负债以及资本的基础上，合理确定预测假设，结合公司业务规划构建测试期间内的资产负债模型。

在测试中，保险公司应根据未来的再保安排，分别测试再保前和再保后各业务类别的现金流。

保险公司应在预测《保险公司偿付能力监管规则第 1 号：实际资本》所认可的会计报表的基础上，按照偿付能力监管相关规则，预测实际资本、最低资本和偿付能力充足率。

（一）会计利润预测

保险公司应在各业务类别现金流预测的基础上预测未来的会计利润，计算公式如下：

会计利润＝（保费收入＋分入保费－分出保费＋投资收益）－（退保金＋赔付支出＋未决赔款准备金提转差＋未到期责任准备金提转差＋保单红利支出＋业务及管理费支出＋佣金支出）＋其他业务利润＋营业外收支利润－所得税

1. 保费收入预测。保险公司可以根据已确定的新业务假设，预测测试期间内各年的保费收入。保费收入为会计准则口径。

2. 投资收益预测。保险公司可以结合资产模型及相关假设，依据各资产账户的资产配置策略和基本投资组合，预测各资产账户在测试期间内各年的投资收益；也可采用合理简化的方法预测测试期间各年的投资收益。用于利润预测的投资收益不包括可供出售金融资产公允价值变动。

3. 各项费用预测。保险公司应根据保费的预测和已确定的财务口径费用假设，合理估计佣金、业务及管理费等费用。

4. 赔款与给付预测。保险公司应根据已确定的保险事故损失发生率假设以及相应的产品参数，预测有效业务和新业务在测试期间内各年的赔款、死伤医疗给付、满期给付、年金给付等各项赔款与给付支出。

5. 退保金预测。保险公司应预测有效业务和新业务在测试期间内各年的退保金支出。

6. 分红保险的保单红利支出和万能保险的结算利息支出预测。保险公司应该根据预测期间的投资收益率，结合公司的分红策略、结算利率策略，确定合理的红利分配和结算利率假设，预测有效业务和新业务在测试期间内各年分红保险的保单红利支出和万能保险的结算利息支出。

7. 分出业务预测。保险公司应根据再保险安排预测有效业务和新业务在测试期间内各年的分出业务现金流，包括分出保费、摊回分保赔款、摊回分保费用等。

8. 准备金预测。保险公司应按照会计准则评估测试期间内各年的未决赔款准备金和未到期责任准备金。测试期间内各评估时点的评估折现率曲线可以保持不变，也可以采用合理方法外推，但不能与资产端固收类资产的公允价值变动的预测基础产生重大冲突，同时需要对折现率曲线的预测方法在报告中进行说明。有证据表明与会计准则要求无重大差异的，保险公司可以采用合理的简化方法进行准备金预测。

9. 所得税预测。保险公司应当根据前述各项预测结果，预测测试期间内各年会计利润所对应的所得税金额。

10. 其他项目预测。保险公司应预测测试期间内各年对利润计算可能产生重大影响的其他项目。

（二）会计报表资产和负债预测

根据上述程序得到测试期间内各测试时点利润表各项目的预测值后，保险公司可以对测试期间内测试时点的会计报表负债和资产进行预测。

1. 负债预测

测试期间内各测试时点的负债＝上期末的负债＋当期的负债变化。其中，当期的负债变化＝当期的会计准备金提转差＋当期保户储金及投资款变化＋当期应付债券的变化＋当期的独立账户负债变化＋当期的其他负债变化。

保险公司的应付债券、保户储金及投资款无重大影响的，可合并至其他负债中预测。其他负债是指除责任准备金负债等有重大影响的负债以外的所有其他负债。保险公司可以根据实际和规划的情况采用系统、合理的方法预测测试期间内各时点的其他负债，并在年度压力测试报告中对预测方法进行说明。

2. 资产预测

保险公司应基于公司期初投资资产，结合预测期间的资产负债现金流和公司的再投资策略，预测各时点投资资产相关信息，包括资产分布、资产的账面价值和投资收益等。

保险公司可根据间接法确认资产负债表中的其他资产，即测试期间内各测试时点的资产＝上期末的资产＋当期的资产变化，各测试时点的其他资产＝各期末的资产－投资资产。其中，当期的资产变化＝当期的负债变化＋当期会计利润＋当期可供出售金融资产公允价值变动＋当期资本变动。

保险公司应当在年度压力测试报告中说明资产预测的方法、采用的模型和主要假设。资产预测所使用的假设应符合银保监会的相关规定。

（三）偿付能力充足率预测

保险公司应在前述预测的基础上，对测试期间内各测试时点的偿付能力充足率进行预测，即对实际资本、核心资本和最低资本进行预测。

1. 实际资本预测

保险公司应根据《保险公司偿付能力监管规则第 1 号：实际资本》的规定，在预测会计报表资产和负债的基础上，考虑财务报告目的责任准备金与偿付能力目的责任准备金的差异等各项目，调整得到预测测试期间的认可资产、认可负债和实际资本。

保险公司应合理假设测试期间内非认可资产和非认可负债的变动情况。

2. 核心资本预测

保险公司应根据《保险公司偿付能力监管规则第 1 号：实际资本》的规定，在预测会计报表资产和负债的基础上，预测测试期间各测试时点的核心资本。

3. 最低资本预测

保险公司应根据最低资本计量的相关监管规则对测试期间内各测试时点的最低资本进行预测。

最低资本预测应当涵盖保险公司主要的资产及负债对应的各类风险，包括寿险业务保险风险下的损失发生率风险、退保风险和费用风险及其下属的子风险，非寿险业务保险风险下的保费风险和准备金风险，市场风险下的利率风险、权益价格风险、房地产价格风险、境外固定收益类资产价格风险、境外权益类资产价格风险、汇率风险和集中度风险，信用风险下的利差风险、交易对手违约风险和集中度风险。各类风险应依据保险公司偿付能力监管规则相关规定进行计量。

在预测各个时点最低资本时，公司可以基于业务规划和资产配置计划对各类风险采用与评估日相同的原则和方法进行计量，也可以在对预测结果准确性无重大影响的前提下适当采取简化的预测方法。

采用与评估日相同的原则和方法进行计量时，对于风险计量中含特征因子的，可以按以下原则对特征因子进行简化处理。报告期特征因子大于零的，假设预测期特征因子维持不变；报告期特征因子小于或等于零的，假设预测期特征因子为零。

市场风险下的利率风险，根据《保险公司偿付能力监管规则第8号：市场风险最低资本》计量。寿险业务现金流现值变动金额的计算应基于测试时点的业务结构，采用与评估日相同的原则和方法进行计量。对于各类资产现金流现值的变动，公司可以通过建立资产模型，得到资产现金流信息，计算各测试时点在利率风险不利情景下利率曲线变动引起的各类资产现金流现值的变动，也可以采用以下简化方法或其他合理方法进行简化预测：

（1）按照本规则相关规定，预测测试期间内各个时点应计量利率风险最低资本的资产现金流现值，并按照各项资产的修正久期对资产现金流现值进行划分。修正久期的区间划分至少应包括：1及以下、1以上至3、3以上至5、5以上至7、7以上至10、10以上至15、15以上。

（2）在上述修正久期的区间内，各测试期间利率曲线变动对资产现金流现值影响的比例与报告时点一致。

（3）各测试期间利率曲线变动对资产现金流现值的变动影响等于上述各修正久期区间的资产现金流现值乘以相应的影响比例之和。

对于除利率风险外的市场风险和信用风险的最低资本计量，保险公司可以采用与评估日相同的计量方法，也可以在不对压力测试结果构成重大影响的前提下，采用报告时点各资产类别对应的各二级风险（如权益价格风险）最低资本占对应资产风险暴露的比例，分别乘以预测期间内各评估时点的风险暴露得到该资产类别的二级风险最低资本。将同一二级风险对应的各资产风险最低资本算术加总，得到该二级风险最低资本。市场风险与信用风险最低资本计量采用的预测方法在测试期间内应当保持一致。

对于寿险业务的保险风险最低资本计量，原则上应基于业务规划采用与评估日相同的原则和方法进行计量，若某二级风险或三级风险在评估时点占风险分散效应前寿险业务保险风险最低资本的比例不大于15%，保险公司可以采用风险载体因子法简化计算。

风险载体因子法，是指在某类风险最低资本与风险载体存在较稳定的比例关系的前提下，将报告年度末所计算的一系列最低资本与风险载体的比例因子应用到测试期间内各年。保险公司可以根据保险风险子类风险选择合适的风险载体，例如死亡发生率风险采用死亡责任赔付支出现值、疾病发生率风险采用疾病责任赔付支出现值，退保率风险采用退保支出现值、大规模退保风险采用各预测时点有效现金价值、费用风险采用其他维持费用现值等作为载体。保险公司可以对保险风险子类风险按照产品类别、定价利率等进行进一步划分，以提高风险因子的稳定性。保险公司应当在年度压力测试报告中列报所选风险载体及相关依据和判断。

对于保险合同负债的损失吸收效应调整，保险公司应按照《保险公司偿付能力监管规则第 2 号：最低资本》中的相关规定预测测试期间内其对最低资本的影响。

控制风险的最低资本采用保险公司最近一期的偿付能力风险管理评估得到的控制风险因子进行计算。附加资本应按照银保监会的相关规定进行计算。

各压力情景及反向压力情景下的最低资本计量方法与基本情景相同。

4. 偿付能力充足率预测

保险公司应分别预测核心偿付能力充足率和综合偿付能力充足率。核心偿付能力充足率 = 核心资本/最低资本，综合偿付能力充足率 = 实际资本/最低资本。

四、压力情景测试

（一）保险公司应当根据本规则设定季度和年度压力测试的因素或情景。

（二）压力情景测试的测试程序与基本情景测试程序相同，按照本指引第三部分的测试程序进行预测。

五、压力测试报告的列报要求

（一）保险公司应在向银保监会报送的偿付能力季度报告中列报季度压力测试的相关信息：

1. 测试期间内基本情景和压力情景下公司的实际资本、核心资本、最低资本、偿付能力溢额和偿付能力充足率等偿付能力指标；

2. 本季度压力测试所选择的自选风险因素及其确定依据；

3. 预测时采用的重大假设，包括新业务假设、赔付率假设、死亡发生率假设、疾病发生率假设、退保率假设、费用假设和投资收益假设等；

4. 下季度对公司偿付能力有重大影响的经营活动，包括公司改制上市计划、新产品上市计划、分支机构开设计划、业务结构调整、资产配置变化、资产负债管理改进等；

5. 其他有利于理解下季度偿付能力预测结果的信息；

6. 针对偿付能力充足率不达标的测试结果，保险公司拟采取的管理措施。

（二）保险公司应在向银保监会报送的年度压力测试报告中列报以下信息：

1. 基本情景的假设及测试结果，包括基本情景采用的假设及其确定依据；测试期间内基本情景下公司的净利润、净资产等财务指标和实际资本、核心资本、最低资本、偿付能力溢额和偿付能力充足率等偿付能力指标；上一年度压力测试报告中，基本情景下的新业务假设、财务口径费用、损失发生率、退保率、分红保险保单红利水平和万能保险结算利率、投资收益率假设与本年度实际经验的偏差性分析等。

2. 压力情景及测试结果，包括情景法测试、敏感性测试和反向压力测试下的压力情景及选取依据，以及公司的净利润、净资产等财务指标和实际资本、核心资本、最低资本、偿付能力溢额和偿付能力充足率等偿付能力指标。

3. 主要测试方法，包括各业务类别现金流的预测方法、预测使用的软件以及对预测模型的简要描述；测试期间内对资产、负债的预测所采取的近似或简化处理；测试期间内对非认可资产和非认可负债的预测方法及依据；测试期间内最低资本测算假设和简化方法（如有）等。

4. 针对偿付能力充足率不达标的测试结果，保险公司拟采取的管理措施。

（三）保险公司应在年度压力测试报告明细表中列报以下信息：

1. 在基本情景下，用于利润预测的假设以及用于合同负债评估的各项假设；

2. 基本情景和各个压力情景下测试期间内各时间段的预测利润表，预测最低资本表和预测偿付能力表。

附件 3

偿付能力压力测试的第三方独立审核要求

一、独立第三方审核机构

对保险公司的偿付能力压力测试出具审核意见的第三方机构，是指符合独立性要求和具备压力测试审核所必需的专业胜任能力的会计师事务所、精算咨询顾问公司等机构。独立第三方机构从事压力测试审核业务时，其独立性应满足财政部关于中国注册会计师执业道德规范的有关要求，保持实质上和形式上的独立，不得因任何利害关系影响其客观、公正的立场。

二、审核原则

会计师事务所等独立第三方机构应当按照本规则的要求，从事压力测试审核业务，本规则未明确规定的事项，适用《中国注册会计师其他鉴证业务准则第 3111 号——预测性财务信息的审核》。

除会计师事务所以外，精算咨询顾问公司等独立第三方机构从事压力测试审核业务，应参照中国注册会计师执业准则的有关要求确定审核程序、编制和保存审核工作底稿、利用其他注册会计师的工作以及发表审核意见等。

会计师事务所在压力测试的审核中违反上述执业标准，银保监会可要求保险公司更换会计师事务所，情节严重的，银保监会将其移送主管部门处理；会计师事务所之外的独立第三方机构在压力测试的审核中违反上述执业标准，由银保监会责令改正，情节严重的，银保监会不再接受其出具的审核报告并移送主管部门处理。

三、审核范围

独立第三方机构应当对保险公司压力测试的下列事项进行审核：

（一）实际资本、最低资本和偿付能力充足率的预测方法和程序的合规性、合理性。

（二）涵盖业务的全面性与业务类别分类的合规性、合理性，保单分组和近似计算方法的有效性。

（三）基本情景所采用的预测假设及相关事项（如资产配置、投资收益率、保险事故发生率等），并与近期实际经验进行对比，进一步审核公司对预测假设与实际经验的显著差异所作解释的合理性。在对基本情景的审核中，独立第三方机构应重点关注以下事项：

1. 公司总精算师或精算责任人对赔付率、退保率、费用、再保险等假设的意见，以及公司董事会和管理层对相关假设的意见；

2. 业务计划是否真实反映了董事会或管理层的观点并得到批准，通过与市场发展规模进行横向比较，进一步审核业务计划的合理性；

3. 公司的投资策略是否真实反映了董事会或管理层的观点，并进一步审核投资资产分配及投资收益率假设的合理性；

4. 预测采用的费用支出是否与公司费用预算一致；

5. 人身保险公司在测试期间内分红保险保单红利水平、万能保险结算利率的合理性；

6. 公司在测试过程中实际资本分级是否合理，是否考虑了不应考虑的补充资本行为所引起的资本变化以及可能的管理层行为的干预。

（四）必测压力情景（因素）与监管规定的一致性，以及自测压力情景（因素）的合理性与充分性。

（五）反向压力测试选取的风险因素及其变化水平的合理性。

（六）基本情景下，如果预测期间任一年度末的综合偿付能力充足率低于100%或者核心偿付能力充足率低于50%时，保险公司是否详细说明拟采取的使偿付能力水平达标的管理措施及实施计划。

（七）压力情景下，如果预测期间任一年度末的综合偿付能力充足率低于100%或者核心偿付能力充足率低于50%时，保险公司是否说明拟采取的改善偿付能力的管理措施。

（八）抽样检测主要业务的现金流和责任准备金以及主要资产账户的投资收益等，通过检查数据计算的准确性和内在一致性，确定测试模型中所使用的假设、方法与报告中所阐述的假设、方法是否一致。

（九）年度压力测试报告中披露的有关信息的真实性、合规性和完整性。

四、审核意见

独立第三方机构应当对下列事项发表审核意见：

（一）预测假设是否为压力测试提供合理基础；

（二）年度压力测试报告是否依据这些预测假设，并按照适用的偿付能力监管规则的规定编制和列报。

五、审核报告要求

会计师事务所出具的压力测试审核报告，应由两名注册会计师签名并盖章。除会计师事务所外，其他独立第三方机构出具的压力测试审核报告，应当由两名在中国从事保险精算及相关工作3年以上、熟悉中国保险监管法规并且具有国内或国际认可的精算师资格的精算师签名并盖章。

独立第三方机构出具的压力测试审核报告的格式可参考如下示例：

偿付能力压力测试审核报告（无保留意见报告参考格式）

ABC保险股份有限公司：

我们审核了后附的ABC保险股份有限公司（以下简称ABC公司）编制的××年偿付能力压力测试报告。我们的审核依据是中国银保监会发布的相关保险公司偿付能力监管规则和《中国注册会计师其他鉴证业务准则第 3111 号——预测性财务信息的审核》。ABC 公司管理层对压力测试及其所依据的各项假设负责。这些假设已在报告附注 × 中披露。

根据我们对支持这些假设的证据的审核，我们没有发现任何事项使我们认为这些假设没有为压力测试提供合理基础。我们认为，该测试报告是在这些假设的基础上，按照保险公司偿付能力监管规则的规定编制和列报的。

由于预期事项通常并非如预期那样发生，并且变动可能重大，实际结果可能与压力测试结果存在差异。

××会计师事务所（或××公司）　　　中国注册会计师（或精算师）：×××

（盖章）　　　　　　　　　　　　　　（签名并盖章）

中国××市　　　　　　　　　　　　中国注册会计师（或精算师）：×××

（签名并盖章）

二〇××年×月×日

《保险公司偿付能力监管规则第 10 号：
压力测试》讲解

一、总则概述

（一）压力测试定义和作用

偿付能力压力测试是指保险公司在基本情景和各种压力情景下对其未来一段时间内偿付能力的预测和评价，旨在识别和预警导致偿付能力不达标的主要风险因素，及时采取相应的管理和监管措施，预防偿付能力不达标情况的发生。偿付能力压力测试具有"预测、预警、预防"的作用，有助于监管机构和保险公司对相关风险和影响偿付能力的关键因素的认识更加深入全面，以提早采取有针对性的措施。

（二）压力测试的方法和原则

保险公司偿付能力压力测试分为季度压力测试和年度压力测试。季度压力测试采用敏感性测试的形式，年度压力测试包含情景法测试、敏感性测试和反向压力测试三种测试方法。

压力测试应遵循以下原则：一是审慎性原则，即保险公司应在本规则允许范围内，充分考虑历史经验、未来趋势等，采用审慎的方法和假设进行压力测试；二是全面性原则，即压力测试对象应涵盖保险公司全部业务，包括截至报告期末的有效业务和测试期间内的新业务。

二、季度压力测试

季度压力测试采用单因素敏感性测试的方法，保险公司应当在预测基本情景下下一季度末偿付能力预测数据的基础上，评估特定风险因素单独发生或变动的情况下公司偿付能力的变化情况。

（一）测试风险因素

季度压力测试的风险因素包括必测风险因素和自选风险因素。《中国银保监会关于实施保险公司偿付能力监管规则（Ⅱ）有关事项的通知》（以下简称《通知》）附件 4 规定了必测风险因素；自选风险因素由保险公司基于自身风险状况选取确定。

（二）测试方法

保险公司应参照《保险公司偿付能力监管规则第 10 号：压力测试》（以下简称本规则）附件 1 和附件 2 的相关要求进行基本情景和压力情景下的偿付能力预测。

三、年度压力测试

（一）基本情景预测

基本情景测试是年度压力测试的基础。保险公司应当按照本规则附件 1 和附件 2，预测基本情景下报告年度后未来两个会计年度末的偿付能力。

（二）压力测试

保险公司压力测试方法包括情景法测试、敏感性测试和反向压力测试三类，均在基本情景测试的基础上，测试压力情景下报告年度后未来一个会计年度末的偿付能力。

1. 情景法测试。情景法测试是评估多种风险因素同时变化情景下对公司偿付能力的影响。情景法测试的压力情景分为必测压力情景和自测压力情景。其中，《通知》附件 4 规定了必测压力情景，监管部门可以根据市场变化和行业发展情况适时调整必测压力情景；自测压力情景由保险公司基于自身风险状况选取确定。

2. 敏感性测试。敏感性测试是评估某一特定风险因素的变动对公司偿付能力的影响。风险因素包括必测风险因素和自选风险因素。其中，《通知》附件 4 规定了保险公司必测风险因素；自选风险因素由保险公司基于自身风险状况选取确定。

3. 反向压力测试。反向压力测试是针对特定风险因素，反向评估偿付能力不达标时该风险因素的不利变动幅度。保险公司根据自身风险状况，选择一个最主要的风险因素，在维持其他风险因素不变的情况下，假设公司报告年度后下一个会计年度末的综合偿付能力充足率降低至 100% 时，计算该风险因素的变化水平，以评估保险公司对主要风险的承受能力。

四、监督管理

（一）压力测试在公司经营管理中的应用

保险公司应定期评估和校验压力测试模型、预测方法和关键假设，确保公司整体压力测试体系科学、有效。保险公司通过运用压力测试，可以有效识别和控制经营风险、提升资本管理能力和经营决策的科学性。例如，根据压力测试结果，制订增资发债等资本补充计划；参考压力测试结果调整或评估业务规划和资产配置规划；参考压力测试结果，进行再保分出等安排；通过压力测试识别公司主要风险，并作出应对措施等。

（二）压力测试报送要求

1. 季度压力测试的报送。保险公司应当根据《保险公司偿付能力监管规则第 18 号：偿付能力报告》的相关要求，在季度偿付能力报告中，列报季度压力测试结果及相关信息。

2. 年度压力测试的报送。保险公司应在每年 5 月 31 日前向中国银保监会报送年度压力测试报告。保险公司年度压力测试报告须经独立第三方机构审核，并由保险公司董事会批准，董事会对压力测试的合规性和合理性承担最终责任。

保险公司偿付能力监管规则第 11 号：
风险综合评级（分类监管）

第一章　总　则

第一条　为规范对保险公司的偿付能力风险综合评级，全面评估保险公司的偿付能力风险状况，明确相应的分类监管政策和措施，制定本规则。

第二条　本规则适用于财产保险公司、人身保险公司（含健康保险公司、养老保险公司）和再保险公司。

第三条　保险公司偿付能力风险由固有风险和控制风险组成。

固有风险是指在现有的正常的保险行业物质技术条件和生产组织方式下，保险公司在经营和管理活动中必然存在的、客观的偿付能力相关风险。固有风险由可资本化为最低资本的风险（以下简称可资本化风险）和难以资本化为最低资本的风险（以下简称难以资本化风险）组成。可资本化风险包括保险风险、市场风险和信用风险，难以资本化风险包括操作风险、战略风险、声誉风险和流动性风险。

控制风险是指因保险公司内部管理和控制不完善或无效，导致固有风险未被及时识别和控制的偿付能力相关风险。

可资本化的固有风险和控制风险通过最低资本进行计量，难以资本化的固有风险纳入风险综合评级予以评估。

第四条　风险综合评级，即分类监管，是指银保监会根据相关信息，以风险为导向，综合分析、评价保险公司的固有风险和控制风险，根据其偿付能力风险大小，评定为不同的监管类别，并采取相应监管政策或监管措施的监管活动。

第五条　银保监会负责对直接监管的保险公司法人机构实施分类监管。银保监局负责对属地监管的保险公司法人机构实施分类监管。

第二章　评价内容

第六条　分类监管的评价包括以下内容：

（一）对操作风险、战略风险、声誉风险和流动性风险四类难以资本化的固有风险进行评价；

（二）综合保险公司的可资本化风险及本条第（一）款四类难以资本化风险的评价结果，评价整体偿付能力风险。

第七条 操作风险是由于不完善的内部操作流程、人员、系统或外部事件而导致直接或间接损失的风险，包括法律及监管合规风险（不包括战略风险和声誉风险）。

第八条 在分类监管中，操作风险划分为以下六类：

（一）保险业务线的操作风险；

（二）资金运用业务线的操作风险；

（三）公司治理相关的操作风险；

（四）信息系统相关的操作风险；

（五）案件管理相关的操作风险；

（六）其他操作风险。

第九条 银保监会主要从以下方面评估保险公司的操作风险：

（一）评估公司操作风险的外部环境，包括行业操作风险的总体水平和趋势；

（二）评估各业务线的内部控制程序和流程、操作风险的历史数据、经验分布和发展趋势；

（三）评估公司可能导致操作风险的人员因素，包括人员的专业能力、离职率、绩效管理等；

（四）评估公司信息系统存在的问题和风险，包括系统设计缺陷、软件/硬件故障或缺陷、信息安全和数据质量等方面的风险；

（五）评估可能导致公司操作风险的外部因素，包括法律法规、监管政策、不可抗力等。

第十条 战略风险是由于战略制定和实施的流程无效或经营环境的变化，导致公司战略与市场环境、公司能力不匹配的风险。

第十一条 银保监会主要从以下方面评估保险公司的战略风险：

（一）评估保险公司战略与市场环境的匹配情况；

（二）评估保险公司战略与公司能力的匹配情况。

第十二条 声誉风险是由于保险公司的经营管理或外部事件等原因，导致利益相关方对保险公司产生负面评价，从而造成损失的风险。

第十三条 银保监会主要从以下方面评估保险公司的声誉风险：

（一）评估公司声誉风险的外部环境，包括行业声誉风险的总体水平和趋势；

（二）评估公司声誉风险的历史数据、当前舆论报道、潜在风险因素；

（三）评估可能导致公司声誉风险的外部因素，包括合作伙伴、利益相关方、信用评级、不可抗力等。

第十四条 银保监会考虑声誉风险与其他风险关联度较强的特点，统筹评估保险风险、市场风险、信用风险、操作风险、战略风险、流动性风险等引发声誉风险的可能性。

第十五条 流动性风险是保险公司无法及时获得充足资金或无法及时以合理成本获得充足资金，以支付到期债务或履行其他支付义务的风险。

第十六条 银保监会根据《保险公司偿付能力监管规则第 13 号：流动性风险》，通过流动性风险监管指标、流动性风险监测指标、现金流压力测试结果以及其他相关信息评估保险公司的流动性风险。

第十七条 在对操作风险、战略风险、声誉风险、流动性风险的固有风险进行评价的基础上，银保监会结合保险公司的偿付能力充足率等相关指标，得到对保险公司偿付能力风险的综合评级。

第三章　评价类别

第十八条 分类监管评价结果综合反映保险公司偿付能力风险的整体状况，包括资本充足状况和其他偿付能力风险状况。

第十九条 银保监会按照偿付能力风险大小将保险公司分为四个监管类别：

（一）A 类公司：偿付能力充足率达标，且操作风险、战略风险、声誉风险和流动性风险小的公司。根据风险由小到大进一步细分为 AAA 类公司、AA 类公司、A 类公司。

（二）B 类公司：偿付能力充足率达标，且操作风险、战略风险、声誉风险和流动性风险较小的公司。根据风险由小到大进一步细分为 BBB 类公司、BB 类公司、B 类公司。

（三）C 类公司：偿付能力充足率不达标，或者偿付能力充足率虽然达标，但操作风险、战略风险、声誉风险和流动性风险中某一类或几类风险较大的公司。

（四）D 类公司：偿付能力充足率不达标，或者偿付能力充足率虽然达标，但操作风险、战略风险、声誉风险和流动性风险中某一类或几类风险严重的公司。

第四章　评价方法

第二十条 分类监管评价采用加权平均法。其中，可资本化风险评分所占权重为 50%，难以资本化风险评分所占权重为 50%。

第二十一条 银保监会根据保险公司偿付能力充足率的水平、变化特征以及其他偿付能力相关指标对保险公司的可资本化风险进行评分。可资本化风险的具体评价标准由银保监会另行制定。

第二十二条 银保监会根据风险的外部环境、分布特征、预期损失、历史经验数据、日常监管信息等多种因素对操作风险、战略风险、声誉风险和流动性风险四类难以资本化风险设定分类监管指标，进行评分，采用加权平均法计算难以资本化风险的综合得分。难以资本化风险的具体评价标准由银保监会另行制定。

第五章 监管政策和监管措施

第二十三条 银保监会在市场准入、产品管理、资金运用、现场检查等方面，对 A、B、C、D 四类保险公司实施差异化监管政策。

第二十四条 对 B 类公司，银保监会可根据公司存在的风险，采取以下一项或多项具有针对性的监管措施，包括但不限于：

（一）风险提示；

（二）监管谈话；

（三）要求限期整改存在的问题；

（四）进行专项现场检查；

（五）要求提交和实施预防偿付能力充足率不达标或完善风险管理的计划。

第二十五条 对核心偿付能力充足率或综合偿付能力充足率不达标的 C 类公司，除可采取对 B 类公司的监管措施外，银保监会还可以根据《保险公司偿付能力管理规定》采取针对性的监管措施。

第二十六条 对操作风险、战略风险、声誉风险、流动性风险中某一类或某几类风险较大的 C 类公司，除可采取对 B 类公司的监管措施和第二十五条的监管措施外，还可采取以下监管措施：

（一）对操作风险较大的 C 类公司，针对公司存在的具体问题，对其公司治理、内控流程、人员管理、信息系统等采取相应监管措施；

（二）对战略风险较大的 C 类公司，针对公司产生战略风险的原因，采取相应监管措施；

（三）对声誉风险较大的 C 类公司，针对公司产生声誉风险的原因，采取相应监管措施；

（四）对流动性风险较大的 C 类公司，针对公司产生流动性风险的原因，根据《保险公司偿付能力监管规则第 13 号：流动性风险》有关规定采取相应监管措施。

第二十七条 对 D 类公司，除可采取对 C 类公司的监管措施外，还可以根据情况采取接管以及银保监会认为必要的其他监管措施。

第六章　运行机制

第二十八条　银保监会和银保监局每季度结束后对保险公司法人机构进行一次分类监管评价，确定其风险综合评级，并对特定类别公司依规采取相应监管措施。

第二十九条　在每季度结束后的规定期限内，保险公司和银保监局应当向偿付能力监管信息系统报送分类监管指标有关信息和数据。偿付能力监管信息系统按照预设的统一计算规则，自动计算各项分类监管指标，得到保险公司的综合评价分数和评级结果。

第三十条　对于银保监会直接监管的保险公司，银保监会根据掌握的日常监管信息，认为偿付能力监管信息系统自动得分没有准确反映保险公司风险状况的，可以调整评级结果。银保监会根据保险公司的风险综合评级，研究决定监管措施，向保险公司通报风险综合评级结果，并对外披露相关信息。

第三十一条　对于银保监局属地监管的保险公司，属地监管局根据掌握的日常监管信息，认为偿付能力监管信息系统自动得分没有准确反映保险公司风险状况的，可以调整评级结果。属地监管局根据保险公司的风险综合评级，研究提出或决定监管措施。向保险公司通报风险综合评级结果，并对外披露相关信息。

第七章　附　则

第三十二条　相互保险组织、外国保险公司在华分公司适用本规则。保险集团、不经营保险业务的养老保险公司的风险综合评级（分类监管）规则由银保监会另行制定。

第三十三条　本规则由银保监会负责解释和修订。

第三十四条　本规则于 2015 年 2 月 13 日第一次发布，于 2021 年 12 月 30 日修订发布。本规则施行日期另行规定。

《保险公司偿付能力监管规则第 11 号：风险综合评级（分类监管）》讲解

一、风险综合评级（IRR）定位

（一）风险综合评级是偿付能力达标的重要衡量标准

根据《保险公司偿付能力管理规定》（银保监令〔2021〕1 号），保险公司偿付能力达标的标准为：核心偿付能力充足率不低于 50%；综合偿付能力充足率不低于 100%；风险综合评级为 B 类及以上。如果以上三个指标有一个不满足，就属于偿付能力不达标公司。

（二）风险综合评级评价的是保险公司整体风险的大小

风险综合评级是指监管部门根据相关信息，以风险为导向，综合分析、评价保险公司的固有风险和控制风险，根据其偿付能力风险大小，评定为不同的监管类别，并采取相应监管政策或监管措施的监管活动。因此，风险综合评级结果是最综合的偿付能力风险指标，反映了保险公司整体风险状况。

二、评价内容和类别

（一）评价内容

风险综合评级评价内容包括两部分：

一是对操作风险、战略风险、声誉风险和流动性风险四类难以资本化的固有风险进行评价。其中，操作风险从保险业务、资金运用业务、公司治理、信息系统、案件管理以及其他操作风险六方面进行评价；战略风险从保险公司战略与市场环境的匹配情况、保险公司战略与公司能力的匹配情况两方面进行评价；声誉风险从外部环境、公司声誉风险的历史数据、潜在风险因素、可能导致公司声誉风险的外部因素等方面进行评价。流动性风险通过监管指标以及现金流压力测试结果等进行评价。

二是综合保险公司可资本化风险及上述四类难以资本化风险的评价结果，评价其整体偿付能力风险。监管部门在对操作风险、战略风险、声誉风险、流动性风险的固有风险进行评价基础上，结合保险公司偿付能力充足率及其他偿付能力指标，得到保险公司偿付能力风险的综合评级。

（二）评价类别

根据可资本化风险和难以资本化风险的评价结果，中国银保监会按照偿付能力风险由小到大将保险公司分为 A 类、B 类、C 类、D 类四个监管类别，并进一步细化为八类，包括：将 A 类公司细分为 AAA 类公司、AA 类公司、A 类公司；将 B 类公司细分为 BBB 类公司、BB 类公司、B 类公司，以进一步提高偿付能力监管的针对性和有效性。

三、评价方法

分类监管评价采用加权平均法，其中，可资本化风险评分、难以资本化风险评分各占 50% 的权重。其中，可资本化风险主要是根据保险公司偿付能力充足率的水平、变化特征以及其他偿付能力指标进行评价；难以资本化风险的评分主要根据风险的外部环境、分布特征、预期损失、历史经验数据、日常监管信息等多种因素进行评分。

四、监管措施

针对不同监管类别的保险公司，监管机构在市场准入、资金运用、产品管理、现场检查及信息披露等方面采取差异化监管政策。

针对风险较小的 B 类公司，可以根据公司存在的风险采取风险提示、监管谈话、限期整改存在的问题、专项现场检查、要求提交和实施预防偿付能力不达标或完善风险管理的计划中的一项或多项监管措施。

针对风险较大的 C 类公司，除了可以采取 B 类公司的监管措施外，还可以根据《保险公司偿付能力管理规定》采取相应的监管措施。对于操作风险、战略风险、声誉风险、流动性风险较大的 C 类公司，将针对公司存在的具体问题以及相关风险产生的原因采取相应监管措施。

针对风险大的 D 类公司，除上述 C 类公司的监管措施外，还可以采取接管以及银保监会认为必要的其他措施。

五、评价机制

中国银保监会和银保监局按照统一标准，每季度开展一次风险综合评级工作。其中，银保监会负责对直接监管保险公司法人机构进行评价，银保监局负责对属地监管保险公司法人机构进行评价。

保险公司偿付能力监管规则第 12 号：偿付能力风险管理要求与评估

第一章 总 则

第一条 为明确保险公司偿付能力风险管理的监管要求，规范监管机构对保险公司风险管理能力的评估，并确定保险公司控制风险最低资本的计量标准，制定本规则。

第二条 本规则所称保险公司，是指依法在中华人民共和国境内设立的经营商业保险业务的保险公司和外国保险公司分公司。

第三条 保险公司偿付能力风险由固有风险和控制风险组成。

固有风险是指在现有正常保险行业物质技术条件和生产组织方式下，保险公司在经营和管理活动中必然存在的、客观的偿付能力相关风险。固有风险由可资本化为最低资本的风险（以下简称可资本化风险）和难以资本化为最低资本的风险（以下简称难以资本化风险）组成。可资本化风险包括保险风险、市场风险和信用风险，难以资本化风险包括操作风险、战略风险、声誉风险和流动性风险。

控制风险是指因保险公司内部管理和控制不完善或无效，导致固有风险未被及时识别和控制的偿付能力相关风险。

第四条 银保监会根据保险公司的固有风险和控制风险水平，综合确定公司的偿付能力风险状况。控制风险及可资本化的固有风险通过最低资本进行计量，难以资本化的固有风险纳入风险综合评级进行评估。

银保监会定期对保险公司偿付能力风险管理能力进行评估，确定保险公司控制风险水平及相应的最低资本。

第五条 银保监会根据保险公司的发展阶段、业务规模、风险特征等，将保险公司分为Ⅰ类保险公司和Ⅱ类保险公司，分别提出偿付能力风险管理要求。

第六条 满足下列任意两个标准的保险公司为Ⅰ类保险公司：

（一）公司成立超过 5 年。

（二）财产保险公司、再保险公司最近会计年度签单保费超过 50 亿元或总资产超过 200 亿元，人身保险公司最近会计年度签单保费超过 200 亿元或总资产超过 300 亿元。

签单保费是指保险公司按照保险合同约定，向投保人收取的保费。

（三）省级分支机构数量超过 15 家。

外国保险公司分公司及不满足上述条件的保险公司为 Ⅱ 类保险公司。银保监会可根据监管需要，调整保险公司所属类别。

第七条　保险公司应当根据本规则要求，结合自身业务和风险特征，建立健全偿付能力风险管理体系，加强对固有风险的管理，提高偿付能力风险管理能力，降低控制风险。

第二章　风险管理基础与环境

第八条　保险公司应当建立良好的偿付能力风险管理基础和环境，包括股权结构和公司治理，以及偿付能力风险管理的组织架构、管理制度、考核机制等。

第九条　保险公司应当具有清晰透明的股权结构，持股股东（上市公司为限售流通股股东）应当能够逐层穿透至最终的实际控制人，股东之间的关联关系或者一致行动关系应当清晰透明。

第十条　保险公司股东应当具有良好的合法合规意识，至少不存在以下行为：

（一）使用非自有资金入股保险公司；

（二）最近三年发生过重大违法违规事项；

（三）直接干预保险公司日常经营管理和决策。

第十一条　保险公司应当严格遵守关联交易相关规定，加强关联交易的内部控制和管理，及时准确披露关联交易信息，确保关联交易合法合规。

第十二条　董事会对保险公司偿付能力风险管理体系的完整性和有效性承担最终责任。具体职责包括：

（一）审批公司偿付能力风险管理的总体目标、风险偏好、风险容忍度和风险管理政策；

（二）审批公司偿付能力风险管理组织架构和职责；

（三）持续关注公司偿付能力风险状况；

（四）监督管理层对偿付能力风险进行有效的管理和控制；

（五）审批公司偿付能力报告；

（六）其他相关事项。

第十三条　Ⅰ 类保险公司应当在董事会下设立风险管理委员会。风险管理委员会在董事会的授权下履行偿付能力风险管理职责。具体职责包括：

（一）审议公司偿付能力风险管理的总体目标、风险偏好、风险容忍度和风险管理政策；

（二）审议公司偿付能力风险管理组织架构及职责；

（三）评估公司重大经营管理事项的风险，持续关注公司面临的各类风险及其管理状况；

（四）评估偿付能力风险管理体系运行的有效性；

（五）审议重大偿付能力风险事件解决方案；

（六）董事会安排的其他事项。

第十四条 满足下列条件的保险集团（控股）公司下属的保险子公司，可以不设立风险管理委员会：

（一）保险集团（控股）公司对风险管理采取集中管理模式，在集团层面统筹管理；

（二）保险集团（控股）公司在集团层面设置了风险管理委员会；

（三）集团层面的风险管理委员会对保险子公司的风险管理实质上满足本规则要求。

第十五条 没有设置董事会的外国保险公司分公司，应由高级管理层履行董事会的风险管理职责并承担相应责任。

第十六条 Ⅱ类保险公司可以不设立风险管理委员会。未设立风险管理委员会的，由审计委员会履行相应职责。

第十七条 风险管理委员会主任应当由具有风险管理经验的董事担任。

第十八条 保险公司应当依法设立监事会。监事会在偿付能力风险管理工作中的具体职责包括：

（一）对董事会风险管理相关决策进行监督；

（二）对董事和高级管理人员风险管理履职情况进行监督；

（三）对公司发展规划的制定、实施和评估等工作进行监督；

（四）定期了解公司经营情况，关注经营过程中可能引发的重大偿付能力风险，并纳入监事会工作报告；

（五）其他与偿付能力风险管理工作相关的监督职责。

第十九条 依法不需设置监事会的保险公司，由监事履行相关职责；依法不需设置监事会及监事的保险公司，不适用本规则第十八条规定。

第二十条 保险公司高级管理层负责组织实施偿付能力风险管理工作，履行以下职责：

（一）研究搭建偿付能力风险管理组织架构；

（二）按照偿付能力风险管理总体目标和风险偏好要求，制定并组织执行偿付能力风险管理政策和流程；

（三）定期评估偿付能力风险状况；

（四）编制偿付能力报告；

（五）研究制订偿付能力风险事件解决方案；

（六）组织风险管理信息系统的开发和应用；

（七）董事会授权的其他风险管理职责。

高级管理层应当至少每年向风险管理委员会汇报一次公司偿付能力风险水平以及风险管理状况。

第二十一条 保险公司应当指定一名高级管理人员作为首席风险官负责风险管理工作，并将任命情况报告银保监会。首席风险官应当符合以下条件：

（一）具有风险管理、法律、投资、精算、财务、会计、金融等与工作要求相适应的专业背景；

（二）具有三年以上风险管理工作经验，或五年以上法律合规、投资、精算、财务、会计等相关领域的管理经验；

（三）取得保险公司高级管理人员任职资格；

（四）不得同时负责销售、投资等与风险管理有利益冲突的工作。

首席风险官应当参与公司重大经营管理事项的决策过程，了解公司的重大经营决策、重大风险、重要系统及重要业务流程，并参与保险公司对各项经营决策的风险评估及审批工作。

第二十二条 Ⅰ类保险公司应当设立独立的风险管理部门，配备至少 8 名具有风险管理、财会、精算、投资、金融、法律或相关专业背景的风险管理人员，且至少 5 人应具有 3 年以上相关工作经验。

Ⅱ类保险公司可以根据公司实际情况决定是否设立独立的风险管理部门。未设立独立风险管理部门的，应指定适当的部门牵头负责风险管理工作，该部门至少应有两名具有 3 年以上风险管理、财会、精算、投资、法律或相关工作经验的专业人员。

第二十三条 保险公司原则上应当至少在省级分支机构设立风险管理部门或风险管理岗。分支机构风险管理部门负责人的任命、考核、薪酬由总公司统一管理。

第二十四条 保险公司应当明确由风险管理部门牵头风险管理工作，并明确风险管理、销售、承保、财会、精算、投资等部门的职责分工，各相关部门应当积极配合。

第二十五条 保险公司内部审计部门每年至少应当检查、评估一次公司偿付能力风险管理体系运行情况和运行效果，监督风险管理政策的执行情况，并向董事会报告。

第二十六条 与偿付能力风险管理体系运行或偿付能力风险管理事项相关的重大分歧或事项，应当提交风险管理委员会解决。

第二十七条 保险公司应当制定完善的偿付能力风险管理制度，明确风险管理战略、风险偏好、风险管理组织架构、风险管理机制等事项，以及对保险风险、市场风险、信用风险、操作风险、战略风险、声誉风险和流动性风险的管理要求，并至少每年对偿付能力风险管理制度进行审阅和必要的更新。偿付能力风险管理制度清单和更新记录应留档备查。

第二十八条 保险公司应当在偿付能力风险管理制度中明确偿付能力风险管理考核评价方法，将风险管理制度健全性和遵循有效性纳入对部门及高级管理人员的绩效考核体系，增强各级管理人员的风险意识和责任。其中，Ⅰ类保险公司风险管理制度健全性、遵循有效性相关指标的权重应当符合以下要求：

（一）在产品销售、产品管理等业务部门及分管该部门的公司高级管理人员的考核指标中，风险管理制度健全性、遵循有效性相关指标的权重不应低于20%；

（二）在财会、投资、精算等职能部门及分管该部门的公司高级管理人员的考核指标中，风险管理制度健全性、遵循有效性相关指标的权重不应低于30%；

（三）在风险管理部门及分管该部门的公司高级管理人员的考核指标中，风险管理制度健全性、遵循有效性相关指标的权重不应低于50%；

（四）其他与风险管理有关的职能部门及分管该部门的公司高级管理人员的考核指标中，风险管理制度健全性、遵循有效性相关指标的权重不应低于15%。

保险公司应当以本规则第十一章所规定的偿付能力风险管理的监管评分，作为风险管理制度健全性和遵循有效性的重要衡量指标。

Ⅱ类保险公司可根据本条原则，结合公司自身管理实际情况设置风险指标考核权重，但不得为零。

第二十九条 保险公司应当建立风险管理培训制度，至少符合以下要求：

（一）首席风险官和风险管理相关部门负责人每年至少参加一次由银保监会组织或认可的风险管理相关培训；

（二）保险公司每年至少组织一次针对各级分支机构、各职能部门的偿付能力风险管理培训。

第三章 风险管理目标与工具

第三十条 保险公司应当建立偿付能力风险偏好体系，明确公司在实现其战略目标过程中愿意并能够承担的风险水平，确定风险管理目标，运用各类有效的风险管理工具，将风险管理要求嵌入公司经营管理流程中。

第三十一条 保险公司应当制定偿付能力风险偏好管理政策，明确风险偏好管理机制，包括：

（一）结合公司的业务发展战略和当前的风险状况，制定风险偏好，采用定性、定量相结合的方式，确定各类风险的风险容忍度和风险限额；

（二）建立并不断完善风险偏好传导机制，将风险偏好体系融入公司经营决策中；

（三）建立超限额处置机制，并及时监控和报告风险容忍度和风险限额的执行情况；

（四）每年对风险偏好体系进行评估和必要的更新。

第三十二条 保险公司应当运用恰当的风险管理工具，管理各类风险。风险管理工具包括但不限于：

（一）全面预算；

（二）资产负债管理；

（三）资本规划与配置；

（四）压力测试；

（五）风险管理信息系统。

第三十三条 保险公司应当建立健全全面预算管理制度：

（一）保险公司应当结合风险偏好，制定科学合理的业务规划，结合经营需求开展全面预算工作；

（二）保险公司应当明确全面预算的管理架构、职责分工、工作程序、审批流程、考核要求等事项；

（三）制定业务规划和全面预算时，应当由风险管理部门开展独立的风险评估，分析业务规划和全面预算的重要风险因素及其影响，针对性制定相应管控措施，确保业务规划和全面预算符合公司风险偏好。业务规划和全面预算在提交董事会审批之前，需经首席风险官审批。

第三十四条 保险公司应当建立健全资产负债管理体系：

（一）制定科学、全面、合规的资产负债管理制度，有效管理资产负债；

（二）将偿付能力风险管理目标嵌入资产负债管理流程中，在资产负债管理的决策和日常工作中充分考虑偿付能力风险，确保资产和负债的互动在风险偏好约束之下；

（三）加强资产负债错配风险管理，制定资产负债匹配相关指标的限额，有效识别、分析、监测、预警资产负债错配风险并及时采取相应措施。

第三十五条 保险公司应当根据《保险公司偿付能力监管规则第 10 号：压力测试》，建立压力测试制度，明确压力测试的管理架构、职责分工、流程、方法和结果的应用。

第三十六条 保险公司应当根据压力测试结果，分析偿付能力风险点和管理中存在的问题，提出相应的管理措施。分析结果、采取的管理措施及其实施效果应留档备查。

第三十七条 保险公司应当按照《保险公司偿付能力监管规则第 14 号：资本规划》建立资本管理体系，加强资本管理和配置。

第三十八条 I 类保险公司应当建立满足自身风险管理要求的风险管理信息系统，至少实现以下功能：

（一）与业务、财务等相关系统对接，实现风险管理相关数据的采集、加工，关键风险指标的计算、存储、查询和导出；

（二）支持风险容忍度、风险限额和关键风险指标管理，尤其是对超限额指标的预警和管理；

（三）以关键风险指标为基础，对保险风险、市场风险、信用风险、操作风险、战略风险、声誉风险和流动性风险的风险状况进行列示、分析和预警；

（四）风险管理报表与报告的生成和传递，并留档备查；

（五）风险管理信息在各级分支机构、各职能部门之间的汇总和共享，并能够按照不同访问权限区分风险信息列示的内容。

Ⅱ类保险公司可根据自身实际决定是否建立风险管理信息系统，或在其他信息系统中实现有关功能。

第三十九条 保险公司应当建立健全数据质量管理机制，明确管理责任，确保偿付能力数据和风险管理相关数据符合时效性、准确性、一致性和完整性的要求。

第四十条 Ⅰ类保险公司应当至少每年评估风险管理信息系统的有效性，并根据风险管理以及内部控制的变化作适当的调整。

第四十一条 保险公司在开展需进行信用评级的业务时，应当聘请符合《保险公司偿付能力监管规则第17号：保险公司信用评级》规定的外部信用评级机构进行信用评级，并公开披露评级结果。

第四十二条 保险公司应当建立偿付能力风险应急管理机制，明确重大突发风险事件的定义和分类、应急管理组织架构、应急预案内容、应急预案启动触发点、应急处置方法和措施、应急预案责任人以及应急事件报告等。保险公司应当对有必要进行应急演练的风险和处置环节，定期开展应急演练，根据演练中发现的问题改善相关制度，并将演练情况和总结留档备查。

第四章　保险风险管理

第四十三条 本规则所称保险风险，是指由于死亡率、疾病发生率、赔付率、退保率、费用率等假设的实际经验与预期发生不利偏离而造成损失的风险。

第四十四条 保险公司应当建立保险风险管理制度和工作流程，指定相关部门负责保险风险管理工作，明确风险管理、财会、精算、产品、核保、理赔、再保险等相关部门的职责分工。

第四十五条 财产保险公司和人身保险公司应当从产品开发、核保、理赔、产品管理、准备金评估、再保险管理等环节管理保险风险，包括但不限于：

（一）制定各环节的保险风险管理制度；

（二）确定保险风险容忍度和风险限额；

（三）定期监测和计量保险风险；

（四）明确各环节责任人和审批流程。

再保险公司应当基于风险分类，对保险风险进行管理。对于各类风险，应确定相关风险限额，制定风险管理制度，并明确定价、核保、理赔、准备金评估、风险管理等环节的责任人和审批流程。

第四十六条 财产保险公司和人身保险公司应当建立有效的产品开发管理制度，设计开发恰当的保险责任，合理定价，控制保险风险。

（一）应当在对消费者需求等方面开展市场调研的基础上，对新产品开发进行可行性分析；

（二）应当在经验分析和合理预期的基础上，科学设定精算假设，综合考虑市场竞争的因素，对新产品进行合理定价；

（三）应当对新产品开发可能产生的风险进行分析，并提出风险控制措施；

（四）应当评估自身新产品的管理能力，包括销售、承保、理赔、账户管理等方面的管理能力。

财产保险公司和人身保险公司应当对主险产品和重要的附加险产品形成产品开发和定价报告，并由高级管理人员审批。

第四十七条 再保险公司应当建立有效的合同管理制度，设计恰当的再保险合同条款，合理定价，控制保险风险。

（一）应当在经验分析和合理预期的基础上，科学设定精算假设，综合考虑市场竞争的因素，对再保险合同进行合理定价；

（二）应当对单个再保险合同和再保险合同聚集可能产生的风险进行分析，并提出风险控制措施；

（三）应当评估公司层面、险种层面、合同层面的保险风险敞口，对再保险合同风险进行管理。

第四十八条 保险公司应当建立有效的核保核赔制度，控制保险风险。

（一）保险公司应当按照保险公司内部控制的有关监管规定，建立核保制度；

（二）保险公司应当按照保险公司内部控制的有关监管规定，建立核赔制度，加强对未决赔案的管理，准确评估未决赔款准备金。

第四十九条 财产保险公司和人身保险公司应当加强在售产品管理，包括：

（一）对当期签单保费占比在5%以上的在售产品的销售情况、现金流、资本占用、利润等进行评估。对上市两年以内的产品至少每半年评估一次，对上市超过两年的产品至少每年评估一次。

（二）对当期签单保费占比在5%以上的在售产品，财产保险公司应当对其保费充足性至少每年评估一次，人身保险公司应当对其死亡率、疾病率、费用率、退保率等重要指标至少每年评估一次。

（三）根据最新的经验数据，进行保险风险经验分析和趋势研究，作为调整和改进产品定价的基础。

财产保险公司和人身保险公司应当根据评估情况，及时调整公司的产品结构、销售政策、核保政策等，控制保险风险。

第五十条 再保险公司应当加强有效再保险合同的管理，包括：

（一）对主要再保险合同的现金流、资本占用、承保利润等每季度评估一次；

（二）对主要再保险合同的保费充足性至少每年评估一次；

（三）根据评估结果对再保险风险敞口进行调整，控制保险风险。

第五十一条 保险公司应当按照银保监会有关规定，建立准备金评估程序，准确评估未到期责任准备金和未决赔款准备金，并定期进行准备金充足性检验。

第五十二条 保险公司应当建立有效的再保险管理制度，控制自留风险，包括：

（一）明确再保险管理流程、再保险限额及审批权限等内容；

（二）明确各险种最大自留额标准，对超过最大自留额标准的险种，应当及时进行再保险安排；

（三）科学、合理安排巨灾再保险，建立巨灾累积风险管理评估机制，至少每年对公司巨灾累积风险、再保险安排效果进行一次评估，形成书面评估报告并留档备查。

再保险公司应当按上述标准，建立有效的转分保管理制度。

第五十三条 保险公司应当根据险种特点，制定适当的定性和定量的保险风险监测标准，明确保险风险监测指标，建立保险风险监测报告机制，保险风险管理牵头部门或风险管理部门至少每半年向高级管理层报告一次。

第五章　市场风险管理

第五十四条 本规则所称市场风险，是指由于利率、权益价格、房地产价格、汇率等不利变动导致保险公司遭受非预期损失的风险。

第五十五条 市场风险包括利率风险、权益价格风险、房地产价格风险、境外资产价格风险、汇率风险和集中度风险。

第五十六条 保险公司应当建立完善的市场风险管理制度，包括：

（一）制定市场风险管理政策，与公司的业务性质、规模和风险特征相适应，与总体业务发展战略、资本实力和能够承担的总体风险水平相一致。

（二）建立市场风险限额管理制度，根据业务复杂程度及特性，确定限额种类和层级。保险公司应当为每类资产设定风险限额，并明确限额设定方法以及调整、超限审批处理流程。

（三）制定市场风险内部控制流程，明确有关决策的审批、授权流程，确保重大投资和资产负债匹配等重大事项经过适当的审批程序。

（四）根据不同投资资产和负债的特点，采用情景分析、在险价值和压力测试等方法准确计量、持续监测公司面临的市场风险。

（五）制定各类市场风险的定量监测标准，建立市场风险监测报告机制，至少每季度向高级管理层报告一次。

（六）通过有效的资产负债管理等方法，适时调整资产、负债结构，对公司面临的市场风险进行统筹管理。

第五十七条 保险公司应当建立市场风险管理的工作流程，指定专门部门牵头负责市场风险管理工作，明确投资、风险管理、财会等相关部门的职责分工。

第五十八条 保险公司应当建立投资资产穿透管理制度，至少包括：

（一）及时掌握非基础资产的交易对手、交易结构、持有份额等信息；

（二）准确识别非基础资产的底层资产及其风险；

（三）穿透计量非基础资产的最低资本。

第五十九条 保险公司应当建立利率风险管理制度，包括：

（一）分析公司受利率风险影响的资产和负债类别；

（二）定期采用久期、凸性、剩余期限等工具，综合运用情景分析、在险价值和压力测试等方法，分析有关资产负债的利率敏感性和利率风险状况；

（三）识别、分析、监测利率风险变化情况，并将相关风险管理要求纳入投资管理和产品管理流程中；

（四）定期对宏观经济状况和货币政策进行分析，在公司既定的利率风险限额内，根据缺口状况，使用利率风险管理工具，有效管理利率风险。

第六十条 保险公司应当建立权益价格风险管理制度，包括：

（一）建立权益资产投资决策程序，重大投资项目应进行充分的尽职调查，履行必要的审批程序。

（二）定期对宏观经济状况进行分析，及时跟踪影响市场整体和权益资产的有关信息，分析权益资产可能的价格波动对公司的影响。

（三）运用风险暴露、在险价值、敏感性指标等工具对权益价格风险进行计量，及时分析、监控和防范权益价格风险。

（四）权益资产组合应在单项资产、行业等方面实现分散化管理，采用定量分析指标，及时分析、监控集中度风险。

（五）定期对子公司、合营企业和联营企业的权益价格风险进行评估。

（六）建立股权项目的退出管理机制。对于正常退出项目，制定退出流程和管理追踪机制；对于风险处置退出项目，建立风险缓释及处置方案，有效控制事后风险。

第六十一条 保险公司应当建立房地产价格风险管理制度，包括：

（一）建立房地产投资决策程序，重大投资决策应履行必要的审批程序；

（二）建立房地产投资的投后管理制度，及时跟踪分析房地产所处国家和地区的经济发展、宏观政策等对房地产价格的影响，通过压力测试等方法合理评估房地产价格风险；

（三）合理控制房地产投资的规模及集中度，有效降低房地产价格风险；

（四）定期对投资性房地产的减值迹象进行识别判断，及时计提资产减值。

第六十二条　保险公司应当建立境外资产价格风险管理制度，包括：

（一）建立境外资产投资决策程序，重大投资项目应进行充分的尽职调查，履行必要的审批程序；

（二）按国家、地区对境外资产进行管理和监测；

（三）对全球宏观经济、政治、军事等重大事件进行持续关注，对有关国家和地区的主权评级持续跟踪，分析其对境外资产所在国家和地区经济可能的影响；

（四）结合自身风险偏好，综合评估境外资产价格风险，并根据需要选取合适的风险管理工具，进行风险对冲。

第六十三条　保险公司应当建立汇率风险管理制度，包括：

（一）分币种进行分析、监测和管理；

（二）采用外汇风险暴露分析等方法，评估汇率变动对保险公司资产、负债和净资产的影响；

（三）根据汇率风险的大小及特性，选取合适的工具对冲汇率风险。

第六十四条　保险公司应当加强市场风险集中度管理，包括公司整体及分账户的监控，及时识别、分析、监测交易对手集中度风险和单一资产类别集中度风险，确保集中度风险维持在合理水平。

第六十五条　保险公司开展委托投资业务的，应当建立委托投资管理制度，包括但不限于：

（一）建立受托方选聘、监督、评价、考核等内容，并覆盖委托投资全过程；

（二）通过投资指引、委托合同等对受托方传导资产配置政策并进行主动风险管理，包括但不限于要求受托方及时、准确计量受托资产估值，及时反馈委托投资账户资产配置情况，协助保险公司计量市场风险；

（三）要求受托方按本规则第五十八条规定建立投资资产穿透管理制度或协助保险公司对投资资产进行穿透管理；

（四）要求受托方保证各项投资业务的开展满足监管与合规管理的要求，并按照监管及委托人的要求，及时提供各类必要的市场风险报告。

第六十六条　保险公司应当在识别、计量和监控市场风险基础上，建立公司内部的市场风险管理报告机制，市场风险管理牵头部门或风险管理部门至少每半年向高级管理层报告一次市场风险管理情况。

第六章　信用风险管理

第六十七条　本规则所称信用风险，是指由于利差的不利变动，或者由于交易对手不能履行或不能按时履行其合同义务，或者交易对手信用状况的不利变动，导致保险公司遭受非预期损失的风险。

第六十八条　保险公司应当建立信用风险管理制度，至少包括：

（一）穿透管理制度；

（二）内部信用评级制度；

（三）信用风险限额管理制度；

（四）交易对手管理制度；

（五）信用风险内部管理报告制度。

第六十九条　保险公司应当明确风险管理、投资、再保、财务等部门在信用风险管理方面的职责分工。

第七十条　保险公司应当按照本规则第五十八条规定，建立投资资产穿透管理制度，及时识别、掌握非基础资产及其底层资产的信用风险状况。

第七十一条　保险公司应当建立内部信用评级制度，规范内部信用评级的方法和流程，以及外部信用评级的运用，合理使用信用评级结果。

第七十二条　保险公司应当建立信用风险限额管理制度，根据总体风险偏好和业务特征，确定信用风险的总体限额，并明确限额设定方法以及调整、超限的审批流程。

第七十三条　保险公司应当在设定总体限额基础上，采用恰当的方法对限额进行细分，至少包括：

（一）根据交易对手、发行方、担保机构等设定各级信用限额；

（二）根据不同国家、地区设定各级信用限额；

（三）根据行业分布设定各级信用限额。

第七十四条　保险公司应当建立投资交易对手的资信管理制度，至少包括：

（一）建立交易对手库，跟踪交易对手的资信状况，定期更新交易对手库，与库外的交易对手进行交易应经首席风险官和相关负责人审批；

（二）明确各交易对手的授信额度；

（三）Ⅰ类保险公司应估算违约率、违约损失率等风险参数，及时计提资产减值；Ⅱ类保险公司应根据有关信息，及时计提资产减值；

（四）分析并更新相关投资资产的内部评级和外部评级结果。

第七十五条　保险公司应当建立再保险交易对手的资信管理制度，至少包括：

（一）确定再保险交易对手的选择标准和方法；

（二）建立再保险交易对手的资信预警机制，对再保险交易对手的信用风险进行动态跟踪和管理；

（三）建立再保险应收款项的管理、催收制度，及时计提资产减值；

（四）对境外再保险交易对手的额外要求。

第七十六条 保险公司应当建立应收保费等应收款项的管理制度，明确相应的职责分工、催收管理、考核评价等内容。

第七十七条 保险公司应当建立信用风险预警机制，至少包括：

（一）主动发现或获悉疑似信用事件，并及时进行分析研判。

（二）对于重大信用事件，应当第一时间出具预警通报，排查持仓情况。

（三）信用评级人员应定期审视持仓资产的信用资质，同时评估债务人整体偿债能力的恶化程度，对相关投资的内部评级作出适当调整。对发生信用事件的债务人，应根据严重程度，对交易对手和本公司的投资业务往来进行必要限制，严格控制信用风险。

第七十八条 保险公司应当加强信用风险集中度管理，监控维度包括但不限于资产类别、交易对手、发行管理人、行业、地区等。

第七十九条 保险公司开展委托投资业务的，应当建立委托投资管理制度，包括但不限于：

（一）建立受托方选聘、监督、评价、考核等内容，并覆盖委托投资全过程；

（二）通过投资指引、委托合同等对受托方传导资产配置政策并进行主动风险管理，包括但不限于要求受托方及时、准确计量受托资产估值，及时反馈委托投资账户资产配置情况，协助保险公司计量信用风险；

（三）要求受托方按照本规则要求建立相关制度体系，至少包括内部信用评级制度体系、信用风险的舆情监测和预警机制，以及风险资产处置流程；

（四）要求受托方按本规则第五十八条规定，建立投资资产穿透管理制度，或协助保险公司对投资资产进行穿透管理；

（五）要求受托方保证各项投资业务的开展满足监管与合规管理的要求，并按照监管及委托人的要求，及时提供各类必要的信用风险报告。

第八十条 保险公司应当在识别、计量和监控信用风险基础上，建立公司内部的信用风险管理报告机制，信用风险管理牵头部门或风险管理部门至少每半年向高级管理层报告一次信用风险管理情况。

第七章 操作风险管理

第八十一条 本规则所称操作风险，是指由于不完善的内部操作流程、人员、系统或外部事件而导致直接或间接损失的风险，包括法律及监管合规风险（不包括战略风险和声誉风险）。

第八十二条 保险公司应当对操作风险进行分类管理，可以按损失事件、业务条线、风险成因、损失形态和后果严重程度等进行分类。

第八十三条 保险公司应当建立与其业务性质、规模、复杂程度和风险特征相适应的操作风险管理制度，主要内容包括：

（一）操作风险的定义和分类；

（二）操作风险管理组织架构和相关部门职责分工；

（三）操作风险的管理方法与程序；

（四）操作风险内部报告机制，包括报告的责任、路径、频率等。

第八十四条 保险公司应当加强操作风险的识别与分析，包括：

（一）对可能出现操作风险的业务流程、人员、系统和外部事件等因素进行识别和分析，例如销售误导、理赔欺诈、投资误操作、财务披露错误、洗钱、信息安全、系统故障等方面的操作风险；

（二）从风险影响程度、发生频率与控制效率等方面对已识别的风险进行分析和评价；

（三）在新业务、新产品上线，公司管理流程或体系有重大变化时，应及时开展针对性的操作风险识别与评估。

第八十五条 保险公司应当加强操作风险管理与防范，包括：

（一）完善销售、承保、理赔、再保险等保险业务，以及资金运用、公司治理、信息系统等条线的内部操作流程，在全面管理的基础上，对公司重要业务事项和高风险领域实施重点控制。

（二）建立有效的业务管理、财务管理、资金运用、风险管理等相关信息系统，将内部控制流程嵌入到信息系统中，定期对信息系统的适用性、安全性及可靠性进行评估并不断完善。

（三）加强对总公司和分支机构人员的管理，通过职责分离、授权和层级审批等机制，形成合理制约和有效监督，并建立定期轮岗制度和培训制度。

（四）保险公司应加强操作风险管理与内部控制管理的协同，明确其牵头部门和配合部门的职责，至少每年开展一次操作风险控制自评估，准确识别和评估潜在的操作风险，全面评价内部控制的有效性，形成评价结论，出具评价报告并持续改进。

（五）建立操作风险损失事件库，明确事件的收集标准、收集范围、审批和入库流程等要求，至少应当包括事件发生或发现的时间、涉及机构及业务条线、风险成因、损失形态、后果严重程度、事件描述和支持文档等内容。

（六）建立、应用和维护操作风险关键指标库，监测可能造成损失的各项风险，并采取相应控制措施；相关部门应定期将监测结果反馈操作风险管理牵头部门，进行整体分析与评估。

第八十六条 保险公司内审部门每年应当将操作风险损失事件库和操作风险关键指标库纳入本规则第二十五条规定的公司偿付能力风险管理体系运行情况的检查、评估工作中。

第八十七条 保险公司应当按照银保监会《保险公司偿付能力监管规则第 15 号：偿付能力信息公开披露》及有关规定的要求，真实、完整地披露有关信息。

第八十八条 保险公司应当在识别、分析和监控操作风险基础上，建立公司内部的操作风险管理报告机制，操作风险管理牵头部门或风险管理部门至少每半年向高级管理层报告一次操作风险管理情况。

第八章　战略风险管理

第八十九条 本规则所称战略风险，是指由于战略制定和实施的流程无效或经营环境的变化，导致战略与市场环境和公司能力不匹配的风险。

第九十条 保险公司应当明确战略制定和战略实施的工作机制和流程，科学合理制定战略目标和战略规划，并确保能够有效实施。

第九十一条 保险公司应当在充分考虑公司的市场环境、风险偏好、资本状况、公司能力等因素的前提下制定战略目标和战略规划。战略目标和战略规划应当符合国家宏观经济政策、金融行业政策要求，并与公司风险管理文化及公司能力匹配。

第九十二条 保险公司应当配备专业化的人才队伍，提高公司经营管理能力和风险管理能力，制定科学有效的业绩考核制度，确保战略实施符合公司整体规划。

第九十三条 保险公司应当加强业务战略管理，至少包括：

（一）保险公司应当建立专业化的业务管理队伍；

（二）推出新产品、新业务以及开发新渠道时应当充分评估公司的管理能力和市场环境，确保业务战略与公司能力、市场环境相匹配；

（三）保险公司应当具备相应的风险管理能力，及时识别各类业务风险。

第九十四条 保险公司应当加强投资战略管理，至少包括：

（一）提高公司投资管理能力，确保公司能力与投资战略相匹配；

（二）密切关注市场环境变化，并根据市场环境变化及时调整投资战略；

（三）提高权益投资、投资性房地产、信托等高风险投资的管理能力，进行重大投资时应当充分评估市场影响和公司风险管理能力。

第九十五条 保险公司应当加强海外发展战略管理，至少包括：

（一）开展海外发展战略前应充分评估公司风险管理能力，海外发展风险及其可能对公司自身产生的影响；

（二）开展海外发展战略应当建立专业的海外发展战略管理团队；

（三）应当定期评估投资地区的经济和政策形势，密切关注国际经济形势，并针对重大变化及时作出适当调整。

第九十六条 保险公司应当持续关注宏观经济金融形势以及宏观经济政策、金融行业政策的重大变化，并评估自身能力，根据情况调整战略目标和战略规划，确保公司战略与公司能力变化、经营环境变化相匹配。

第九十七条 保险公司应当在识别、分析和监控战略风险基础上，建立公司内部的战略风险管理报告机制，高级管理层至少每年向董事会报告一次对战略风险的评估和管理情况。

第九章　声誉风险管理

第九十八条 本规则所称声誉风险，是指由于保险公司的经营管理或外部事件等，导致利益相关方对保险公司产生负面评价，从而造成损失的风险。

第九十九条 保险公司应当按照银保监会对保险机构声誉风险管理的有关规定，明确相关部门的职责分工，建立声誉风险管理机制，有效防范声誉风险。

第一百条 保险公司应当在分析和监控声誉风险基础上，建立公司内部的声誉风险管理报告机制，声誉风险管理牵头部门或风险管理部门至少每半年向高级管理层报告一次对声誉风险的评估和管理情况。

第十章　流动性风险管理

第一百零一条 本规则所称流动性风险，是指保险公司无法及时获得充足资金或无法及时以合理成本获得充足资金，以支付到期债务或履行其他支付义务的风险。

第一百零二条 保险公司应当按照《保险公司偿付能力监管规则第 13 号：流动性风险》及有关规定的要求，明确相关部门的职责分工，建立流动性风险管理机制，有效防范流动性风险。

第一百零三条 保险公司应当在识别、计量和监控流动性风险基础上，建立公司内部的流动性风险管理报告机制，流动性风险管理牵头部门或风险管理部门至少每半年向高级管理层报告一次对流动性风险的评估和管理情况。

第十一章　偿付能力风险管理评估

第一百零四条 偿付能力风险管理评估是指银保监会对保险公司偿付能力风险的管

理能力进行评估，确定保险公司的控制风险水平，并采取相应监管措施，推动保险公司不断提升偿付能力风险管理水平的监管行为。

第一百零五条 偿付能力风险管理评估应当遵循以下原则：

（一）自上而下原则。评估工作应当在了解保险公司风险管理的整体情况，综合保险公司股权结构、治理架构、经营战略、高级管理人员（尤其是少数关键人员）的经营理念、工作能力，以及对偿付能力风险管理、风险偏好认知等情况的基础上，对公司风险管理能力进行整体判断，然后对具体风险管理项目进行评估以确定最终结果。

（二）管理实效原则。评估工作应当充分考虑保险公司实际情况。对于风险管理体系完善，但因风险管理制度不符合公司实际情况等原因导致其未能有效实施的保险公司，应以保险公司风险管理的实际效果为基础进行评估，客观反映其风险管理能力。

第一百零六条 偿付能力风险管理评估包括以下内容：

（一）偿付能力风险管理的制度健全性，即保险公司的偿付能力风险管理基础、环境是否为公司风险管理提供了适当的基础，风险管理目标和工具、各类风险管理制度是否科学、全面、合规；

（二）偿付能力风险管理的遵循有效性，即保险公司的偿付能力风险管理的制度体系和工作机制是否得到持续地、有效地实施。

制度健全性和遵循有效性在评估结果中各占50%权重。

第一百零七条 各项风险管理要求的制度健全性和遵循有效性的评估结果分为"完全符合""大部分符合""部分符合""不符合"和"不适用"五类。银保监会根据评估结果给予监管评分。

（一）制度健全性评估结果

1. "完全符合"是指保险公司建立了全面的风险管理制度，且管理制度的内容和要素完全达到监管要求；

2. "大部分符合"是指保险公司的风险管理制度及其内容和要素符合监管要求的程度在80%到100%之间；

3. "部分符合"是指保险公司的风险管理制度及其内容和要素符合监管要求的程度在50%到80%之间；

4. "不符合"是指保险公司未建立相关的风险管理制度，或相关的风险管理制度及其内容和要素符合监管要求的程度在50%以下。

（二）遵循有效性评估结果

1. "完全符合"是指保险公司现有风险管理制度完全得到了有效执行；

2. "大部分符合"是指保险公司现有风险管理制度得到有效执行的程度在80%以上，但未达到100%；

3. "部分符合"是指保险公司现有风险管理制度得到有效执行的程度在50%以上，

但未达到80%；

4．"不符合"是指保险公司现有风险管理制度完全没有执行，或执行程度在50%以下。

若保险公司没有某类业务或事项，不适用某风险管理评估项目，则不需对其进行评估，该风险管理评估项目的评估结果应为"不适用"。

第一百零八条 银保监会每三年对保险公司偿付能力风险管理能力进行一次现场评估。当年未被评估的保险公司应当以最近一次现场评估结果为基础，计算控制风险最低资本。

第一百零九条 银保监会根据保险公司风险状况以及监管需要，确定每年现场评估对象，制订评估计划。保险公司出现重大风险事件或偿付能力风险管理能力发生重大变化的，银保监会可根据实际情况对其适用的评估分数进行监管调整，必要时可开展临时评估。

第一百一十条 保险公司应当每年开展一次偿付能力风险管理自评估，明确自评估工作机制和程序，确保自评估结果科学合理反映自身风险管理水平。

第一百一十一条 银保监会通过以下方式对保险公司开展偿付能力风险管理现场评估工作：

（一）银保监会对保险公司的偿付能力风险管理能力开展现场评估；

（二）银保监会委托银保监局对保险公司开展现场评估；

（三）银保监会认为有必要的，可以采用委托独立第三方机构评估等方式对保险公司开展现场评估。

第一百一十二条 银保监会可以根据需要采用材料调阅、现场查验、问卷调查、询问谈话、穿行测试等方式，对保险公司偿付能力风险管理能力进行评估。

第一百一十三条 银保监会对保险公司开展偿付能力风险管理评估时，涉及分支机构的，应当抽取必要数量的分支机构进行符合性测试。

第一百一十四条 银保监会对保险公司开展偿付能力风险管理评估时，必要时应对保险公司集中核算、委托投资、信息技术服务、销售、理赔等外包业务的受托方进行延伸评估，根据延伸评估的结果综合确定保险公司的风险管理能力。

第一百一十五条 银保监会对专业农险公司、专业健康险公司、政策性保险公司开展偿付能力风险管理评估时，应当考虑其业务和管理上的特殊性，提高评估结果的科学性和准确度。

第一百一十六条 偿付能力风险管理评估采用百分制。

第一百一十七条 银保监会应当在对保险公司偿付能力风险管理现场评估绝对分 S_1 基础上，区分财险公司、人身险公司、再保险公司，分别计算得出其相对分 S_2，并采用加权平均法得出保险公司最终得分 S。偿付能力风险管理评估绝对分和相对分的权重均为50%，偿付能力风险管理评估最终得分 S 的计算公式如下：

$$S = S_1 \times 50\% + S_2 \times 50\%$$

第一百一十八条 偿付能力风险管理评估相对分 S_2 的计算公式如下：

$$S_2 = S_1 \times K$$

$$K = m/M$$

其中：

S_1 为保险公司偿付能力风险管理现场评估绝对分；

S_2 为保险公司偿付能力风险管理评估相对分；

K 为相对分调整系数，由标准分与调整基础分确定；

m 为标准分，$m = 80$；

M 为调整基础分，等于当期公司所处行业评估绝对分排名前15%的公司的平均分。

第一百一十九条 存在下列情形之一的，保险公司偿付能力风险管理现场评估绝对分 S_1 不得高于70分：

（一）保险公司股权结构不清晰或存在重大股权纠纷的；

（二）偿付能力风险管理要求与评估中"风险管理基础与环境"部分得分低于12分；

（三）未按规定编报资本规划，或资本规划实施出现重大偏差且无合理理由的；

（四）存在关联交易金额超限等违反保险公司关联交易管理规定的重大情形的；

（五）公司未按规定建立操作风险损失事件库和关键风险指标库；

（六）出现重大风险事件的；

（七）公司治理评估得分低于60分；

（八）银保监会规定的其他情形。

第一百二十条 保险公司应当根据偿付能力风险管理评估结果 S 和可资本化风险最低资本计算控制风险最低资本，计算公式如下：

$$MC_{控制风险} = Q \times MC_{可资本化风险}$$

其中：

$MC_{控制风险}$ 为控制风险最低资本；

$MC_{可资本化风险}$ 为可资本化风险最低资本总和；

$$Q \text{ 为控制风险因子，} Q = \begin{cases} -0.01S + 0.75 & (0 \leqslant S \leqslant 70) \\ -0.005S + 0.4 & (70 \leqslant S \leqslant 90) \\ -0.01S + 0.85 & (90 \leqslant S \leqslant 100) \end{cases}$$

第一百二十一条 境外国家（地区）的偿付能力监管制度获得中国偿付能力监管等效资格的，对于境外国家（地区）的保险公司在中国境内设立的保险子公司或分公司，监管部门在实施偿付能力风险管理能力评估时，可以适当简化评估程序，认可其母公司或总公司的风险管理制度。具体政策由银保监会另行规定。

第一百二十二条 偿付能力风险管理评估结束后，银保监会向保险公司通报评估结果和相关问题。

第一百二十三条 根据评估结果，银保监会可以要求保险公司对偿付能力风险管理中的重大缺陷进行整改，整改无效的可采取必要的监管措施。

第十二章 附 则

第一百二十四条 外国保险公司在华分公司的风险管理职能由总公司或境外其他层级机构履行的，适用本规则第一百一十四条的延伸评估原则，公司应当提供相关证据。

第一百二十五条 相互保险组织、经营保险业务的保险集团公司适用本规则。

第一百二十六条 自保公司参照本规则执行，并按照本规则第一百一十条规定每年开展一次偿付能力风险管理自评估工作。自保公司不计算控制风险最低资本，银保监会另有规定的除外。

第一百二十七条 本规则由银保监会负责解释和修订。

第一百二十八条 本规则于 2015 年 2 月 13 日第一次发布，于 2021 年 12 月 30 日修订发布。本规则施行日期另行规定。

《保险公司偿付能力监管规则第12号：偿付能力风险管理要求与评估》讲解

一、总则概述

《保险公司偿付能力监管规则第12号：偿付能力风险管理要求与评估》（以下简称本规则）主要包括两部分内容：一是明确保险公司偿付能力风险管理要求，为保险公司健全风险管理制度机制、提升风险防控能力提供标准。保险公司应当根据本规则的相关要求，结合自身业务规模和风险特征，建立健全偿付能力风险管理体系，加强对固有风险的管理，提升偿付能力风险管理能力，降低控制风险。二是建立监管评估机制，由监管部门定期对保险公司的偿付能力风险管理能力进行评估，并将评估结果与最低资本相挂钩，引导激励保险公司不断提升风险管控水平。

二、偿付能力风险管理要求

偿付能力风险管理要求涵盖了风险管理基础与环境、目标与工具、保险风险、市场风险、信用风险、操作风险、战略风险、声誉风险及流动性风险九个方面，本规则对上述方面均提出了明确要求。

一是本规则是最低要求。保险公司根据公司实际情况，可以在本规则基础上，建立更高水平的风险管理体系。

二是根据保险公司的发展阶段、业务规模、风险特征等，将保险公司分为Ⅰ类公司和Ⅱ类公司。与Ⅰ类保险公司相比，Ⅱ类保险公司由于成立时间短或分支机构较少、规模相对较小，可以在部分规定上适用较低的标准。比如，董事会可以不设立风险管理委员会，可以结合公司实际情况设置风险指标考核权重等。

三是保险公司不能照搬照抄规则，应当根据自身实际建立风险管理制度。保险公司在制定风险管理制度时，应当根据自身的实际，结合本规则要求，建立切实可行的制度体系，并建立健全确保制度有效落地的工作机制，使风险管理融入公司经营管理的各个环节，发挥实效。

三、偿付能力风险管理评估

（一）评估原则

偿付能力风险管理评估是由监管部门定期对保险公司偿付能力风险的管理能力进行评估，识别偿付能力风险管理中存在的问题，并将评估结果与资本要求相挂钩，推动公司不断提升偿付能力风险管理能力。偿付能力风险管理评估遵循以下原则：

一是自上而下原则。评估工作应当在了解保险公司风险管理整体情况的基础上，综合保险公司股权结构、治理架构、经营战略、高级管理人员的经营理念、工作能力，以及偿付能力风险管理、风险偏好的认知等基础上，对公司风险管理能力进行整体判断，然后对具体风险管理项目进行评估以确定最终结果。

二是管理实效原则。评估工作应当充分考虑保险公司实际情况，对于虽然风险管理体系完善，但因风险管理制度不符合公司实际情况等原因，导致其并未有效实施的保险公司，应以保险公司风险管理实际效果为基础进行评估，客观反映其风险管理能力。

（二）评估内容

偿付能力风险管理评估内容包括制度健全性和遵循有效性两方面，各占 50% 的权重。其中，制度健全性即保险公司的偿付能力风险管理基础与环境等是否为公司风险管理提供了适当的基础，风险管理目标与工具以及各类风险管理制度是否科学、全面、合规。遵循有效性即保险公司的偿付能力制度体系和工作机制是否得到持续的、有效的实施。

制度健全性和遵循有效性的评估结果分为"完全符合""大部分符合""部分符合""不符合"和"不适用"五类。其中，"不适用"是指若保险公司没有某类业务或事项，不适用某风险管理评估项目，则不需要对其进行评估。比如，某保险公司没有开展股权投资，那么市场风险管理中对股权投资的相关项目可评估为"不适用"。

（三）评估方式

偿付能力风险管理评估采用监管评估方式，中国银保监会每年对部分保险公司进行评估，三年全覆盖一轮。中国银保监会可以直接对保险公司开展现场评估，也可以委托银保监局或第三方独立机构对保险公司开展现场评估。

一是评估频率。原则上监管部门每三年监管评估一次。保险公司出现重大风险事件或偿付能力风险管理能力发生重大变化时，监管部门根据实际情况对其监管结果进行调整，必要时可开展临时评估。

二是延伸评估。监管部门对保险公司开展监管评估时，必要时可开展延伸评估。延伸评估的内容包括保险公司集中核算、委托投资、信息技术服务、销售、理赔等外包业务的受托方。监管部门根据延伸评估结果综合确定保险公司的风险管理能力。

三是自评估要求。除监管评估外，保险公司应每年开展一次偿付能力风险管理自评估，建立自评估工作机制和程序，确保自评估结果科学合理地反映自身风险管理水平。

四是考虑不同公司的实际。对专业农险公司、专业健康险公司、政策性保险公司开展监管评估时，应当充分考虑其业务规模和风险实质，确保评估结果科学反映其风险管理能力。

（四）评估结果和控制风险最低资本

1. 评估得分的计算规则。评估得分由绝对分和相对分加权平均得到，绝对分和相对分的权重各占 50%。相对分区分产险公司、寿险公司和再保险公司，按照本规则第一百一十八条的公式进行计算。比如，某家财产保险公司的现场评估绝对分 S_1 为 76 分，财险业评估绝对分排名前 15% 的公司平均分为 81 分。根据第一百一十八条的 $K = m/M$ 计算得到相对分调整系数 K 为 $80 \div 81 = 0.9876$，该公司的相对分 S_2 为 $76 \times 0.9876 = 75.06$ 分。该公司最终得分 S 为 $76 \times 50\% + 75.06 \times 50\% = 75.53$ 分。

2. 限高机制。如果存在以下情形之一，保险公司偿付能力风险管理评估绝对分不得高于 70 分：一是保险公司股权结构不清晰或存在重大股权纠纷的；二是偿付能力风险管理要求与评估中"风险管理基础与环境"部分得分低于 12 分；三是未按规定编报资本规划，或资本规划实施出现重大偏差且无合理理由的；四是存在关联交易金额超限等违反保险公司关联交易管理规定的重大情形的；五是公司未按规定建立操作风险损失事件库和关键风险指标库；六是出现重大风险事件的；七是公司治理评估得分低于 60 分；八是中国银保监会规定的其他情形。

3. 控制风险最低资本。保险公司应当根据偿付能力风险管理评估结果 S 和可资本化风险最低资本计算控制风险最低资本，计算公式如下：

$$MC_{控制风险} = Q \times MC_{可资本化风险}$$

其中：

$MC_{控制风险}$ 为控制风险最低资本；

$MC_{可资本化风险}$ 为可资本化风险最低资本总和；

Q 为风险因子，

$$Q = \begin{cases} -0.01S + 0.75 & (0 \leqslant S \leqslant 70) \\ -0.005S + 0.4 & (70 \leqslant S \leqslant 90) \\ -0.01S + 0.85 & (90 \leqslant S \leqslant 100) \end{cases}$$

保险公司偿付能力监管规则第 13 号：
流动性风险

第一章　总　则

第一条　为规范保险公司流动性风险管理的最低监管要求，建立流动性监管指标和压力测试制度，防范流动性风险，制定本规则。

第二条　本规则所称保险公司，是指依法在中华人民共和国境内设立的经营商业保险业务的保险公司和外国保险公司分公司。

第三条　本规则所称流动性风险，是指保险公司无法及时获得充足资金或无法及时以合理成本获得充足资金，以支付到期债务或履行其他支付义务的风险。

第四条　保险公司应当按照本规则建立健全流动性风险管理体系，开展现金流压力测试，有效识别、计量、监测和控制流动性风险，以保持合理安全的流动性水平。

第五条　银保监会依照本规则对保险公司的流动性风险水平及流动性风险管理行为实施监督管理。

第二章　流动性风险管理

第六条　保险公司应当建立与其业务规模、性质和复杂程度相适应，与其总体战略目标和风险偏好相一致的流动性风险管理体系。流动性风险管理体系应当包括以下基本要素：

（一）流动性风险管理的治理结构；

（二）流动性风险管理的策略、政策和程序；

（三）流动性风险的识别、计量、监测和控制。

第一节　流动性风险管理的治理结构

第七条　保险公司应当建立完善的流动性风险管理治理结构，明确董事会及其下设的专门委员会、高级管理层，以及相关部门在流动性风险管理中的职责和报告路线，并建立相应的考核及问责机制。

第八条 保险公司董事会承担流动性风险管理的最终责任，履行以下职责：

（一）审批并至少每年审议一次流动性风险偏好和容忍度、流动性风险管理策略、重要的政策和流程；

（二）监督高级管理层对流动性风险进行有效地管理和控制；

（三）持续关注流动性风险状况，及时了解流动性风险水平及其重大变化。

董事会可以授权其下设的专门委员会履行其部分职责。

第九条 未设置董事会的外国保险公司分公司，应由高级管理层履行董事会的流动性风险管理职责并承担相应的责任。

第十条 保险公司的高级管理层应当在董事会授权下履行以下流动性风险管理职责：

（一）根据董事会批准的流动性风险偏好和容忍度，制定并执行流动性风险管理策略、政策和流程；

（二）定期评估和改进流动性风险管理制度，确保其有效性；

（三）定期评估流动性风险，及时监测现有和潜在流动性风险的重大变化，并定期向董事会报告；

（四）制订和组织实施流动性风险应急计划；

（五）建立与公司实际情况相适应的信息系统，支持流动性风险的识别、计量、监测和控制；

（六）其他有关职责。

第十一条 保险公司应当建立健全流动性风险管理的工作程序和工作流程，指定一名高级管理人员负责流动性风险管理工作，并明确流动性风险管理牵头部门及相关部门的职责分工。

第二节 流动性风险管理策略、政策和程序

第十二条 保险公司应当制定流动性风险管理策略，明确流动性风险管理的目标、管理模式、主要政策和程序。

第十三条 保险公司应当根据业务规模、产品结构、风险状况和市场环境等因素，在充分考虑其他风险对流动性风险的影响和公司整体风险偏好的基础上，确定其流动性风险偏好和容忍度。

第十四条 保险公司应当根据流动性风险偏好和容忍度设定流动性风险限额，并建立流动性风险限额管理制度，至少应当包括以下内容：

（一）各项流动性风险限额，包括现金头寸、流动资产比例等；

（二）流动性风险限额的设定、审批、监测和调整流程；

（三）超限额的报告、审批及问责制度；

（四）流动性风险限额管理的监督检查。

第十五条 保险公司应当根据流动性风险偏好制定并持续完善流动性风险管理政策和流程，做好流动性风险管理工作，包括但不限于：

（一）流动性风险识别、计量和监测；

（二）日常现金流管理；

（三）业务管理；

（四）投资管理；

（五）融资管理；

（六）再保险管理；

（七）现金流压力测试；

（八）流动性应急计划。

第三节　流动性风险识别、计量、监测和控制

第十六条 保险公司应当结合公司实际，运用适当的方法、工具和模型，有效识别、计量、监测和控制流动性风险，维持充足的流动性水平以满足各种资金需求和应对不利的市场状况。

第十七条 保险公司应当根据自身业务结构及风险特征，识别和关注可能引发流动性风险的重大事件，及时分析其对流动性水平的影响。重大事件包括但不限于：

（一）非正常的集中退保；

（二）大规模满期或者生存金给付；

（三）重大理赔事件；

（四）投资大幅亏损；

（五）巨灾风险事件；

（六）失去关键销售渠道；

（七）重要交易对手出现违约风险或外部信用评级下调至 BB + 及以下；

（八）公司信用评级发生不利变化；

（九）重大声誉风险事件；

（十）其他重大事件。

第十八条 保险公司应当识别、评估和监测保险风险、市场风险、信用风险、操作风险、战略风险、声誉风险等风险对公司流动性水平的影响，防范其他风险向流动性风险转化。

第十九条 保险公司应当加强对传统保险账户、分红保险账户、投资连结保险账户、万能保险账户流动性水平的计量和监测，及时识别和控制流动性风险。

第二十条 保险公司应当加强日常现金流管理，合理安排经营活动、投资活动和融资活动等各类现金流，确保有充足的流动性履行各项支付义务。

第二十一条 保险公司日常现金流管理至少应当包括以下内容：

（一）定期监测公司现金流入和现金流出，分红保险账户、投资连结保险账户和万能保险账户等账户的现金流入和现金流出，以及各分支机构的现金流入和现金流出；

（二）根据公司的经营活动、投资活动和融资活动，合理估计公司现金流需求；

（三）合理调配资金，按时履行各项支付义务。

第二十二条 保险公司在制订业务发展计划、销售新产品和开展各项保险业务活动前，应当充分考虑公司的流动性状况，评估其对公司流动性的影响，并采取相应的措施。

第二十三条 保险公司应当评估和管理下列保险业务活动对公司流动性风险状况的影响：

（一）业务发展计划的重大调整；

（二）销售新产品或停售现有产品；

（三）开发或调整销售渠道；

（四）制定分红保险的分红政策、万能保险的结算利率等；

（五）退保、赔付、保单质押贷款等因素的变化情况；

（六）其他可能对公司流动性风险状况产生影响的保险业务活动。

第二十四条 保险公司在制定投资策略和投资计划时，应当考虑公司的流动性状况，充分评估投资活动对公司未来流动性水平的影响。

第二十五条 保险公司投资管理至少应当考虑以下因素：

（一）保持适当的流动资产比例，控制非流动资产比重，维持合理的资产结构；

（二）加强资产与负债的流动性匹配管理，根据公司业务特点和负债特点，确定投资资产结构，从期限、币种、现金流等方面合理匹配资产与负债；

（三）定期评估投资资产的风险、流动性水平和市场价值，检验投资资产的变现能力；

（四）密切关注金融市场环境对投资资产流动性的影响。

第二十六条 保险公司应当加强融资管理，确保公司可以用合理的成本及时获取资金，满足流动性需求。

第二十七条 保险公司融资管理至少应当考虑以下因素：

（一）加强融资渠道管理，保持在其选定的融资渠道中的适当活跃程度，定期检验其在各类融资渠道中的融资能力；

（二）提高融资渠道的分散化程度，加强交易对手、融资市场等集中度管理；

（三）加强对可抵（质）押资产的管理，定期评估通过抵（质）押资产融资的能力；

（四）密切关注金融市场流动性对保险公司外部融资能力的影响。

第二十八条　保险公司应当评估再保险业务对流动性风险的影响，加强再保险业务现金流的管理，并合理利用再保险工具，缓释重大保险事故可能引发的流动性风险。

第二十九条　保险公司应当定期进行现金流压力测试，在基本情景和压力情景下，对公司未来一段时间内的流动性风险进行前瞻性分析和评估。

第三十条　保险公司应当根据本规则附件 1 建立现金流压力测试模型，使用审慎合理的假设。保险公司应定期评估各项假设，根据需要进行修正，并保留书面记录。

第三十一条　保险公司应当根据公司实际情况，制订有效的流动性应急计划。流动性应急计划至少应当包括以下内容：

（一）触发启动应急计划的条件；

（二）董事会、管理层及各部门在应急计划中的权限和职责；

（三）可以使用的各类应急措施、每类应急措施可以筹集资金的规模和所需时间；

（四）应急计划组织实施的程序和流程；

（五）与交易对手、客户、媒体等外部相关方的沟通机制。

第三十二条　保险公司综合考虑业务发展及市场变化等因素，定期评估流动性风险管理机制和制度的有效性，必要时进行适当调整。

第三章　流动性风险监管指标和监测指标

第三十三条　流动性风险监管指标包括流动性覆盖率、经营活动净现金流回溯不利偏差率、净现金流。

第三十四条　保险公司应当以母公司财务报表（而不是合并财务报表）为基础计算流动性风险监管指标。

第三十五条　流动性覆盖率旨在评估保险公司基本情景和压力情景下未来一年内不同期限的流动性水平。保险公司应当根据本规则附件 2 要求计算流动性覆盖率。现金流压力测试的压力情景由银保监会另行规定。

银保监会根据保险公司不同期限的基本情景和压力情景下的流动性覆盖率，综合判断公司整体流动性风险水平。

第三十六条　经营活动净现金流回溯不利偏差率指保险公司基本情景下经营活动净现金流预测结果和实际结果之间的不利偏差的比率。保险公司应当根据本规则附件 2 要求计算经营活动净现金流回溯不利偏差率。

第三十七条　净现金流指标反映保险公司过去两年整体净现金流状况。保险公司应当根据本规则附件 2 要求计算净现金流。

第三十八条 流动性风险监测指标用于保险公司流动性风险的识别与预警，通过负债端、资产端等方面的指标，及时发现公司流动性风险隐患，提高流动性风险管理水平。

（一）财产保险公司的流动性风险监测指标包括经营活动净现金流、百元保费经营活动净现金流、特定业务现金流支出占比、规模保费同比增速、现金及流动性管理工具占比、季均融资杠杆比例、AA 级（含）以下境内固定收益类资产占比、持股比例大于5% 的上市股票投资占比、应收款项占比、持有关联方资产占比等。

（二）人身保险公司的流动性风险监测指标包括经营活动净现金流、综合退保率、分红/万能账户业务净现金流、规模保费同比增速、现金及流动性管理工具占比、季均融资杠杆比例、AA 级（含）以下境内固定收益类资产占比、持股比例大于 5% 的上市股票投资占比、应收款项占比、持有关联方资产占比等。

（三）再保险公司的流动性风险监测指标包括经营活动净现金流、特定业务现金流支出占比、应收分保账款率、现金及流动性管理工具占比、季均融资杠杆比例、AA 级（含）以下境内固定收益类资产占比、持股比例大于5%的上市股票投资占比、应收款项占比、持有关联方资产占比等。

保险公司应当根据本规则附件3 要求计算流动性风险监测指标。

第三十九条 银保监会可以根据审慎监管需要，调整行业或特定保险公司的流动性风险监管指标和监测指标的内容、计算口径和计算频率。

第四章　流动性风险监管

第四十条 保险公司应当按照《保险公司偿付能力监管规则第 18 号：偿付能力报告》的要求，在偿付能力季度报告中披露流动性风险监管指标、监测指标和现金流测试等有关信息。

第四十一条 保险公司出现重大流动性风险时，应当自发现之日起 3 日内向银保监会报告，说明当前流动性水平、流动性风险状况以及已采取和拟采取的应急措施等。

第四十二条 对于流动性风险监管指标异常、存在重大流动性风险隐患或未按本规则建立和执行流动性风险管理体系的保险公司，银保监会根据实际情况，采取有针对性的以下一项或者多项监管措施：

（一）要求保险公司提交改善流动性水平的计划；

（二）要求保险公司完善流动性管理机制和制度；

（三）监管谈话；

（四）银保监会认为必要的其他监管措施。

第五章　附　则

第四十三条　相互保险组织适用本规则。

第四十四条　保险集团的流动性风险监管规则另行规定。

第四十五条　本规则由银保监会负责解释和修订。

第四十六条　本规则于 2015 年 2 月 13 日第一次发布，于 2021 年 12 月 30 日修订发布。本规则施行日期另行规定。

附件：1. 现金流测试

2. 流动性风险监管指标

3. 流动性风险监测指标

附件1

现金流测试

一、测试目的

现金流测试旨在评估保险公司基本情景和压力情景下未来一年内的现金流情况，以及时发现流动性风险隐患，防范流动性风险。

二、测试频率

保险公司应当按照本规则，至少每个季度进行一次现金流测试。银保监会可根据监管需要增加测试频率。

三、测试区间

现金流测试的测试区间为报告期末起未来12个月。保险公司应当以季度为单位，将测试区间划分为测试时点后第一个季度至测试时点后第四个季度。

四、测试范围

现金流测试包括保险公司对经营活动、投资活动和筹资活动的现金流测试。保险公司应当测试公司整体的现金流状况。

五、测试原则

（一）保险公司应当首先预测基本情景下的现金流情况，在此基础上，再测试压力情景下的现金流情况。

（二）保险公司在预测未来现金流时，可以按照重要性原则，不考虑部分现金流量少、发生频率低的项目。

（三）保险公司预测压力情景下的未来现金流时，不考虑保险公司管理层行为，即公司管理层为改善流动性状况或应对流动性风险而采取的紧急措施，例如临时银行贷款等。

六、基本情景现金流测试

基本情景是指保险公司在考虑现有业务和未来新业务情况下的最优估计假设情景。其中，新业务假设应当与保险公司业务规划一致。

保险公司预测未来现金流时，应当确定基本情景假设。预测时采用的新业务假设、费用假设、再保险假设、投资策略假设、保单分红策略假设和万能利率结算策略假设，以及投资收益率、赔付率、退保率、死亡发生率、疾病发生率等假设应当基于保险公司当前对未来的最优估计确定。各项假设的制定和调整应当遵循监管规定以及公司内部控制和审批流程。预测基本情景现金流时，其基本情景的各项假设应当与业务规划保持一致，以《保险公司偿付能力监管规则第10号：压力测试》中基本情景的各项假设为基础，并根据现金流压力测试目的进行必要的调整。

保险公司应当合理运用会计和精算估计，根据基本情景假设分别预测经营活动现金流、投资活动现金流和筹资活动现金流。

（一）经营活动现金流预测

1. 经营活动现金流入包括收到保险合同保费取得的现金、保户储金及投资款净增加额以及收到其他与经营活动有关的现金。保险公司应当根据新业务假设、保单继续率等假设，预测收到保险合同保费取得的现金；根据当前再保险业务条款，结合精算假设，预测再保业务的保费、摊回赔款、摊回费用、分保手续费等再保业务产生的现金流入与支付再保费用等再保业务产生的现金流出的净额；根据产品特征、新业务假设等预测保户储金及投资款净增加额。根据重要性原则合理预测其他与经营活动有关的现金流入。

2. 经营活动现金流出包括支付保险合同赔付款项的现金、支付手续费及佣金的现金、支付给职工以及为职工支付的现金、支付的各项税费以及支付其他与经营活动有关的现金。保险公司应当根据赔付率假设、死亡发生率假设等信息预测支付赔付款项的现金；根据公司业务规划中的费用预算和各项精算假设等，合理预测支付的手续费及佣金。保险公司应当根据重要性原则，结合费用预算，合理预测其他与经营活动有关的现金流出。

（二）投资活动现金流预测

1. 投资活动现金流入包括收回投资收到的现金、取得投资收益收到的现金，以及其他与投资活动有关的现金流入。保险公司应当根据投资策略、投资安排、外部经济环境和投资收益率假设等，预测收回各类投资、取得投资收益等现金流入。

2. 投资活动现金流出包括投资支付的现金、保户质押贷款净增加额、取得子公司及其他营业单位支付的现金净额、购建固定资产、无形资产和其他长期资产支付的现金，以及其他与投资活动有关的现金流出。保险公司应当根据业务规划、投资计划等预测各类投资活动现金流出。

3. 保险公司应当根据重要性原则合理预测与投资活动有关的现金流入和现金流出。保险公司可以根据其投资策略，反映资产调整的现金流情况，例如为保持流动性水平的资产配置调整、存款到期的续存、债券到期重新投资等。但对于投资性不动产、长期股权投资和固定资产等项目，除非已经有明确的交收合约，保险公司不应在现金流预测中假设其变现。此外，保险公司也不应假设将原计划持有至到期的金融资产提前变现。

（三）筹资活动现金流预测

1. 筹资活动现金流入包括吸收投资收到的现金、发行债券收到的现金，以及收到其他与筹资活动有关的现金流入。保险公司应当根据明确的募资计划、债务发行计划等预测筹资活动现金流入。比如，根据债务发行计划预测发行资本补充债券收到的现金等。

2. 筹资活动现金流出包括偿还债务、分配股利或利润、偿付利息支付的现金，以及支付其他与筹资活动有关的现金流出。保险公司应当根据债务到期时间、股利分配政策等预测筹资活动现金流出。比如，根据债务到期时间预测偿还资本补充债券本金和利息所支付的现金、根据分红政策预测分配股利的现金等。

3. 为合理反映流动性风险水平，保险公司在预测筹资活动现金流时只应考虑已履行完决策程序的、符合公司章程规定的、有明确安排的筹资活动现金流，而不应考虑没有明确安排的、为应对流动性困难而可能采取的临时性筹资活动。

七、压力情景现金流测试

现金流压力测试的压力情景包括自测情景和必测情景。自测情景由保险公司自行确定。保险公司应当根据自身业务结构、历史经验、流动性特点以及对未来市场环境的预期等因素，考虑未来有可能发生并对保险公司流动性风险产生不利影响的因素，设定公司自测情景。银保监会根据行业情况确定并发布统一的必测情景，以适当反映行业可能面对的流动性风险。

压力情景现金流测试程序应当与基本情景现金流测试程序保持一致。保险公司应当在基本情景测试结果的基础上，根据不同压力情景调整相应参数，以预测各种压力情景下的流动性状况。

压力情景现金流测试应当符合以下规定：

（一）经营活动现金流预测。保险公司应当根据压力情景预测保费收入、赔款、给付、退保、费用等各项现金流。

（二）投资活动现金流预测。压力情景下，保险公司应当考虑按照合同约定能正常收回的本金、利息收入等现金流入，不应当考虑管理层为改善现金流而出售资产所产生的现金流入，以及投资活动现金流出，但已经签订合同等形成确定支付义务的投资活动现金流出除外。

（三）筹资活动现金流预测。保险公司预测筹资活动现金流时，应当符合以下规定：1. 不应考虑预计通过股东增资、发行资本补充债以及其他资本工具可能产生的现金流入；2. 可考虑公司通过正回购、拆入资金等短期筹资能够从市场中融入的现金流入，但未来各期末短期筹资业务的余额应当以报告日已有短期筹资业务的余额为限。

银保监会可以根据所设定的压力情景和监管需要对保险公司经营活动、投资活动和筹资活动现金流的预测范围和预测口径进行调整。

八、填报要求

（一）保险公司应当根据现金流预测结果，填报"附表1：保险公司现金流测试表"。

（二）保险公司应当按照《保险公司偿付能力监管规则第18号：偿付能力报告》有关要求，向银保监会报告现金流测试、流动性风险监管指标和流动性风险监测指标有关信息。

附表1　　　　　　　　　　　　　保险公司现金流测试表

公司名称：　　　　　　　　　　　　　　年　　月　　日　　　　　　　　单位：万元

项目	本年累计数	基本情景				必测压力情景				自测压力情景			
		未来第一季度	未来第二季度	未来第三季度	未来第四季度	未来第一季度	未来第二季度	未来第三季度	未来第四季度	未来第一季度	未来第二季度	未来第三季度	未来第四季度
一、经营活动现金流量：													
收到保险合同保费取得的现金													
收到再保业务现金净额													
保户储金及投资款净增加额													
收到其他与经营活动有关的现金													
经营活动现金流入小计													
支付保险合同赔付款项的现金													
支付手续费及佣金的现金													
支付给职工以及为职工支付的现金													
支付的各项税费													
支付其他与经营活动有关的现金													
经营活动现金流出小计													
经营活动产生的现金流量净额													
二、投资活动现金流量：													
收回投资收到的现金													
其中：收回到期资产本金													
取得利息及红利													
出售非到期的资产本金、利息或红利													
处置子公司、合营公司、联营公司收到的现金													
处置固定资产、无形资产和其他长期资产收到的现金净额													
收到其他与投资活动有关的现金													
投资活动现金流入小计													
投资支付的现金													
保户质押贷款净增加额													
取得子公司及其他营业单位支付的现金净额													

续表

项目	本年累计数	基本情景				必测压力情景				自测压力情景			
		未来第一季度	未来第二季度	未来第三季度	未来第四季度	未来第一季度	未来第二季度	未来第三季度	未来第四季度	未来第一季度	未来第二季度	未来第三季度	未来第四季度
购建固定资产、无形资产和其他长期资产支付的现金													
支付其他与投资活动有关的现金													
投资活动现金流出小计													
投资活动产生的现金流量净额													
三、筹资活动现金流													
吸收投资收到的现金或发行债券收到的现金													
短期筹资（包括卖出回购和拆入资金等）收到的现金													
收到其他与筹资活动相关的现金													
筹资活动现金流入小计													
分配股利、利润或偿付利息的现金													
偿还债务支付的现金													
短期筹资（包括卖出回购和拆入资金等）支付的现金													
支付其他与筹资活动相关的现金													
筹资活动现金流出小计													
筹资活动产生的现金流量净额													
四、净现金流入													
五、净现金流出													
六、净现金流													

填表说明：

1. 保险公司应当按照本规则要求，填报公司整体的现金流测试情况。

2. 填报数据保留小数点后两位。

3. 本季度经营活动现金流、投资活动现金流及筹资活动现金流的各项数据应当与公司现金流量表保持一致。

4. 若当期短期筹资（包括卖出回购和拆入资金等）为净流入，则应将短期筹资净增加额填入"短期筹资（包括卖出回购和拆入资金等）收到的现金"；反之，则应将短期筹资净减少额填入"短期筹资（包括卖出回购和拆入资金等）支付的现金"。

附件 2

流动性风险监管指标

流动性风险监管指标包括流动性覆盖率、经营活动净现金流回溯不利偏差率、净现金流。保险公司应当基于现金流测试计算流动性风险监管指标。

一、流动性覆盖率

流动性覆盖率（LCR）旨在评估保险公司基本情景和压力情景下未来一年内不同期限的流动性水平。

（一）流动性覆盖率指标

1. 基本情景下流动性覆盖率

保险公司应当计算基本情景下公司整体流动性覆盖率 LCR_1：

$$LCR_1 = \frac{\text{基本情景下公司现金流入} + \text{现金及现金等价物评估时点账面价值}}{\text{基本情景下公司现金流出}} \times 100\%$$

2. 压力情景下流动性覆盖率

（1）保险公司应当计算压力情景下公司整体流动性覆盖率 LCR_2：

$$LCR_2 = \frac{\begin{array}{c}\text{压力情景下公司现金流入} + \text{现金及现金等价物}\\ \text{评估时点账面价值} + \text{流动性资产储备变现金额}\end{array}}{\text{压力情景下公司现金流出}} \times 100\%$$

（2）保险公司应当计算压力情景下不考虑资产变现情况的流动性覆盖率 LCR_3：

$$LCR_3 = \frac{\text{压力情景下公司现金流入} + \text{现金及现金等价物评估时点账面价值}}{\text{压力情景下公司现金流出}} \times 100\%$$

（二）流动性覆盖率计算要求

1. 流动性覆盖率的测试情景包括基本情景和压力情景，其相关假设应当与现金流测试的基本情景和压力情景保持一致，相应的经营活动现金流、投资活动现金流和筹资活动现金流也应当与现金流测试保持一致。其中，计算流动性覆盖率时，短期筹资（包括卖出回购、拆入资金等）产生的现金流以收支净额为基础，如短期筹资净额为正，则计入筹资活动现金流入，否则计入筹资活动现金流出。

2. 保险公司应当计算未来 3 个月和未来 12 个月的流动性覆盖率。

3. 现金等价物是指符合《企业会计准则第 31 号——现金流量表》中关于"现金等价物"定义的资产。

4. 流动性资产储备，是指具备易于交易、易于变现及无变现障碍等特征，通过出售或抵（质）押方式，能够以合理成本快速变现，为公司提供流动性的资产，但不包括现金及现金等价物。

（1）流动性资产储备的基本特征

一是易于交易。该类资产交易活跃且具有一定规模的成熟市场，市场集中度低，且历史数据表明，在发生系统性危机时，市场参与者倾向于持有此类资产。

二是易于变现。保险公司应当具有变现流动性资产储备的政策、程序和系统，能够在流动性覆盖率所设定的压力情景下将流动性资产储备随时变现，以弥补现金流缺口，并确保变现可在正常的结算期内完成。

三是无变现障碍。没有作为任何交易的质押（包括显性和隐性）、抵押或信用增级工具。保险公司变现流动资产储备，不会导致其违反相关法律法规和监管要求。

（2）流动性资产储备的构成

流动性资产储备包括固定收益类流动性资产储备和权益类流动性资产储备，但不包括：

①非标准化债权资产；

②另类投资资产；

③AAA级以下债券；

④持有至到期类债券资产；

⑤长期股权投资；

⑥处于封闭期的境内债券型基金（开放式）、境外债券型基金（开放式）、境内股票型基金（开放式）、境内混合型基金（开放式）、组合类保险资产管理产品（开放式）；

⑦持有份额超过80%的组合类保险资产管理产品（开放式）；

⑧其他不符合流动性资产储备基本特征的资产；

⑨在预测期内到期且已经计入未来现金流入的资产。

（3）流动性资产储备变现金额

流动性资产储备的变现金额＝流动性资产储备评估时点账面价值×折算系数

流动性资产储备构成表

序号	资产类别	折算系数
1	货币市场基金	100%
2	交易类及可供出售类国债	100%
3	可提前支取的定期存款或协议存款	90%
4	交易类及可供出售类地方政府债、政府支持机构债券、政策性金融债	90%
5	交易类及可供出售类AAA级金融企业（公司）债	85%
6	交易类及可供出售类AAA级非金融企业（公司）债	80%
7	境内债券型基金（开放式）	85%
8	境外债券型基金（开放式）	80%
9	上市股票	50%
10	境内股票型基金（开放式）	60%

续表

序号	资产类别	折算系数
11	境内混合型基金（开放式）	65%
12	可转债	65%
13	组合类保险资产管理产品（开放式）	60%
14	其他境外权益，包括沪港通、深港通股票（包括沪股通、深股通和港股通）和以沪港通、深港通为主要投资标的境内基金（开放式）	50%

5. 保险公司应当根据本规则"附件 1：现金流测试"规定的方法预测基本情景和压力情景下各项现金流出，银保监会另有规定的除外。

（三）流动性覆盖率达标要求

基本情景下公司整体流动性覆盖率（LCR_1）、压力情景下公司整体流动性覆盖率（LCR_2）不低于 100%，压力情景下不考虑资产变现情况的流动性覆盖率（LCR_3）不低于 50%。

二、经营活动净现金流回溯不利偏差率

经营活动净现金流回溯不利偏差率（RDR）反映保险公司基本情景下经营活动净现金流预测结果和实际结果之间的不利偏差比率。

$$经营活动净现金流回溯不利偏差率 = \frac{经营活动净现金流实际值 - 经营活动净现金流预测值}{ABS(经营活动净现金流预测值)} \times 100\%$$

其中，ABS 表示绝对值。

保险公司应当计算最近两个季度的经营活动净现金流回溯不利偏差率。保险公司最近两个季度的经营活动净现金流回溯不利偏差率不得连续低于 -30%。

三、净现金流

净现金流指标反映保险公司过去两年及当年累计的公司整体净现金流状况。保险公司净现金流的计算口径应当与保险公司"现金流量表"中的"净现金流"保持一致。

保险公司过去两个会计年度及当年累计的净现金流不得连续小于零。

四、填报要求

保险公司应当按照要求填报"附表 2 - 1：流动性覆盖率明细表""附表 2 - 2：流动性资产储备明细表""附表 2 - 3：经营活动净现金流回溯不利偏差率汇总表"及"附表 2 - 4：净现金流汇总表"。

附表 2 – 1　　　　　　　　**流动性覆盖率明细表**

公司名称：　　　　　　　　　　　_____年___月___日　　　　　　　　单位：万元

项目	当期数	基本情景		必测压力情景		自测压力情景	
		未来3个月	未来12个月	未来3个月	未来12个月	未来3个月	未来12个月
1. 公司整体现金流入							
2. 公司整体现金流出							
3. 现金及现金等价物							
4. 流动性资产储备变现金额							
5. LCR_1（基本情景下公司整体流动性覆盖率）							
6. LCR_2（压力情景下公司整体流动性覆盖率）							
7. LCR_3（压力情景下不考虑资产变现的流动性覆盖率）							

附表 2 – 2　　　　　　　　**流动性资产储备明细表**

公司名称：　　　　　　　　　　　　　　　　　　　年　　月　　日

填报范围：公司整体　　　　　　　　　　　　　　单位：万元

序号	流动性资产储备	评估时点账面价值	折算系数	变现金额
1	货币市场基金			
2	交易类及可供出售类国债			
3	可提前支取的定期存款或协议存款			
4	交易类及可供出售地方政府债、准政府债、政策性金融债			
5	交易类及可供出售 AAA 级金融企业（公司）债			
6	交易类及可供出售 AAA 级非金融企业（公司）债			
7	境内债券型基金（开放式）			
8	境外债券型基金（开放式）			
9	上市股票			
10	境内股票型基金（开放式）			
11	境内混合型基金（开放式）			
12	可转债			
13	组合类保险资产管理产品（开放式）			
14	其他境外权益			
	合计			

附表 2 – 3　　　　　　　**经营活动净现金流回溯不利偏差率汇总表**

公司名称：　　　　　　　　　　　　　　　　　　　　　　　　年　　月　　日

填报范围：公司整体　　　　　　　　　　　　　　　　　　　　单位：万元

项目	本季度	上季度
1. 经营活动净现金流回溯不利偏差率		
2. 经营活动现金流实际值		
2.1 经营活动净现金流		
2.2 经营活动现金流入		
2.3 经营活动现金流出		
3. 经营活动现金流预测值		
3.1 经营活动净现金流		
3.2 经营活动现金流入		
3.3 经营活动现金流出		

附表 2 – 4　　　　　　　　　　　**净现金流汇总表**

公司名称：　　　　　　　　　　　　　　　　　　　　　　　　年　　月　　日

填报范围：公司整体　　　　　　　　　　　　　　　　　　　　单位：万元

项目	金额	
1. 本年度累计净现金流		
2. 上一会计年度净现金流		
3. 上一会计年度之前的会计年度净现金流		

附件3

流动性风险监测指标

一、负债端指标

（一）财产保险公司

1. 经营活动净现金流

经营活动净现金流＝经营活动现金流入本年累计数－经营活动现金流出本年累计数

2. 百元保费经营活动净现金流

$$百元保费经营活动净现金流＝经营活动净现金流÷保费收入×100$$

其中，经营活动净现金流及保费收入的计算口径均为本年累计数。

3. 特定业务现金流支出占比

特定业务现金流支出占比＝（特定业务赔付支出＋特定业务已发生已报案未决赔款准备金）÷（公司整体赔付支出＋公司整体已发生已报案未决赔款准备金）×100%

其中：（1）特定业务是指可能导致保险公司发生集中或大额赔付的保险业务，包括但不限于以下业务：

①融资性信用保证保险业务；

②赔付占比5%以上的非车险业务，指因巨灾或重大赔案发生导致非车险业务再保后的预估赔付支出或实际赔付支出超过上一年度非车险业务整体赔付支出5%的非车险业务；

③其他可能导致集中或大额赔付的业务。

（2）特定业务赔付支出、特定业务已发生已报案未决赔款准备金、公司整体赔付支出以及公司整体已发生已报案未决赔款准备金的计算口径均为再保后的本年累计数。

（3）银保监会可以根据监管需要和保险业发展实际对特定业务范围进行调整。

4. 规模保费同比增速

规模保费同比增速＝（当年累计规模保费－去年同期累计规模保费）÷去年同期累计规模保费×100%

（二）人身保险公司

1. 经营活动净现金流

经营活动净现金流＝经营活动现金流入本年累计数－经营活动现金流出本年累计数

2. 综合退保率

综合退保率＝（退保金＋保户储金及投资款的退保金＋投资连结保险独立账户的退保金）÷（期初长期险责任准备金＋保户储金及投资款期初余额＋独立账户负债期初余额＋本年度签单保费）×100%

其中：退保金、签单保费的计算口径为本年累计数，期初长期险责任准备金、保户储金及投资款期初余额和独立账户负债期初余额均为年初数。

3. 分红/万能账户业务净现金流

分红账户业务净现金流＝分红账户经营活动现金流入本年累计数－分红账户经营活动现金流出本年累计数

万能账户业务净现金流＝万能账户经营活动现金流入本年累计数－万能账户经营活动现金流出本年累计数

4. 规模保费同比增速

规模保费同比增速＝（当年累计规模保费－去年同期累计规模保费）÷去年同期累计规模保费×100%

（三）再保险公司

1. 经营活动净现金流

经营活动净现金流＝经营活动现金流入本年累计数－经营活动现金流出本年累计数

2. 特定业务现金流支出占比

特定业务现金流支出占比＝（特定业务赔付支出＋特定业务已发生已报案未决赔款准备金）÷（公司整体赔付支出＋公司整体已发生已报案未决赔款准备金）×100%

其中：（1）特定业务是指可能导致保险公司发生集中或大额赔付的保险业务，包括但不限于以下业务：

①融资性信用保证保险业务；

②赔付占比 5% 以上的非车险业务，指因巨灾或重大赔案发生导致非车险业务再保后的预估赔付支出或实际赔付支出超过上一年度非车险业务整体赔付支出 5% 的非车险业务；

③其他可能导致集中或大额赔付的业务。

（2）特定业务赔付支出、特定业务已发生已报案未决赔款准备金、公司整体赔付支出以及公司整体已发生已报案未决赔款准备金的计算口径均为再保后的本年累计数。

（3）银保监会可以根据监管需要和保险业发展实际对特定业务范围进行调整。

3. 应收分保账款率

应收分保账款率＝逾期 180 天以上的应收分保账款期末账面价值÷应收分保账款期末账面价值×100%

其中，逾期 180 天以上的应收分保账款是指在分保账单约定的收款日应收而未收到，且超过 180 天的应收分保账款。

二、资产端指标

（一）现金及流动性管理工具占比

现金及流动性管理工具占比＝现金及流动性管理工具期末账面价值÷期末总资产×100%

其中，期末总资产为扣除债券回购融入资金余额和独立账户资产金额之后的余额。

（二）季均融资杠杆比例

季均融资杠杆比例＝季度内各月末同业拆借、债券回购等融入资金余额合计算术平均值÷期末总资产×100%

（三）AA级（含）以下境内固定收益类资产占比

AA级（含）以下境内固定收益类资产占比＝AA级（含）以下境内固定收益类资产期末账面价值÷期末总资产×100%

其中：1. 境内固定收益类资产包括标准化债权资产和其他非标准化固定收益类资产；

2. 期末总资产为扣除债券回购融入资金余额和独立账户资产金额之后的余额。

（四）持股比例大于5%的上市股票投资占比

持股比例大于5%的上市股票投资占比＝持股比例大于5%的上市股票投资的账面价值合计÷期末总资产×100%

（五）应收款项占比

应收款项占比＝（应收保费＋应收分保账款）÷期末总资产×100%

其中，应收保费、应收分保账款和期末总资产均为期末账面价值。

（六）持有关联方资产占比

持有关联方资产占比＝持有的交易对手为关联方的投资资产总和÷期末总资产×100%

其中，统计范围不包括保险公司与所属保险集团及保险集团下属子公司之间的关联交易。

附表3-1　　　　　　　　流动性风险监测指标（财产保险公司）

公司名称：　　　　　　　　　　　　　　　　　　　　　　　年　　月　　日

监测指标	项目	数值
一、经营活动净现金流	指标值	
	经营活动现金流入本年累计数	
	经营活动现金流出本年累计数	
二、百元保费经营活动净现金流	指标值	
	本年累计经营活动净现金流	
	本年累计保费收入	
三、特定业务现金流支出占比	指标值	
	特定业务赔付支出	
	特定业务已发生已报案未决赔款准备金	
	公司整体赔付支出	
	公司整体已发生已报案未决赔款准备金	

监测指标	项目	数值
四、规模保费同比增速	指标值	
	当年累计规模保费	
	去年同期累计规模保费	
五、现金及流动性管理工具占比	指标值	
	现金及流动性管理工具期末账面价值	
	期末总资产	
六、季均融资杠杆比例	指标值	
	季度内各月末同业拆借、债券回购等融入资金余额合计算术平均值	
	期末总资产	
七、AA 级（含）以下境内固定收益类资产占比	指标值	
	AA 级（含）以下境内固定收益类资产期末账面价值	
	期末总资产	
八、持股比例大于 5% 的上市股票投资占比	指标值	
	持股比例大于 5% 的上市股票投资的账面价值合计	
	期末总资产	
九、应收款项占比	指标值	
	应收保费	
	应收分保账款	
	期末总资产	
十、持有关联方资产占比	指标值	
	持有的交易对手为关联方的投资资产总和	
	期末总资产	

附表 3－2   流动性风险监测指标（人身保险公司）

公司名称：   年   月   日

监测指标	项目	数值
一、经营活动净现金流	指标值	
	经营活动现金流入本年累计数	
	经营活动现金流出本年累计数	
二、综合退保率	指标值	
	退保金＋保户储金及投资款的退保金＋投资连结保险独立账户的退保金	
	期初长期险责任准备金＋保户储金及投资款期初余额＋独立账户负债期初余额＋本年度签单保费	
三、分红/万能账户业务净现金流	指标值（分红账户）	
	分红账户经营活动现金流入本年累计数	

续表

监测指标	项目	数值
三、分红/万能账户业务净现金流	分红账户经营活动现金流出本年累计数	
	指标值（万能账户）	
	万能账户经营活动现金流入本年累计数	
	万能账户经营活动现金流出本年累计数	
四、规模保费同比增速	指标值	
	当年累计规模保费	
	去年同期累计规模保费	
五、现金及流动性管理工具占比	指标值	
	现金及流动性管理工具期末账面价值	
	期末总资产	
六、季均融资杠杆比例	指标值	
	季度内各月末同业拆借、债券回购等融入资金余额合计算术平均值	
	期末总资产	
七、AA级（含）以下境内固定收益类资产占比	指标值	
	AA级（含）以下境内固定收益类资产期末账面价值	
	期末总资产	
八、持股比例大于5%的上市股票投资占比	指标值	
	持股比例大于5%的上市股票投资的账面价值合计	
	期末总资产	
九、应收款项占比	指标值	
	应收保费	
	应收分保账款	
	期末总资产	
十、持有关联方资产占比	指标值	
	持有的交易对手为关联方的投资资产总和	
	期末总资产	

附表3－3　　　　　　　流动性风险监测指标（再保险公司）

公司名称：　　　　　　　　　　　　　　　　　　　年　　月　　日

监测指标	项目	数值
一、经营活动净现金流	指标值	
	经营活动现金流入本年累计数	
	经营活动现金流出本年累计数	
二、特定业务现金流支出占比	指标值	
	特定业务赔付支出	

续表

监测指标	项目	数值
二、特定业务现金流支出占比	特定业务已发生已报案未决赔款准备金	
	公司整体赔付支出	
	公司整体已发生已报案未决赔款准备金	
三、应收分保账款率	指标值	
	逾期 180 天以上的应收分保账款期末账面价值	
	应收分保账款期末账面价值	
四、现金及流动性管理工具占比	指标值	
	现金及流动性管理工具期末账面余额	
	期末总资产	
五、季均融资杠杆比例	指标值	
	季度内各月末同业拆借、债券回购等融入资金余额合计算术平均值	
	期末总资产	
六、AA 级（含）以下境内固定收益类资产占比	指标值	
	AA 级（含）以下境内固定收益类资产期末账面价值	
	期末总资产	
七、持股比例大于 5% 的上市股票投资占比	指标值	
	持股比例大于 5% 的上市股票投资的账面价值合计	
	期末总资产	
八、应收款项占比	指标值	
	应收保费	
	应收分保账款	
	期末总资产	
九、持有关联方资产占比	指标值	
	持有的交易对手为关联方的投资资产总和	
	期末总资产	

《保险公司偿付能力监管规则第13号：流动性风险》 讲解

一、总则概述

流动性风险是指保险公司无法及时获得充足资金或无法及时以合理成本获得充足资金，以支付到期债务或履行其他支付义务的风险。《保险公司偿付能力监管规则第13号：流动性风险》（以下简称本规则），采取定性管理与定量指标相结合的监管方式，引导保险公司建立健全流动性风险管理体系，监测保险公司流动性风险状况，提升保险公司流动性风险管理的科学性与有效性，有效防范流动性风险。如图1所示。

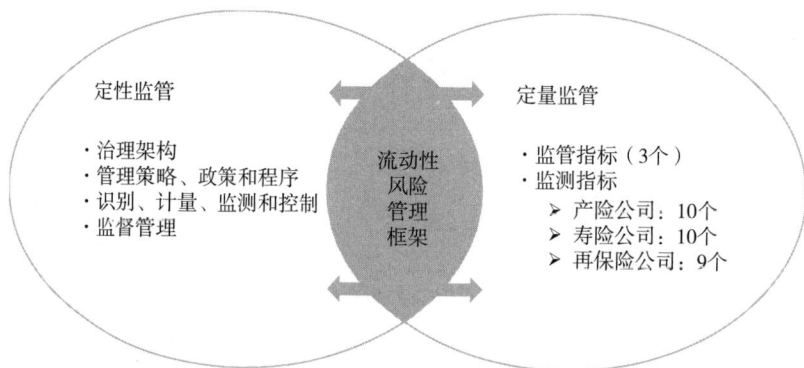

图1　流动性风险管理框架

二、流动性风险管理

本规则第二章流动性风险管理主要规范了保险公司流动性风险的定性管理要求。保险公司应当建立健全与其业务规模、性质和复杂程度相适应，与其总体战略目标和风险偏好相一致的流动性风险管理体系，包括流动性风险管理的治理架构，管理策略、政策和程序，流动性风险的识别、计量、监测和控制等。

在流动性风险管理治理架构方面，主要包括：一是明确董事会及下设的专门委员会、高级管理层以及相关部门的职责分工；二是董事会对流动性风险管理承担最终责任，并明确了董事会的职责；三是明确了高级管理层的职责；四是要求指定一名高级管理人员负责流动性风险管理工作，并明确牵头部门。

在流动性风险管理策略、政策和程序方面，主要包括：一是制定流动性风险管理策略，明确管理目标、管理模式、主要政策和程序等；二是科学确定流动性风险偏好和容忍度，并设定流动性风险限额；三是制定并持续完善流动性风险管理政策和流程。

在流动性风险识别、计量、监测和控制方面，主要包括：一是要识别关注可能引发流动性风险的重大事件；二是防范保险风险等向流动性风险的转化与传递；三是对传统险账户、分红险账户、投连险账户和万能险账户等分账户加强流动性风险的监测；四是在日常现金流管理、制订业务计划、制订投资策略和投资计划、投资管理、融资管理、再保险业务等经营活动中，加强对流动性风险的识别与监测；五是制订有效的流动性应急计划。

三、流动性风险监管指标和监测指标

本规则第三章流动性风险监管指标和监测指标主要规范了保险公司流动性风险的定量监管。保险公司应当每季度计算流动性风险监管指标和监测指标，监测流动性风险状况，采取有效措施防范流动性风险。保险公司计算流动性风险监管指标和监测指标时，均以母公司财务报表为基础进行计算。

（一）监管指标

流动性风险监管指标包括流动性覆盖率、经营活动净现金流回溯不利偏差率和净现金流 3 个指标。

1. 流动性覆盖率

流动性覆盖率旨在评估保险公司基本情景和压力情景下未来一年内不同期限的流动性水平。

保险公司应当以现金流测试结果为基础，考虑现金及现金等价物、流动性资产储备等因素的影响，计算不同期限（未来 3 个月、未来 12 个月）基本情景下的流动性覆盖率 LCR_1、压力情景下的流动性覆盖率 LCR_2 以及压力情景下不考虑资产变现的流动性覆盖率 LCR_3。其中，LCR_1、LCR_2 不低于 100%，LCR_3 不低于 50%。三个指标的关系如图 2 所示。

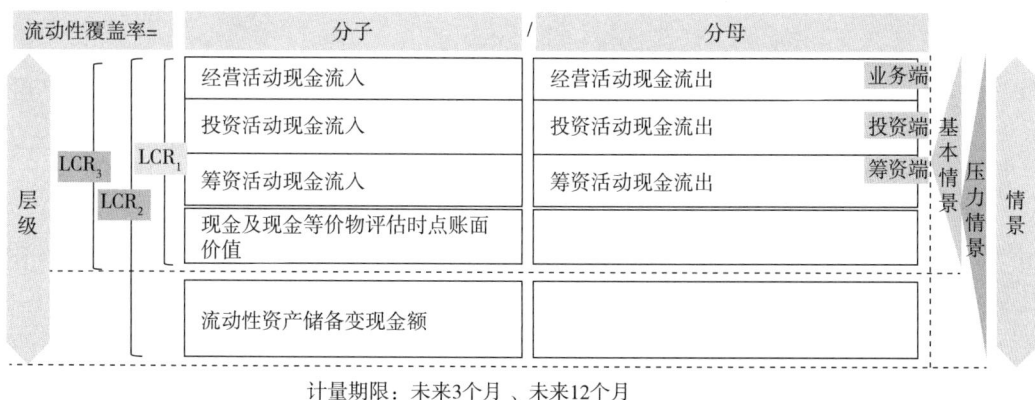

计量期限：未来3个月、未来12个月

图 2　流动性风险监管指标间的关系

2. 经营活动净现金流回溯不利偏差率

经营活动净现金流回溯不利偏差率反映保险公司基本情景下经营活动净现金流预测结果和实际结果之间的偏差。保险公司应当计算最近两个季度的经营活动净现金流不利偏差率。保险公司最近两个季度的经营活动净现金流不利偏差率不得连续低于 -30%。

3. 净现金流

净现金流反映保险公司过去两年以及当年的公司整体净现金流状况。保险公司过去两个会计年度及当年累计的净现金流不得连续小于零。

(二)监测指标

流动性风险监测指标从负债端、资产端等维度监测流动性风险状况。负债端共 11 个指标，其中，产险公司 4 个、寿险公司 4 个、再保险公司 3 个。资产端合计 6 个指标，均适用于产险、寿险、再保险公司。

1. 负债端监测指标

表1 负债端监测指标

公司类别	指标	指标定义
财产险	经营活动净现金流	经营活动现金流入本年累计数 - 经营活动现金流出本年累计数
	百元保费经营活动净现金流	经营活动净现金流 ÷ 保费收入 ×100%
	特定业务现金流支出占比	(特定业务赔付支出 + 特定业务已发生已报案未决赔款准备金) ÷ (公司整体赔付支出 + 公司整体已发生已报案未决赔款准备金) ×100%
	规模保费同比增速	(当年累计规模保费 - 去年同期累计规模保费) ÷ 去年同期累计规模保费 × 100%
人身险	经营活动净现金流	经营活动现金流入本年累计数 - 经营活动现金流出本年累计数
	综合退保率	(退保金 + 保户储金及投资款的退保金 + 投资连结保险独立账户的退保金) ÷ (期初长期险责任准备金 + 保户储金及投资款期初余额 + 独立账户负债期初余额 + 本年度签单保费) × 100%
	分红/万能账户业务净现金流	分红/万能账户经营活动现金流入本年累计数 - 分红/万能账户经营活动现金流出本年累计数
	规模保费同比增速	(当年累计规模保费 - 去年同期累计规模保费) ÷ 去年同期累计规模保费 ×100%
再保险	经营活动净现金流	经营活动现金流入本年累计数 - 经营活动现金流出本年累计数
	特定业务现金流支出占比	(特定业务赔付支出 + 特定业务已发生已报案未决赔款准备金) ÷ (公司整体赔付支出 + 公司整体已发生已报案未决赔款准备金) ×100%
	应收分保账款率	逾期 180 天以上的应收分保账款期末账面价值 ÷ 应收分保账款期末账面价值 ×100%

2. 资产端监测指标（适用于产险、寿险、再保险公司）

表 2 资产端监测指标

指标	指标定义
现金及流动性管理工具占比	现金及流动性管理工具期末账面价值 ÷ 期末总资产 × 100%
季均融资杠杆比例	季度内各月末同业拆借、债券回购等融入资金余额合计算术平均值 ÷ 期末总资产 × 100%
AA 级（含）以下境内固定收益类资产占比	AA 级（含）以下境内固定收益类资产期末账面价值 ÷ 期末总资产 × 100%
持股比例大于 5% 的上市股票投资占比	持股比例大于 5% 的上市股票投资的账面价值合计 ÷ 期末总资产 × 100%
应收款项占比	（应收保费 + 应收分保账款）÷ 期末总资产 × 100%
持有关联方资产占比	持有的交易对手为关联方的各类资产总和 ÷ 期末总资产 × 100%

四、流动性风险监管

本规则在流动性风险监管方面主要包括以下内容：一是保险公司应当在偿付能力季度报告中列示流动性风险监管指标、监测指标和现金流测试等信息；二是保险公司出现重大流动性风险时，应当自发现之日起 3 日内报告监管部门；三是对流动性风险监管指标异常、存在重大流动性风险隐患或未建立和执行流动性风险管理体系的保险公司，监管部门将根据公司实际采取监管措施。

保险公司偿付能力监管规则第14号：
资本规划

第一章 总 则

第一条 为强化保险公司资本刚性约束，提升保险公司资本管理水平，明确资本规划监管标准，制定本规则。

第二条 本规则所称保险公司，是指依法在中华人民共和国境内设立的经营商业保险业务的保险公司和外国保险公司分公司。

第三条 本规则所称资本规划，指保险公司基于偿付能力充足率目标，对资本规模、资本结构、资本来源和运用等进行的计划和安排。

第四条 保险公司资本规划应遵循以下原则：

（一）充足性原则。保险公司资本规划应当与其风险状况相适应，确保偿付能力持续满足监管要求。

（二）审慎性原则。保险公司应当综合考虑宏观经济状况、风险变化趋势、业务产品特性等，基于历史经验和未来趋势，审慎选取合理的参数和假设制定资本规划。

（三）前瞻性原则。保险公司制定资本规划应当与其长期发展战略相符，以确保偿付能力满足业务经营的长期资本需求。

（四）可行性原则。保险公司资本规划的目标、资本补充措施等应当与公司实际情况和市场环境相符，具有可行性。

第五条 保险公司的资本规划应当经董事会批准并经股东（大）会审议。

第六条 保险公司应当明确资本规划的管理部门及相关部门的职责分工，搭建清晰的管理架构和流程，制定规范健全的管理制度体系，对公司资本进行整体规划、统筹管理和有效配置。

第二章 资本规划的编制

第七条 保险公司每年应当滚动编制未来三年的资本规划。

第八条 保险公司资本规划至少包括以下内容：

（一）资本管理目标；

（二）资本规划制定依据，包括外部经济环境、监管政策分析，以及保险公司战略目标、业务发展规划等；

（三）资本需求评估，包括基本情景和不利情景的主要参数和假设、未来三年偿付能力状况预测、未来三年的资本需求等；

（四）资本补充方案，包括内源性资本补充措施和外源性资本补充措施；

（五）上一年度资本规划执行情况分析；

（六）应急预案，包括触发条件、紧急资本补充措施等。

第九条　保险公司资本规划的管理目标，至少应当包括综合偿付能力充足率、核心偿付能力充足率未来三年的目标。

第十条　保险公司设定资本管理目标应当至少考虑以下因素：

（一）外部环境，包括外部经济环境、法律政策环境等；

（二）公司发展战略，包括业务发展规划、风险管理状况、风险偏好等；

（三）资本补充的可行性和可持续性。

第十一条　保险公司应当综合考虑外部经济环境、金融市场等外部因素，根据公司战略目标、业务发展规划等制定资本规划。

第十二条　保险公司应当设定基本情景和不利情景，预测规划期内不同情景条件下公司的偿付能力，并在此基础上评估未来的资本需求。

基本情景相关参数和假设，应当与《保险公司偿付能力监管规则第 10 号：压力测试》保持一致。不利情景由保险公司结合具体实际合理设定。

第十三条　保险公司可以参照《保险公司偿付能力监管规则第 10 号：压力测试》的测试程序，评估不同情景条件下公司未来三年的偿付能力。

第十四条　保险公司应当充分考虑对偿付能力可能产生重大负面影响的因素，根据历史经验和实际情况，合理设定资本规划不利情景的参数和假设。不利情景的设置至少应当考虑以下因素：

（一）业务发展的不利变化；

（二）资产配置的调整；

（三）投资收益率的不利波动；

（四）费用假设的不利变化；

（五）责任准备金评估的折现率曲线的不利变化。

保险公司应当根据不同风险的分散、交叉传染等相互作用，合理设定不利情景，避免极端情景的简单叠加。

第十五条　保险公司应当根据资本管理目标和偿付能力预测结果，合理测算未来三年不同情景下的资本需求。

第十六条 对于未来三年的资本需求，保险公司应当综合考虑自身内源性资本的积累能力和外源性资本的可获得性、资本成本等，制订合理的资本补充方案，明确相应的资本补充措施，确保资本充足。

第十七条 保险公司应当优先考虑使用内源性资本补充措施，包括但不限于：

（一）提升盈利能力；

（二）制定合理的利润分配政策；

（三）优化产品结构；

（四）优化资产结构；

（五）提升风险管理能力。

第十八条 保险公司应当综合考虑市场环境、股东资本实力、资本成本等因素，确定合理的外源性资本补充措施，包括但不限于：

（一）增资扩股；

（二）发行资本补充工具；

（三）保单责任证券化；

（四）再保险；

（五）符合监管规定的其他资本工具。

第十九条 保险公司应当依据监管要求和资本管理目标，优先补充核心资本，合理补充附属资本，持续优化资本结构，提高资本质量。

第二十条 保险公司应当建立资本规划的评估和回溯分析机制，定期对资本规划的执行结果和规划情况进行回顾分析。

第二十一条 保险公司应当在资本规划中建立资本应急预案，设定偿付能力充足率预警值，明确在极端不利情景下相应的资本补充安排和应对措施，确保公司具备充足资本应对市场不利变化。

第三章　资本规划的实施和运用

第二十二条 保险公司应当按照资本规划进行资本补充、资本运用，加强资本管理，提高资本使用效率。

资本规划实施过程中出现重大变化的，保险公司应当提交董事会审议。

第二十三条 保险公司战略目标、发展规划应当与资本规划相协调，保险公司应当根据未来的资本补充能力，制定切实可行的发展战略和发展规划。

第二十四条 保险公司应当将资本规划作为风险管理的重要工具，识别公司经营管理过程中面临的风险，及时有效地补充资本。

第二十五条 保险公司应当将资本规划的制定和执行情况作为公司考核体系的重要

组成部分，研究制定相应的资本管理考核指标，实现资本管理意图的有效传递和全面落实。

第二十六条 保险公司应当基于审慎性原则，根据资本管理目标和资本需求，对利润分配进行合理规划，实现公司可持续发展和股东利益的平衡。

第二十七条 因监管要求、经营环境、公司战略等发生重大变化，导致保险公司资本需求、补充和使用情况与资本规划发生重大偏离的，保险公司应当对资本规划进行及时调整。

第四章　监督管理

第二十八条 保险公司应当于每年 5 月 31 日前，向银保监会报送资本规划。

第二十九条 保险公司根据第二十七条规定调整资本规划的，应当经董事会审议批准后 10 个工作日内，向银保监会报送调整后的资本规划。

第三十条 银保监会依据《保险公司偿付能力监管规则第 12 号：偿付能力风险管理要求与评估》和本规则，对保险公司资本规划的编制、报送和实施进行评估。

第三十一条 银保监会对保险公司发行资本补充工具进行审批时，将其资本规划作为重要依据之一。保险公司资本工具发行与资本规划不一致的，银保监会审慎考虑其发行申请。

第三十二条 保险公司未按本规则报送资本规划，资本规划编制不符合规定的，或实施过程中存在重大偏离且未及时调整的，银保监会可根据具体情况，采取针对性的监管措施，包括但不限于：

（一）监管谈话；

（二）责令限期整改；

（三）扣减偿付能力风险管理评估得分，并限制最高得分；

（四）限制或停止资本补充工具发行；

（五）其他必要的监管措施。

第五章　附　　则

第三十三条 相互保险组织适用本规则。

第三十四条 本规则由银保监会负责解释和修订。

第三十五条 本规则于 2021 年 12 月 30 日第一次发布，施行日期另行规定。

《保险公司偿付能力监管规则第14号：资本规划》讲解

一、总则概述

（一）资本规划的目的

保险公司应当按照《保险公司偿付能力监管规则第14号：资本规划》（以下简称本规则）编报和实施资本规划，即基于资本充足目标，对资本规模、资本结构、资本来源和运用等进行计划和安排。资本规划是保险公司传递资本管理意图，落实资本配置，识别经营风险，评估资本使用效率的重要工具，也是监管机构强化保险公司资本刚性约束，提升保险公司资本管理水平的重要手段。

（二）资本规划的原则

保险公司资本规划应遵循以下原则：一是充足性原则，即保险公司资本规划应当与其风险状况相适应，确保偿付能力持续满足监管要求；二是审慎性原则，即保险公司应当综合考虑宏观经济状况、风险变化趋势、业务产品特性等，基于历史经验和未来趋势，审慎选取合理的参数和假设制定资本规划；三是前瞻性原则，即保险公司制定资本规划应当与其长期发展战略相符，以确保偿付能力满足业务经营的长期资本需求；四是可行性原则，即保险公司资本规划的目标、资本补充措施等应当与公司实际情况和市场环境相符，具有可行性。

（三）资本规划的总体要求

保险公司的资本规划应当经董事会批准并经股东会审议。保险公司应当明确资本规划的管理部门及相关部门的职责分工，搭建清晰的管理架构和流程，制定规范健全的管理制度体系，对公司资本进行整体规划、统筹管理和有效配置。

二、资本规划的编制

保险公司每年应当编制未来三年的资本规划，至少包括资本管理目标、制定依据、资本需求评估、资本补充方案、上一年度资本规划执行情况以及应急预案等。

保险公司在编制资本规划时，应重点考虑以下因素：一是资本补充的可行性和可持续性，包括外部资本市场环境、股东实力等；二是要统筹协调公司战略规划与资本管理，按照"有多大本钱做多大生意"的原则制定战略规划；三是按照"优先内源性资本供给，合理补充外源性资本；优先补充核心资本，合理补充附属资本"的原则，制订资本补充方案；四是要加强对上一年度资本规划执行情况的分析，及时总结问题，确保资本规划的编制和执行更加科学有效。

三、资本规划的实施和运用

保险公司应当按照资本规划进行资本补充、资本运用，加强资本管理，提高资本使用效率，并将资本规划运用到发展战略制定、风险管理、绩效考核以及利润分配等公司经营管理的重要环节。

资本规划实施过程中出现重大变化的，保险公司应当提交董事会审议；因监管要求、经营环境、公司战略等发生重大变化，导致保险公司资本需求、补充和使用情况与资本规划发生重大偏离的，保险公司应当对资本规划进行及时调整。

四、监督管理

（一）报送要求

保险公司应当于每年 5 月 31 日前，向中国银保监会报送资本规划；保险公司根据本规则第二十七条的规定调整资本规划的，应当经董事会审议批准后 10 个工作日内，向中国银保监会报送调整后的资本规划。

（二）监督管理

中国银保监会将从以下方面对保险公司的资本规划进行监督管理：一是在偿付能力风险管理要求与评估（SARMRA）中对保险公司资本规划的编制、报送和实施进行评估。二是在审批保险公司发行资本补充工具时，将资本规划作为重要依据之一。保险公司资本工具发行与资本规划不一致的，中国银保监会审慎考虑其发行申请。三是定期或不定期地对保险公司资本规划进行监督检查。保险公司未按本规则报送资本规划，资本规划编制不符合规定的，或实施过程中存在重大偏离且未及时调整的，中国银保监会可根据具体情况，采取针对性的监管措施。

保险公司偿付能力监管规则第 15 号：偿付能力信息公开披露

第一章　总　则

第一条　为规范保险公司偿付能力信息公开披露行为，建立健全保险公司偿付能力市场约束机制，制定本规则。

第二条　本规则所称偿付能力信息公开披露，是指保险公司向社会公众或利益相关方等信息使用者公开其偿付能力相关信息的行为。

第三条　本规则所称保险公司，是指依法在中华人民共和国境内设立的经营商业保险业务的保险公司和外国保险公司分公司，不包括政策性保险公司。

第四条　保险公司公开披露偿付能力信息，应当遵循以下原则：

（一）充分性原则，即充分披露有助于信息使用者了解保险公司偿付能力风险状况的所有重大相关信息；

（二）及时性原则，即定期、及时披露偿付能力相关信息；

（三）真实性原则，即信息披露的内容真实、准确、完整，没有虚假、误导性陈述或重大遗漏；

（四）可理解性原则，即信息披露的内容清晰，便于信息使用者理解和使用；

（五）公平性原则，即确保信息披露的集中性、可访问性和信息使用者的获取便利，使各信息使用者能平等获悉偿付能力相关信息。

第五条　保险公司董事会对偿付能力信息公开披露负最终责任。

第六条　银保监会和其他监管机构依法对偿付能力信息公开披露进行监督。保险公司还应当自觉接受社会公众和利益相关方的监督。

第二章　定期披露

第七条　保险公司应当编制偿付能力季度报告摘要并对外公开披露。

第八条　保险公司偿付能力季度报告摘要应当由以下部分组成：

（一）公司信息；

（二）董事会和管理层声明；

（三）基本情况；

（四）主要指标；

（五）风险管理能力；

（六）风险综合评级（分类监管）；

（七）重大事项；

（八）管理层分析与讨论；

（九）外部机构意见；

（十）实际资本；

（十一）最低资本。

保险公司应当按照《保险公司偿付能力监管规则第 18 号：偿付能力报告》披露第（一）项至第（九）项的内容。其中，保险公司在披露"（二）董事会和管理层声明"信息时，不需披露《保险公司偿付能力监管规则第 18 号：偿付能力报告》第十三条所要求的签字、盖章等内容。

自保公司应当按照《保险公司偿付能力监管规则第 18 号：偿付能力报告》披露第（一）项至第（四）项、第（六）项、第（十）项、第（十一）项的内容。

第九条　保险公司应当在偿付能力季度报告摘要的实际资本部分披露以下项目的本季度（末）数和上季度（末）数：

（一）实际资本，包括：核心一级资本、核心二级资本、附属一级资本、附属二级资本的金额；核心一级资本调整表及各调整项目的本季度数和上季度可比数。

（二）认可资产，包括：各项财务报表资产、非认可资产、认可资产。

（三）认可负债，包括：各项财务报表负债、非认可负债、认可负债。

第十条　保险公司应当在偿付能力季度报告摘要的最低资本部分披露以下项目的本季度（末）数和上季度（末）数：

（一）最低资本。

（二）保险风险最低资本及各子类风险的最低资本，包括：车险等 10 类非寿险业务的保费风险最低资本和准备金风险最低资本以及车险、财产险巨灾风险最低资本；寿险业务损失发生风险最低资本、费用风险最低资本和退保风险最低资本；非寿险再保险业务保费风险和准备金风险最低资本以及非寿险再保险业务巨灾风险最低资本；寿险再保险业务保险风险最低资本。

（三）市场风险最低资本及各子类风险的最低资本。

（四）信用风险最低资本及各子类风险的最低资本。

（五）考虑保险风险、市场风险、信用风险的分散效应和损失吸收效应后的可资本化风险最低资本。

（六）控制风险最低资本。

（七）附加资本（如不适用，则以零值披露）。

第十一条 非上市保险公司应当在每季度结束后 30 日内，披露偿付能力季度报告摘要。上市保险公司及其子公司应当在第一季度和第三季度结束后 30 日内，披露偿付能力季度报告摘要；在披露半年度财务报告和年度财务报告的同时，披露第二季度和第四季度的偿付能力季度报告摘要。

第十二条 保险公司应当在公司官方网站和中国保险行业协会网站上披露偿付能力季度报告摘要。银保监会鼓励保险公司在官方网站发布信息的同时，以微博、微信等多种形式进行发布。

中国保险行业协会应当在官方网站上设立专栏，统一披露保险公司偿付能力季度报告摘要。

第十三条 保险公司经审计的第四季度偿付能力信息存在重大变动等情况的，应当自审计报告出具之日起 10 日内发布补充信息，包括但不限于以下情况：

（一）审计机构出具了除"无保留意见"外的审计报告；

（二）审计后的核心偿付能力充足率或综合偿付能力充足率不达标；

（三）审计后的核心偿付能力充足率或综合偿付能力充足率变动超过 3 个百分点；

（四）审计后的实际资本或最低资本的变动比例［即（审计后金额 – 审计前金额）÷审计前金额)］超过 1%；

（五）银保监会认为需要披露的其他情况。

保险公司披露上述情况时，应当说明与审计机构的主要分歧以及核心偿付能力充足率、综合偿付能力充足率、实际资本和最低资本等指标变动的主要原因等。

第十四条 保险公司不能按时公开披露偿付能力信息的，应当在规定的公开披露期限之前，在公司官方网站首页公布不能按时披露的原因及预计披露的时间。延迟披露的时间不得超过 15 日。

第十五条 偿付能力季度报告摘要在保险公司网站上应当保留至少 10 年。

第三章　日常披露

第十六条 在可能影响保险消费者首次投保决策或续保决策的各种场景下，财产保险公司和人身保险公司应当及时、充分地向保险消费者披露自身的偿付能力相关信息，包括但不限于：在向保险消费者提交的投保提示书、分红保险红利通知书、万能保险和投资连结保险的保单状态报告等纸质或电子文件的显著位置，披露公司最近季度的综合偿付能力充足率、风险综合评级等信息，并说明偿付能力充足率是否达到监管要求，或通过在显著位置设置二维码、网址链接等形式披露上述信息。

第十七条　保险公司为开展保险业务参加各类投标时，应按招标要求列示公司偿付能力信息，或单独列示公司最近四个季度的核心偿付能力充足率和综合偿付能力充足率、最近一期的风险综合评级等信息，并说明偿付能力充足率是否达到监管要求。

第十八条　在官方网站发布偿付能力季度报告摘要的同时，非上市保险公司应当向所有股东、上市保险公司应当向持股占 5% 以上的股东，以电子文件或纸质文件形式发送偿付能力季度报告摘要。

保险公司在向股东公布利润分配方案时，应当同时公布该方案对公司偿付能力充足率的影响。

保险公司年度股东大会应当设置偿付能力说明环节，对公司年度内四个季度的偿付能力状况进行回顾和分析。

保险公司在进行增资、股权变更、债券发行等交易时，非上市保险公司应当向所有股东、上市公司应当向持股占比 5% 以上的股东，书面说明该项活动之前四个季度的偿付能力充足率及该项交易对偿付能力充足率的潜在影响。

第十九条　保险公司在进行增资、股权变更、债券发行等交易时，应当向潜在投资方或债权人书面说明最近四个季度的偿付能力充足率及该项交易对偿付能力充足率的潜在影响。

第二十条　社会公众或利益相关方等信息使用者要求了解公司偿付能力信息，或对公司披露的偿付能力季度报告摘要存有疑问，保险公司应及时受理；按照有关法律法规不能对外提供所需信息的，应给予合理解释。

第二十一条　保险公司进行业绩发布、证券发行等路演活动时，应当设置偿付能力信息的应询环节。

第四章　管理与监督

第二十二条　保险公司应建立健全偿付能力信息公开披露的内部控制制度，覆盖信息的生成、采集、审核和披露等各个环节，明确各环节的责任部门和责任人，确保信息披露的充分性、可理解性、及时性、真实性和公平性。

第二十三条　保险公司进行偿付能力信息公开披露时，所披露的信息仅限于本公司信息，不得与其他保险公司的信息进行对比。

第二十四条　保险公司应当建立舆情监测机制，及时收集和评估社会公众对公开披露的偿付能力信息的反应，建立应急预案，防范声誉风险。

第二十五条　银保监会认为保险公司的偿付能力信息可能存在问题的，应要求公司进行复核。截至规定披露时限未完成复核或复核结果未获得银保监会认可的，保险公司应暂缓披露偿付能力季度报告摘要，并在官方网站上发布"本公司正根据监管部门要求对偿付能力信息进行复核，暂缓披露偿付能力季度报告摘要"的信息。

第二十六条 对未按本规则进行偿付能力信息公开披露的保险公司，银保监会依法责令其改正；情节严重的，依法予以处罚。

社会公众或利益相关方等信息使用者发现保险公司公开披露的偿付能力信息不真实、不准确、不完整的，可以依法追究保险公司的法律责任；同时可以向银保监会报告，由银保监会依法处理。

第二十七条 本规则是对偿付能力信息公开披露的最低要求。银保监会鼓励保险公司按照高于本规则的标准进行偿付能力信息的公开披露。

第二十八条 银保监会根据审慎监管和金融稳定需要，可以豁免保险公司偿付能力信息公开披露义务，或者调整整个行业或特定保险公司偿付能力信息公开披露的内容、频率和形式。

第五章 附 则

第二十九条 相互保险组织适用本规则。

第三十条 本规则由银保监会负责解释和修订。

第三十一条 本规则于 2015 年 2 月 13 日第一次发布，于 2021 年 12 月 30 日修订发布。本规则施行日期另行规定。

《保险公司偿付能力监管规则第 15 号：偿付能力信息公开披露》讲解

一、总则概述

《保险公司偿付能力监管规则第 15 号：偿付能力信息公开披露》（以下简称本规则）旨在规范保险公司向社会公众或利益相关方等信息使用者公开披露偿付能力相关信息的行为，以持续提升信息透明度，发挥相关方的监督约束作用，强化市场约束机制。

（一）偿付能力信息公开披露应当遵循充分性、及时性、真实性、可理解性和公平性五项原则。上述原则是对偿付能力信息披露工作的一般性要求，对披露工作具有指导作用。当保险公司在信息披露实际操作中遇到监管规则未予明确的事项时，应以此原则为依据，开展偿付能力信息公开披露工作。

（二）本规则是对保险公司偿付能力信息公开披露的最低要求，中国银保监会鼓励保险公司按照高于规则的要求进行披露。

（三）偿付能力信息公开披露包括定期披露和日常披露。定期披露要求保险公司应编制偿付能力季度报告摘要并对外披露。日常披露，是指保险公司在日常经营活动中，对发生的可能影响信息使用者行为的事项，及时按要求公开披露相关信息。

二、定期披露

（一）定期披露的内容

保险公司应当按照本规则第二章的相关规定编制偿付能力季度报告摘要并对外公开披露。除偿付能力相关明细表外，保险公司偿付能力季度报告摘要对外公开披露的内容与《保险公司偿付能力监管规则第 18 号：偿付能力报告》（以下简称《18 号规则》）中偿付能力季度报告的内容基本一致。偿付能力季度报告摘要应包含以下部分：

1. 公司信息；
2. 董事会和管理层声明；
3. 基本情况；
4. 主要指标；
5. 风险管理能力；

6. 风险综合评级（分类监管）；

7. 重大事项；

8. 管理层分析与讨论；

9. 外部机构意见；

10. 实际资本；

11. 最低资本。

保险公司应当按照《18号规则》披露上述第1项至第9项的内容，与保险公司偿付能力季度报告的要求一致。其中，保险公司在披露"董事会和管理层声明"信息时，不需披露签字、盖章等内容。自保公司仅需披露上述第1项至第4项、第6项、第10项和第11项的内容。

（二）定期披露的时间

一是对非上市保险公司，应当在每季度结束后30日内，披露偿付能力季度报告摘要。

二是对上市保险公司及其子公司，应在第一季度和第三季度结束后30日内，披露偿付能力季度报告摘要；在披露半年度财务报告和年度财务报告时，应同时披露第二季度和第四季度的偿付能力季度报告摘要。

三是保险公司不能按时公开披露偿付能力信息的，可延迟披露，延迟时间不得超过15日。保险公司应在规定的公开披露期限前，在公司官方网站首页公布不能按时披露的原因和预计披露时间。

（三）定期披露的方式

本规则要求保险公司在其公司官方网站和中国保险行业协会网站上披露偿付能力季度报告摘要。同时，监管机构鼓励保险公司通过微博、微信等多种形式发布信息。中国保险行业协会应当在其官方网站上设立专栏，统一披露保险公司的偿付能力季度报告摘要。

（四）补充披露要求

保险公司经审计的第四季度偿付能力报告存在重大变动的，保险公司应当自审计报告出具之日起10日内按照本规则第十三条发布补充信息。保险公司应说明与审计师的主要分歧以及核心偿付能力充足率、综合偿付能力充足率、实际资本和最低资本等指标变动的主要原因等。

三、日常披露

保险公司应按照本规则第三章的相关规定，在日常经营活动中对社会公众或利益相关方等信息使用者进行信息披露。日常披露过程中应注意以下几点：

一是在可能影响保险消费者投保或续保决策的情景下，保险公司应及时、充分地披露自身偿付能力相关信息。保险公司可通过设置二维码、网址链接或者纸质文件等多种方式披露相关信息。

二是保险公司在参加各类投标时，应按招标要求列示公司偿付能力信息，或者单独列示公司最近四个季度偿付能力充足率、最近一期的风险综合评级等信息，并说明偿付能力充足率是否达到监管要求。

三是保险公司在官方网站发布偿付能力季度报告摘要的同时，非上市公司应向所有股东、上市公司应向持股占 5% 以上的股东，以电子文件或纸质文件形式发送偿付能力季度报告摘要。

四是保险公司在进行增资、股权变更、债券发行等交易时，应向潜在的投资方或债权人书面说明最近偿付能力充足率情况，以及该项交易对偿付能力充足率的潜在影响。

四、管理与监督

（一）管理要求

保险公司应建立健全偿付能力信息公开披露相关制度，包括信息披露的内部控制制度、舆情监测制度等，强化偿付能力信息公开披露管理，确保信息披露的充分性、及时性、真实性、可理解性和公平性。

（二）监管措施

银保监会根据审慎监管和金融稳定需要，可调整保险业或部分保险公司偿付能力信息公开披露的内容、频率和形式。监管机构认为保险公司的偿付能力信息可能存在问题的，应要求保险公司进行复核。具体要求详见本规则第四章第二十五条。

（三）社会公众的监督约束

社会公众、利益相关方等信息使用者若发现保险公司公开披露的偿付能力信息不真实、不准确、不完整的，可依法追究保险公司的法律责任，也可向监管部门报告，由监管部门依法处理。

保险公司偿付能力监管规则第16号：偿付能力信息交流

第一章 总 则

第一条 为建立健全偿付能力市场约束机制，加强偿付能力信息交流，发挥相关方对保险公司偿付能力的监督作用，有效防范风险，制定本规则。

第二条 本规则所称相关方包括：保险消费者、保险公司股东、审计机构、信用评级机构、行业分析师、研究机构、政府部门和新闻媒体等。

第三条 银保监会与相关方建立持续、双向、互动的偿付能力信息交流机制，包括发布偿付能力监管工作信息、相关方与银保监会就偿付能力信息进行交流等。

第二章 偿付能力监管工作信息发布

第四条 银保监会每季度对外通报保险业偿付能力充足率和保险机构风险综合评级的总体情况。

第五条 银保监会每半年发布一次偿付能力监管工作信息。原则上，每年9月30日前发布上半年的偿付能力监管工作信息，每年3月31日前发布上一年度的偿付能力监管工作信息。

第六条 银保监会发布的偿付能力监管工作信息包括：

（一）保险业偿付能力（包括风险综合评级）的总体状况；

（二）银保监会偿付能力监管工作情况，包括偿付能力监管制度建设、采取的监管措施以及下一步工作重点等；

（三）需要发布的其他监管工作信息。

第七条 银保监会在官方网站上定期发布偿付能力监管工作信息，也可通过官方公众号、新闻发布会、新闻通气会等方式发布。

第八条 银保监会根据监管工作需要，可以通过官方网站、官方公众号、新闻发布会、新闻通气会、接受采访等方式，临时发布偿付能力监管工作信息。

第三章　偿付能力信息交流

第九条　银保监会可根据监管工作需要，通过座谈会、问卷调查、访谈等方式，向保险消费者介绍偿付能力监管工作情况，听取保险消费者对偿付能力监管工作的意见和建议。

第十条　银保监会通过培训、情况通报等方式，建立健全与保险公司股东之间的偿付能力信息交流机制，包括但不限于：

（一）对保险公司股东进行偿付能力相关的培训；

（二）不定期向保险公司股东通报偿付能力监管工作有关情况；

（三）对于存在重大偿付能力风险或风险管理存在重大缺陷的公司，银保监会向保险公司股东通报有关情况。

第十一条　银保监会与信用评级机构、行业分析师、研究机构建立定期交流机制，通过座谈会、新闻发布会、访谈等方式就偿付能力信息进行交流。

第十二条　信用评级机构、行业分析师、研究机构发现保险业和保险公司存在以下事项时，有权向银保监会报告：

（一）国内外宏观经济环境发生变化，可能对保险业偿付能力造成重大影响；

（二）保险公司存在重大偿付能力风险或风险管理存在重大缺陷；

（三）其他可能危及保险业、保险公司偿付能力的事项。

第十三条　银保监会与财政部、人民银行、证监会等相关政府部门建立健全偿付能力信息的交流共享和监管协作机制。

第十四条　银保监会与新闻媒体建立交流机制，至少每半年通过新闻发布会、新闻通气会、媒体采访等方式通报偿付能力监管工作情况，交换意见。

第十五条　银保监局可参照本规则第九条至第十四条规定，结合辖区实际，建立与保险公司股东、中介机构和消费者等市场相关方的偿付能力信息交流机制。

第四章　附　则

第十六条　本规则由银保监会负责解释和修订。

第十七条　本规则于 2015 年 2 月 13 日第一次发布，于 2021 年 12 月 30 日修订发布。本规则施行日期另行规定。

《保险公司偿付能力监管规则第 16 号：偿付能力信息交流》讲解

一、总则概述

《保险公司偿付能力监管规则第 16 号：偿付能力信息交流》（以下简称本规则）是第三支柱市场约束机制的重要组成部分，旨在规范监管部门和相关方的偿付能力信息交流行为，强化市场约束机制，有效防范风险。本规则所称相关方包括保险消费者、保险公司股东、审计机构、信用评级机构、行业分析师、研究机构、政府部门和新闻媒体等。

偿付能力信息交流机制由两部分组成，一是偿付能力监管工作信息发布，由监管部门通过官方网站、新闻发布会等多种方式发布偿付能力监管工作的有关情况，通报偿付能力监管举措、重点工作等。二是交流偿付能力信息，监管部门与相关方之间进行偿付能力信息的交流，听取相关方对偿付能力监管工作的意见和建议，发挥相关方的监督约束作用。

二、偿付能力监管工作信息发布

（一）偿付能力监管工作信息的内容

银保监会发布的偿付能力监管工作信息包括以下三个方面：一是保险业偿付能力（包括风险综合评级）的总体状况；二是银保监会偿付能力监管工作情况，包括偿付能力监管制度建设、采取的监管措施以及下一步工作重点等；三是需要发布的其他监管工作信息。

（二）偿付能力监管工作信息发布的时间和频率

根据本规则，中国银保监会每季度发布保险业偿付能力状况和保险公司法人机构风险综合评级结果。并于每年 9 月 30 日前和每年 3 月 31 日前，分别发布上半年偿付能力监管工作信息和上年度偿付能力监管工作信息。

中国银保监会可根据监管工作需要，通过官方网站、官方公众号、新闻发布会、新闻通气会等方式，临时发布偿付能力监管工作信息。银保监局可参照本规则第九条至第十四条规定，结合辖区实际，建立与保险公司股东、中介机构和消费者等市场相关方的偿付能力信息交流机制。

三、偿付能力信息交流

根据本规则第三章的相关规定，银保监会和银保监局应建立与相关方之间的偿付能力信息交流机制。

一是偿付能力信息交流是双向交流机制。监管部门不仅要向相关方通报偿付能力监管工作的有关情况，同时，相关方也可向监管部门就偿付能力监管工作提出意见和建议。

二是中国银保监会应加强与相关部门的沟通交流。中国银保监会应与财政部、中国人民银行、中国证监会等有关部门之间，建立健全偿付能力信息的交流共享和监管协调机制。

三是银保监局应当参照有关规定进行偿付能力信息交流。银保监局应结合辖区实际和监管工作的需要，建立与市场相关方的偿付能力信息交流机制。

保险公司偿付能力监管规则第 17 号：
保险公司信用评级

第一章 总 则

第一条 为规范信用评级机构对保险公司的信用评级行为，发挥信用评级对保险公司偿付能力的市场约束作用，制定本规则。

第二条 本规则所称保险公司，是指依法在中华人民共和国境内设立的经营商业保险业务的保险公司和外国保险公司分公司。

第三条 本规则所称信用评级机构，是指境内和境外专门从事企业、债券等信用风险评价的机构。

第四条 信用评级机构从事保险公司信用评级业务，应当遵循独立、客观、公正的原则。

信用评级机构对不同保险公司进行信用评价时，应当采用一致的评级标准和工作程序，确保评级结果公平可比。

第五条 保险公司信用评级包括主体评级和债项评级。

第六条 保险公司发行债务工具或资本工具，相关法律、法规和监管规定要求进行信用评级的，应当进行信用评级。

银保监会鼓励保险公司主动聘请信用评级机构对本公司进行主体信用评级，并公开披露评级结果。

第二章 评级行为

第七条 保险公司在境内融资、开展保险业务等行为，需要进行信用评级的，应当聘请境内信用评级机构。保险公司在境外融资或开展国际业务等情况下，可以聘请境外信用评级机构。

第八条 境内信用评级机构从事保险公司信用评级业务，应当符合信用评级行业主管部门相关监管要求，并具备下列条件：

（一）具有境内法人资格。

（二）最近年度末实收资本和净资产均不低于 2000 万元。

（三）具有与保险公司信用评级业务相适应的专业人员。具备 3 年以上信用评级业务经验的专业人员不少于 20 人，其中从事保险公司信用评级的不少于 3 人。

（四）具有完善的组织结构和业务质量控制制度。

（五）具有健全的业务制度，包括：信用等级划分及定义、评级标准、评级程序、评级方法、实地调查制度、评级跟踪制度、评级结果披露制度、评审委员会管理制度、确保独立性的制度、业务信息保密制度、档案管理制度等。

（六）具有良好的诚信记录，最近 3 年没有重大违法违规行为。

（七）已向银保监会递交《配合监管承诺函》，并且评级程序已向银保监会备案。

第九条 保险公司聘请的境外信用评级机构，应当符合机构所在地监管部门的相关监管要求，并已向银保监会递交《配合监管承诺函》，且评级程序已向银保监会备案。

第十条 保险公司应当采用公开招标或邀请招标方式选聘境内信用评级机构。保险公司发出投标邀请的信用评级机构不得少于 3 家，且其中至少有 1 家中资信用评级机构。

受邀投标的信用评级机构应当符合本规则第八条规定的条件。

第十一条 保险公司聘请信用评级机构开展评级业务，应当按照双方约定，提供真实的财务报告、偿付能力报告、业务发展规划、风险管理报告等信用评级所必要的材料。

第十二条 信用评级机构对保险公司进行信用评级时，可以向银保监会提出访谈申请。银保监会在法律法规允许范围内提供监管信息和监管意见。

第十三条 信用评级机构开展保险公司信用评级业务，应当履行科学、完整的评级程序。

第十四条 信用评级机构开展保险公司债项评级业务时，除公司的总体状况外，还应当综合考虑该债项的发行协议、期限、清偿顺序、转股权利、增信措施等方面的特点，确定评级结果。

第十五条 信用评级机构应当在信用评级有效期内，持续跟踪保险公司业务发展、偿付能力、风险管理等情况，及时对主体评级结果、债项评级结果进行更新和调整。

第十六条 信用评级机构从事保险公司信用评级业务的，应当向银保监会书面报送信用等级划分标准及其含义的说明。

第三章　监督管理

第十七条 保险公司与信用评级机构签订聘用合同之日起 10 个工作日内，应当向银保监会书面报告。

第十八条 保险公司进行信用评级的，应当按照《保险公司偿付能力监管规则第 18 号：偿付能力报告》的要求，在偿付能力季度报告中披露信用评级的有关信息。

第十九条 开展保险公司评级的信用评级机构，应当向银保监会递交《配合监管承诺函》，承诺积极配合银保监会监管，包括按照银保监会要求及时全面报送有关材料、接受银保监会的监督、检查等。

第二十条 信用评级机构发现保险公司存在重大违法违规行为时，应当向银保监会报告。

第二十一条 信用评级机构存在下列行为时，银保监会有权责令保险公司更换信用评级机构；情节严重的，银保监会不认可其评估报告。

（一）向银保监会、保险公司提供虚假材料；

（二）与被评价保险公司之间存在除评级业务之外的重大利益关系，不能确保自身独立性；

（三）以压价竞争、诋毁同行、以级定价或以价定级等不正当竞争手段招揽业务；

（四）未经保险公司同意，将评级过程中掌握的信息向社会公布或泄露给他人；

（五）未履行必要的评级程序；

（六）同保险公司合谋篡改评级资料或歪曲评级结果；

（七）违反法律法规及银保监会有关规定的其他行为。

第四章 附 则

第二十二条 保险集团、相互保险组织适用本规则。

第二十三条 本规则由银保监会负责解释和修订。

第二十四条 本规则于 2015 年 2 月 13 日第一次发布，于 2021 年 12 月 30 日修订发布。本规则施行日期另行规定。

《保险公司偿付能力监管规则第 17 号：
保险公司信用评级》讲解

一、总则概述

《保险公司偿付能力监管规则第 17 号：保险公司信用评级》（以下简称本规则）旨在规范信用评级机构对保险公司的信用评级行为。信用评级机构从事保险公司信用评级业务应当遵循独立、客观、公正的原则，对不同保险公司开展信用评级时，应当采用一致的评级标准和程序，确保评级结果公平可比。

保险公司信用评级包括主体评级和债项评级。主体评级的评级对象为经济主体即保险公司，债项评级的评级对象主要为保险公司发行的债务工具或资本工具。

二、评级行为

（一）对保险公司的要求

保险公司在开展相关业务时需要进行评级的，应注意以下三点要求：

一是保险公司在境内融资或开展保险业务时，需要进行信用评级的，应当聘请境内信用评级机构；保险公司在境外融资或开展国际业务等情况下，可以聘请境外信用评级机构。

二是保险公司选聘境内信用评级机构应当采用公开招标或邀请招标的方式。发出投标邀请的信用评级机构不得少于 3 家，且其中至少有 1 家为中资信用评级机构。

三是保险公司聘请信用评级机构开展评级业务，应当按照双方约定提供真实的财务报告、偿付能力报告、业务发展规划、风险管理报告等信用评级所必要的材料。

（二）对信用评级机构的要求

信用评级机构在对保险公司进行评级过程中，应重点把握以下四点：

一是境内信用评级机构从事保险公司信用评级业务，应符合信用评级行业主管部门相关监管要求，并应具备本规则第八条规定的条件。

二是境外信用评级机构应符合其所在地区监管部门的相关要求，并应向银保监会递交《配合监管承诺函》，同时备案评级程序。

三是信用评级机构开展保险公司信用评级业务时，应当遵循科学、完整的评级程序。

四是信用评级机构开展保险公司债项评级业务时，除公司的总体状况外，还应当综合考虑该债项的发行协议、期限、清偿顺序、转股权利、增信措施等方面的特点，确定评级结果。

三、监督管理

（一）对保险公司的监督管理要求

保险公司进行信用评级的，应自与信用评级机构签订聘用合同之日起 10 个工作日内，向监管部门书面报告。按照《保险公司偿付能力监管规则第 18 号：偿付能力报告》的相关要求，保险公司应当在偿付能力季度报告中披露信用评级相关信息。

（二）对信用评级机构的监督管理要求

信用评级机构开展保险公司评级业务的，应向中国银保监会递交《配合监管承诺函》。信用评级机构应向中国银保监会报告发现的保险公司重大违法违规行为。

信用评级机构存在本规则第二十一条规定的行为时，中国银保监会有权责令保险公司更换信用评级机构；情节严重的，中国银保监会不认可其评估报告。

保险公司偿付能力监管规则第18号：偿付能力报告

第一章 总 则

第一条 为规范保险公司偿付能力报告的编制和报告，制定本规则。

第二条 本规则所称保险公司，是指依法在中华人民共和国境内设立的经营商业保险业务的保险公司和外国保险公司分公司。

第三条 保险公司向银保监会报送的偿付能力报告包括偿付能力季度报告（以下简称季度报告）、偿付能力季度快报（以下简称季度快报）和偿付能力临时报告（以下简称临时报告）。

第四条 季度报告涉及的会计政策和会计估计应当采用"一体观"，即将报告季度视为年度会计期间的一部分，以对整个年度经营状况和财务状况的判断来决定季度末的会计估计、成本分配、递延和应计等项目。银保监会特别规定的除外。

第五条 保险公司董事会和管理层对所报送的偿付能力报告的真实性、准确性、完整性和合规性负责。保险公司应当建立健全偿付能力报告的编制、审批、报送等内控流程，确保及时、完整、准确报送。

第六条 银保监会依法对保险公司的偿付能力报告编制和报送实施监督检查。

第二章 季度报告

第一节 季度报告框架

第七条 季度报告包括以下部分：

（一）公司信息；

（二）董事会和管理层声明；

（三）基本情况；

（四）主要指标；

（五）风险管理能力；

（六）风险综合评级（分类监管）；

（七）重大事项；

（八）管理层分析与讨论；

（九）外部机构意见；

（十）实际资本；

（十一）最低资本；

（十二）压力测试。

第二节　公司信息

第八条　保险公司应当在季度报告的首页载明"保险公司偿付能力报告""××××年第×季度"的字样以及公司中文名称和英文名称。

第九条　保险公司应当在季度报告的扉页载明公司中文名称、英文名称、法定代表人、注册地址、注册资本（营运资金）、保险机构法人许可证号（经营保险业务许可证）、开业时间、业务范围、经营区域。

第十条　保险公司应当在季度报告的扉页载明偿付能力报告联系人的姓名、办公室电话、移动电话、电子信箱。

第三节　董事会和管理层声明

第十一条　保险公司应当在季度报告的显著位置声明"本报告已经通过公司董事会批准，公司董事会和管理层保证本报告所载资料不存在任何虚假记载、误导性陈述或者重大遗漏，内容真实、准确、完整、合规，并对我们的保证承担个别和连带的法律责任。"

第十二条　保险公司应当列报董事会对季度报告的审议情况，包括：

（一）各位董事对季度报告的投票情况；

（二）如果部分董事无法保证季度报告内容的真实性、准确性、完整性、合规性或对此存有异议的，应当单独陈述其意见和理由。

保险公司第一季度和第三季度的偿付能力报告可以不经过董事会审议。未经董事会审议的，保险公司应当在季度报告的显著位置声明"本报告已经公司董事长批准，公司董事长和管理层保证本报告所载资料不存在任何虚假记载、误导性陈述或者重大遗漏，内容真实、准确、完整、合规，并对我们的保证承担个别和连带的法律责任。"

第十三条　季度报告应当由保险公司下列人员签字，并加盖公司印章：

（一）董事长；

（二）总经理或具有相同职权的公司高级管理人员；

（三）财务负责人，是指首席财务官、分管财务的副总经理等行使相同职权的公司高级管理人员；

（四）精算负责人，是指保险公司的总精算师或行使相同职权的公司高级管理人员；

（五）投资负责人，是指保险公司的首席投资官、分管投资的副总经理等行使相同职权的公司高级管理人员；

（六）首席风险官，是指分管风险管理工作的公司高级管理人员；

（七）合规负责人，是指分管合规工作的公司高级管理人员。

上述人员对季度报告负有共同和连带的法律责任，同时对各自职责范围内的报告事项负直接责任。

第十四条 本规则第十一条至第十三条有关董事会和董事长的要求不适用于外国保险公司分公司。

第十五条 董事和有关高级管理人员委托代理人代为发表意见或者签字的，应当附书面委托书。

第四节 基本情况

第十六条 保险公司应当列报以下信息：

（一）股权结构和股东，以及报告期内的变动情况；

（二）董事、监事和总公司高级管理人员；

（三）子公司、合营企业和联营企业；

（四）报告期内违规及受处罚情况。

第十七条 保险公司应当列报股权和股东的以下信息：

（一）股权结构及其变动。按照股东类别列示报告期末和报告期初的股权结构、报告期间的股权结构变动。股东类别是指国有股、社团法人股、外资股、自然人股等。

（二）实际控制人。实际控制人是指通过股权关系、投资关系、协议或者其他安排，能够实际支配公司行为的法人或自然人。保险公司应当采用股权控制结构图等方式逐级披露至公司最终的实际控制人（包括代表国家出资的投资主体、社团法人和自然人等）。

（三）报告期末所有股东的持股情况及关联方关系，包括：所有股东所持股份的类别、数量、状态。其中，所持股份的类别指国有股、社团法人股、外资股、自然人股等，所持股份的状态包括正常、被冻结、被质押等情形。上市保险公司只需要列报前十大股东的上述信息。

（四）董事、监事和高级管理人员的持股情况，包括每人持有的股份数、所占股权比例以及是否拥有特殊表决权等。持有的股份数包括直接持有和间接持有的股份数。

（五）报告期内股权转让情况，包括转让时间、转让双方名称、转让股份数量、转让价格等。上市保险公司单一股东（包括关联方）转让或受让的股权占比在5%以下的，无须列报。

第十八条 保险公司应当列报董事、监事和总公司高级管理人员的基本情况、薪酬情况，以及报告期内变更情况的以下信息：

（一）董事、监事和总公司高级管理人员的基本情况，包括姓名、年龄、学历（或学位）、任期开始日期、职务、任职资格批准文号、在关联方和其他单位的任职和兼职情况、最近 5 年的主要工作经历。

（二）董事、监事和总公司高级管理人员的变更情况，包括报告期内新任和离任董事、监事和总公司高级管理人员的职务、姓名。

（三）董事、监事和总公司高级管理人员的薪酬情况。保险公司应当在第四季度报告中列报关于董事、监事和总公司高级管理人员本年度薪酬的相关信息，其他季度无须列报。薪酬分为货币化薪酬和非货币化薪酬，货币化薪酬包括工资、津贴、奖金等以货币资金方式支付的薪酬；非货币化薪酬包括股票期权、房产等以货币资金以外的方式支付的薪酬。保险公司应当列报以下信息：

1. 在各个薪酬区间内的董事、监事和总公司高级管理人员的数量；

2. 最高薪酬；

3. 股票期权计划的基本情况，包括期末持有股票期权的人员数量、持有数量、期权执行价格和到期日等；

4. 与盈利挂钩的奖励计划的情况，以及本年度支付的相关报酬总额。

若有董事兼任总公司高级管理人员，则只需在董事部分列报，不需要在总公司高级管理人员部分重复列报。

第十九条 保险公司应当列报子公司、合营企业和联营企业的名称、期初和期末的持股数量及持股比例、报告期内子公司的增减变化情况。子公司、合营企业和联营企业是指保险公司对其具有控制、共同控制或重大影响的企业。

第二十条 保险公司应当列报报告期内受到的处罚及违规信息，包括：

（一）金融监管部门（即银保监会和证监会及其派出机构、人民银行及其分支机构）和其他政府部门对保险公司及其董事、监事、总公司高级管理人员的行政处罚情况，包括处罚种类、处罚金额和违规事实；

（二）保险公司董事、监事、总公司部门级别及以上管理人员和省级分公司高级管理人员被移交司法机关的违法行为的情况；

（三）被银保监会采取的监管措施。

第十八条和第二十条中对总公司高级管理人员的规定适用于外国保险公司分公司，对董事、监事的规定不适用于外国保险公司分公司。

第五节　主要指标

第二十一条 保险公司应当列报偿付能力充足率指标、流动性风险监管指标和监测指标以及主要经营指标。

第二十二条 保险公司应当列报以下偿付能力充足率指标的本季度数、上季度可比数和基本情景下的下季度预测数：

（一）认可资产、认可负债、实际资本；

（二）核心一级资本、核心二级资本、附属一级资本、附属二级资本；

（三）可资本化风险最低资本、控制风险最低资本、附加资本、最低资本；

（四）核心偿付能力溢额、综合偿付能力溢额；

（五）核心偿付能力充足率、综合偿付能力充足率。

第二十三条 保险公司应当列报流动性风险监管指标和监测指标的本季度数和上季度可比数，其中，流动性风险监管指标包括流动性覆盖率、经营活动净现金流回溯不利偏差率和公司净现金流。

第二十四条 保险公司应当列报以下经营指标的本季度数和本年度累计数：

（一）保险业务收入，即利润表中的保险业务收入；

（二）净利润，即利润表中的净利润；

（三）总资产，即资产负债表中的总资产；

（四）净资产，即资产负债表中的净资产；

（五）保险合同负债，即资产负债表中的未到期责任准备金、未决赔款准备金、寿险责任准备金和长期健康险责任准备金；

（六）基本每股收益，指根据《企业会计准则第 34 号——每股收益》计算的基本每股收益；

（七）净资产收益率＝净利润÷［（期初净资产＋期末净资产）÷2］×100%；

（八）总资产收益率＝净利润÷［（期初总资产＋期末总资产）÷2］×100%；

（九）投资收益率＝（投资收益＋公允价值变动损益＋汇兑损益－投资资产减值损失－投资业务的税金及附加－利息支出）÷报告期资金运用平均余额×100%。其中，报告期资金运用平均余额＝（期初资金运用余额＋期末资金运用余额）÷2，计算时应扣除独立账户的投资资产及其投资收益；

（十）综合投资收益率＝（投资收益＋公允价值变动损益＋汇兑损益＋可供出售金融资产的公允价值变动净额－投资资产减值损失－投资业务的税金及附加－利息支出）÷报告期资金运用平均余额×100%。其中，报告期资金运用平均余额＝（期初资金运用余额＋期末资金运用余额）÷2，计算时应扣除独立账户的投资资产及其投资收益。

第二十五条 财产保险公司除了列报本规则第二十四条规定的指标外，还应当列报以下经营指标的本季度数和本年累计数：

（一）效益类指标，包括：

1. 综合成本率＝（赔付支出＋未决赔款准备金变动额－摊回赔付支出＋业务及管理

费＋手续费及佣金＋分保费用支出＋承保业务的税金及附加－摊回分保费用）÷（自留保费－未到期责任准备金变动额）×100%；

2. 综合费用率＝（业务及管理费＋手续费及佣金＋分保费用支出＋承保业务的税金及附加－摊回分保费用）÷（自留保费－未到期责任准备金变动额）×100%；

3. 综合赔付率＝（赔付支出＋未决赔款准备金变动额－摊回赔付支出）÷（自留保费－未到期责任准备金变动额）×100%；

4. 手续费及佣金占比＝手续费及佣金支出÷保费收入；

5. 业务管理费占比＝业务管理费÷保费收入。

（二）规模类指标，包括：

1. 签单保费，即销售的保单保费总额（下同）；

2. 车险签单保费；

3. 非车险前五大险种的签单保费；

4. 车险车均保费＝车险新单保费收入÷新承保车辆数量；

5. 各渠道签单保费，包括代理渠道、直销渠道、经纪渠道及其他渠道的签单保费。

第二十六条 人身保险公司（包括健康保险公司、经营保险业务的养老保险公司）除了列报本规则第二十四条规定的指标外，还应当列报以下经营指标的本季度数和本年累计数：

（一）效益类指标，包括：

1. 剩余边际，即按照财政部 2006 年发布的《企业会计准则第 25 号——原保险合同》《企业会计准则第 26 号——再保险合同》和 2009 年发布的《保险合同相关会计处理规定》确认和计量的剩余边际。

2. 新业务利润率＝本期新业务的首日利得÷新业务各期保费收入之和×100%。首日利得是指新业务在首次进行财务报表准备金评估时的剩余边际。各期保费收入之和是指在不考虑退保、贴现等条件下的首期保费收入与所有续期保费收入的总和。

3. 新业务价值。

（二）规模类指标，包括：

1. 签单保费；

2. 新单首年期交签单保费；

3. 十年期及以上新单首年期交签单保费；

4. 续期签单保费；

5. 前五大产品的信息，包括报告期内签单保费占前五位的产品名称、产品类型、签单保费等；

6. 分渠道的签单保费，包括银保渠道、个人渠道、团险渠道、互联网渠道及其他渠道；

7. 期末个人营销员数量。

（三）品质类指标，包括：

1. 13 个月续保率 =（上年可比季度末的长期寿险有效保单在本季度末仍然有效的保单数量÷上年可比季度末的长期寿险有效保单数量）×100%；

2. 综合退保率 =（退保金 + 保户储金及投资款的退保金 + 投资连结保险独立账户的退保金）÷（长期险责任准备金期初余额 + 保户储金及投资款期初余额 + 独立账户负债期初余额 + 本年度签单保费）×100%；

3. 个人营销渠道的件均保费 = 个人营销渠道的首年保费÷个人营销渠道的新单件数 =（个人营销渠道的新单首年期交保费 + 个人营销渠道的趸交保费）÷个人营销渠道的新单件数；

4. 人均保费 = 个人营销渠道的首年标准保费÷个人营销员的平均数量，其中，首年标准保费是指人身保险公司根据银保监会有关规定将首年保费折算确定的标准保费，个人营销员的平均数量 =（期初个人营销员数量 + 期末个人营销员数量）÷2；

5. 营销员脱落率 = 报告期内离职的营销员的数量÷（期初营销员数量 + 报告期内新聘的营销员数量）×100%。

第二十七条 再保险公司除了列报本规则第二十四条规定的指标外，还应当列报以下经营指标的本季度数和本年度累计数：

（一）未决赔款准备金与赔款支出比 = 再保后未决赔款准备金÷（赔付支出 – 摊回赔付支出）×100%；

（二）综合费用率 =（业务及管理费 + 手续费及佣金 + 分保费用支出 – 摊回分保费用）÷（自留保费 – 未到期责任准备金变动额）×100%；

（三）综合赔付率 =（赔付支出 + 未决赔款准备金变动额 – 摊回赔付支出）÷（自留保费 – 未到期责任准备金变动额）×100%；

（四）综合成本率 =（赔付支出 + 未决赔款准备金变动额 – 摊回赔付支出 + 业务及管理费 + 手续费及佣金 + 分保费用支出 – 摊回分保费用）÷（自留保费 – 未到期责任准备金变动额）×100%。

第二十五条至第二十七条中各项责任准备金为财务报表责任准备金，按照财政部 2009 年发布的《保险合同相关会计处理规定》编制。

第六节　风险管理能力

第二十八条 保险公司应当按照《保险公司偿付能力监管规则第 12 号：偿付能力风险管理要求与评估》关于公司分类标准的规定，列报所属的公司类型，包括成立日期、最近会计年度的签单保费和总资产、省级分支机构数量。

第二十九条 保险公司应当在季度报告中，列报监管部门对本公司最近一次偿付能力风险管理评估的结果，报告期内采取的风险管理改进措施以及各项措施的实施进展情况，包括风险管理制度的建设与完善、管理流程的梳理与优化、制度执行有效性等情况。

第三十条 保险公司应当对照《保险公司偿付能力监管规则第 12 号：偿付能力风险管理要求与评估》中对风险管理的各项要求，每年至少开展一次风险管理自评估，客观评价公司的风险管理能力，查找风险管理存在的问题和需要改进的地方。

第三十一条 保险公司进行自评估时，应当区分风险管理基础与环境、风险管理目标与工具、保险风险管理、市场风险管理、信用风险管理、操作风险管理、战略风险管理、声誉风险管理、流动性风险管理九个部分，对照各部分的每一项具体要求，逐项评估公司的风险管理状况，并逐项列报符合的程度（包括"完全符合""大部分符合""部分符合""不符合""不适用"）。

第三十二条 保险公司应当在自评估结束当期的季度报告中列报自评估有关情况，包括评估时间、评估方法、评估流程、评估结果等。

第七节　风险综合评级（分类监管）

第三十三条 保险公司应当在季度报告中列报以下风险综合评级信息：

（一）最近两次的风险综合评级结果。评级结果为 C、D 类的，保险公司应当分析说明主要的风险情况以及报告期末银保监会正在采取的监管措施。

（二）公司已经采取或者拟采取的改进措施。

第三十四条 保险公司应当每季度对操作风险、战略风险、声誉风险和流动性风险开展自评估，客观评价公司相应风险的状况。

第三十五条 保险公司应当列报自评估的评估方法、评估流程、评估结果等。

第八节　重大事项

第三十六条 保险公司应当列报报告期内新获批筹和开业的省级分支机构的有关信息，包括数量、业务范围、经营区域、本季度取得的签单保费等情况。如果保险公司在境外开设分支机构，也应当列报相关信息。

第三十七条 保险公司应当列报报告期内重大再保险合同的分出（分入）人、险种类型、分入（分出）保费、保险责任、已支付（摊回）的赔款、再保险合同类型、合同期间、与分出（分入）方的关联方关系以及其他需说明的情况。

重大再保险合同是指分入（分出）保额超过保险公司本季度末有效保额的 5% 或分入（分出）保费超过报告期保费收入 5% 的单项再保险合同。

第三十八条 财产保险公司应当列报报告期内重大赔付事项的赔付金额、赔付原因等信息。如果保险公司对发生重大赔付事项的保险合同签订了再保险合同，还应当列报赔款的摊回情况。

重大赔付事项是指赔付金额（包括未决估损在内的再保后赔付金额）居前五位的赔付事项。其中，赔付事项是指由单个保险事件引起的所有赔案组合。例如，一次台风导致的所有赔案组合为一个赔付事项。

人身保险公司应当分别列报报告期内退保金额和综合退保率居前三位产品的名称、产品类型、销售渠道、报告期退保规模和退保率、年度累计退保规模和退保率等。

第三十九条 保险公司应当列报报告期内重大投资行为的投资对象、投资金额、投资时间、期末该投资的账面价值。

重大投资行为是指保险公司报告期内对子公司、合营企业、联营企业的投资。

第四十条 保险公司应当列报报告期内重大投资损失的投资对象、投资金额、损失金额、发生损失的原因、该项投资损失对偿付能力的影响等。

重大投资损失是指保险公司单项股权投资、不动产投资、基础设施投资、信托资产投资、资产证券化产品投资等的投资损失金额超过保险公司报告期末净资产总额 5% 的投资损失。

第四十一条 保险公司应当列报报告期内各项重大融资事项的具体形式、融资目的、融入时间、融资金额、融资对象、融资期限、融资成本等信息。

重大融资事项是指保险公司在报告期内发生的增资扩股、发行债务性资本工具等单笔融资金额超过公司报告期末净资产 10% 的融资活动。

第四十二条 保险公司应当列报报告期内各项重大关联交易的信息：

（一）与日常经营相关的关联交易（如销售保单、分保）的关联方、交易内容、定价原则、交易价格、交易金额、占同类交易金额的比例、结算方式等；

（二）资产转让、股权转让等关联交易的转让价格、转让原因、转让资产的类别或转让股权的数量等；

（三）债权、债务、担保事项的关联方、金额、关联交易形成的原因等；

（四）其他重大关联交易的内容、定价原则、交易金额、结算方式、期末未结算金额以及其他相关信息。

保险公司应当按照银保监会关联交易有关规定识别和判断关联方、界定重大关联交易。

第四十三条 保险公司应当列报报告期内各项重大诉讼事项的信息：

（一）报告期内已经判决执行的重大诉讼的诉讼对方名称、诉讼原因、诉讼起始时间、诉讼标的金额以及发生损失的金额等。

（二）报告日存在的未决诉讼的诉讼对方名称、诉讼原因、诉讼现状、诉讼起始时间、诉讼标的金额、可能发生损失的估计金额或损失的范围等。如果不能合理估计损失金额，需说明不能估计损失金额的原因。

重大诉讼事项是指本季度内诉讼标的金额排名前三位的诉讼。

第四十四条　保险公司应当列报报告期内重大担保事项的信息：

（一）报告期内已经履行的重大担保合同的被担保人名称及其与本公司的关联方关系、担保事项、担保方式、担保期限、担保金额等；

（二）报告日存在的尚未履行完毕的重大担保合同的被担保人名称及其与本公司的关联方关系、担保事项、担保方式、担保期限、担保金额以及可能对偿付能力产生的影响等。

担保事项不包括公司经营保证保险业务引起的担保责任。

第四十五条　除上述重大事项外，保险公司还应当根据实际情况列报对公司目前或未来的偿付能力有重大影响的其他事项。

第四十六条　保险公司列报上述重大事项时，应当遵循以下三点原则：

（一）能够估计对偿付能力影响金额的，应当说明对核心偿付能力充足率、综合偿付能力充足率的影响；

（二）保险公司没有发生某类重大事项，应当在季度报告中明确说明"未发生重大××事项"；

（三）某项重大事项在本报告的其他部分有详细列报的，在此可以简化列报，但要标明详细列报该重大事项的位置。

第九节　管理层讨论与分析

第四十七条　保险公司管理层应当对报告期内偿付能力充足率、流动性风险监管指标和风险综合评级结果的变化及其原因进行讨论与分析，识别公司面临的主要风险，提高偿付能力风险管理能力，并列报讨论分析内容。

第四十八条　保险公司管理层在分析时，不能简单罗列有关指标的数字变化，应当遵循风险导向的逻辑和原则，从影响偿付能力状况的风险因素出发，逐步、深入分析公司面临的主要风险，挖掘指标变化背后经营管理方面的原因，并提出切实可行的改进措施和改进目标。

第十节　外部机构意见

第四十九条　外部机构意见是指会计师事务所、资产评估机构、精算咨询机构、信用评级机构等第三方对保险公司出具的审计意见、审核意见、信用评级结果、验资报告、资产评估报告等。

第五十条　保险公司应当在第二季度的季度报告中列报上一年度第四季度的季度报告的审计意见，包括会计师事务所名称、审计意见的类型等。会计师事务所出具非标准无保留审计意见的，保险公司应当说明具体情况，与会计师事务所的分歧，以及季度报告中会计师事务所要求调整但未调整的内容、未调整的原因等。

其他季度的偿付能力报告进行了审计的，保险公司应当在收到审计报告当期编报的季度报告中按照上述要求列报相关信息。

第五十一条 保险公司应当在收到审核报告当期编报的季度报告中列报有关事项审核意见，包括出具审核意见的机构名称、审核意见的内容等。

第五十二条 保险公司应当在收到信用评级报告当期编报的季度报告中列报信用评级有关信息，包括信用评级机构名称、评级目的和评级对象、评级结果和有效时间、跟踪评级情况等。

第五十三条 保险公司应当列报外部机构对验资、资产评估等事项出具的意见，包括外部机构的名称、出具意见的目的和时间、意见的主要内容或结果等。

第五十四条 保险公司应当列报报告期内外部机构的更换情况，包括更换前后外部机构的名称、更换时间、更换原因等。

第十一节　实际资本

第五十五条 保险公司应当列报以下实际资本各项指标的本季度数和上季度可比数：

（一）财务报表资产总额、认可资产总额；财务报表负债总额、认可负债总额；财务报表净资产总额、实际资本。

（二）核心一级资本、核心二级资本、附属一级资本、附属二级资本以及各级资本的明细。

（三）各项资本工具的发行、赎回、剩余期限等。

第五十六条 保险公司应当列报以下认可资产各项指标的本季度数和上季度可比数：

（一）各项财务报表资产、非认可资产、认可资产；

（二）分别列报对子公司、合营公司和联营公司长期股权投资的财务报表账面价值和认可资产价值；

（三）各项认可资产和非认可资产的明细。

第五十七条 保险公司应当列报以下认可负债各项指标的本季度数和上季度可比数：

（一）各项财务报表负债、非认可负债、认可负债；

（二）各项认可负债和非认可负债的明细；

（三）各项保险责任准备金明细，其中各项寿险业务保险责任准备金，要列报其财务报表账面价值和认可负债价值；

（四）各级资本金额超过《保险公司偿付能力监管规则第 1 号：实际资本》规定限额的部分。

第五十八条 保险公司应当列报核心一级资本调整表及各调整项目的本季度数和上

季度可比数。核心一级资本调整表主要分析保险公司财务报表净资产和核心一级资本之间的调整过程。

第五十九条 保险公司应当列报实际资本评估所采用的会计政策和会计估计有关信息，包括：

（一）资产减值的会计政策；

（二）保险合同负债评估的方法、各项假设、设定的参数及其报告期变更情况等；

（三）除资产减值和保险合同负债外，实际资本评估所采用的各项会计政策和会计估计与编制财务报告所采用的会计政策和会计估计之间的差异；

（四）重大的会计政策、会计估计变更和会计差错更正对实际资本的影响；

（五）银保监会规定的其他信息。

第六十条 保险公司应当按照银保监会规定列报实际资本的其他信息。

第十二节 最低资本

第六十一条 保险公司应当列报以下最低资本各项指标的本季度数和上季度可比数：

（一）最低资本，包括可资本化风险最低资本、控制风险最低资本、附加资本；

（二）可资本化风险最低资本，包括保险风险最低资本、市场风险最低资本、信用风险最低资本以及风险分散效应和吸损效应；

（三）控制风险最低资本以及偿付能力风险管理能力监管评估的各分项得分；

（四）附加资本，包括逆周期附加资本、国内系统重要性保险机构的附加资本、全球系统重要性保险机构的附加资本、其他附加资本。

第六十二条 保险公司应当列报各类风险及其子风险最低资本的本季度数和上季度可比数：

（一）保险风险以及各层级、各类别子风险的最低资本；

（二）市场风险以及各层级、各类别子风险的最低资本；

（三）信用风险以及各层级、各类别子风险的最低资本。

第六十三条 保险公司应当列报各类风险及其子风险最低资本的明细信息，包括：

（一）各类非寿险业务的保费风险和准备金风险、市场风险各类子风险、信用风险各类子风险最低资本的风险暴露、风险因子、基础因子、各个特征因子，以及巨灾风险最低资本、相关风险合并后的最低资本有关信息；

（二）寿险业务保险风险各类子风险最低资本的不利情景因子；

（三）各类非寿险再保险业务的保费风险、准备金风险、巨灾风险的风险暴露、风险因子、基础因子、各个特征因子以及相关风险合并后的最低资本有关信息；

（四）寿险再保险业务保险风险各类子风险最低资本的不利情景因子；

（五）有利率风险暴露的寿险公司各投资账户在利率上升和利率下降情景下的认可资产变动值、认可负债变动值、净现金流变动值；

（六）有利率风险暴露的各项资产的明细；

（七）各项资产（负债）的权益价格风险、房地产价格风险、境外资产价格风险和汇率风险的风险暴露、风险因子、基础因子、各个特征因子；

（八）有权益价格风险、房地产价格风险、境外资产价格风险和汇率风险暴露的各项资产（负债）的明细；

（九）各项资产（负债）的利差风险和交易对手违约风险的风险暴露、风险因子、基础因子、各个特征因子；

（十）有信用风险暴露的各项资产（负债）的明细；

（十一）穿透计量的各项非基础资产的明细；

（十二）有集中度风险暴露的各项资产的明细。

第六十四条　保险公司应当按照银保监会规定列报最低资本的其他信息。

第十三节　压力测试

第六十五条　保险公司应当在季度报告中列报现金流压力测试的以下信息：

（一）基本情景现金流测试表和压力情景现金流测试表；

（二）基本情景和压力情景下的各项具体假设；

（三）预计未来期间净现金流小于零时，拟采取的改善措施及预期效果。

第六十六条　保险公司应当列报按照《保险公司偿付能力监管规则第 10 号：压力测试》预测的下季度偿付能力有关信息：

（一）下季度末基本情景和压力情景下公司的实际资本、核心资本、最低资本、偿付能力溢额和偿付能力充足率等偿付能力指标；

（二）下季度对公司偿付能力状况有重大影响的经营活动，包括公司改制上市计划、新产品上市计划、分支机构开设计划、业务结构调整、资产配置变化、资产负债管理改进等；

（三）预测时采用的重大假设，包括新业务假设、赔付率假设、死亡发生率假设、疾病发生率假设、退保率假设、费用假设和投资收益率假设等；

（四）其他有利于理解下季度偿付能力预测结果的信息；

（五）本季度压力测试所选择的自选风险因素及其确定依据；

（六）针对偿付能力充足率不达标的测试结果，保险公司拟采取的管理措施。

第三章　季度快报

第六十七条　季度快报包括以下部分：

（一）基本信息；

（二）主要指标。

第六十八条　基本信息包括公司名称、报告联系人及联系方式。

第六十九条　保险公司应当列报以下主要指标的本季度数和上季度可比数：

（一）核心偿付能力充足率、综合偿付能力充足率；

（二）核心一级资本、核心二级资本、附属一级资本、附属二级资本；

（三）核心偿付能力溢额、综合偿付能力溢额；

（四）认可资产、认可负债、实际资本；

（五）可资本化风险最低资本，包括保险风险最低资本、市场风险最低资本、信用风险最低资本以及风险分散效应和损失吸收效应；

（六）控制风险最低资本；

（七）附加资本。

第七十条　季度快报应当由董事长或者总经理签字，并加盖公司印章。

第四章　临时报告

第七十一条　除报送季度报告外，保险公司在任何时点出现偿付能力不足的情况，应当在发现之日起 5 个工作日内向银保监会报告。

第七十二条　保险公司发生下列对偿付能力产生重大不利影响的事项的，应当自该事项发生之日起 5 个工作日内向银保监会报告：

（一）重大投资损失；

（二）重大赔付、大规模退保或者遭遇重大诉讼；

（三）主要股东、子公司或合营企业出现财务危机或者被金融监管机构接管；

（四）外国保险公司分公司的总公司由于偿付能力问题受到行政处罚、被实施强制监管措施或者申请破产保护；

（五）重大资产遭司法机关冻结或者受到其他行政机关的重大行政处罚；

（六）对偿付能力产生重大不利影响的其他事项。

第七十三条　保险公司经审计的第四季度偿付能力相关信息发生重大变动的，应当自审计报告出具之日起 10 日内向银保监会报告，包括但不限于以下信息：

（一）审计机构出具了除"无保留意见"外的审计报告；

（二）审计后的核心偿付能力充足率或综合偿付能力充足率不达标；

（三）审计后的核心偿付能力充足率或综合偿付能力充足率变动超过 3 个百分点；

（四）审计后的实际资本或最低资本的变动比例［即（审计后金额 − 审计前金额）÷ 审计前金额］超过 1%。

保险公司报告上述情况时，应当说明与审计机构的主要分歧以及核心偿付能力充足率、综合偿付能力充足率、实际资本和最低资本等指标变动的主要原因等。

第七十四条 保险公司出现重大流动性风险时，应当自发现之日起 3 日内向银保监会报告，内容包括：

（一）当前流动性状况；

（二）流动性风险产生的原因；

（三）已采取和拟采取的应急措施等。

第七十五条 临时报告应当由董事长或者总经理签字，并加盖公司印章。

第五章 报送要求

第七十六条 季度快报应当在每季度结束后 12 日内报送，季度报告应当在每季度结束后 25 日内报送。

保险公司应当于每年 4 月 30 日前报送会计师事务所出具的上一年度第四季度季度报告的审计报告和经审计的上一年度第四季度季度报告。

第七十七条 偿付能力报告应当通过银保监会统一的偿付能力监管信息系统报送，银保监会另有规定的除外。

第六章 监督管理

第七十八条 保险公司的第四季度季度报告应当经会计师事务所审计。保险公司可以根据自身需要和银保监会的要求委托会计师事务所对其他 3 个季度的季度报告进行审计。

第七十九条 银保监会可以根据审慎监管需要，调整全部或者特定公司的偿付能力报告的报送内容、报送频率和审计要求。

第八十条 出现审计调整、监管审核检查调整、会计差错更正等事项时，保险公司应当按照规定对偿付能力报告数据进行调整。涉及多个报告期的，银保监会可要求保险公司进行追溯调整，并重新报送相应期间的偿付能力季度报告。

第八十一条 银保监会依法对保险公司报送的偿付能力报告进行审核。编报不符合规定的，银保监会依法责令改正，追究相关人员责任；情节严重的，按照《中华人民共和国保险法》等有关法律法规进行处罚。

第八十二条 会计师事务所出具的审计报告存在问题的，银保监会可以要求保险公司更换会计师事务所，不再接受该会计师事务所出具的审计报告。情节严重的，依法移送有关行政管理部门或者司法机关进行处理。

第七章 附 则

第八十三条 除了本规则要求报送的偿付能力报告外，保险公司还应当按照银保监会规定报送实施风险综合评级所需的信息。具体要求另行规定。

第八十四条 保险公司应当编制季度报告摘要，并按照《保险公司偿付能力监管规则第 15 号：偿付能力信息公开披露》的规定公开披露。

第八十五条 相互保险组织适用本规则。

第八十六条 劳合社保险（中国）有限公司在第七条中不适用（十）（十一）；在第二十二条中不适用（一）至（四），同时在（五）中，应当列报公司整体的核心偿付能力充足率、综合偿付能力充足率的本季度数、上季度可比数和下季度预测数；在第六十六条第（一）项中，列报下季度末基本情景和压力情景下公司整体的核心偿付能力充足率和综合偿付能力充足率。

第八十七条 保险集团应当按照《保险公司偿付能力监管规则第 19 号：保险集团》编报集团偿付能力报告。

第八十八条 本规则由银保监会负责解释和修订。

第八十九条 本规则于 2015 年 2 月 13 日第一次发布，于 2021 年 12 月 30 日修订发布。本规则施行日期另行规定。

《保险公司偿付能力监管规则第18号：偿付能力报告》讲解

一、总则概述

《保险公司偿付能力监管规则第18号：偿付能力报告》（以下简称本规则）主要规范了保险公司偿付能力报告的编制和报告。保险公司应当按照本规则编制和报送偿付能力报告，包括偿付能力季度报告（以下简称季度报告）、偿付能力季度快报（以下简称季度快报）和偿付能力临时报告（以下简称临时报告）。保险公司董事会和管理层对偿付能力报告的真实性、准确性、完整性和合规性负责。

保险公司在编制季度报告时，涉及的会计政策和会计估计应当采用"一体观"，即将报告季度视为年度会计期间的一部分，以对整个年度经营状况和财务状况的判断来决定季度末的会计估计、费用分配等。

二、季度报告

保险公司季度报告包括公司信息、董事会和管理层声明、基本情况、主要指标、风险管理能力、风险综合评级、重大事项、管理层分析与讨论、外部机构意见、实际资本、最低资本和压力测试等十二部分。

（一）关于董事会和管理层声明

保险公司应当按照本规则第十一条至第十三条在季度报告中列报董事会和管理层声明等信息，相关要求不适用于外国保险公司分公司。

（二）关于报告期内受到的处罚及违规信息

本规则第二十条要求保险公司应当列报报告期内受到的处罚及违规信息。保险公司法人受到的处罚，应当逐项列示；分支机构受到的处罚，可以分类别汇总列示。比如，分支机构受到的罚款处罚，可以列示受处罚的次数以及罚款的总金额。

（三）关于季度报告的审核要求

保险公司第二季度和第四季度的季度报告需要经董事会审议，第一季度和第三季度的季度报告可以不经董事会审议。外国保险公司分公司的季度报告应当经管理层审批。

（四）关于报告时间要求

保险公司应当在每季度结束后 25 日内，通过偿付能力监管信息系统报送季度报告。保险公司应当于每年 4 月 30 日前报送会计师事务所出具的上一年度第四季度季度报告的审计报告和经审计的上一年度第四季度季度报告。

三、季度快报

季度快报应当由董事长或者总经理签字，并加盖公司印章。季度快报包括基本信息和主要指标两部分内容，其中，主要指标包括核心偿付能力充足率、综合偿付能力充足率及相关指标。保险公司应当于每季度结束后 12 日内，通过偿付能力监管信息系统报送季度快报。

四、临时报告

保险公司的临时报告主要包括以下情况。

（一）偿付能力出现不足

保险公司应当在发现核心偿付能力充足率低于 50% 或综合偿付能力充足率低于 100% 起 5 个工作日内向银保监会报告。

（二）发生对偿付能力产生重大不利影响的事项

保险公司发生重大投资损失、重大赔付等对偿付能力产生重大不利影响的事项，应当自事项发生之日起 5 个工作日内向银保监会报告。

（三）审计后的第四季度的偿付能力信息发生重大变动

保险公司经审计的第四季度偿付能力相关信息发生重大变动，包括审计师出具除"无保留意见"外的审计报告等，保险公司应当自审计报告出具之日起 10 日内向银保监会报告。

（四）出现重大流动性风险

保险公司出现重大流动性风险时，应当自发现之日起 3 日内向银保监会报告。

五、监督管理

（一）对保险公司的监管要求

1. 第四季度季度报告的审计要求。保险公司的第四季度季度报告应当经会计师事务所审计。保险公司可以根据自身需要和银保监会的要求委托会计师事务所对其他三个季度的季度报告进行审计。

2. 数据调整和更正要求。出现审计调整、监管审核检查调整、会计差错更正等事项时，保险公司应当按照规定对偿付能力报告数据进行调整。涉及多个报告期的，银保监会可要求保险公司进行追溯调整，并重新报送相应期间的偿付能力季度报告。

（二）银保监会的监管措施

1. 调整公司报送内容、报送频率和审计要求。银保监会可以根据审慎监管需要，调整所有公司或者部分公司的偿付能力报告的报送内容、报送频率和审计要求。

2. 抽查审核报告内容。银保监会依法对保险公司报送的偿付能力报告进行抽查审核。编报内容不符合规定的，银保监会依法责令改正，追究公司相关人员责任；情节严重的，按照《保险法》等有关法规进行处罚。

3. 要求更换会计师事务所。会计师事务所出具的审计报告存在问题的，银保监会可以要求保险公司更换会计师事务所，不再接受该会计师事务所出具的审计报告。情节严重的，依法移送有关行政管理部门或者司法机关进行处理。

保险公司偿付能力监管规则第 19 号：
保险集团

第一章　总　则

第一条　为明确保险集团的偿付能力监管要求，防范保险集团偿付能力风险，促进保险集团提高偿付能力风险管理能力，制定本规则。

第二条　本规则所称保险集团包括保险控股型集团、非保险控股型集团、混合型集团三个基本类别。

第三条　本规则所称保险集团及相关机构定义如下：

（一）保险控股型集团是指由一家保险集团（控股）公司或保险公司与受其直接或间接控制、共同控制的一家或多家保险公司以及其他非保险机构所共同形成的企业集合，该保险集团中的母公司为一家保险集团（控股）公司或保险公司。

（二）非保险控股型集团是指由非保险机构与受其直接或间接控制、共同控制的多家保险公司以及其他非保险机构所共同形成的企业集合，该保险集团中的母公司为一家非保险机构。

（三）混合型集团是指由同一实际控制人或一致行动人控制（或共同控制）的多家保险公司所组成的企业集合，该企业集合不具有显性的控制人。

（四）保险集团母公司是指对保险集团内所有其他公司实施直接或间接控制、共同控制的公司。

（五）保险控股型集团的成员公司是指保险集团母公司及受其直接或间接控制、共同控制的公司，包括母公司及其各层级子公司和合营企业；非保险控股型集团和混合型集团的成员公司是指保险集团中的保险公司、保险资产管理公司和银保监会认为应纳入审慎监管范畴的其他关联公司。

（六）受监管公司是指受金融监管机构的资本充足性监管的金融机构，不受金融监管机构资本充足性监管的公司为非受监管公司。

第四条　保险集团偿付能力风险由固有风险和控制风险组成。

固有风险是指在现有正常行业物质技术条件和生产组织方式下，保险集团在经营和管理活动中必然存在的客观的偿付能力相关风险。固有风险不仅包括集团内单个公司层面的风险，也包括集团层面的风险传染、组织结构不透明风险、集中度风险、非保险领域风险等由于集团化经营产生的特有风险。

控制风险是指因保险集团内部管理和控制不完善或无效，导致固有风险未被及时识别和控制的风险。

第五条 保险集团应当通过保持符合监管机构规定的足额合格资本来管理和防范可资本化的偿付能力风险，并通过持续改善风险管理，降低和防范偿付能力综合风险。

第六条 银保监会对保险集团偿付能力风险管理能力进行定期评估，识别保险集团的控制风险。保险集团根据银保监会风险管理能力评估结果，计算控制风险最低资本。

第七条 银保监会在保险集团偿付能力充足率基础上，结合难以资本化风险评价结果，对其偿付能力风险进行综合评级，并根据评级结果采取相应的监管政策或监管措施。

第八条 保险集团偿付能力监管分为三个层次：

（一）单一法人公司监管，即对成员公司的偿付能力或资本充足水平进行监管；

（二）集团监管，即在单一法人公司偿付能力或资本充足水平监管的基础上，对保险集团层面的偿付能力风险进行监管；

（三）系统重要性保险集团监管，即对国内监管机构或国际组织认定的系统重要性保险集团的偿付能力进行监管。

第九条 保险集团应当按照本规则建立健全集团偿付能力管理体系，有效识别、计量、管理和处置集团偿付能力风险。

第十条 银保监会根据审慎监管的需要和企业集合的实际情况，对符合本规则第三条定义的保险集团的企业集合进行评估，确认并可调整其适用本规则的企业集合范围。

第二章 资本计量

第一节 一般规定

第十一条 保险集团应当按照有关监管规定定期评估整个集团层面的固有风险状况和资本充足水平，评估范围包括本规则第三条所定义的保险集团所有成员公司。

第十二条 保险集团的偿付能力应当符合以下要求：

（一）核心偿付能力充足率不低于 50%。核心偿付能力充足率等于保险集团的核心资本与最低资本的比率。

（二）综合偿付能力充足率不低于 100%。综合偿付能力充足率等于保险集团的实际资本与最低资本的比率。

（三）风险综合评级在 B 类及以上。

第十三条 保险集团最低资本和实际资本的计量应充分考虑保险集团内相互持股、资产转让等关联交易因素，避免资本重复计算。

第十四条 混合型集团偿付能力评估的原则、方法和要求适用本规则，银保监会另有规定的除外。

第二节 最低资本

第十五条 保险集团的最低资本由三部分组成：

（一）可资本化风险最低资本，即保险集团内所有业务线（包括保险业务和各类非保险业务）的可量化为资本要求的固有风险所对应的最低资本和保险集团层面可量化为资本要求的特有风险所对应的最低资本。可资本化风险最低资本应当考虑风险分散效应。

（二）控制风险最低资本。

（三）附加资本，包括逆周期附加资本、系统重要性保险机构的附加资本以及其他附加资本。

第十六条 保险集团可资本化风险最低资本的计算公式如下：

保险集团可资本化风险最低资本＝母公司最低资本＋子公司最低资本＋合营企业最低资本×权益比例＋集团层面可资本化的特有风险对应的最低资本－风险分散效应的资本要求减少

第十七条 在计算保险集团最低资本时，保险集团成员公司应按下列方法计算最低资本：

（一）境内保险成员公司的最低资本按银保监会相关规定计算。其中，对不直接经营保险业务的保险集团（控股）公司和非保险控股型集团的母公司，银保监会可以根据其实际风险情况，对该集团（控股）公司或母公司本级所从事的非保险业务和持有的风险资产设定最低资本要求。

（二）境外保险成员公司的最低资本按中国偿付能力监管规则计算。境外保险成员公司的总资产不超过集团总资产（合并财务报表）5%的，或境外保险成员公司所在国家（地区）的偿付能力监管制度获得中国偿付能力监管等效资格的，其最低资本可根据所在地监管标准计算。

（三）境内非保险受监管公司的最低资本按相应监管机构的相关规定计算。其中，银行最低资本等于各项风险加权资产之和乘以银保监会要求的最低资本充足率；信托公司最低资本等于各项风险资本之和；证券公司和期货公司的最低资本等于各项风险资本准备之和。

（四）境外非保险受监管公司的最低资本按所在地监管标准计算。必要时，银保监会可要求境外非保险受监管成员公司比照境内成员公司的标准计算最低资本。

（五）非受监管公司的最低资本要求为零。对于风险较大的非受监管公司，银保监会可以要求其计算最低资本，具体标准另行规定。

第十八条 计算保险集团的可资本化风险最低资本时，应剔除合营的受监管公司中非本集团持股部分所对应的最低资本。合营企业的最低资本中非本集团持股部分，等于非本集团成员公司在合营企业的权益比例与合营企业最低资本的乘积。

第十九条 若有证据表明，合营企业出现资本不足时，由保险集团承担全部资本不足，则在计算保险集团最低资本时，不得扣除非本集团持股部分所对应的最低资本。

第三节　集团特有风险最低资本

第二十条 保险集团应按照本规则对集团层面特有风险计量最低资本，包括风险传染最低资本和集中度风险最低资本。

$$MC_{集团层面可资本化特有风险} = MC_{风险传染} + MC_{集中度风险}$$

其中，风险传染是指保险集团成员公司的风险通过内部关联交易或其他方式传染到集团其他成员公司，使其他成员公司或保险集团遭受非预期损失的风险。

集中度风险是指成员公司单个风险或风险组合在集团层面聚合后，可能对保险集团造成非预期损失的风险。

第二十一条 集团层面风险传染最低资本和集中度风险最低资本，采用综合因子法计量，计算公式如下：

$$MC = EX \times RF$$

其中：

MC 为保险集团风险传染或集中度风险的最低资本；

EX 为集团层面风险传染或集中度风险的风险暴露；

RF 为风险因子，$RF = RF_0 \times (1 + K)$；

RF_0 为基础因子；

K 为特征因子，$K = \sum_{i=1}^{n} k_i = k_1 + k_2 + k_3 + \cdots + k_n$，$K \in [-0.25, 0.25]$；

k_i 为第 i 个特征系数，n 为特征系数的个数；对特征系数 k_i，由本规则规定和赋值；无明确规定并赋值的，则 $k_i = 0$。

第二十二条 保险集团风险传染最低资本等于集团内部担保风险最低资本与除内部担保外的其他内部交易风险最低资本之和。

第二十三条 保险集团内部担保风险最低资本的风险暴露为集团成员公司之间重大担保余额超过保险集团净资产（合并财务报表）20%的部分，基础因子 $RF_0 = 0.1$。

其中，重大担保是指保险集团成员公司之间发生的担保金额占保险集团上一年度期末净资产（合并财务报表）的1%以上且超过 500 万元的担保。

对于保险集团内部担保风险，设置 k_1 和 k_2 两个特征系数：

根据保险集团是否含控制或共同控制的银行，设置特征系数 k_1，赋值如下：

$$k_1 = \begin{cases} 0.1 & \text{含控制或共同控制的银行业务} \\ 0 & \text{不含控制或共同控制的银行业务} \end{cases}$$

根据保险集团类型设置特征系数 k_2，赋值如下：

$$k_2 = \begin{cases} 0 & \text{保险控股集团} \\ 0.1 & \text{非保险控股型集团} \\ 0.2 & \text{混合型集团} \end{cases}$$

第二十四条 保险集团除内部担保外的其他重大内部关联交易风险最低资本的风险暴露为其过去 12 个月累计交易额超过保险集团净资产（合并财务报表）20% 的部分，基础因子 $RF_0 = 0.1$。

其中，重大内部关联交易是指保险集团成员公司之间发生的包括资产、资金、服务等资源、劳务或者义务转移的行为，并且交易金额占保险集团上一年度期末净资产（合并财务报表）的 1% 以上且超过 500 万元。

对于保险集团除内部担保外的其他重大内部关联交易风险，设置 k_1 和 k_2 两个特征系数：

根据保险集团是否含控制或共同控制的银行，设置特征系数 k_1，赋值如下：

$$k_1 = \begin{cases} 0.1 & \text{含控制或共同控制的银行业务} \\ 0 & \text{不含控制或共同控制的银行业务} \end{cases}$$

根据保险集团类型设置特征系数 k_2，赋值如下：

$$k_2 = \begin{cases} 0 & \text{保险控股集团} \\ 0.1 & \text{非保险控股型集团} \\ 0.2 & \text{混合型集团} \end{cases}$$

第二十五条 保险集团集中度风险最低资本包括交易对手集中度风险最低资本、行业集中度风险最低资本和客户集中度风险最低资本，计算公式为：

$$MC_{\text{集中度}} = \sqrt{(MC_{\text{交易对手}} + MC_{\text{行业}})^2 + MC_{\text{客户}}^2}$$

其中：

$MC_{\text{集中度}}$ 为集中度风险最低资本；

$MC_{\text{交易对手}}$ 为交易对手集中度风险最低资本；

$MC_{\text{行业}}$ 为行业集中度风险最低资本；

$MC_{\text{客户}}$ 为客户集中度风险最低资本。

第二十六条 交易对手集中度风险的风险暴露为保险集团按照财政部 2009 年发布的《保险合同相关会计处理规定》编制的合并财务报表口径下，持有的单一交易对手资产的账面价值超过集中度限额的部分。其中，下列资产不计量交易对手集中度风险最低资本：

（一）政府债券；

（二）政策性银行、政府支持机构发行的金融产品；

（三）国有大型商业银行存款和发行的股票、债券等金融产品；

（四）保险集团下属保险资产管理公司发行的、银保监会规定可不计量交易对手集中度风险最低资本的保险资产管理产品；

（五）投资性房地产；

（六）独立账户资产。

交易对手为全国性股份制商业银行的，集中度限额为保险集团总资产（合并财务报表）的 5%；交易对手为其他机构的，集中度限额为保险集团总资产（合并财务报表）的 3%。

第二十七条 保险集团交易对手集中度风险的基础因子 RF_0 赋值如下：

$$RF_0 = \begin{cases} 0.03 & \text{单一交易对手为全国性股份制商业银行} \\ 0.05 & \text{其他单一交易对手} \end{cases}$$

第二十八条 保险集团交易对手集中度风险最低资本应当按照以下原则确定交易对手：

（一）交易对手为融资主体；融资主体出现违约的，以担保人作为交易对手；不能确定融资主体的，产品发行人为交易对手。保险集团应当按照穿透原则确定资产真实的融资主体。

（二）金融衍生品，其交易对手为产品创设机构。产品创设机构为依法设立的期货交易所的，不需计量交易对手集中度风险最低资本。

第二十九条 行业集中度风险的风险暴露为保险集团按照财政部 2009 年发布的《保险合同相关会计处理规定》编制的合并财务报表口径下，投资于单一行业的资产账面价值超过保险集团总资产（合并报表口径）10% 的部分。下列资产不计量行业集中度风险：

（一）政府债券；

（二）政策性银行、政府支持机构发行的金融产品；

（三）国有大型商业银行存款和发行的股票、债券等金融产品；

（四）保险集团下属保险资产管理公司发行的、银保监会规定可不计量交易对手集中度风险最低资本的保险资产管理产品；

（五）再保险资产；

（六）独立账户资产。

第三十条 行业集中度风险基础因子 $RF_0 = 0.05$。

第三十一条 保险集团应当按照以下原则确定行业分类：

（一）境内投资按照申银万国行业分类标准一级行业分类；

（二）境外投资按照全球行业分类标准（GICS）一级行业分类。

境内投资所属行业与境外投资所属行业应当独立计算，不得合并。

第三十二条 客户集中度风险的风险暴露为保险集团按照财政部 2009 年发布的《保险合同相关会计处理规定》编制的合并财务报表口径下，来自某一客户的收入（包括保费收入、手续费收入、银行业务利息收入和其他业务收入）超过保险集团收入（合并报表口径）30% 的部分。

第三十三条 客户集中度风险基础因子 $RF_0 = 0.1$。

第三十四条 保险集团对集团化经营所产生的风险分散效应减提最低资本。具体标准另行规定。

第三十五条 保险集团应当根据银保监会对其偿付能力风险管理能力的评估结果计算相应的控制风险最低资本。

第三十六条 保险集团附加资本的具体标准另行规定。

第四节　实际资本

第三十七条 保险控股型集团应当采用合并报表法评估实际资本，即以集团合并财务报表为基础，计算保险集团的实际资本。

第三十八条 保险控股型集团应当以财政部 2009 年发布的《保险合同相关会计处理规定》为基础编制的合并财务报表的所有者权益为基础，考虑下列调整项目计算实际资本：

（一）保险类成员公司根据《保险公司偿付能力监管规则第 1 号：实际资本》所确定的调整项目（不包括长期股权投资的调整）；

（二）银行类成员公司根据银保监会资本充足率计算的有关规定所确定的资本扣除项目和调整项目；

（三）信托类成员公司根据银保监会净资本管理办法所确定的资本扣除项目和调整项目；

（四）证券、期货类成员公司根据证监会净资本计算的有关规定所确定的资本扣除项目和调整项目；

（五）商誉；

（六）银保监会规定的其他调整项目。

第三十九条 非保险控股型集团和混合型集团应当采用减项合并法评估实际资本，计算公式如下：

保险集团实际资本 = 成员公司实际资本之和 - 成员公司之间重复计算的资本

第四十条 非保险控股型集团和混合型集团的保险成员公司的实际资本应按银保监

会相关规定计算；非受监管成员公司的实际资本为其净资产。

第四十一条 非保险控股型集团和混合型集团的成员公司之间重复计算的资本，是指因保险集团成员公司之间进行资本投资或转让资产而重复计入集团整体实际资本的资本。

第四十二条 集团成员公司之间资本投资重复计算的资本金额按照下列方法确定：

（一）因成员公司之间股权投资而重复计算的资本为投资方计入其实际资本的价值；

（二）因成员公司之间资本性负债投资而重复计算的资本为债权人计入其实际资本的价值与债务人不得计入其实际资本的价值之差。若此差额小于零，则重复计算的资本为零。

第四十三条 保险集团成员公司之间转让资产的资本调整金额不得低于下列第（一）项减去第（二）项的差额：

（一）被转让资产计入受让方实际资本的价值；

（二）不考虑转让事项情况下，被转让资产计入转让方实际资本的价值。

若上述差额小于零，不进行实际资本的调整。

第三章　风险综合评级

第四十四条 保险集团的风险综合评级采用加权平均法，保险成员公司依照《保险公司偿付能力监管规则第 11 号：风险综合评级（分类监管）》开展风险综合评级，保险集团本级风险综合评级评价标准另行规定。

第四十五条 银保监会根据保险集团的核心偿付能力充足率和综合偿付能力充足率的水平、变化特征以及其他偿付能力指标对保险集团的可资本化风险进行评价。

第四十六条 银保监会根据风险的外部环境、分布特征、预期损失、历史经验数据、日常监管信息等多种因素对保险集团本级的操作风险、战略风险、声誉风险、流动性风险，以及组织结构不透明风险、非保险领域风险等难以资本化风险进行评分，采用加权平均法计算集团本级难以资本化风险的综合得分。

第四十七条 银保监会按照偿付能力风险大小将保险集团分为四个监管类别：

（一）A 类集团：集团偿付能力充足率达标，受监管子公司偿付能力充足率或资本充足率达标，且操作风险、战略风险、声誉风险、流动性风险、组织结构不透明风险、非保险领域风险小的集团。根据风险由小到大进一步细分为 AAA 类集团、AA 类集团、A 类集团。

（二）B 类集团：集团偿付能力充足率达标，受监管子公司偿付能力充足率或资本充足率达标，且操作风险、战略风险、声誉风险、流动性风险、组织结构不透明风险、非保险领域风险较小的集团。根据风险由小到大进一步细分为 BBB 类集团、BB 类集团、

B 类集团。

（三）C 类集团：集团偿付能力充足率不达标，或者受监管子公司偿付能力充足率或资本充足率不达标，或者集团及受监管子公司偿付能力充足率或资本充足率虽然达标，但操作风险、战略风险、声誉风险、流动性风险、组织结构不透明风险、非保险领域风险中某一类或几类风险较大的集团。

（四）D 类集团：集团偿付能力充足率不达标，或者受监管子公司偿付能力充足率或资本充足率不达标，或者集团及受监管子公司偿付能力充足率或资本充足率虽然达标，但操作风险、战略风险、声誉风险、流动性风险、组织结构不透明风险、非保险领域风险中某一类或几类风险严重的集团。

第四章　偿付能力风险管理要求与评估

第一节　偿付能力风险治理

第四十八条　保险控股型集团应当建立健全偿付能力风险管理机制，构建全面有效的偿付能力风险管理体系，包括偿付能力风险管理的组织架构、管理制度、对成员公司的管理机制、考核机制等。

第四十九条　保险控股型集团母公司应统筹协调集团内的资本规划和风险管理。母公司董事会履行下列偿付能力风险管理职责：

（一）审批集团偿付能力风险管理总体目标、风险偏好、风险容忍度和风险管理政策；

（二）审批集团偿付能力风险管理组织结构和职责；

（三）监督管理层对偿付能力风险进行有效的管理和控制；

（四）审批集团资本规划；

（五）审批集团偿付能力报告；

（六）审批其他重大的偿付能力相关事项。

第五十条　保险控股型集团母公司董事会应当设立风险管理委员会。风险管理委员会的职责包括：

（一）审议集团偿付能力风险管理的总体目标、风险偏好、风险容忍度和风险管理政策；

（二）审议集团偿付能力风险管理组织结构和职责；

（三）审议集团偿付能力报告，并提交董事会审批；

（四）审议集团偿付能力风险评估报告及其他专项风险报告，全面了解集团及主要成员公司面临的各类风险及其管理状况；

（五）评估偿付能力风险管理体系运行的有效性；

（六）评估集团重大经营管理事项的风险，并审议与偿付能力管理相关的重大事项的解决方案；

（七）董事会安排的其他事项。

第五十一条 风险管理委员会主任应当由具有保险集团或保险公司风险管理经验的董事担任。

第五十二条 保险控股型集团母公司高级管理层负责组织实施偿付能力风险管理工作，履行以下职责：

（一）执行偿付能力风险管理目标，贯彻落实风险偏好要求；

（二）制定并组织执行偿付能力风险管理政策和流程；

（三）制定并组织实施资本规划；

（四）其他偿付能力风险管理相关工作。

第五十三条 保险控股型集团母公司应指定一名高级管理人员为首席风险官，负责集团偿付能力风险管理相关工作，并向风险管理委员会报告。首席风险官有关要求参照《保险公司偿付能力监管规则第 12 号：偿付能力风险管理要求与评估》。

第五十四条 保险控股型集团母公司应当设立独立的风险管理部门，牵头负责偿付能力风险管理工作。风险管理部门至少应配备 8 名具有偿付能力和风险管理相关工作经验的人员，且其中至少 5 人应具有 3 年以上相关工作经验。

第五十五条 保险控股型集团母公司内部审计部门每年至少应当检查、评估一次集团偿付能力风险管理体系运行情况和运行效果，监督风险管理政策的执行情况，并向董事会报告。

第五十六条 保险控股型集团母公司应当在偿付能力风险管理制度中明确偿付能力风险管理考核评价方法，将风险管理制度健全性和遵循有效性指标纳入对高级管理人员、风险管理部及相关部门、保险成员公司风险管理条线的绩效考核体系，增强各级管理人员的风险意识和责任。

第五十七条 保险控股型集团应当建立风险管理培训制度，至少符合以下要求：

（一）首席风险官和风险管理相关部门负责人每年至少参加一次由银保监会组织或认可的风险管理相关培训；

（二）保险集团应当每年至少组织一次针对保险成员公司的偿付能力相关风险管理培训。

第五十八条 非保险控股型集团的偿付能力风险管理由母公司牵头负责，母公司应当明确一名高级管理人员为偿付能力风险管理负责人，确定偿付能力风险管理的责任部门，并每年将本集团偿付能力风险管理情况报告银保监会。

混合型集团由银保监会指定某一成员公司履行母公司的牵头职责，并且每年向银保监会报告本集团偿付能力风险管理情况。

第二节　风险管理策略与实施

第五十九条　保险集团母公司应当结合集团发展战略、组织架构和经营特点建立科学有效的集团偿付能力风险管理策略。保险集团成员公司应当根据集团偿付能力风险管理策略制定自身风险管理策略，并与集团风险管理策略保持一致。

第六十条　保险集团偿付能力风险管理策略至少应当包括以下内容：

（一）风险偏好、风险容忍度和风险限额；

（二）风险识别、评估、监控的工具；

（三）风险应对及危机管理策略；

（四）风险管理有效性评估；

（五）风险传染和传递的防范机制；

（六）风险管理的人力、财务、组织等资源配置。

第六十一条　保险集团应当制定偿付能力风险偏好管理政策，明确风险偏好管理机制，包括：

（一）结合集团经营战略、资本状况、市场环境和成员公司业务特点等因素，确定集团层面的风险偏好和风险容忍度，并经董事会批准。

（二）成员公司风险偏好、风险容忍度和风险限额应与集团风险偏好、风险容忍度和风险限额相协调。各成员公司风险限额总和超过集团风险限额时，集团母公司应基于集团风险限额，要求各成员公司对风险限额进行调整。

（三）保险集团应当建立并不断完善风险偏好传导机制，将风险偏好体系融入集团主要经营决策中。

（四）保险集团应当建立定期管理机制，及时监控和报告风险容忍度和风险限额的执行情况。

（五）保险集团应每年对风险偏好进行评估和必要的更新。

第六十二条　保险集团应当在成员公司风险管控的基础上，加强对保险风险、市场风险、信用风险、操作风险、战略风险、声誉风险和流动性风险在集团层面的管理。

第六十三条　保险集团应当加强对集团层面特有的偿付能力风险的管理，包括但不限于：

（一）风险传染；

（二）组织结构不透明风险；

（三）集中度风险；

（四）非保险领域风险。

第六十四条　保险集团应当建立偿付能力重大风险预警机制，对集团层面重大风险进行持续监控，采取风险规避、风险转移和风险控制等应对方法。保险集团应当定期评估和分析偿付能力风险管理体系的有效性和合理性，结合集团发展情况，完善偿付能力风险管理体系，不断提高风险管理能力。

第六十五条　保险集团应当运用合适的风险管理工具，管理集团母公司及主要成员公司经营范围内的各类固有风险。风险管理工具包括但不限于：

（一）全面预算；

（二）资产负债管理；

（三）资本规划与配置；

（四）压力测试。

第六十六条　保险集团应当建立偿付能力风险应急管理机制，明确重大突发风险事件的定义和分类、应急管理组织架构、应急预案内容、应急预案启动触发点、应急处置方法和措施、应急预案责任人以及应急事件报告等。保险集团应当定期开展应急演练，根据演练中发现的问题改善相关制度，并将演练情况和总结留档备查。

第六十七条　保险集团母公司或银保监会指定的成员公司应当至少每半年向董事会或风险管理委员会报告一次集团偿付能力风险状况和风险管理情况。

第六十八条　保险集团在开展需进行信用评级的业务时，应当聘请符合《保险公司偿付能力监管规则第 17 号：保险公司信用评级》规定的外部信用评级机构进行信用评级，并公开披露评级结果。

第三节　风险传染

第六十九条　保险集团应当指定风险传染的牵头管理部门，负责统筹指导和管理集团整体的风险传染管理工作。

第七十条　保险集团应当加强关联交易，尤其是集团内关联交易的管理工作，管理因关联交易可能导致的保险集团内部风险传染。

第七十一条　保险集团应当设立关联交易控制委员会，负责关联方识别维护、关联交易的管理、审查、批准和风险控制。一般关联交易按照内部程序审批，并报关联交易控制委员会备案或审批；重大关联交易经由关联交易控制委员会审查后，按照有关规定提交董事会或股东（大）会审批。

第七十二条　保险集团应当指定关联交易的管理部门，并制定关联交易管理制度，应当至少每年组织一次关联交易专项审计，并将审计结果报董事会和监事会，确保关联交易，尤其是成员公司之间、成员公司与集团本级之间关联交易的合规性和科学性。

第七十三条　保险集团应当加强关联交易管理，制定科学完善的关联交易管理制度，包括但不限于以下内容：

（一）关联方的识别、报告、核查和信息管理；

（二）关联交易的发起、定价和审查；

（三）关联交易的报告、披露、报备与归档；

（四）关联交易的审计、监督与处罚；

（五）文化建设与培训宣导。

第七十四条　保险集团应设定关联交易额度管理指标及监控机制，并要求主要成员公司建立符合集团整体关联交易制度和监管规定的关联交易管理机制。

第七十五条　保险集团应当在法人管理、资金管理、财务管理、信息管理以及人员管理等方面建立风险防火墙，规范成员公司之间、成员公司与集团本级之间的关联交易行为，防范重大风险传染与传递。

第七十六条　保险集团资金管理采取集中化管理模式的，应当单独管理保险资金与非保险资金，单独管理各成员公司的资金，不得相互占用资金。

第七十七条　保险集团应当严格规范集团内成员公司之间的相互担保行为，设定成员公司之间合理的相互担保风险限额，建立监测预警机制，防范风险在成员公司之间的累积和传递。

第七十八条　保险集团成员公司可以将部分非核心业务或运营层面职能外包给其他成员公司，不得将金融核心业务外包给其他成员公司或集团外机构。

第七十九条　保险集团应当严格管理成员公司之间的交叉销售，规范销售队伍和销售行为，不得损害消费者利益。

第八十条　保险集团成员公司之间的资产转让应当按照公允的原则进行定价，不得通过操控转让价格进行利益输送和风险转移。

第八十一条　保险集团成员公司不得违规将资产、业务等通过关联交易从监管要求较高的领域转移到监管要求较低的领域，或者将应适用较高监管要求的业务变相包装为监管要求较低的业务。

第八十二条　保险集团应对集团成员公司的品牌、宣传、公开信息披露等工作实施集中管理或统筹协调，防范相关风险在集团范围内扩散和放大。

第八十三条　风险传染牵头管理部门应当至少每半年向保险集团高级管理层和风险管理委员会报告风险传染管理情况。

第四节　组织结构不透明风险

第八十四条　保险集团组织结构不透明风险是指集团股权结构、管理结构、运作流程、业务类型等过度复杂和不透明，而导致保险集团产生损失的风险。

第八十五条　保险集团应当具有清晰的内部股权结构，简化控制层级，避免内部交叉持股和违规认购资本工具。保险成员公司与集团内其他关联公司之间不得交叉持股和违规认购资本工具，母公司与成员公司之间不得交叉持股和违规认购资本工具。

第八十六条 保险集团应当建立内部股权结构评估机制，定期评估集团的股权结构、交叉持股和资本工具认购情况。

第八十七条 保险控股型集团和非保险控股型集团的母公司应明确母公司、成员公司职能部门的职责权限，避免职能交叉、缺失或权责过于集中，形成各司其职、各负其责、相互制约、相互协调的工作机制。

第八十八条 保险集团组织结构不透明风险牵头管理部门应当至少每半年向保险集团高级管理层和风险管理委员会报告组织结构不透明风险的评估及管理情况。

第五节　集中度风险

第八十九条 保险集团应当明确集中度风险的牵头管理部门，负责管理集团整体的集中度风险，并统筹指导主要成员公司的集中度风险管理工作。

第九十条 保险集团应当建立健全集中度风险管理体系，有效识别、计量、管理和防范集团及各成员公司层面的集中度风险。

第九十一条 保险集团的集中度风险管理，应至少包括以下维度：

（一）交易对手集中度风险；

（二）行业集中度风险；

（三）客户集中度风险；

（四）业务集中度风险。

第九十二条 保险集团应当建立交易对手评估和管理制度，包括：

（一）定期评估整个集团的交易对手集中度情况；

（二）定期评估整个集团主要交易对手的信用风险和财务状况；

（三）设定整个集团的交易对手集中度限额，分散交易对手；

（四）监督并指导集团内主要成员公司交易对手集中度风险管理；

（五）其他防范交易对手集中度风险的措施。

第九十三条 保险集团应当建立投资资产的行业集中度风险管理制度，包括：

（一）定期评估、分析整个集团投资行业的集中度情况；

（二）设立整个集团投资行业的集中度限额，指导成员公司分散投资；

（三）其他防范投资行业集中度风险的措施。

第九十四条 保险集团应当建立客户集中度风险管理制度，包括：

（一）定期评估整个集团的收入来源和单一客户收入集中度情况，并加强对来自同一集团客户的集中度风险管理；

（二）按客户维度设定风险限额，并根据风险限额对相关业务和成员公司进行监控；

（三）其他防范业务客户集中度风险的措施。

第九十五条 保险集团应当建立集团保险业务和非保险业务集中度风险监控体系，

至少包括：

（一）定期评估整个集团保险业务集中度情况；

（二）定期评估整个集团非保险业务集中度情况；

（三）按照地域、客户、风险类别等维度设定风险限额，并根据风险限额对相关业务和成员公司进行监控；

（四）定期对巨灾等重大风险进行分析预警并采取防范措施；

（五）其他防范保险业务和非保险业务集中度风险的措施。

第九十六条 对保险集团偿付能力或流动性产生实质威胁的集中度风险，相关部门应当及时向母公司董事会、相关专业委员会和高级管理人员报告。

第九十七条 保险集团集中度风险牵头管理部门应当至少每半年向保险集团高级管理层和风险管理委员会报告集中度风险的评估及管理情况。

第六节　非保险领域风险

第九十八条 保险集团应当加强非保险领域风险的管理，识别和评估非保险成员公司经营活动对保险集团及其保险成员公司偿付能力的影响。

第九十九条 保险集团应指定非保险领域风险的牵头管理部门，识别、监测和防范非保险成员公司的业务活动对集团偿付能力的影响。

第一百条 保险集团应当建立投资非保险领域的决策和管理流程，根据专注主业的原则，慎重从事非保险领域投资活动。

第一百零一条 保险集团应当建立非保险领域股权投资管理制度，明确投资管理流程、审批权限及职责划分，定期评估非保险领域投资的风险暴露，并向董事会报告。

第一百零二条 保险集团应当加强对银行、证券、信托、房地产、信息技术、互联网等成员公司的股权管理和风险监测，及时对集团的多元化战略进行评估和调整。

第一百零三条 保险集团应当建立保险成员公司与非保险成员公司的资产、流动性等隔离制度，对非保险成员公司的投资不得损害保单持有人利益。

第一百零四条 保险集团非保险领域风险牵头管理部门应当至少每半年向保险集团高级管理层和风险管理委员会报告非保险领域风险的评估及管理情况。

第七节　其他风险

第一百零五条 保险集团应当结合自身特点，加强保险风险、市场风险、信用风险、战略风险、声誉风险、流动性风险、操作风险在集团层面的管理，对各类风险提出集团层面的管理要求。

第一百零六条 保险集团应指导和协调成员公司做好对相关风险的管理工作，推动集团层面的管理要求在主要成员公司予以落实。

第一百零七条 保险集团应当加强集团战略风险统筹管理：

（一）保险集团应当要求各成员公司与集团建立协调一致的整体战略目标，确保集团整体战略的一致性和集团内部的协调性；

（二）保险集团应当加强对产品战略、投资战略、品牌战略、海外发展战略的管理，定期评估自身能力，持续跟踪分析市场环境的变化，确保集团战略与自身能力和外部环境相匹配；

（三）保险集团母公司风险管理部门应当参与战略目标和战略规划的制定，并对战略目标和规划进行独立的风险评估，加强战略风险管理。

第一百零八条 保险集团应当在集团层面建立声誉风险管理体系，识别和防范整个集团范围内的声誉风险，应对声誉事件带来的负面影响。

第一百零九条 保险集团应当关注可能会引发声誉风险的重大事件，包括但不限于：

（一）成员公司偿付能力或资本不足；

（二）重大负面报道；

（三）重大自然灾害、公共事件或投资损失；

（四）集中退保或挤兑；

（五）重大法律诉讼；

（六）重大群访群诉事件。

第一百一十条 保险集团应当密切关注和防范可能由于市场风险、信用风险、操作风险、流动性风险等其他风险引发和转化的声誉风险。

第一百一十一条 保险集团应当对成员公司发生的声誉风险及时采取有效措施进行处置和化解，避免其演化为集团整体的声誉风险。

第一百一十二条 保险集团应当加强集团流动性风险管理：

（一）保险集团应当根据集团战略、业务结构、风险状况和市场环境等因素，在充分考虑其他风险对流动性的影响和集团整体风险偏好的基础上，确定其流动性风险偏好和容忍度，建立流动性风险限额管理制度；

（二）保险集团应当定期评估保险板块（分为财产险、人身险、健康险等）、银行板块、非金融板块以及集团层面的流动性状况和流动性风险；

（三）保险集团应当定期评估和监测集团整体的流动资产和到期负债情况，控制集团整体的负债融资规模，合理安排资金偿付到期债务；

（四）保险集团应当建立流动性储备制度，保持充足的流动性资产，并保持稳定、便捷的融资渠道，以覆盖可能的流动性缺口；

（五）保险集团应当加强对非保险成员公司的流动性风险管理，建立防火墙，防止非保险成员公司流动性风险向保险成员公司传递；

（六）保险集团应当根据实际情况，制定有效的流动性风险应急预案。

第一百一十三条 保险集团风险管理部门应每半年对集团其他风险情况进行评估，形成评估报告并报集团风险管理委员会。评估报告至少包括各类风险在集团层面的管理情况，以及在各主要成员公司的管理情况。

第八节 资本管理

第一百一十四条 保险集团应当建立健全资本管理体系，科学评估各类风险及其资本要求，建立多元化的资本补充机制，确保各成员公司资本能够抵御其所面临的风险，并满足业务发展需要。

第一百一十五条 保险集团应当根据战略发展规划和业务发展计划，结合集团风险偏好，参照《保险公司偿付能力监管规则第 14 号：资本规划》每年制定三年滚动资本规划，并于每年 5 月 31 日之前报银保监会。

第一百一十六条 保险集团应当采用科学的方法与模型工具，考虑保险业务发展、投资管理、风险管理等目标，在遵循监管规定的前提下，评估集团及各成员公司的资本需求。

第一百一十七条 保险集团应当根据三年滚动资本规划，综合使用各种权益类资本工具、债务类资本工具募集资本，确保资本充足。

第一百一十八条 保险集团应当建立资本配置体系，根据业务发展需要和风险收益水平，在各成员公司间有效分配资本。

第一百一十九条 保险控股型集团的母公司向其他保险成员公司提供的临时资本承诺，在符合银保监会有关规定的前提下，可以作为保险成员公司的附属资本。

第九节 偿付能力风险管理评估

第一百二十条 银保监会每三年对保险集团的偿付能力风险管理进行一次监管评估，确定保险集团的控制风险。银保监会根据保险集团风险状况以及监管需要，确定每年现场评估对象，制订评估计划。

保险集团出现重大风险事件或偿付能力风险管理能力发生重大变化的，银保监会可根据实际情况对其适用的评估分数进行监管调整，必要时可开展临时评估。

第一百二十一条 保险集团偿付能力风险管理评估包括以下内容：

（一）偿付能力风险管理的制度健全性，即保险公司的偿付能力风险管理基础与环境、目标和工具等是否科学、全面、合规；

（二）偿付能力风险管理的遵循有效性，即保险公司的偿付能力风险管理制度、机制是否得到持续、有效实施。

制度健全性和遵循有效性在评估结果中各占 50% 的权重。

第一百二十二条 保险集团偿付能力风险管理评估对象为保险集团本级和保险成员公司，并采用加权平均法得出评估结果。保险集团本级与保险成员公司评估结果的权重分别为 40% 和 60%，保险成员公司超过一家的保险集团，采用加权平均法计算保险成员公司的评估结果。

第一百二十三条　保险成员公司依照《保险公司偿付能力监管规则第 12 号：偿付能力风险管理要求与评估》进行评估，保险集团本级评估标准另行规定。

第一百二十四条　银保监会可以根据需要，采用材料调阅、现场查验、问卷调查、询问谈话、穿行测试等方式，对保险集团偿付能力风险管理能力进行评估。

第一百二十五条　保险集团偿付能力风险管理评估采用百分制。

第一百二十六条　存在下列情形之一的，保险集团评估结果不高于 70 分：

（一）保险集团股权结构不清晰或存在重大股权纠纷的；

（二）偿付能力风险管理要求与评估中"偿付能力风险治理"部分得分率低于 60%；

（三）未按规定编报资本规划，或资本规划实施出现重大偏差且无合理理由的；

（四）存在关联交易金额超限等违反保险公司关联交易管理规定的重大情形的；

（五）未按规定准确确定保险集团成员公司范围的；

（六）出现重大风险事件的；

（七）处于被接管或风险处置阶段；

（八）银保监会规定的其他情形。

第一百二十七条　保险集团应当根据偿付能力风险管理评估结果 S 和可资本化风险最低资本计算控制风险最低资本，计算公式如下：

$$MC_{控制风险} = Q \times MC_{可资本化风险}$$

其中：

$MC_{控制风险}$ 为控制风险最低资本；

$MC_{可资本化风险}$ 为可资本化风险最低资本总和；

Q 为控制风险因子，$Q = \begin{cases} -0.01S + 0.75\,(0 \leqslant S \leqslant 70) \\ -0.005S + 0.4\,(70 \leqslant S \leqslant 90) \\ -0.01S + 0.85\,(90 \leqslant S \leqslant 100) \end{cases}$

第一百二十八条　偿付能力风险管理评估结束后，银保监会向保险集团通报评估结果和相关问题。

第一百二十九条　根据评估结果，银保监会可以要求保险集团对偿付能力风险管理中的重大缺陷进行整改，整改无效的可采取必要的监管措施。

第五章 偿付能力报告和信息披露

第一节 报告和披露主体

第一百三十条 保险集团应当按照本规则要求定期向银保监会报送偿付能力报告，并公开披露有关偿付能力信息。

第一百三十一条 保险控股型集团、非保险控股型集团的偿付能力报告和信息披露主体为保险集团母公司。对没有母公司的混合型集团，由银保监会指定某一成员公司作为集团偿付能力报告和信息披露的主体。

第一百三十二条 保险集团母公司或银保监会指定成员公司的董事会和管理层应当对保险集团偿付能力报告和信息披露的真实性、完整性、准确性和合规性负责。保险集团各成员公司应当及时向母公司或银保监会指定成员公司提供偿付能力相关信息，并对相关信息的真实性、完整性、准确性和合规性负责。

第二节 偿付能力报告

第一百三十三条 保险集团应当于每年 5 月 31 日之前，向银保监会报送经审计的上一年度偿付能力报告。年度偿付能力报告包括下列内容：

（一）公司信息；

（二）集团母公司（或指定的成员公司）董事会和管理层声明；

（三）集团基本情况；

（四）主要成员公司经营情况；

（五）外部机构意见；

（六）偿付能力报表；

（七）管理层分析与讨论；

（八）重大事项；

（九）风险管理能力；

（十）风险综合评级。

第一百三十四条 公司信息、集团母公司（或指定的成员公司）董事会和管理层声明、重大事项应参照《保险公司偿付能力监管规则第 18 号：偿付能力报告》第二章——季度报告相关要求列报。

第一百三十五条 集团基本情况列报内容包括但不限于：集团股权结构和股东、股权结构和股东在报告期内的变动情况、集团母公司与各成员公司之间的股权或控制关系、非保险成员公司的基本情况以及报告期内集团公司受银保监会等金融监管部门重大处罚情况。

第一百三十六条　主要成员公司经营情况列报主要成员公司经营情况、经营指标，重点报告非保险成员公司相关情况。

第一百三十七条　风险管理能力列报内容包括但不限于：偿付能力风险治理、风险管理策略与实施（含风险管理策略、风险偏好制度及目标、风险管理工具）、集团特有风险的识别与评估及监管评估结果等情况。

第一百三十八条　风险综合评级列报内容应包括最近两次的风险综合评级结果、集团已经采取或者拟采取的改进措施等。

第一百三十九条　管理层分析与讨论应当列报集团管理层对报告期内偿付能力充足率变化、风险综合评级变化以及集团风险状况的讨论分析。

第一百四十条　保险集团应当于每年 9 月 15 日前向银保监会报送半年度偿付能力报告。半年度偿付能力报告包括下列内容：

（一）公司信息；

（二）集团母公司（或指定的成员公司）董事会和管理层声明；

（三）集团基本情况；

（四）主要成员公司经营情况；

（五）偿付能力报表；

（六）管理层分析与讨论；

（七）重大事项；

（八）风险管理能力；

（九）风险综合评级。

第一百四十一条　保险控股型集团母公司在报送年度偿付能力报告和半年度偿付能力报告的同时，应当分别报送非受监管成员公司年度财务报告（经审计）和半年度财务报告。

第一百四十二条　保险集团母公司应当在下列事项发生后的 2 个工作日内向银保监会提交临时报告，说明事项的情况、原因、影响、已采取和拟采取的措施：

（一）保险集团发生超过合并财务报表净资产 30% 的重大投资损失；

（二）保险集团成员公司出现财务危机或被其他监管机构接管；

（三）其他对偿付能力产生重大不利影响的事项。

第一百四十三条　保险集团应当在每年 5 月 31 日前将集团压力测试报告报银保监会。保险集团压力测试的方法、参数、压力情景的选择、报告格式和内容等，由保险集团自行确定，银保监会另有规定的除外。

第三节　偿付能力信息披露

第一百四十四条　保险集团应当编制偿付能力报告摘要，包括半年度偿付能力报告摘要和年度偿付能力报告摘要，并对外公开披露。

第一百四十五条 保险集团偿付能力报告摘要至少应当包括以下内容：

（一）公司信息；

（二）集团母公司（或指定的成员公司）董事会和管理层声明；

（三）集团基本情况；

（四）主要成员公司经营情况；

（五）外部机构意见；

（六）偿付能力报表；

（七）管理层分析与讨论；

（八）重大事项；

（九）风险管理能力；

（十）风险综合评级。

第一百四十六条 保险集团应当于每年6月15日之前，在官方网站披露上一年度偿付能力报告摘要；于每年9月30日之前在官方网站披露半年度偿付能力报告摘要。

第一百四十七条 保险集团不能按时公开披露偿付能力信息的，应当在规定的公开披露期限之前，在公司官方网站首页公布不能按时披露的原因及预计披露的时间。延迟披露的时间不得超过15日。

第一百四十八条 银保监会认为保险集团的偿付能力信息可能存在问题的，应要求其进行复核。截至规定披露时限未完成复核或复核结果未获得银保监会认可的，保险集团应暂缓披露偿付能力季度报告摘要，并在官方网站上发布"本集团正根据监管部门要求对偿付能力信息进行复核，暂缓披露偿付能力季度报告摘要"的信息。

第六章 监督管理与协作

第一节 监督管理

第一百四十九条 银保监会对保险集团报送的偿付能力报告等信息进行审查和分析，有权要求保险集团所有成员公司如实提供相关信息。

第一百五十条 银保监会对保险集团偿付能力管理实施现场检查：

（一）偿付能力数据的合规性和真实性；

（二）风险管理和治理结构的有效性和合规性；

（三）银保监会监管措施的执行情况；

（四）银保监会认为需要检查的其他方面。

第一百五十一条 保险集团偿付能力充足率不达标的，银保监会应当根据风险形成的原因和特征对保险集团采取有针对性的监管措施：

（一）由于集团所属保险公司资本不足导致集团偿付能力充足率不达标的，银保监会应当按照偿付能力监管规定，对相关保险公司采取针对性监管措施；

（二）由于集团所属证券公司或其他金融类成员公司资本不足导致集团偿付能力充足率不达标的，银保监会应当将有关情况通报相关金融监管机构，并对保险集团采取针对性监管措施；

（三）由于资本重复计算及其他原因造成保险集团偿付能力充足率不达标的，银保监会应当依法对保险集团采取针对性监管措施。

对于偿付能力充足率严重不达标的保险集团，银保监会可以依法采取接管及其他必要的监管措施。

第一百五十二条　对于偿付能力充足率达标，但在操作风险、战略风险、声誉风险、流动性风险以及集团特有风险方面存在重大问题的保险集团，银保监会应当采取必要的针对性监管措施，防范和化解相关风险。

第二节　监管协作

第一百五十三条　银保监会作为保险集团的主监管机构，承担集团范围监管协调职能，促进与其他监管机构的信息共享、监管协调与合作，最大限度地消除监管空白、减少监管套利和避免重复监管。

第一百五十四条　银保监会就保险集团范围内证券公司、基金公司等的监管要求，与其他监管机构合作协调，共同识别、防范保险集团的风险。

第一百五十五条　银保监会与保险集团非受监管成员公司主管部门建立合作机制，与行业主管部门保持信息共享等监管沟通。

第一百五十六条　银保监会与境外监管机构开展监管合作，对保险集团境外业务、全球系统重要性保险集团、国际活跃保险集团的监管及监管协调作出安排。

第七章　附　则

第一百五十七条　本规则由银保监会负责解释和修订。

第一百五十八条　本规则于 2015 年 2 月 13 日第一次发布，于 2021 年 12 月 30 日修订发布。本规则施行日期另行规定。

《保险公司偿付能力监管规则第 19 号：
保险集团》 讲解

一、总则概述

（一）三支柱框架

《保险公司偿付能力监管规则第 19 号：保险集团》（以下简称本规则）从第一支柱定量资本要求、第二支柱定性监管要求和第三支柱市场约束机制对保险集团监管提出了明确的偿付能力监管要求。其中，第一支柱定量资本要求通过综合考虑集团及子公司的可资本化风险，对保险集团的偿付能力充足率进行定量监管；第二支柱定性监管要求通过风险综合评级（IRR）、偿付能力风险管理要求与评估（SARMRA）等，不断强化保险集团的风险管控水平；第三支柱市场约束机制通过保险集团的偿付能力信息披露等要求，提升信息透明度，发挥市场相关方的监督约束作用。

（二）监管层次

保险集团偿付能力监管分为 3 个层次：

一是单一法人公司监管，即对保险集团成员公司的偿付能力或资本充足水平进行监管。比如，保险集团的保险类子公司应当遵守保险公司偿付能力监管规则，及时编报偿付能力报告，持续完善保险公司风险管理体系，做好偿付能力信息披露等工作。

二是集团监管，即在单一法人公司偿付能力或资本充足水平监管的基础上，对保险集团层面的偿付能力风险进行监管。

三是系统重要性保险集团监管，即对国内监管机构或国际组织认定的系统重要性保险集团的偿付能力进行监管。

（三）保险集团

本规则将保险集团分为保险控股型集团、非保险控股型集团及混合型集团 3 个类型。

保险控股型集团是指由一家保险集团（控股）公司或保险公司与受其直接或间接控制、共同控制的一家或多家保险公司以及其他非保险机构所共同形成的企业集合，该保险集团中的母公司为一家保险集团（控股）公司或保险公司。比如，中国人民保险集团股份有限公司、中国人寿保险（集团）公司。

非保险控股型集团是指由非保险机构与受其直接或间接控制、共同控制的两家或多家保险公司以及其他非保险机构所共同形成的企业集合，该保险集团中的母公司为一家非保险机构。

混合型集团是指由同一实际控制人或一致行动人控制（或共同控制）的多家保险公司所组成的企业集合，该企业集合不具有显性的控制人。

《中国银保监会关于实施保险公司偿付能力监管规则（Ⅱ）有关事项的通知》（以下简称《通知》）附件 8 列示了应编制偿付能力报告的保险集团名单。银保监会将根据审慎监管需要，对名单进行不定期更新。

二、资本计量

（一）达标标准

保险集团的偿付能力应当符合以下要求：一是核心偿付能力充足率不低于 50%，二是综合偿付能力充足率不低于 100%；三是风险综合评级在 B 类以上。

保险集团最低资本和实际资本的计量应充分考虑保险集团内相互持股、资产转让等关联交易因素，避免资本重复计算。

（二）最低资本

保险集团最低资本由可资本化风险最低资本、控制风险最低资本和附加资本 3 个部分组成。

1. 可资本化风险最低资本

可资本化风险最低资本指保险集团内所有业务线（包括保险业务和各类非保险业务）的可量化为资本要求的固有风险所对应的最低资本和保险集团层面可量化为资本要求的特有风险所对应的最低资本。保险集团应当按本规则第十六条，通过加总成员公司最低资本以及集团层面可资本化特有风险对应的最低资本，考虑风险分散效应后，得到集团可资本化风险最低资本。需注意以下几点：

一是境内保险成员公司最低资本按照中国偿付能力监管规则计算。

二是境外保险成员公司的最低资本按中国偿付能力监管规则计算。对于境外保险成员公司的总资产不超过集团总资产 5% 的或境外保险成员公司所在国家（地区）的偿付能力监管制度获得中国偿付能力监管等效资格的，其最低资本可根据所在地监管标准计算。

三是境内非保险受监管公司按相应监管机构的相关规定计算。其中，银行最低资本等于各项风险加权资产之和乘以银保监会要求的最低资本充足率；信托公司最低资本等于各项风险资本之和；证券公司和期货公司的最低资本等于各项风险资本准备之和。

四是境外非保险受监管公司的最低资本按所在地监管标准计算。必要时，银保监会可要求境外非保险受监管成员公司比照境内成员公司的标准计量最低资本。

五是非受监管公司的最低资本要求为零。对于风险较大的非受监管公司，银保监会可以要求其计算最低资本，具体标准另行规定。

六是对于合营成员公司，应剔除合营的受监管公司中非本集团持股部分所对应的最低资本。如果有证据表明，合营企业出现资本不足时，由保险集团承担全部资本不足，则在计算保险集团最低资本时，不得扣除非本集团持股部分所对应的最低资本。

2. 集团特有风险最低资本

保险集团应按照本规则第二章第三节的规定，采用综合因子法计量集团层面特有风险最低资本，包括风险传染最低资本和集中度风险最低资本，二者算术加总即得到集团特有风险最低资本。

（1）风险传染最低资本

风险传染是指保险集团成员公司的风险通过内部关联交易或其他方式传染到集团其他成员公司，使其他成员公司或保险集团遭受非预期损失的风险。保险集团风险传染最低资本等于集团内部担保风险最低资本与除内部担保外的其他内部交易风险最低资本。

集团内部担保风险以集团成员公司之间重大担保余额超过保险集团净资产（合并财务报表）20%的部分作为风险暴露，基础因子为0.1，并根据保险集团的类型、是否有控制或共同控制的银行业务等设置了特征因子。

除内部担保外的其他重大内部关联交易风险以过去12个月累计交易金额超过保险集团净资产（合并财务报表）20%的部分作为风险暴露，基础因子为0.1，并根据保险集团的类型、是否有控制或共同控制的银行业务等设置了特征因子。

风险传染最低资本计量如图1所示。

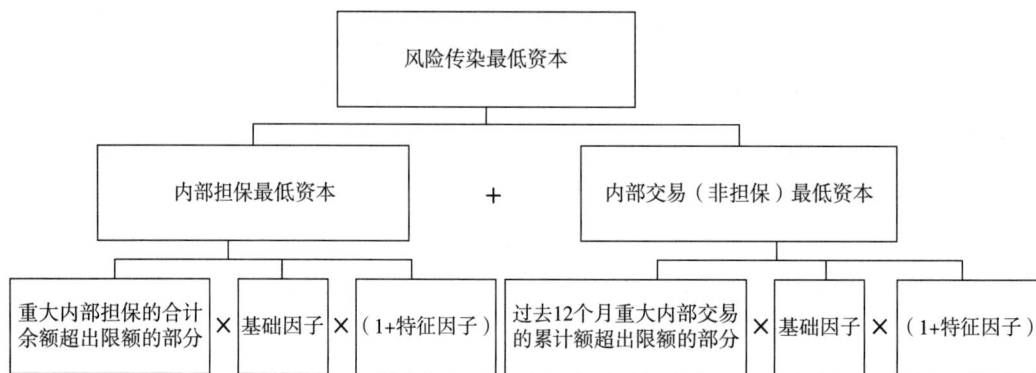

图1　风险传染最低资本计量

【示例】某非保险控股型集团在报告日的重大内部关联交易情况如下表所示，报告日集团净资产为1000亿元，且该集团成员公司中有商业银行。

单位：亿元

内部担保		除内部担保外的其他内部关联交易	
重大担保	担保余额	重大内部关联交易	过去12个月交易额
成员公司1	80	成员公司1	50
成员公司2	100	成员公司2	200
合计	180	合计	250
限额	200（1000×20%）	限额	200（1000×20%）
超限额部分	0	超限额部分	50

风险传染最低资本计算如下：

一是集团内部担保风险最低资本 = 合计担保余额超出限额的部分 × 基础因子 × $(1 + K_1 + K_2)$ = $0 \times 0.1 \times (1 + 0.1 + 0.1)$ = 0。

二是除内部担保外的其他重大内部关联交易风险最低资本 = 合计交易额超出限额的部分 × 基础因子 × $(1 + K_1 + K_2)$ = $50 \times 0.1 \times (1 + 0.1 + 0.1)$ = 6亿元。

三是风险传染最低资本 = 0 + 6 = 6亿元。

（2）集中度风险最低资本

集中度风险指成员公司单个风险或风险组合在集团层面聚合后，可能对保险集团造成非预期损失的风险。保险集团集中度风险最低资本包括交易对手集中度风险最低资本、行业集中度风险最低资本和客户集中度风险最低资本。

集中度风险最低资本的计量方法如图2所示。

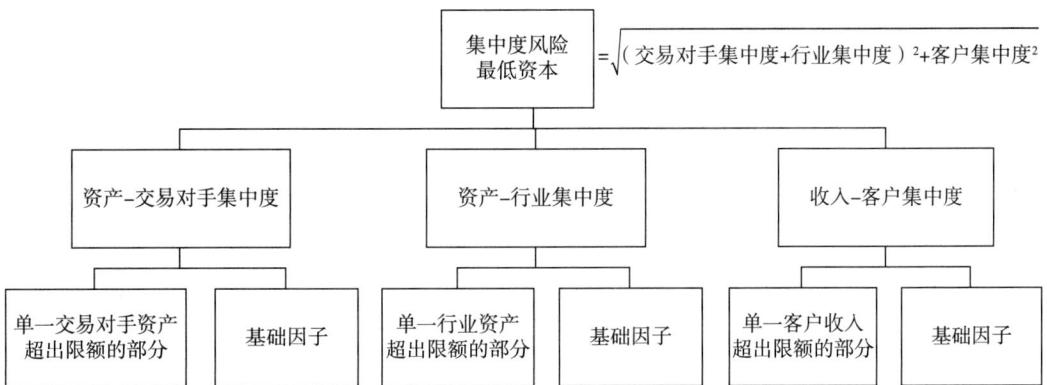

$$\text{集中度风险最低资本} = \sqrt{(\text{交易对手集中度} + \text{行业集中度})^2 + \text{客户集中度}^2}$$

资产–交易对手集中度 | 资产–行业集中度 | 收入–客户集中度

单一交易对手资产超出限额的部分　基础因子　单一行业资产超出限额的部分　基础因子　单一客户收入超出限额的部分　基础因子

图2　集中度风险最低资本计量

对于集中度风险最低资本的计量，需注意以下几点：一是交易对手集中度风险、行业集中度风险和客户集中度风险的风险暴露均为超过限额的部分。对于限额以内的部分，不作为风险暴露。二是计量客户集中度风险最低资本时，考虑到保险集团难以有效识别所有客户之间的关联关系，某一客户的收入以单一法人客户的收入作为计量指标，不要求对关联法人或同集团法人进行合并。

【示例】某保险控股型集团在报告日的资产及收入情况如下表所示，报告日集团净资产为 1000 亿元，报告期内集团收入 200 亿元。

单位：亿元

前三大交易对手	账面价值	限额	超限额部分
国有银行	10	不适用	不适用
股份制银行 A	8	50（1000×5%）	3
制造企业 B	4	30（1000×3%）	1

前三大行业	账面价值*	限额	超限额部分
金融	120	100（1000×10%）	20
房地产	110	100（1000×10%）	10
制造业	80	100（1000×10%）	0

注：*账面价值已剔除不计提行业集中度风险的资产。

前三大客户收入	收入合计*	限额	超限额部分
客户 A	70	60（200×30%）	10
客户 B	30	60（200×30%）	0
客户 C	20	60（200×30%）	0

集中度风险最低资本计算如下：

一是交易对手集中度风险最低资本＝交易对手集中度最低资本（股份制银行 A）＋交易对手集中度风险最低资本（制造企业 B）＝（30×0.03）＋（10×0.05）＝1.4亿元。

二是行业集中度风险最低资本＝行业集中度风险最低资本（金融业）＋行业集中度风险最低资本（房地产）＝（20×0.05）＋（10×0.05）＝1.5 亿元。

三是客户集中度风险最低资本＝客户集中度风险最低资本（客户 A）＝10×0.1＝1亿元。

四是集中度风险最低资本＝$\sqrt{(1.4+1.5)^2+1^2}$＝3.07 亿元。

（3）控制风险最低资本

银保监会每三年对保险集团的偿付能力风险管理能力进行一次监管评估。保险集团应按照本规则第一百二十七条，根据评估结果计算得到控制风险最低资本。

3. 附加资本

附加资本包括逆周期附加资本、系统重要性保险机构附加资本以及其他附加资本。保险集团暂不计量集团层面的附加资本。

（三）实际资本

保险控股集团采用合并报表法评估实际资本，即以保险集团合并报表为基础，基于集团合并报表的净资产，按照本规则第三十八条的相关规定调整得到实际资本。非保险控股集团和混合型集团采用减项合并法评估实际资本，即成员公司实际资本加总后，再扣除成员公司间重复计算的资本，得到实际资本。

实际资本的评估主要是扣除资本的重复计算。保险集团的合并报表是在抵销集团成员公司间的关联交易基础上编制的，因此以合并报表净资产为基础直接调整得到实际资本。减项合并法主要是要扣除成员公司之间因股权投资或转让资产重复计算的资本。

三、风险综合评级

银保监会对保险集团的可资本化风险和难以资本化风险进行综合评价，按照偿付能力风险大小将保险集团评定为 A 类、B 类、C 类和 D 类四类，以提高偿付能力监管质效。其中，根据风险大小，A 类集团可以进一步细分为 AAA 类集团、AA 类集团、A 类集团；B 类集团可以进一步细分为 BBB 类集团、BB 类集团、B 类集团。

保险集团的风险综合评级采用加权平均法，即根据保险集团本级的得分和所属保险成员公司的得分，加权平均得到保险集团的得分和评级。保险集团本级的风险综合评级的评价内容包括可资本化风险和难以资本化风险，二者综合得到集团本级的风险综合评级结果。所属保险成员公司的风险综合评级根据《保险公司偿付能力监管规则第 11 号：风险综合评级（分类监管)》进行评价。

四、偿付能力风险管理要求与评估

（一）偿付能力风险治理

保险控股型集团应构建全面有效的偿付能力风险管理体系，包括偿付能力风险管理的组织架构、管理制度、对成员公司的管理机制及考核机制等，明确董事会、风险管理委员会、高级管理层、风险管理部门的职责及相关人员要求，并通过强化内审、考核和培训制度要求，提升风险意识和偿付能力风险治理水平。

（二）风险管理策略与实施

保险集团母公司应当结合集团发展战略、组织架构和经营特点建立科学有效的集团偿付能力风险管理策略。保险集团成员公司应当根据集团偿付能力风险管理策略制定自身风险管理策略，并与集团风险管理策略保持一致。同时，保险集团应建立偿付能力风险偏好管理、偿付能力重大风险预警机制和应急管理机制，并运用合适的风险管理工具，防范和管控相关风险，确保偿付能力风险及时发现、妥善处置，提升风险管理能力。

（三）集团层面特有风险

与保险公司相比，保险集团由于其业务多元化及经营活动的特殊性，还存在集团内部风险传染、集团组织结构不透明风险、集中度风险、非保险领域风险等特有风险。保险集团应按照本规则第四章第三节至第六节的相关规定，对各特有风险，明确要求确定牵头管理部门、建立相应的管理制度、对部分风险设定相应指标和限额、建立预警机制及建立报告机制等。

（四）其他风险

保险集团应当结合自身特点，加强保险风险、市场风险、信用风险、战略风险、声誉风险、流动性风险、操作风险在集团层面的管理，对各类风险提出集团层面的管理要求，并指导和协调成员公司做好对相关风险的管理工作，推动集团层面的管理要求在主要成员公司予以落实。

（五）资本管理

为强化保险集团资本刚性约束，提升资本管理水平，本规则明确资本规划的监管标准，要求保险集团每年制定三年滚动资本规划，并于5月31日前报送银保监会。

保险集团应合理预测资本需求，综合使用资本补充工具，确保资本充足，增强资本管理前瞻性。同时，应当建立资本配置体系，根据业务发展需要和风险收益水平，在各成员公司间有效分配资本，提高资本使用效率。

（六）偿付能力风险管理评估

保险集团偿付能力风险管理评估采用监管评估方式，中国银保监会每三年对保险集团的偿付能力风险管理进行一次监管评估，确定保险集团的评估结果，保险集团根据评估结果计算控制风险最低资本。需要注意的有以下三点：

一是评估对象包括保险集团本级及所属保险成员公司。保险集团的偿付能力风险评估结果采用加权平均法，保险集团本级与保险成员公司的评估结果的权重分别是40%和60%。

二是对于保险集团本级，监管评估从制度健全性和遵循有效性两方面进行评价，各占50%权重。

三是保险集团存在以下情景之一的，评估结果不高于70分，包括：保险集团股权结构不清晰或存在重大股权纠纷的；偿付能力风险管理要求与评估中"偿付能力风险治理"部分得分率低于60%；未按规定编报资本规划，或资本规划实施出现重大偏差且无合理理由的；存在关联交易金额超限等违反保险公司关联交易管理规定的重大情形的；未按规定确定保险集团成员公司范围的；出现重大风险事件的；处于被接管或风险处置阶段以及银保监会规定的其他情形。

保险公司偿付能力监管规则第 20 号：劳合社保险（中国）有限公司

第一章　总　则

第一条　为明确劳合社保险（中国）有限公司［以下简称劳合社（中国）］在偿付能力监管方面的特别规定，有效识别和管理劳合社（中国）的偿付能力风险，制定本规则。

第二条　劳合社（中国）应当按照本规则评估、计量和报告偿付能力。本规则未作规定的，适用相应的其他保险公司偿付能力监管规则。

第三条　劳合社（中国）应当按照穿透原则，分别评估和计量承保部和公司层面可资本化的偿付能力风险，并在此基础上对劳合社（中国）整体偿付能力进行评估和计量。

第四条　本规则所称承保部，指劳合社（中国）为在中国开展保险业务的劳合社辛迪加及其管理代理公司设立的对应承保业务部门。

第五条　本规则所称公司层面，指主要承担劳合社（中国）整体运营管理、风险控制等职能的机构，即除承保部外，劳合社（中国）的其他职能部门、组织和人员。

第六条　劳合社（中国）应当建立健全偿付能力风险管理体系，强化劳合社（中国）整体风险管控，全面覆盖各承保部及相关业务，有效识别、计量、防范和化解偿付能力风险。

第二章　资本计量

第七条　承保部的下列资产为认可资产：

（一）留存资产，指劳合社辛迪加作为劳合社（中国）的再保险人或转分保接受人，留存在劳合社（中国）专门用于支付保险赔款和相关理赔费用的资产。留存资产包括劳合社辛迪加留存的应收承保部的分保保费、其他划拨的资产及其投资收益。

（二）应收分保准备金。

（三）分入再保险业务的应收分保账款。

（四）应收保费。

（五）银保监会规定的其他认可资产。

第八条 承保部的下列负债为认可负债：

（一）保险合同负债；

（二）分入再保险业务的应付分保账款；

（三）应付赔付款；

（四）银保监会规定的其他认可负债。

第九条 承保部的分出再保险业务的应付分保账款为非认可负债。

第十条 承保部的最低资本包括保险风险最低资本、市场风险最低资本和信用风险最低资本，不计算控制风险最低资本。

第十一条 承保部保险风险最低资本为非寿险再保险业务保险风险最低资本和非寿险业务保险风险最低资本之和。

第十二条 除以下规定外，承保部开展的非寿险再保险业务按照《保险公司偿付能力监管规则第 6 号：保险风险最低资本（再保险公司）》计量保险风险最低资本：

（一）再保险业务保费风险最低资本。各业务类型的保费风险最低资本的风险暴露为该业务类型过去 12 个月再保险分出前的保费，比例再保险业务不适用综合成本率特征系数。

（二）再保险业务准备金风险最低资本。各业务类型的准备金风险最低资本的风险暴露为再保险分出前未决赔款准备金。

（三）再保险业务巨灾风险最低资本划分为比例再保险业务和非比例再保险业务，分别按以下公式计算：

$$MC_{巨灾} = MC_{保费及准备金} \times 25\%$$

其中：

$MC_{保费及准备金}$ 为承保部非寿险业务的比例再保险业务或非比例再保险业务保费及准备金风险最低资本。

第十三条 除以下规定外，承保部开展的非寿险业务按照《保险公司偿付能力监管规则第 4 号：保险风险最低资本（非寿险业务）》计量保险风险最低资本：

（一）保费风险最低资本。各业务类型的保费风险最低资本的风险暴露为该业务类型过去 12 个月再保险分出前的保费，不适用综合成本率、非比例分保净分出比例等特征系数。

（二）准备金风险最低资本。各业务类型的准备金风险最低资本的风险暴露为再保险分出前未决赔款准备金，不适用未决赔款准备金回溯偏差率等特征系数。

（三）巨灾风险最低资本不划分业务类型，按以下公式合并计算：

$$MC_{巨灾} = MC_{保费及准备金} \times 25\%$$

其中：

$MC_{保费及准备金}$为承保部非寿险业务的保费及准备金风险最低资本。

第十四条 承保部的信用风险最低资本应当以再保险分出前业务为基础进行评估和计量。

第十五条 劳合社（中国）公司层面的保险风险最低资本计算公式如下：

公司层面保险风险最低资本 ＝ 各承保部保险风险最低资本之和 ×15%

第十六条 劳合社（中国）公司层面不计算控制风险最低资本。

第十七条 劳合社（中国）应当按照《保险公司偿付能力监管规则第 1 号：实际资本》《保险公司偿付能力监管规则第 2 号：最低资本》分别计量承保部、公司层面的核心偿付能力充足率和综合偿付能力充足率，并以此为基础计量劳合社（中国）整体偿付能力指标。

第十八条 承保部的偿付能力充足率计算公式如下：

（一）承保部核心偿付能力充足率 ＝ 承保部核心资本 ÷ 承保部最低资本 ×100%；

（二）承保部综合偿付能力充足率 ＝ 承保部实际资本 ÷ 承保部最低资本 ×100%。

第十九条 公司层面的偿付能力充足率计算公式如下：

（一）公司层面核心偿付能力充足率 ＝ 公司层面核心资本 ÷ 公司层面最低资本 ×100%；

（二）公司层面综合偿付能力充足率 ＝ 公司层面实际资本 ÷ 公司层面最低资本 ×100%。

第二十条 劳合社（中国）整体偿付能力充足率根据承保部和公司层面偿付能力充足率加权计算。计算公式如下：

（一）劳合社（中国）核心偿付能力充足率 ＝ 承保部核心偿付能力充足率平均值 ×60% ＋公司层面核心偿付能力充足率 ×40%；

（二）劳合社（中国）综合偿付能力充足率 ＝ 承保部综合偿付能力充足率平均值 ×60% ＋公司层面综合偿付能力充足率 ×40%。

其中：

承保部核心偿付能力充足率平均值 ＝ 各承保部核心资本之和 ÷ 各承保部最低资本之和；

承保部综合偿付能力充足率平均值 ＝ 各承保部实际资本之和 ÷ 各承保部最低资本之和。

第三章　监督管理

第二十一条　劳合社（中国）应当参照《保险公司偿付能力监管规则第 12 号：偿付能力风险管理要求与评估》，结合自身业务和风险特征，每年对偿付能力风险管理能力进行自评估，并在每年第一季度偿付能力季度报告中说明上一年度的自评估情况。

银保监会视情况决定是否对劳合社（中国）的偿付能力风险管理能力进行监管评估。

第二十二条　劳合社（中国）应当加强对劳合社（中国）整体和各承保部的流动性风险的管理，建立健全流动性风险管理体系。

第二十三条　劳合社（中国）应当按照《保险公司偿付能力监管规则第 13 号：流动性风险》要求开展现金流测试，计算劳合社（中国）整体的基本情景和压力情景下的流动性覆盖率。

劳合社（中国）适用再保险公司的压力情景。

第二十四条　劳合社（中国）的各承保部、公司层面以及公司整体的偿付能力应当分别符合以下要求：

（一）核心偿付能力充足率不低于 50%；

（二）综合偿付能力充足率不低于 100%。

第二十五条　劳合社（中国）整体偿付能力充足率不达标的，银保监会根据《保险公司偿付能力管理规定》采取监管措施。

第四章　附　则

第二十六条　同一承保部对应多个劳合社辛迪加的，应当以承保部对应的每一劳合社辛迪加开展的业务为主体，按照本规则中承保部的相关规定，对其偿付能力进行评估和计量。

第二十七条　本规则由银保监会负责解释和修订。

第二十八条　本规则于 2021 年 12 月 30 日第一次发布，施行日期另行规定。

《保险公司偿付能力监管规则第 20 号：劳合社保险（中国）有限公司》讲解

一、总则概述

劳合社保险（中国）有限公司［以下简称劳合社（中国）］是英国劳合社在中国设立的子公司，其兼具公司形式的法律属性和劳合社市场的商业特性。考虑到劳合社（中国）经营和风险的实际，《保险公司偿付能力监管规则第 20 号：劳合社保险（中国）有限公司》（以下简称本规则）按照穿透原则，要求劳合社（中国）分别评估和计量承保部和公司层面可资本化的偿付能力风险，并在此基础上对劳合社（中国）整体偿付能力进行评估和计量。

通过穿透原则和分层测算，有助于充分反映劳合社（中国）公司整体及相关承保部的风险实际状况，也有助于推动劳合社（中国）建立健全偿付能力风险管理体系，强化对公司整体以及各承保部的管控，有效识别、计量、防范和化解偿付能力风险。

劳合社（中国）应当按照本规则评估、计量和报告偿付能力。本规则未作规定的，适用相应的其他保险公司偿付能力监管规则。

二、资本计量

（一）承保部层面实际资本

承保部的实际资本等于承保部的认可资产减去认可负债。认可资产与认可负债计算如下：

1. 承保部的认可资产 = 留存资产 + 应收分保准备金 + 分入再保险业务的应收分保账款 + 应收保费 + 银保监会规定的其他认可资产

2. 承保部的认可负债 = 保险合同负债 + 分入再保险业务的应付分保账款 + 应付赔付款 + 银保监会规定的其他认可负债

（二）承保部层面最低资本

承保部的最低资本包括非寿险保险风险最低资本（包括非寿险再保险业务与非寿险保险业务）、市场风险最低资本和信用风险最低资本，不计算控制风险最低资本。

1. 非寿险再保险业务的保险风险最低资本

承保部应根据《保险公司偿付能力监管规则第 6 号：保险风险最低资本（再保险公司）》（以下简称《6 号规则》）划分业务类型，并结合本规则第十二条计量非寿险再保险业务的保险风险最低资本。

2. 非寿险保险业务的保险风险最低资本

承保部应根据《保险公司偿付能力监管规则第 4 号：保险风险最低资本（非寿险业务）》（以下简称《4 号规则》）划分业务类型，并结合本规则第十三条计量非寿险保险业务的保险风险最低资本。

3. 市场风险最低资本

承保部的市场风险主要包括利率风险、汇率风险以及权益价格风险，应根据《保险公司偿付能力监管规则第 7 号：市场风险和信用风险的穿透计量》（以下简称《7 号规则》）与《保险公司偿付能力监管规则第 8 号：市场风险最低资本》（以下简称《8 号规则》），基于其留存资产的实际情况进行计量。

4. 信用风险最低资本

承保部信用风险主要包括利差风险以及交易对手违约风险，应根据《7 号规则》与《保险公司偿付能力监管规则第 9 号：信用风险最低资本》（以下简称《9 号规则》），以再保险分出前业务为基础进行评估和计量。

5. 最低资本

承保部的最低资本包括非寿险保险风险最低资本、市场风险最低资本和信用风险最低资本，不计算控制风险最低资本。其中：

（1）非寿险保险风险最低资本 = 非寿险再保险业务保险风险最低资本 + 非寿险保险业务保险风险最低资本。

（2）最低资本应基于非寿险保险风险最低资本、市场风险最低资本和信用风险最低资本，根据《保险公司偿付能力监管规则第 2 号：最低资本》（以下简称《2 号规则》）的相关系数进行计量。

（三）公司层面实际资本

公司层面的实际资本等于其认可资产减去认可负债后的余额。认可资产与认可负债计算如下：

1. 公司层面的认可资产 = 现金及流动性管理工具 + 投资资产 + 长期股权投资 + 应收及预付款项（不包括承保部的应收分保账款与应收保费） + 固定资产 + 其他认可资产

2. 公司层面的认可负债 = 金融负债 + 应付及预收款项（不包括承保部的分入再保险业务的应付分保账款与应付赔付款） + 预计负债 + 独立账户负债 + 资本性负债 + 其他认可负债

其中，公司层面的认可资产或认可负债中不包括归属于承保部的认可资产或认可负债。

（四）公司层面最低资本

公司层面的最低资本包括非寿险保险风险最低资本、市场风险最低资本和信用风险最低资本，不计算控制风险最低资本。

1. 非寿险保险风险最低资本

公司层面保险风险最低资本＝各承保部保险风险最低资本之和×15%

2. 市场风险最低资本

公司层面的市场风险主要包括利率风险、汇率风险以及权益价格风险，应根据《7号规则》《8 号规则》基于其资产（不包括承保部的留存资产）的实际情况进行计量。

3. 信用风险最低资本

公司层面信用风险主要包括利差风险以及投资资产的交易对手违约风险，应根据《7 号规则》《9 号规则》进行计量。其中，利差风险的风险暴露为公司层面投资资产的公允价值，不包括承保部的留存资产；交易对手违约风险的风险暴露为公司层面投资资产及其他应收款的认可价值，不包括承保部交易对手违约风险的风险暴露。

4. 最低资本

最低资本基于非寿险保险风险最低资本、市场风险最低资本和信用风险最低资本，根据《2 号规则》的相关系数进行计量。

（五）偿付能力充足率计量规则

承保部、公司层面与劳合社（中国）整体层面的偿付能力充足率应按照本规则第十八条至第二十条的相关规定进行计量。

三、监督管理

劳合社（中国）应按照本规则第二十一条至第二十三条的相关规定，参照《保险公司偿付能力监管规则第 12 号：偿付能力风险管理要求与评估》《保险公司偿付能力监管规则第 13 号：流动性风险》开展偿付能力风险管理能力自评估和流动性风险管理。

劳合社（中国）的各承保部、公司层面以及公司整体的偿付能力应当分别符合以下要求：一是核心偿付能力充足率不低于 50%；二是综合偿付能力充足率不低于 100%。劳合社（中国）整体偿付能力充足率不达标的，银保监会根据《保险公司偿付能力管理规定》采取监管措施。

四、附则

同一承保部对应多个劳合社辛迪加的，应当以承保部对应的每一劳合社辛迪加开展的业务为主体，按照本规则中承保部的相关规定，对其偿付能力进行评估和计量。

附　录

中国银保监会关于实施
保险公司偿付能力监管规则（Ⅱ）
有关事项的通知

银保监发〔2021〕52 号

各银保监局，各保险集团（控股）公司、保险公司、保险资产管理公司：

经研究，决定自编报 2022 年第一季度偿付能力季度报告起，保险业执行《保险公司偿付能力监管规则（Ⅱ）》（以下简称规则Ⅱ）。现将有关事项通知如下：

一、部分监管规则的明细规定

（一）《保险公司偿付能力监管规则第 1 号：实际资本》第二十四条关于所得税准备的确认和计量标准，明确如下：

保险公司成立以来任意连续三年的应纳税所得额为正的，应当确认所得税准备；只有当存在充分的证据显示其应纳税所得额持续为正的趋势发生根本性、长期性逆转时，方可终止确认所得税准备。

所得税准备以财务报表寿险合同负债剩余边际金额的 10% 作为其认可价值。

（二）《保险公司偿付能力监管规则第 1 号：实际资本》第十三条关于投资性房地产统一按成本模式计量金额作为其认可价值的规定，在新旧规则切换日的规定如下：对于以公允价值模式计量的投资性房地产，保险公司以 2022 年 1 月 1 日作为初始计量日，将其账面价值作为初始成本，按成本模式计量其认可价值。其中，投资性房地产的购置成本作为核心一级资本，评估增值作为附属一级资本。投资性房地产存在减值迹象的，保险公司应当及时足额计提减值。保险公司计提的减值和按照成本模式计提的折旧，应当在购置成本、评估增值间按比例分摊，相应减少核心一级资本或附属一级资本。

（三）《保险公司偿付能力监管规则第 1 号：实际资本》第三十六条关于保单未来盈余进行资本工具分级所使用的资本报酬率如下：保单剩余期限 30 年（含）以上的，以及保单剩余期限 10 年（含）以上、30 年以内的，资本报酬率为 13%；保单剩余期限 5 年（含）以上、10 年以内的，资本报酬率为 10%。

（四）《保险公司偿付能力监管规则第 2 号：最低资本》第十九条关于分红保险和万能保险合同损失吸收效应计算公式中的 K，赋值为 0。

（五）《保险公司偿付能力监管规则第3号：寿险合同负债评估》第十九条关于寿险合同负债计量所采用的折现率曲线的具体参数见附件1。

（六）《保险公司偿付能力监管规则第4号：保险风险最低资本（非寿险业务）》第十条关于全行业车险累计原保费收入的有关数据，以及第三十六条关于全行业融资性信用保证险自留保费的有关数据，由银保监会每季度结束后8日内在偿付能力监管信息系统发布；第六章关于保险公司计量巨灾风险最低资本所采用的因子表和最低资本计算模板见附件2。

（七）《保险公司偿付能力监管规则第8号：市场风险最低资本》第十八条关于人身保险公司计量利率风险最低资本所采用的折现率曲线的具体参数见附件3。

对于中国保险投资基金二期支持国家战略的未上市股权投资，计量其权益价格风险最低资本适用的基础因子为0.15。支持国家战略的投资包括：国家级专项基金及《国家战略性新兴行业（2018）》（国家统计局令第23号）列明的行业；京津冀城市群、长江经济带、粤港澳大湾区等国家战略性发展区域的重大基础设施。

（八）在《中国保险监督管理委员会和香港特别行政区政府保险业监督关于开展偿付能力监管制度等效评估工作的框架协议》过渡期内，相关再保险交易对手违约风险因子适用《保险公司偿付能力监管规则第9号：信用风险最低资本》相关规定：

1. 再保险业务。中国内地直接保险公司向合格的香港再保险机构分出保险业务形成的应收分保款项和应收分保准备金，适用《保险公司偿付能力监管规则第9号：信用风险最低资本》第二十二条规定，再保险交易对手违约风险基础因子为0.077；对于有担保措施的，设置特征系数$k5$，赋值为-0.1。第二十四条、第二十五条规定的特征系数$k2$、$k3$和$k4$不适用。

合格的香港再保险机构应符合以下条件：一是经香港保监局授权在香港营业的专业再保险机构；二是自愿按要求每季度向香港保监局报送按香港监管标准计算的偿付能力信息；三是信用评级不低于A-；四是偿付能力充足率达标。偿付能力充足率达标是指：对于从事非寿险业务的再保险机构，偿付能力充足率应不低于200%；对于从事寿险业务的再保险机构，偿付能力充足率应不低于150%；对于既从事非寿险业务，又从事寿险业务的再保险机构，非寿险业务和寿险业务的偿付能力充足率应分别不低于200%和150%。

银保监会根据以上规则，于每季度结束后8日内在偿付能力监管信息系统发布合格的香港再保险机构名单。

2. 巨灾债券。中国内地保险机构在香港发行巨灾债券形成的再保险应收分保款项和应收分保准备金，适用《保险公司偿付能力监管规则第9号：信用风险最低资本》第二十三条规定，再保险交易对手违约风险基础因子为0.046。

（九）《保险公司偿付能力监管规则第10号：压力测试》第二章关于保险公司季度

压力测试的必测风险因素，以及第三章年度压力测试的必测压力情景及必测风险因素见附件4。

（十）《保险公司偿付能力监管规则第11号：风险综合评级（分类监管）》关于各类风险的评价标准，由银保监会另行发布。

（十一）《保险公司偿付能力监管规则第12号：偿付能力风险管理要求与评估》第一百一十七条、第一百一十八条、第一百二十条关于控制风险最低资本的计量，保险公司应采用最近一次监管评估结果。其中，保险公司计算控制风险最低资本所需的调整基础分M等相关信息，由银保监会根据行业最新评估结果每年更新并在偿付能力监管信息系统发布。保险公司偿付能力风险管理能力评估表见附件5。

（十二）《保险公司偿付能力监管规则第13号：流动性风险》第二十九条关于现金流压力测试和第三十五条关于流动性覆盖率计算所采用的压力情景见附件6。

（十三）《保险公司偿付能力监管规则第19号：保险集团》关于保险集团最低资本的计量，保险集团暂不计量集团层面的附加资本和风险分散效应对应的最低资本，且在未获得偿付能力风险管理监管评估结果前，控制风险最低资本为零。保险集团风险综合评级具体标准由银保监会另行发布。保险集团偿付能力风险管理能力评估表见附件7。需编报保险集团偿付能力报告的公司名单见附件8，由银保监会不定期更新。

二、偿付能力报告报送要求

自2022年第一季度起，保险公司按照规则Ⅱ编报偿付能力报告。具体要求如下：

（一）报送时间

1. 偿付能力季度报告。保险公司应当于每季度结束后12日内报送偿付能力季度快报，每季度结束后25日内报送偿付能力季度报告。

2. 偿付能力压力测试报告。保险公司应当按照《保险公司偿付能力监管规则第10号：压力测试》在偿付能力季度报告中披露季度压力测试的相关信息，保险公司和保险集团公司应当于每年5月31日前报送上一年度压力测试报告。

3. 保险集团偿付能力报告。自2022年半年度偿付能力报告起，保险集团公司应当按照《保险公司偿付能力监管规则第19号：保险集团》编制偿付能力报告，于每年9月15日前报送半年度偿付能力报告，每年5月31日前报送上一年度偿付能力报告。

（二）报送方式

1. 纸质文本一式一份。

2. 保险公司和保险集团公司应当通过银保监会偿付能力监管信息系统报送偿付能力报告。保险公司和保险集团公司的偿付能力报表Excel样表分别见附件9和附件10，财产保险公司和人身保险公司偿付能力压力测试报告Excel样表分别见附件11－1和附件11－2。

三、过渡期政策

因新旧规则切换导致核心偿付能力充足率或综合偿付能力充足率大幅下降，或跌破具有监管行动意义的临界点（如综合偿付能力充足率降至 150% 以下、120% 以下或 100% 以下，核心偿付能力充足率降至 75% 以下、60% 以下或 50% 以下）的保险公司，可以向银保监会反映有关情况。银保监会将根据实际情况一司一策确定过渡期政策，允许在部分监管规则上分步到位，并将督促公司制订过渡期计划，严格落实，最晚于 2025 年起全面执行到位。

银保监局应加强对属地保险公司的监督指导，督促公司做好各项实施准备工作，及时跟踪实施进展，确保规则 II 有效落地。

《保险公司偿付能力监管规则（1 – 17 号）》（保监发〔2015〕22 号）、《中国保监会关于正式实施中国风险导向的偿付能力体系有关事项的通知》（保监发〔2016〕10 号）、《保险公司偿付能力监管规则——问题解答第 1 号：偿付能力监管等效框架协议过渡期内的香港地区再保险交易对手违约风险因子》（银保监发〔2021〕30 号）、《保险公司偿付能力监管规则——问题解答第 2 号：无固定期限资本债券》（银保监发〔2019〕22 号）、《保险公司偿付能力监管规则——问题解答第 3 号：中国保险投资基金二期》（银保监发〔2019〕44 号）自 2022 年 1 月 1 日起废止。

实施中遇到问题，请及时向银保监会偿付能力监管部反映。

附件：1. 寿险合同负债评估折现率曲线

2. 巨灾风险损失因子表和最低资本计算模板

3. 人身保险公司利率风险评估的基础情景和不利情景折现率曲线

4. 保险公司压力测试必测压力情景和必测因素

5. 保险公司偿付能力风险管理能力评估表

6. 现金流压力测试的压力情景

7. 保险集团偿付能力风险管理能力评估表

8. 应当编报保险集团偿付能力报告的公司名单

9. 保险公司偿付能力季度报告 Excel 样表

10. 保险集团偿付能力报告 Excel 样表

11 – 1. 财产保险公司偿付能力压力测试报告 Excel 样表

11 – 2. 人身保险公司偿付能力压力测试报告 Excel 样表

中国银保监会

2021 年 12 月 30 日

附件1

寿险合同负债评估折现率曲线

根据《保险公司偿付能力监管规则第3号：寿险合同负债评估》第十九条规定，计算现金流现值所采用的折现率曲线由基础利率曲线加综合溢价形成，具体计算方法如下：

一、基础利率曲线为即期曲线，由以下三段组成

$$\begin{cases} 750 \text{ 日移动平均国债收益率曲线} & 0 < t \leq 20 \\ \text{终极利率过渡曲线} & 20 < t \leq 40 \\ \text{终极利率} & t > 40 \end{cases}$$

其中，t 表示年度；750 日移动平均国债收益率曲线详见中国债券信息网（www. chinabond. com. cn）；终极利率过渡曲线采用二次插值方法计算得到；终极利率暂定为 4.5%。

二、终极利率过渡曲线采用二次插值方法计算得到，具体如下

（一）第一次插值的计算公式为：

$$r_t = r_{20} + (4.5\% - r_{20}) \times (t - 20)/(40 - 20)$$

其中：

t 为年度；

r_t 为在 t 年度第一次插值的数值。

（二）第二次插值的计算公式为：

$$R_t = r_t \times (t - 20)/(40 - 20) + r_t^* \times (40 - t)/(40 - 20)$$

其中：

t 为年度；

r_t 为在 t 年度第一次插值的数值；

r_t^* 为在 t 年度 750 日移动平均国债收益率曲线的数值；

R_t 为在 t 年度终极利率过渡曲线的数值。

三、综合溢价按以下规则确定

（一）前 20 年的综合溢价根据业务类型等因素分档设定：一是 1999 年（含）之前签发的高利率保单适用 75 个基点溢价；二是万能险、投资连结险、变额年金及中短存续期产品适用 30 个基点溢价；三是其他产品适用 45 个基点溢价。

（二）40 年以后的终极利率综合溢价为 0。

（三）20 年到 40 年之间的综合溢价采用以下线性插值法得到：

$$Spread_t = Spread_{20} \times (40 - t)/(40 - 20)$$

其中：

t 为年度，$20 < t \leqslant 40$；

$Spread_t$ 为在 t 年度第一次插值的数值。

四、折现率曲线的换算

保险公司按照本附件规定的即期基础利率曲线附加综合溢价，得到即期折现率曲线。保险合同负债评估中所使用的远期折现率曲线，由即期折现率曲线换算得到。

附件2

巨灾风险损失因子表和最低资本计算模板

币制：CNY - 人民币

国内巨灾超赔再保条件	财产险台风	财产险地震	车损险台风
超赔份额：	100.00%	100.00%	100.00%
每次事故责任限额（100%）：			
每次事故自留额（100%）：			

国内省份	财产险的台风保额	财产险的地震保额	车损险的台风保额
安徽			
北京			
重庆			
福建			
甘肃			
广东			
广西			
贵州			
海南			
河北			
黑龙江			
河南			
湖北			
湖南			
内蒙古			
江苏			
江西			
吉林			
辽宁			
宁夏			
青海			
陕西			
山东			
上海			
山西			
四川			
天津			
新疆			

续表

国内省份	财产险的台风保额	财产险的地震保额	车损险的台风保额
西藏			
云南			
浙江			

国内结果	财产险的台风风险资本	财产险的地震风险资本	车损险的台风风险资本
再保后年平均损失	—	—	—
再保后 200 年一遇巨灾损失	—	—	—
再保后风险资本	—	—	—

	国内巨灾风险总资本	国际巨灾风险总资本	巨灾风险总资本
再保后风险资本	—	—	—

币制：CNY – 人民币

国际巨灾超赔再保条件	台风	地震
超赔份额：	100%	100%
每次事故责任限额（100%）：		
每次事故自留额（100%）：		

国际区域	台风保费	地震保费
亚太		
北美洲		
欧洲		
其他		

注：1. 亚太地区覆盖东亚、东南亚、南亚以及大洋洲地区，包括以下国家：

中国（含港澳台地区）、日本、韩国、朝鲜、印度尼西亚、马来西亚、新加坡、菲律宾、文莱、泰国、越南、老挝、柬埔寨、缅甸、东帝汶、印度、巴基斯坦、孟加拉国、斯里兰卡、马尔代夫、尼泊尔、不丹、澳大利亚、新西兰、巴布亚新几内亚、马绍尔群岛、密克罗尼西亚联邦、瑙鲁、帕劳、萨摩亚、所罗门群岛、汤加、图瓦鲁、瓦努阿图、斐济、基里巴斯、库克群岛、纽埃

2. 北美洲覆盖巴拿马运河以北的北美大陆地区，包括以下国家：

美国、加拿大、墨西哥、危地马拉、伯利兹、萨尔瓦多、洪都拉斯、尼加拉瓜、哥斯达黎加、巴拿马、巴哈马、古巴、牙买加、海地、多米尼加、波多黎各、圣基茨和尼维斯、安提瓜和巴布达、多米尼克、圣卢西亚、圣文森特和格林纳丁斯、巴巴多斯、格林纳达、特立尼达和多巴哥

3. 欧洲覆盖欧洲大陆，包括以下国家：

丹麦、冰岛、芬兰、瑞典、挪威、英国、法国、荷兰、比利时、卢森堡、摩纳哥、爱尔兰、德国、瑞士、奥地利、匈牙利、波兰、捷克、斯洛伐克、列支敦士登、意大利、西班牙、葡萄牙、安道尔、梵蒂冈、圣马力诺、马耳他、希腊、罗马尼亚、保加利亚、克罗地亚、斯洛文尼亚、塞尔维亚、波黑、黑山、北马其顿、阿尔巴尼亚、科索沃、俄罗斯、白俄罗斯、乌克兰、摩尔多瓦、立陶宛、爱沙尼亚、拉脱维亚

4. 其他覆盖上述地区未涉及的所有国家和地区。

国际结果	台风风险资本	地震风险资本
再保后年平均损失	—	—
再保后 200 年一遇巨灾损失	—	—
再保后风险资本	—	—

附件 3

人身保险公司利率风险评估的基础情景和不利情景折现率曲线

根据《保险公司偿付能力监管规则第 8 号：市场风险最低资本》第十九条和第二十条的规定，保险公司评估利率风险最低资本所采用的基础情景和不利情景折现率曲线按以下方法确定：

一、基础情景下的基础利率曲线

（一）基础情景下的基础利率曲线为即期曲线，由以下三段组成：

$$\begin{cases} 60\text{ 日移动平均国债收益率曲线} & 0 < t \leq 20 \\ \text{终极利率过渡曲线} & 20 < t \leq 40 \\ \text{终极利率} & t > 40 \end{cases}$$

其中，t 表示年度；60 日移动平均国债收益率曲线详见中国债券信息网（www. chinabond. com. cn）；终极利率过渡曲线采用二次插值方法计算得到；终极利率暂定为 4.5%。

（二）终极利率过渡曲线采用的二次插值方法同寿险合同负债折现率曲线，详见附件 1。

二、不利情景下的基础利率曲线

（一）不利情景下的基础利率曲线为即期曲线，由以下三段组成：

$$\begin{cases} 60\text{ 日移动平均国债收益率不利情景曲线} & 0 < t \leq 20 \\ \text{终极利率不利情景过渡曲线} & 20 < t \leq 40 \\ \text{终极利率不利情景} & t > 40 \end{cases}$$

其中 t 表示年度；60 日移动平均国债收益率不利情景曲线基于基础情景曲线和不利情景参数计算得到。

（二）60 日移动平均国债收益率不利情景曲线按以下方法确定：

$$r_{st} = r_t \times (1 + Stress_t)$$

其中：

r_t 为在 t 年度基础情景即期利率；

r_{st} 为在 t 年度不利情景即期利率；

$Stress_t$ 为在 t 年度不利情景。

（三）终极利率不利情景过渡曲线采用二次插值方法计算得到，插值方法同寿险合同负债折现率曲线，详见附件 1。

（四）终极利率不利情景为终极利率 × $(1 + Stress_{40})$，其中：终极利率为 4.5%，$Stress_{40}$ 为在 40 年度不利情景。

（五）不利情景参数按以下规定确定：

1. 前 20 年和 40 年以后的不利情景参数见下表：

期限	利率向上压力参数	利率向下压力参数
1	97%	−71%
2	76%	−66%
3	68%	−61%
4	65%	−54%
5	66%	−48%
6	61%	−45%
7	55%	−42%
8	53%	−39%
9	52%	−36%
10	50%	−34%
11	49%	−32%
12	47%	−30%
13	45%	−28%
14	42%	−27%
15	41%	−25%
16	39%	−24%
17	38%	−23%
18	38%	−23%
19	38%	−23%
20	37%	−23%
40	17%	−11%
40 +	17%	−11%

2. 20 年到 40 年之间的利率向上和利率向下不利情景压力参数均采用以下线性插值法得到：

$$Stress_t = Stress_{20} \times (40 - t)/(40 - 20) + Stress_{40} \times (t - 20)/(40 - 20)$$

其中：

t 为年度，$20 < t \leqslant 40$；

$Stress_t$ 为在 t 年度不利情景插值的数值。

三、综合溢价

基础情景和不利情景折现率曲线的综合溢价均按以下规则确定：

（一）前 20 年的综合溢价根据行业整体资产配置情况等因素设定，为 45 个基点。

（二）40 年以后的终极利率综合溢价为 0。

（三）20 年到 40 年之间的综合溢价采用以下线性插值法得到：

$$Spread_t = Spread_{20} \times (40 - t)/(40 - 20)$$

其中：

t 为年度，$20 < t \leqslant 40$；

$Spread_t$ 为在 t 年度插值的数值。

四、折现率曲线的换算

人寿保险公司按照本附件规定的基础情景即期基础利率曲线和不利情景即期基础利率曲线附加综合溢价，得到基础情景即期折现率曲线和不利情景即期折现率曲线。人身保险公司利率风险评估中所需的基础情景远期折现率曲线和不利情景远期折现率曲线，由上述即期折现率曲线换算得到。

附件 4

保险公司压力测试必测压力情景和必测因素

第一章　财产保险公司必测压力情景和必测因素

一、年度压力测试必测压力情景

压力情景旨在反映保险公司承保业务变化和宏观经济形势恶化等风险因素对公司偿付能力状况的影响，分为保险风险情景和宏观经济风险情景。

（一）必测压力情景一（保险风险情景）

该情景假设保险公司在未来一个会计年度同时发生以下情况：

（1）保费收入为基本情景的 120%。

（2）综合成本率为基本情景的 110%。

（二）必测压力情景二（宏观经济风险情景）

该情景假设宏观经济在未来一个会计年度末同时发生以下不利变动：

（1）无风险利率曲线上升 50 个基点。这将导致以公允价值计量的固定收益类资产账面价值下降，该因素涉及的资产类别为公司以公允价值计量的固定收益类资产。

（2）权益类资产认可价值下跌 20%。该因素涉及的资产类别为《保险公司偿付能力监管规则第 8 号：市场风险最低资本》规定的应计量权益价格风险的各项资产（包括公司直接持有和穿透后持有的各项权益类资产，货币市场基金除外，下同）。

（3）固定收益类资产违约，产生其认可价值 10% 的损失。该因素涉及的资产类别为《保险公司偿付能力监管规则第 9 号：信用风险最低资本》规定的应当计量信用风险最低资本的各项资产（包括公司直接持有和穿透后持有的各项固定收益类资产，下同）。

二、年度敏感性测试必测因素

（一）必测因素一

未来一个会计年度的保费收入为基本情景的 130%。

（二）必测因素二

未来一个会计年度末权益类资产认可价值较基本情景下跌 30%。

三、季度敏感性测试必测因素

（一）必测因素一

未来一个季度的综合赔付率为基本情景的 120%。

（二）必测因素二

未来一个季度末权益类资产认可价值较基本情景下跌 30%。

第二章 人身保险公司必测压力情景和必测因素

一、年度压力测试必测压力情景

压力情景旨在反映保险公司承保业务变化、宏观经济形势和利率环境恶化等风险因素对公司偿付能力状况的影响，分为保险风险情景、宏观经济风险情景和利率风险情景。

（一）必测压力情景一（保险风险情景）

该情景假设保险公司在未来一个会计年度同时发生以下情况：

（1）未来一个会计年度的新单保费收入为基本情景的130%或70%。对于该假设，保险公司应当以偿付能力充足率较小为原则确定新业务保费假设变动的方向，并在压力测试报告的附注中说明最终选取的情景。

（2）未来一个会计年度的死亡发生率及后续年度的死亡发生率评估假设较基本情景假设上升10%。

（3）未来一个会计年度的退保率及后续年度的退保率评估假设较基本情景假设上升20%。

（4）未来一个会计年度的疾病发生率及后续年度的疾病发生率评估假设较基本情景假设上升15%。

（5）未来一个会计年度费用发生额较基础情景上升10%。

（二）必测压力情景二（宏观经济风险情景）

该情景假设宏观经济在未来一个会计年度末同时发生以下不利变动：

（1）无风险利率曲线上升50个基点。这将导致以公允价值计量的固定收益类资产账面价值下降，该因素涉及的资产类别为公司以公允价值计量的固定收益类资产。

（2）权益类资产认可价值下跌20%。该因素涉及的资产类别为《保险公司偿付能力监管规则第8号：市场风险最低资本》规定的应计量权益价格风险的各项资产（包括公司直接持有和穿透后持有的各项权益类资产，货币市场基金除外，下同）。

（3）固定收益类资产违约，产生其认可价值10%的损失。该因素涉及的资产类别为《保险公司偿付能力监管规则第9号：信用风险最低资本》规定的应计量信用风险最低资本的各项资产（包括公司直接持有和穿透后持有的各项固定收益类资产，下同）。

（三）必测压力情景三（利率风险情景）

利率风险不利情景参数为附件3不利情景参数的130%。

二、年度敏感性测试必测因素

（一）必测因素一

750日移动平均国债收益率曲线比基础情景平行下移50个基点。

（二）必测因素二

未来一个会计年度末权益类资产认可价值较基本情景下跌30%。

三、季度敏感性测试必测因素

（一）必测因素一

未来一个季度固定收益类资产违约，产生其认可价值10%的损失。

（二）必测因素二

未来一个季度末权益类资产认可价值较基本情景下跌30%。

附件 5

保险公司偿付能力风险管理能力评估表

被评估公司：

公司类别：

评估时间：

评估单位：

评估说明

一、本评估表依据《保险公司偿付能力监管规则第 12 号：偿付能力风险管理要求与评估》及相关监管规则制定，监管机构根据本评估表对保险公司偿付能力风险管理能力进行评估。

二、保险公司偿付能力风险管理能力评估的内容包括九部分：基础与环境、目标与工具、保险风险管理能力、市场风险管理能力、信用风险管理能力、操作风险管理能力、战略风险管理能力、声誉风险管理能力和流动性风险管理能力。每一部分都从"制度健全性"和"遵循有效性"两方面进行评价，其中，"制度健全性"的权重为 50%，"遵循有效性"的权重为 50%。九部分的评价得分加权汇总得到保险公司偿付能力风险管理能力现场评估绝对分。

三、"制度健全性""遵循有效性"的评估结果分为"完全符合""大部分符合""部分符合""不符合"和"不适用"五档，分别对应不同的得分："完全符合"得标准分值，"大部分符合"得标准分值的 80%，"部分符合"得标准分值的 50%，"不符合"得零分。

（一）"制度健全性"四档评估结果的定义

1. "完全符合"是指保险公司建立了全面的风险管理制度，且管理制度的内容和要素完全达到监管要求。

2. "大部分符合"是指保险公司的风险管理制度及其内容和要素符合监管要求的程度在 80% 到 100% 之间。比如，保险公司建立了主要的风险管理制度，且其内容和要素符合监管要求，或者保险公司建立了全面的风险管理制度，但其内容和要素符合监管要求的程度在 80% 以上，但未达到 100%。

3. "部分符合"是指保险公司的风险管理制度及其内容和要素符合监管要求的程度在 50% 到 80% 之间。比如，保险公司建立了部分风险管理制度，且其内容和要素符合监管要求，或者保险公司建立了相关的风险管理制度，但其内容和要素符合监管要求的程度在 50% 以上，但未达到 80%。

4. "不符合"是指保险公司未建立相关的风险管理制度，或相关的风险管理制度及其内容和要素符合监管要求的程度在50%以下。

（二）"遵循有效性"四档评估结果的定义

1. "完全符合"是指保险公司现有风险管理制度完全得到有效执行。

2. "大部分符合"是指保险公司现有风险管理制度得到有效执行的程度在80%以上，但未达到100%。

3. "部分符合"是指保险公司现有风险管理制度得到有效执行的程度在50%以上，但未达到80%。

4. "不符合"是指保险公司现有风险管理制度完全没有执行，或执行程度在50%以下。

四、若某一项评估标准的"制度健全性"的评估结果为"不符合"，则该评估标准对应的"遵循有效性"的评估结果应为"不符合"。

五、若保险公司没有某类业务或事项，不适用某风险管理评估项目，则不需对其进行评估，该风险管理评估项目的评估结果应为"不适用"，该项评估标准得分为0分；同时，在总分中扣除此项评估内容的分值，并将最终得分按比例调整为百分制得分。例如，若被评估保险公司没有境外投资资产，则评估该公司的市场风险管理能力时，"保险公司应当建立境外资产价格风险管理制度"一项的4分应从总分中扣除，市场风险管理能力对应的总分由100分变为96分。若该公司市场风险管理能力的最终评分结果为80分，则调整后得分，即"不适用项目调整后分值小计"为 $80/96 \times 100 = 83.33$ 分。

六、每项评估标准的"评分依据"一栏应填列得分依据，简要注明具体制度、决议、文件等支持评估结果的依据或文件索引。

七、"封面"中的公司类别应填写"Ⅰ类公司"或"Ⅱ类公司"。

风险管理能力评分结果汇总表

评估项目	标准分值	制度健全性（50%）	遵循有效性（50%）	得分（不适用项目调整前）	得分（不适用项目调整后）	权重	得分	绝对分S1（重大事项调整后）	相对分S2	最终得分S
(1)	(2)	(3)	(4)	(5) ＝(3) ＋(4)	(6)	(7)	(8) ＝(6) ×(7)	(9)	(10) ＝(9) ×K	(11) ＝(9) ×50% ＋(10) ×50%
基础与环境	100	0	0	0	0	20%	0			
目标与工具	100	0	0	0	0	10%	0			
保险风险管理能力	100	0	0	0	0	10%	0			
市场风险管理能力	100	0	0	0	0	10%	0			
信用风险管理能力	100	0	0	0	0	10%	0			

续表

评估项目	标准分值	制度健全性(50%)	遵循有效性(50%)	得分(不适用项目调整前)	得分(不适用项目调整后)	权重	得分	绝对分S1(重大事项调整后)	相对分S2	最终得分S
操作风险管理能力	100	0	0	0	0	10%	0			
战略风险管理能力	100	0	0	0	0	10%	0			
声誉风险管理能力	100	0	0	0	0	10%	0			
流动性风险管理能力	100	0	0	0	0	10%	0			
分值合计		0	0	0	0	100%	0	0	0	0

风险管理能力评估表——基础与环境

	评估标准	标准分值小计	制度健全性			遵循有效性			得分小计	评分依据
			标准分值	评估结果	得分	标准分值	评估结果	得分		
1	**股权结构**	15								
1.1	保险公司应当具有清晰透明的股权结构,持股股东(上市公司为限售流通股股东)应当能够逐层穿透至最终的实际控制人,股东之间的关联关系或者一致行动关系应当清晰透明	5	2.5	0		2.5	0		0	
1.2	保险公司股东应当具有良好的合法合规意识,至少不存在以下行为:(一)使用非自有资金入股保险公司;(二)最近三年发生过重大违法违规事项;(三)直接干预保险公司日常经营管理和决策	5	2.5	0		2.5	0		0	
1.3	保险公司应当严格遵守关联交易相关规定,加强关联交易的内部控制和管理,及时准确披露关联交易信息,确保关联交易合法合规	5	2.5	0		2.5	0		0	
2	**董事会**	15								
2.1	董事会应当审批公司偿付能力风险管理总体目标、风险偏好、风险容忍度和风险管理政策	4	2	0		2	0		0	
2.2	董事会应当审批公司偿付能力风险管理组织架构和职责	4	2	0		2	0		0	
2.3	董事会应当持续关注公司偿付能力风险状况	4	2	0		2	0		0	
2.4	董事会应当监督管理层对偿付能力风险进行有效的管理和控制	2	1	0		1	0		0	
2.5	董事会应当审批公司偿付能力报告	1	0.5	0		0.5	0		0	
	注:1. 对符合《保险公司偿付能力监管规则第12号:偿付能力风险管理要求与评估》第十五条的外国保险公司分公司,此部分评估其高级管理层									
3	**风险管理委员会**	15								
3.1	I类保险公司应当在董事会下设立风险管理委员会。II类保险公司可以不设立风险管理委员会,未设立的,由审计委员会履行相应职责	3	1.5	0		1.5	0		0	
3.2	风险管理委员会应当审议公司偿付能力风险管理的总体目标、风险偏好、风险容忍度和风险管理政策	2	1	0		1	0		0	

评估标准		标准分值小计	制度健全性			遵循有效性			得分小计	评分依据
			标准分值	评估结果	得分	标准分值	评估结果	得分		
3.3	风险管理委员会应当审议公司偿付能力风险管理组织架构和职责	2	1		0	1		0	0	
3.4	风险管理委员会应当评估公司重大经营管理事项的风险，持续关注公司面临的各类风险及其管理状况	2	1		0	1		0	0	
3.5	风险管理委员会应当评估偿付能力风险管理体系运行的有效性	2	1		0	1		0	0	
3.6	风险管理委员会应当审议重大偿付能力风险事件解决方案	2	1		0	1		0	0	
3.7	风险管理委员会主任应当由具有风险管理经验的董事担任	2	1		0	1		0	0	
	注：1. 对符合《保险公司偿付能力监管规则第12号：偿付能力风险管理要求与评估》第十四条要求的保险子公司，若未设立风险管理委员会，此部分评估其集团（控股）公司的风险管理委员会									
	注：2. 对符合《保险公司偿付能力监管规则第12号：偿付能力风险管理要求与评估》第十五条要求的外国保险公司分公司，若未设立风险管理委员会，此部分评估其高级管理层									
4	**监事会**	10								
4.1	保险公司应当依法设立监事会	2	1		0	1		0	0	
4.2	监事会应当对董事会风险管理相关决策进行监督	2	1		0	1		0	0	
4.3	监事会应当对董事和高级管理人员风险管理履职情况进行监督	2	1		0	1		0	0	
4.4	监事会应当对公司发展规划的制定、实施和评估等工作进行监督	2	1		0	1		0	0	
4.5	监事会应当定期了解公司经营情况，关注经营过程中可能引发的重大偿付能力风险，并纳入监事会工作报告	2	1		0	1		0	0	
	注：对符合《保险公司偿付能力监管规则第12号：偿付能力风险管理要求与评估》第十九条要求的保险公司，依法不需设置监事会的，由监事履行相关职责；依法不需设置监事会及监事的，不适用《保险公司偿付能力监管规则第12号：偿付能力风险管理要求与评估》第十八条规定									
5	**高级高管层**	15								
5.1	高级管理层应当研究搭建偿付能力风险管理组织架构	2	1		0	1		0	0	
5.2	高级管理层应当按照偿付能力风险管理总体目标和风险偏好要求，制定并组织执行偿付能力风险管理政策和流程	2	1		0	1		0	0	
5.3	高级管理层应当定期评估偿付能力风险状况	2	1		0	1		0	0	
5.4	高级管理层应当组织编制偿付能力报告	1	0.5		0	0.5		0	0	
5.5	高级管理层应当研究制订偿付能力风险事件解决方案	1	0.5		0	0.5		0	0	
5.6	高级管理层应当组织风险管理信息系统的开发和应用	1	0.5		0	0.5		0	0	
5.7	高级管理层应当至少每年向风险管理委员会汇报一次公司偿付能力风险水平以及风险管理状况	1	0.5		0	0.5		0	0	

评估标准		标准分值小计	制度健全性			遵循有效性			得分小计	评分依据
			标准分值	评估结果	得分	标准分值	评估结果	得分		
5.8	保险公司应当指定一名高级管理人员作为首席风险官负责风险管理工作，并将任命情况报告银保监会。首席风险官应当符合以下条件： （一）具有风险管理、法律、投资、精算、财务、会计、金融等与工作要求相适应的专业背景； （二）具有三年以上风险管理工作经验，或五年以上法律合规、投资、精算、财务、会计等相关领域的管理经验； （三）取得保险公司高级管理人员任职资格； （四）不得同时负责销售、投资等与风险管理有利益冲突的工作	3	1.5		0	1.5		0	0	
5.9	首席风险官应当参与公司重大经营管理事项的决策过程，了解公司的重大经营决策、重大风险、重要系统及重要业务流程，并参与保险公司对各项经营决策的风险评估及审批工作	2	1		0	1		0	0	
6	**风险管理部门和制度**	15								
6.1	I类保险公司应当设立独立的风险管理部门 II类保险公司可以根据公司实际情况决定是否设立独立的风险管理部门。未设立独立风险管理部门的，应指定适当的部门牵头负责风险管理工作	3	1.5		0	1.5		0	0	
6.2	I类保险公司的风险管理部门至少应配备8名具有风险管理、财会、精算、投资、金融、法律或相关专业背景的风险管理人员，且至少5人具有3年以上相关工作经验； II类保险公司的风险管理工作的牵头部门至少应有两名具有3年以上风险管理、财会、精算、投资、金融、法律或相关工作经验的专业人员	3	1.5		0	1.5		0	0	
6.3	保险公司应当至少在省级分支机构设立风险管理部门或风险管理岗。分支机构风险管理部门负责人的任命、考核、薪酬由总公司统一管理	1	0.5		0	0.5		0	0	
6.4	保险公司应当明确由风险管理部门牵头风险管理工作，并明确风险管理、销售、承保、财会、精算、投资等部门的职责分工，各相关部门应当积极配合	2	1		0	1		0	0	
6.5	保险公司内部审计部门每年至少应当检查、评估一次公司偿付能力风险管理体系运行情况和运行效果，监督风险管理政策的执行情况，并向董事会报告	1	0.5		0	0.5		0	0	
6.6	与偿付能力风险管理体系运行或偿付能力风险管理事项相关的重大分歧或事项应当提交风险管理委员会解决	1	0.5		0	0.5		0	0	
6.7	保险公司应当制定完善的偿付能力风险管理制度，明确对保险风险、市场风险、信用风险、操作风险、战略风险、声誉风险和流动性风险的管理要求，并至少每年对偿付能力风险管理制度进行审阅和必要的更新	3	1.5		0	1.5		0	0	

评估标准	标准分值小计	制度健全性		遵循有效性		得分小计	评分依据
		标准分值	评估结果 得分	标准分值	评估结果 得分		
6.8 偿付能力风险管理制度清单和更新记录应留档备查	1	0.5	0	0.5	0	0	
7 考核评价	11						
7.1 保险公司应当在偿付能力风险管理制度中明确偿付能力风险管理考核评价方法，将风险管理制度健全性和遵循有效性纳入对部门及高级管理人员的绩效考核体系，增强各级管理人员的风险意识和责任	1	0.5	0	0.5	0	0	
7.2 Ⅰ类保险公司在产品销售、产品管理等业务部门及分管该部门的公司高级管理人员的考核指标中，风险管理制度健全性、遵循有效性相关指标的权重不应低于20%	2	1	0	1	0	0	
7.3 Ⅰ类保险公司在财会、投资、精算等职能部门及分管该部门的公司高级管理人员的考核指标中，风险管理制度健全性、遵循有效性相关指标的权重不应低于30%	2	1	0	1	0	0	
7.4 Ⅰ类保险公司在风险管理部门及分管该部门的公司高级管理人员的考核指标中，风险管理制度健全性、遵循有效性相关指标的权重不应低于50%	4	2	0	2	0	0	
7.5 Ⅰ类保险公司其他与风险管理有关的职能部门及分管该部门的公司高级管理人员的考核指标中，风险管理制度健全性、遵循有效性相关指标的权重不应低于15%	1	0.5	0	0.5	0	0	
7.6 保险公司应当以《保险公司偿付能力监管规则第12号：保险公司偿付能力风险管理要求与评估》第十一章所规定的偿付能力风险管理的监管评分，作为风险管理制度健全性和遵循有效性的重要衡量指标	1	0.5	0	0.5	0	0	
注：Ⅱ类保险公司可结合公司自身管理实际情况设置风险指标考核权重，但不得为零							
8 培训	4						
8.1 首席风险官和风险管理相关部门负责人每年应至少参加一次由银保监会组织或认可的风险管理相关培训	2	1	0	1	0	0	
8.2 保险公司应当每年至少组织一次针对各级分支机构、各职能部门的偿付能力风险管理培训	2	1	0	1	0	0	
得分	100	50	0	50	0		
总得分			0				
不适用项目总分值			0				
不适用项目调整后分值小计			0				

风险管理能力评估表——目标与工具

评估标准	标准分值小计	制度健全性			遵循有效性			得分小计	评分依据
		标准分值	评估结果	得分	标准分值	评估结果	得分		
1 风险偏好制度及目标	30								
1.1 保险公司应当结合自身业务发展战略和当前的风险状况，制定风险偏好，采用定性、定量相结合的方式，确定各类风险的风险容忍度和风险限额	10	5		0	5		0	0	
1.2 保险公司应当建立并不断完善风险偏好传导机制，确保将风险偏好体系融入公司经营决策中	10	5		0	5		0	0	
1.3 保险公司应当建立超限额处置机制，及时监控和报告风险容忍度和风险限额的执行情况	5	2.5		0	2.5		0	0	
1.4 保险公司应当每年对风险偏好体系进行评估和必要的更新	5	2.5		0	2.5		0	0	
2 管理工具	70								
2.1 保险公司应当建立健全全面预算管理制度：（一）保险公司应当结合风险偏好，制定科学合理的业务规划，结合经营需求开展全面预算工作；（二）保险公司应当明确全面预算的管理架构、职责分工、工作程序、审批流程、考核要求等事项；（三）制定业务规划和全面预算时，应当由风险管理部门开展独立的风险评估，分析业务规划和全面预算的重要风险因素及其影响，针对性地制定相应管控措施，确保业务规划和全面预算符合公司风险偏好。业务规划和全面预算在提交董事会审批之前，需经首席风险官审批	10	5		0	5		0	0	
2.2 保险公司应当建立健全资产负债管理体系：（一）制定科学、全面、合规的资产负债管理制度，有效管理资产负债；（二）将偿付能力风险管理目标嵌入资产负债管理流程中，在资产负债管理的决策和日常工作中充分考虑偿付能力风险，确保资产和负债的互动在风险偏好约束之下；（三）加强资产负债错配风险管理，制定资产负债匹配相关指标的限额，有效识别、分析、监测、预警资产负债错配风险并及时采取相应措施	10	5		0	5		0	0	
2.3 保险公司应当根据《保险公司偿付能力监管规则第10号：压力测试》，建立压力测试制度，明确压力测试的管理架构、职责分工、流程、方法和结果的应用，定期开展压力测试	10	5		0	5		0	0	
2.4 保险公司应当根据压力测试结果，分析偿付能力风险点和管理中存在的问题，提出相应的管理措施。分析结果、采取的管理措施及其实施效果应留档备查	5	2.5		0	2.5		0	0	

评估标准		标准分值小计	制度健全性			遵循有效性			得分小计	评分依据
			标准分值	评估结果	得分	标准分值	评估结果	得分		
2.5	保险公司应当按照《保险公司偿付能力监管规则第14号：资本规划》规定，编制并报送符合规定的资本规划	2	1		0	1		0	0	
2.6	保险公司的资本规划应当经董事会批准并经股东会审议	2	1		0	1		0	0	
2.7	保险公司应当明确资本规划的管理部门及相关部门的职责分工，搭建清晰的管理架构和流程，制定规范健全的管理制度体系，对公司资本进行整体规划、统筹管理和有效配置	3	1.5		0	1.5		0	0	
2.8	保险公司应当按照资本规划进行资本补充、资本运用，加强资本管理，提高资本使用效率。资本管理与资本规划出现重大不一致的，保险公司应当提交董事会审议	2	1		0	1		0	0	
2.9	保险公司应当将资本规划作为风险管理的重要工具，识别公司经营管理过程中面临的风险，及时有效地补充资本	3	1.5		0	1.5		0	0	
2.10	保险公司应当将资本规划的制定和执行情况作为公司考核体系的重要组成部分，研究制定相应的资本管理考核指标，实现资本管理意图的有效传递和全面落实	3	1.5		0	1.5		0	0	
2.11	Ⅰ类保险公司应当建立满足自身风险管理要求的风险管理信息系统，至少实现以下功能： （一）与业务、财务等相关系统对接，实现风险管理相关数据的采集、加工，关键风险指标的计算、存储、查询和导出； （二）支持风险容忍度、风险限额和关键风险指标管理，尤其是对超限额指标的预警和管理； （三）以关键风险指标为基础，对保险风险、市场风险、信用风险、操作风险、战略风险、声誉风险和流动性风险的风险状况进行列示、分析和预警； （四）风险管理报表与报告的生成和传递，并留档备查； （五）风险管理信息在各级分支机构、各职能部门之间的汇总和共享，并能够按照不同访问权限区分风险信息列示的内容	8	4		0	4		0	0	
	注：Ⅱ类保险公司可根据自身实际决定是否建立风险管理信息系统，或在其他信息系统中实现有关功能									
2.12	保险公司应当建立健全数据质量管理机制，明确管理责任，确保偿付能力数据和风险管理相关数据符合时效性、准确性、一致性和完整性的要求	3	1.5		0	1.5		0	0	

评估标准		标准分值小计	制度健全性			遵循有效性			得分小计	评分依据
			标准分值	评估结果	得分	标准分值	评估结果	得分		
2.13	Ⅰ类保险公司应当至少每年评估风险管理信息系统的有效性，并根据风险管理以及内部控制的变化做适当的调整	2	1		0	1		0	0	
2.14	保险公司在开展需进行信用评级的业务时，应当聘请符合《保险公司偿付能力监管规则第17号：保险公司信用评级》规定的外部信用评级机构进行信用评级，并公开披露评级结果	2	1		0	1		0	0	
2.15	保险公司应当建立偿付能力风险应急管理机制，明确重大突发风险事件的定义和分类、应急管理组织架构、应急预案内容、应急预案启动触发点、应急处置方法和措施、应急预案责任人以及应急事件报告等。保险公司应当对有必要进行应急演练的风险和处置环节，定期开展应急演练，根据演练中发现的问题改善相关制度，并将演练情况和总结留档备查	5	2.5		0	2.5		0	0	
得分		100	50		0	50		0		
总得分			0							
不适用项目总分值			0							
不适用项目调整后分值小计			0							

风险管理能力评估表——保险风险

评估标准		标准分值小计	制度健全性			遵循有效性			得分小计（制度健全性得分 + 遵循有效性得分）	评分依据
			标准分值	评估结果	得分	标准分值	评估结果	得分		
1	保险公司应当指定相关部门负责保险风险管理工作，明确风险管理、财会、精算、产品、核保、理赔、再保险等相关部门的职责分工，明确各环节的责任人和审批流程	10	5		0	5		0	0	
2	产险公司和寿险公司应当从产品开发、核保、理赔、产品管理、准备金评估、再保险管理等环节管理保险风险，制定各环节的保险风险管理制度；再保险公司应当基于风险分类，从定价、核保、理赔、准备金评估、风险管理等环节管理保险风险，制定各环节的保险风险管理制度	10	5		0	5		0	0	
3	保险公司应当确定保险风险容忍度和限额	7	3.5		0	3.5		0	0	
4	保险公司应当定期监测和计量保险风险	5	2.5		0	2.5		0	0	

续表

评估标准	标准分值小计	制度健全性			遵循有效性			得分小计（制度健全性得分＋遵循有效性得分）	评分依据
		标准分值	评估结果	得分	标准分值	评估结果	得分		
5　产险公司和寿险公司应当建立有效的产品开发管理制度，设计开发恰当的保险责任，合理定价，控制保险风险 （一）应当在对消费者需求等方面的市场调研的基础上，对新产品开发进行可行性分析 （二）应当在经验分析和合理预期的基础上，科学设定精算假设，综合考虑市场竞争的因素，对新产品进行合理定价 （三）应当对新产品开发可能产生的风险进行分析，并提出风险控制措施 （四）应当评估自身新产品的管理能力，包括销售、承保、理赔、账户管理等方面 产险公司和寿险公司应当对主险产品和重要附加险产品形成产品开发和定价报告，并由相关高级管理人员审批 再保险公司应当建立有效的合同管理制度，设计恰当的再保险合同条款，合理定价，控制保险风险 （一）应当在经验分析和合理预期的基础上，科学设定精算假设，综合考虑市场竞争的因素，对再保险合同进行合理定价； （二）应当对单个再保险合同和再保险合同聚集可能产生的风险进行分析，并提出风险控制措施； （三）应当评估公司层面、险种层面、合同层面的保险风险敞口，对再保险合同风险进行管理	10	5		0	5		0	0	
6　保险公司应当按照保险公司内部控制的有关监管规定，建立核保制度并认真执行	10	5		0	5		0	0	
7　保险公司应当按照保险公司内部控制的有关监管规定，建立核赔制度，加强对未决赔案的管理，准确评估未决赔款准备金	10	5		0	5		0	0	
8　产险公司和寿险公司应当在产品管理环节加强在售产品管理，包括： （一）对当期签单保费占比在5%以上的在售产品的销售情况、现金流、资本占用、利润等进行评估。对上市两年以内的产品至少每半年评估一次，对上市超过两年的产品至少每年评估一次	10	5		0	5		0	0	

续表

评估标准	标准分值小计	制度健全性 标准分值	制度健全性 评估结果	制度健全性 得分	遵循有效性 标准分值	遵循有效性 评估结果	遵循有效性 得分	得分小计（制度健全性得分＋遵循有效性得分）	评分依据
8　（二）对当期签单保费占比在5%以上的在售产品，财产保险公司应当对其保费充足性至少每年评估一次，人身保险公司应当对其死亡率、疾病率、费用率、退保率等重要指标至少每年评估一次 （三）根据最新的经验数据，进行保险风险经验分析和趋势研究，作为调整和改进产品定价的基础 产险公司和寿险公司应当根据评估情况，及时调整公司的产品结构、销售政策、核保政策等，控制保险风险 再保险公司应当加强有效再保险合同管理，包括： （一）对主要再保险合同的现金流、资本占用、承保利润等每季度评估一次 （二）对主要再保险合同的保费充足性至少每年评估一次 （三）根据评估结果对再保险风险敞口进行调整，控制保险风险	10	5		0	5		0	0	
9　保险公司应当按照银保监会有关规定，建立准备金评估程序，准确评估未到期责任准备金和未决赔款准备金，并定期进行准备金充足性检验	10	5		0	5		0	0	
10　保险公司应当建立有效的再保险管理制度，控制自留风险，包括： （一）明确再保险管理流程、再保险限额及审批权限等内容 （二）明确各险种最大自留额标准，对超过最大自留额标准的险种，应当及时进行再保险安排 （三）科学、合理安排巨灾再保险，建立巨灾累积风险管理评估机制，至少每年对公司巨灾累积风险数据、再保险安排效果进行一次评估，形成书面评估报告并留档备查 再保险公司应当按上述标准，建立有效的转分保管理制度	10	5		0	5		0	0	
11　保险公司应当根据产品特点制定适当的定性和定量的保险风险监测标准，明确保险风险监测指标和报告模板，应当建立保险风险的监测和内部报告机制	5	2.5		0	2.5		0	0	
12　保险风险管理牵头部门或风险管理部门至少每半年向高级管理层报告一次保险风险管理情况	3	1.5		0	1.5		0	0	

续表

评估标准	标准分值小计	制度健全性			遵循有效性			得分小计（制度健全性得分 + 遵循有效性得分）	评分依据
		标准分值	评估结果	得分	标准分值	评估结果	得分		
得分	100	50		0	50		0		
总得分				0					
不适用项目总分值				0					
不适用项目调整后分值小计				0					

风险管理能力评估表——市场风险

	评估标准	标准分值小计	制度健全性			遵循有效性			得分小计	评分依据
			标准分值	评估结果	得分	标准分值	评估结果	得分		
1	保险公司应当制定市场风险管理政策，与公司的业务性质、规模和风险特征相适应，与总体业务发展战略、资本实力和能够承担的总体风险水平相一致	6	3		0	3		0	0	
2	保险公司应当建立市场风险限额管理制度，根据业务复杂程度及特性，确定限额种类和层级。保险公司应当为每类资产设定风险限额，并明确限额设定方法以及调整、超限审批处理流程	6	3		0	3		0	0	
3	保险公司应当制定市场风险内部控制流程，明确有关决策的审批、授权流程，确保重大投资和资产负债匹配等重大事项经过适当的审批程序	6	3		0	3		0	0	
4	保险公司应当根据不同投资资产和负债的特点，采用情景分析、在险价值和压力测试等方法准确计量、持续监测公司面临的市场风险	6	3		0	3		0	0	
5	保险公司应当制定各类市场风险的定量监测标准，建立市场风险监测和内部报告机制，至少每季度向高级管理层报告一次	4	2		0	2		0	0	
6	保险公司应当通过有效的资产负债管理等方法，适时调整资产、负债结构，对公司面临的市场风险进行统筹管理	6	3		0	3		0	0	
7	保险公司应当建立市场风险管理的工作流程，指定专门部门牵头负责市场风险管理工作，明确投资、风险管理、财会等相关部门的职责分工	6	3		0	3		0	0	
8	保险公司应当建立投资资产穿透管理制度，至少包括： （一）及时掌握非基础资产的交易对手、交易结构、持有份额等信息 （二）准确识别非基础资产的底层资产及其风险 （三）穿透计量非基础资产的最低资本	9	4.5		0	4.5		0	0	
9	保险公司应当建立利率风险管理制度，包括： （一）分析公司受利率风险影响的资产和负债类别； （二）定期采用久期、凸性、剩余期限等工具，综合运用情景分析、在险价值和压力测试等方法分析有关资产负债的利率敏感性和利率风险状况； （三）识别、分析、监测利率风险变化情况，并将相关风险管理要求纳入投资管理和产品管理流程中； （四）定期对宏观经济状况和货币政策进行分析，在公司既定的利率风险限额内，根据缺口状况，使用利率风险管理工具，有效管理利率风险	9	4.5		0	4.5		0	0	

评估标准		标准分值小计	制度健全性			遵循有效性			得分小计	评分依据
			标准分值	评估结果	得分	标准分值	评估结果	得分		
10	保险公司应当建立权益价格风险管理制度，包括： （一）建立权益资产投资决策程序，重大投资项目应进行充分的尽职调查，履行必要的审批程序； （二）定期对宏观经济状况进行分析，及时跟踪影响市场整体和权益资产的有关信息，分析权益资产可能的价格波动对公司的影响； （三）运用风险暴露、在险价值、敏感性指标等工具对权益价格风险进行计量，及时分析、监控和防范权益价格风险； （四）权益资产组合应在单项资产、行业等方面实现分散化管理，采用定量分析指标，及时分析、监控集中度风险； （五）定期对子公司、合营企业和联营企业的权益价格风险进行评估； （六）建立股权项目的退出管理机制。对于正常退出项目，制定退出流程和管理追踪机制；对于风险处置退出项目，制订风险缓释及处置方案，有效控制事后风险	9	4.5		0	4.5		0	0	
11	保险公司应当建立房地产价格风险管理制度，包括： （一）建立房地产投资决策程序，重大投资决策应履行必要的审批程序； （二）建立房地产投资的投后管理制度，及时跟踪分析房地产所处国家和地区的经济发展、宏观政策等对房地产价格的影响，通过压力测试等方法合理评估房地产价格风险； （三）合理控制房地产投资的规模及集中度，有效降低房地产价格风险； （四）定期对投资性房地产的减值迹象进行识别判断，及时计提资产减值	8	4		0	4		0	0	
12	保险公司应当建立境外资产价格风险管理制度，包括： （一）建立境外资产投资决策程序，重大投资项目应进行充分的尽职调查，履行必要的审批程序； （二）按国家、地区对境外资产进行管理和监测； （三）对全球宏观经济、政治、军事等重大事件进行持续关注，对有关国家和地区的主权评级持续跟踪，分析其对境外资产所在国家和地区经济可能的影响； （四）结合自身风险偏好，综合评估境外资产价格风险，并根据需要选取合适的风险管理工具，进行风险对冲	4	2		0	2		0	0	
13	保险公司应当建立汇率风险管理制度，包括： （一）分币种进行分析、监测和管理； （二）采用外汇风险暴露分析等方法，评估汇率变动对保险公司资产、负债和净资产的影响； （三）根据汇率风险的大小及特性，选取合适的工具对冲汇率风险	4	2		0	2		0	0	
14	保险公司应当加强市场风险集中度管理，包括公司整体及分账户的监控，及时识别、分析、监测交易对手集中度风险和单一资产类别集中度风险，确保集中度风险维持在合理水平	5	2.5		0	2.5		0	0	

	评估标准	标准分值小计	制度健全性			遵循有效性			得分小计	评分依据
			标准分值	评估结果	得分	标准分值	评估结果	得分		
15	保险公司开展委托投资业务的，应当建立委托投资管理制度，包括但不限于： （一）建立受托方选聘、监督、评价、考核等内容，并覆盖委托投资全过程； （二）通过投资指引、委托合同等对受托方传导资产配置政策并进行主动风险管理，包括但不限于要求受托方及时、准确计量受托资产估值，及时反馈委托投资账户资产配置情况，协助保险公司计量市场风险； （三）要求受托方按照《保险公司偿付能力监管规则第 12 号：偿付能力风险管理要求与评估》第五十八条规定建立投资资产穿透管理制度或协助保险公司对投资资产进行穿透管理； （四）要求受托方保证各项投资业务的开展满足监管与合规管理的要求，并按照监管及委托人的要求及时提供各类必要的市场风险报告	7	3.5		0	3.5		0	0	
16	保险公司应当在识别、计量和监控市场风险基础上，建立公司内部的市场风险管理报告机制，市场风险管理牵头部门或风险管理部门至少每半年向高级管理层报告一次市场风险管理情况	5	2.5		0	2.5		0	0	
	得分	100	50		0	50		0		
	总得分				0					
	不适用项目总分值				0					
	不适用项目调整后分值小计				0					

风险管理能力评估表——信用风险

	评估标准	标准分值小计	制度健全性			遵循有效性			得分小计	评分依据
			标准分值	评估结果	得分	标准分值	评估结果	得分		
1	保险公司应当明确风险管理、投资、再保、财务等部门在信用风险管理方面的职责分工	8	4		0	4		0	0	
2	保险公司应当建立投资资产穿透管理制度，至少包括： （一）及时掌握非基础资产的交易对手、交易结构、持有份额等信息； （二）准确识别非基础资产的底层资产及其风险； （三）穿透计量非基础资产的最低资本	10	5		0	5		0	0	
3	保险公司应当建立内部信用评级制度体系，规范内部信用评级的方法和流程以及外部信用评级的运用，合理使用信用评级结果	10	5		0	5		0	0	
4	保险公司应当建立信用风险限额管理制度，根据公司总体风险偏好和业务特征，确定信用风险的总体限额，并明确限额设定方法以及调整、超限审批流程	6	3		0	3		0	0	

续表

评估标准		标准分值小计	制度健全性			遵循有效性			得分小计	评分依据
			标准分值	评估结果	得分	标准分值	评估结果	得分		
5	保险公司应当在设定总体限额基础上，采用恰当的方法对限额进行细分，至少包括： （一）根据交易对手、发行方、担保机构等设定各级信用限额； （二）根据不同国家、地区设定各级信用限额； （三）根据行业分布设定各级信用限额	6	3		0	3		0	0	
6	保险公司应当建立投资交易对手的资信管理制度，至少包括： （一）建立交易对手库，跟踪交易对手的资信状况，定期更新交易对手库，与库外的交易对手进行交易应经首席风险官和相关负责人审批； （二）明确各交易对手的授信额度； （三）I类保险公司应估算违约率、违约损失率等风险参数，及时计提资产减值；II类保险公司应根据有关信息，及时计提资产减值； （四）分析并更新相关投资资产的内部评级和外部评级结果	10	5		0	5		0	0	
7	保险公司应当建立再保险交易对手的资信管理制度，至少包括： （一）确定再保险交易对手的选择标准和方法； （二）建立再保险交易对手的资信预警机制，对再保险交易对手的信用风险进行动态跟踪和管理； （三）建立再保险应收款项的管理、催收制度，及时计提资产减值； （四）对境外再保险交易对手的额外要求	10	5		0	5		0	0	
8	保险公司应当建立应收保费等应收款项的管理制度，明确相应的职责分工、催收管理、考核评价等内容	4	2		0	2		0	0	
9	保险公司应当建立信用风险预警机制，至少包括： （一）主动发现或获悉疑似信用事件，并及时进行分析研判； （二）对于重大信用事件，应当第一时间出具预警通报，排查持仓情况； （三）信用评级人员应定期审视持仓资产的信用资质，同时评估债务人整体偿债能力的恶化程度，对相关投资的内部评级作出适当调整。对发生信用事件的债务人，应根据严重程度，对交易对手和本公司的投资业务往来进行必要限制，严格控制信用风险	10	5		0	5		0	0	
10	保险公司应当加强信用风险集中度管理，监控维度包括但不限于资产类别、交易对手、发行管理人、行业、地区等	10	5		0	5		0	0	

评估标准		标准分值小计	制度健全性			遵循有效性			得分小计	评分依据
			标准分值	评估结果	得分	标准分值	评估结果	得分		
11	保险公司开展委托投资业务的，应当建立委托投资管理制度，包括但不限于： （一）建立受托方选聘、监督、评价、考核等内容，并覆盖委托投资全过程； （二）通过投资指引、委托合同等对受托方传导资产配置政策并进行主动风险管理，包括但不限于要求受托方及时、准确计量受托资产价值，及时反馈委托投资账户资产配置情况，协助保险公司计量信用风险； （三）要求受托方按照本规则要求建立相关制度体系，至少包括内部信用评级制度体系、信用风险的舆情监测和预警机制，以及风险资产处置流程； （四）要求受托方按照《保险公司偿付能力监管规则第12号：偿付能力风险管理要求与评估》第五十八条规定建立投资资产穿透管理制度或协助保险公司对投资资产进行穿透管理； （五）要求受托方保证各项投资业务的开展满足监管与合规管理的要求，并按照监管及委托人的要求及时提供各类必要的信用风险报告	6	3		0	3		0	0	
12	保险公司应当在识别、计量和监控信用风险基础上，建立公司内部的信用风险管理报告机制，信用风险管理牵头部门或风险管理部门至少每半年向高级管理层报告一次信用风险管理情况	10	5		0	5		0	0	
	得分	100	50		0	50		0		
	总得分		0							
	不适用项目总分值		0							
	不适用项目调整后分值小计		0							

风险管理能力评估表——操作风险

评估标准		标准分值小计	制度健全性			遵循有效性			得分小计	评分依据
			标准分值	评估结果	得分	标准分值	评估结果	得分		
1	基本要求	20								
1.1	保险公司应当明确操作风险的定义和分类，并对操作风险进行分类管理，可以按损失事件、业务条线、风险成因、损失形态和后果严重程度等进行分类	3	1.5		0	1.5		0	0	
1.2	保险公司应当明确操作风险管理的组织架构和相关部门的职责分工	7	3.5		0	3.5		0	0	
1.3	保险公司应当明确操作风险的管理方法，工作程序和工作流程	7	3.5		0	3.5		0	0	
1.4	保险公司应当建立操作风险的内部报告机制，包括报告的责任、路径、频率等	3	1.5		0	1.5		0	0	

评估标准		标准分值小计	制度健全性			遵循有效性			得分小计	评分依据
			标准分值	评估结果	得分	标准分值	评估结果	得分		
2	识别与分析	10								
2.1	保险公司应当加强操作风险的识别与分析： （一）对可能出现操作风险的业务流程、人员、系统和外部事件等因素进行识别和分析，例如销售误导、理赔欺诈、投资误操作、财务披露错误、洗钱、信息安全、系统故障等方面的操作风险； （二）从风险影响程度、发生频率与控制效率等方面对已识别的风险进行分析和评价； （三）在新业务、新产品上线，公司管理流程或体系有重大变化时，应及时开展针对性的操作风险识别与评估	10	5		0	5		0	0	
3	管理与防范	35								
3.1	保险公司应当完善销售、承保、理赔、再保险等保险业务，以及资金运用、公司治理、信息系统、财务管理、案件管理等条线的内部操作流程，在全面管理的基础上，对公司重要业务事项和高风险领域实施重点控制	6	3		0	3		0	0	
3.2	保险公司应当建立有效的业务管理、财务管理、资金运用、风险管理等相关信息系统，将内部控制流程嵌入信息系统中，并定期对信息系统的适用性、安全性及可靠性进行评估并不断完善	5	2.5		0	2.5		0	0	
3.3	保险公司应当加强对总公司和分支机构人员的管理，通过职责分离、授权和层级审批等机制，形成合理制约和有效监督，并建立定期轮岗制度和培训制度	5	2.5		0	2.5		0	0	
3.4	保险公司应加强操作风险管理与内部控制管理的协同，明确其牵头部门和配合部门的职责，至少每年开展一次操作风险控制自评估，准确识别和评估潜在的操作风险，全面评价内部控制的有效性，形成评价结论，出具评价报告并持续改进	5	2.5		0	2.5		0	0	
3.5	保险公司应当建立操作风险损失事件库，明确事件的收集标准、收集范围、审批和入库流程等要求，至少应当包括事件发生或发现的时间、涉及机构及业务条线、风险成因、损失形态、后果严重程度、事件描述和支持文档等内容	5	2.5		0	2.5		0	0	
3.6	保险公司应当建立、应用和维护操作风险关键指标库，监测可能造成损失的各项风险，并采取相应控制措施。相关部门应定期将监测结果反馈操作风险管理牵头部门，进行整体分析和评估	5	2.5		0	2.5		0	0	
3.7	保险公司内审部门每年应当将操作风险损失事件库和操作风险关键指标库纳入《保险公司偿付能力监管规则第12号：偿付能力风险管理要求与评估》第二十五条规定的公司偿付能力风险管理体系运行情况的检查、评估工作中	4	2		0	2		0	0	

评估标准		标准分值小计	制度健全性			遵循有效性			得分小计	评分依据
			标准分值	评估结果	得分	标准分值	评估结果	得分		
4	偿付能力信息公开披露	30								
4.1	保险公司应当按照《保险公司偿付能力监管规则第15号：偿付能力信息公开披露》编制偿付能力季度报告摘要并对外公开披露	4	2	0	0	2	0	0	0	
4.2	非上市保险公司应当在每季度结束后30日内，披露偿付能力季度报告摘要。上市保险公司及其子公司应当在第一季度和第三季度结束后30日内，披露偿付能力季度报告摘要；在披露半年度财务报告和年度财务报告的同时，披露第二季度和第四季度的偿付能力季度报告摘要。保险公司不能按时公开披露偿付能力信息的，应当在规定的公开披露期限之前，在公司官方网站首页公布不能按时披露的原因及预计披露的时间。延迟披露的时间不得超过15日	4	2	0	0	2	0	0	0	
4.3	保险公司应当在公司官方网站和中国保险行业协会网站上披露偿付能力季度报告摘要	2	1	0	0	1	0	0	0	
4.4	保险公司经审计的第四季度偿付能力信息存在重大变动等情况的，应当自审计报告出具之日起10日内发布补充信息，包括但不限于以下情况：（一）审计师出具了除"无保留意见"外的审计报告；（二）审计后的核心偿付能力充足率或综合偿付能力充足率不达标；（三）审计后的核心偿付能力充足率或综合偿付能力充足率变动比例超过10%；（四）审计后的实际资本或最低资本的变动比例超过10%；（五）银保监会认为需要披露的其他情况。保险公司披露上述情况时，应当说明与审计师的主要分歧以及核心偿付能力充足率、综合偿付能力充足率、实际资本和最低资本等指标变动的主要原因等	1	0.5	0	0	0.5	0	0	0	
4.5	在可能影响保险消费者首次投保决策或续保决策的各种场景下，财产保险公司和人身保险公司应当及时、充分地向保险消费者披露自身的偿付能力相关信息，包括但不限于：在向保险消费者提交的投保提示书、分红保险红利通知书、万能保险和投资连结保险的保单状态报告等纸质或电子文件的显著位置，披露公司最近季度的综合偿付能力充足率、风险综合评级等信息，并说明偿付能力充足率是否达到监管要求，或通过在显著位置设置二维码、网址链接等形式披露上述信息	2	1	0	0	1	0	0	0	
4.6	保险公司为开展保险业务参加各类投标时，应按招标要求列示公司偿付能力信息，或单独列示公司最近四个季度的核心偿付能力充足率和综合偿付能力充足率、最近一期的风险综合评级等信息，并说明偿付能力充足率是否达到监管要求	1	0.5	0	0	0.5	0	0	0	

续表

评估标准		标准分值小计	制度健全性			遵循有效性			得分小计	评分依据
			标准分值	评估结果	得分	标准分值	评估结果	得分		
4.7	在官方网站发布偿付能力季度报告摘要的同时，非上市保险公司应当向所有股东、上市保险公司应当向持股占5%以上的股东，以电子文件或纸质文件形式发送偿付能力季度报告摘要。保险公司在向股东公布利润分配方案时，应当同时公布该方案对公司偿付能力充足率的影响。保险公司年度股东大会应当设置偿付能力说明环节，对公司年度内四个季度的偿付能力状况进行回顾和分析。保险公司在进行增资、股权变更、债券发行等交易时，非上市保险公司应当向所有股东、上市公司应当向持股占5%以上的股东，书面说明该项活动之前四个季度的偿付能力充足率及该项交易对偿付能力充足率的潜在影响	3	1.5		0	1.5		0	0	
4.8	保险公司在进行增资、股权变更、债券发行等交易时，应当向潜在投资方或债权人书面说明最近四个季度的偿付能力充足率及该项交易对偿付能力充足率的潜在影响	1	0.5		0	0.5		0	0	
4.9	社会公众或利益相关方等信息使用者要求了解公司偿付能力信息，或对公司披露的偿付能力季度报告摘要存有疑问，保险公司应及时受理；按照有关法律法规不能对外提供所需信息的，应给予合理解释	2	1		0	1		0	0	
4.10	保险公司进行业绩发布、证券发行等路演活动时，应当设置偿付能力信息的应询环节	1	0.5		0	0.5		0	0	
4.11	保险公司应建立健全偿付能力信息公开披露的内部控制制度，覆盖信息的生成、采集、审核和披露等各个环节，明确各环节的责任部门和责任人，确保信息披露的充分性、可理解性、及时性、真实性和公平性	5	2.5		0	2.5		0	0	
4.12	保险公司进行偿付能力信息公开披露时，所披露的信息仅限于本公司信息，不得与其他保险公司的信息进行对比	1	0.5		0	0.5		0	0	
4.13	保险公司应当建立舆情监测机制，及时收集和评估社会公众对公开披露的偿付能力信息的反映，建立应急预案，防范声誉风险	3	1.5		0	1.5		0	0	
5	内部报告	5								
5.1	保险公司应当在识别、分析和监控操作风险基础上，建立公司内部的操作风险管理报告机制，操作风险管理牵头部门或风险管理部门至少每半年向高级管理层报告一次操作风险评估和管理情况	5	2.5		0	2.5		0	0	
得分		100	50		0	50		0		
总得分					0					
不适用项目总分值					0					
不适用项目调整后分值小计					0					

风险管理能力评估表——战略风险

	评估标准	标准分值小计	制度健全性			遵循有效性			得分小计	评分依据
			标准分值	评估结果	得分	标准分值	评估结果	得分		
1	保险公司应当明确战略制定和战略实施的工作机制和流程，科学合理制定战略目标和战略规划，并确保能够有效实施	10	5	0	5	0	0			
2	保险公司应当在充分考虑公司的市场环境、风险偏好、资本状况、公司能力等因素的前提下制定战略目标和战略规划	10	5	0	5	0	0			
3	保险公司的战略目标和战略规划应当符合国家宏观经济政策、金融行业政策要求，并与公司风险管理文化及公司能力匹配	10	5	0	5	0	0			
4	保险公司应当配备专业化的人才队伍，提高公司经营管理能力和风险管理能力，制定科学有效的业绩考核制度，确保战略实施符合公司整体规划	10	5	0	5	0	0			
5	保险公司应当加强业务战略管理，至少包括： （一）保险公司应当建立专业化的业务管理队伍； （二）推出新产品、新业务以及开发新渠道时应当充分评估公司的管理能力和市场环境，确保业务战略与公司能力、市场环境相匹配； （三）保险公司应当具备相应的风险管理能力，及时识别各类业务风险	15	7.5	0	7.5	0	0			
6	保险公司应当加强投资战略管理，至少包括： （一）提高公司投资管理能力，确保公司能力与投资战略相匹配； （二）密切关注市场环境变化，并根据市场环境变化及时调整投资战略； （三）提高权益投资、投资性房地产、信托等高风险投资的管理能力，进行重大投资时应当充分评估市场影响和公司风险管理能力	15	7.5	0	7.5	0	0			
7	保险公司应当加强海外发展战略管理，至少包括： （一）开展海外发展战略前应充分评估公司风险管理能力，海外发展风险及其可能对公司自身产生的影响； （二）开展海外发展战略应当建立专业的海外发展战略管理团队； （三）应当定期评估投资地区的经济和政策形势，密切关注国际经济形势，并针对重大变化及时做出适当调整	10	5	0	5	0	0			
8	保险公司应当持续关注宏观经济金融形势以及宏观经济政策、金融行业政策的重大变化，并评估自身能力，根据情况调整战略目标和战略规划，确保公司战略与公司能力变化、经营环境变化相匹配	10	5	0	5	0	0			
9	保险公司应当在识别、分析和监控战略风险基础上，建立公司内部的战略风险管理报告机制，高级管理层至少每半年向董事会报告一次战略风险的评估和管理情况	10	5	0	5	0	0			
	得分	100	50	0	50	0				
	总得分				0					
	不适用项目总分值				0					
	不适用项目调整后分值小计				0					

风险管理能力评估表——声誉风险

	评估标准	标准分值小计	制度健全性		遵循有效性		得分小计	评分依据
			标准分值	评估结果	得分	标准分值	评估结果	得分		
1	治理架构	30							
1.1	保险公司应强化公司治理在声誉风险管理中的作用，明确董事会、监事会、高级管理层、声誉风险管理部门、其他职能部门、分支机构和子公司的职责分工，构建组织健全、职责清晰的声誉风险治理架构和相互衔接、有效联动的运行机制	4	2		0	2		0	0
1.2	保险公司董事会、监事会和高级管理层分别承担声誉风险管理的最终责任、监督责任和管理责任，董事长或主要负责人为第一责任人	2	1		0	1		0	0
1.3	保险公司董事会负责确定声誉风险管理策略和总体目标，掌握声誉风险状况，监督高级管理层开展声誉风险管理	2	1		0	1		0	0
1.4	对于声誉事件造成公司和行业重大损失、市场大幅波动、引发系统性风险或影响社会经济秩序稳定的，董事会应听取专门报告，并在下一年听取声誉风险管理的专项报告	2	1		0	1		0	0
1.5	保险公司监事会负责监督董事会和高级管理层在声誉风险管理方面的履职尽责情况，并将相关情况纳入监事会工作报告	2	1		0	1		0	0
	注：对符合《保险公司偿付能力监管规则第12号：偿付能力风险管理要求与评估》第十九条要求的保险公司，依法不需设置监事会的，由监事履行相关职责；依法不需设置监事会及监事的，不适用《保险公司偿付能力监管规则第12号：偿付能力风险管理要求与评估》第十八条规定								
1.6	保险公司高级管理层负责建立健全声誉风险管理制度，完善工作机制，制订重大事项的声誉风险应对预案和处置方案，安排并推进声誉事件处置。每年至少进行一次声誉风险管理评估	2	1		0	1		0	0
1.7	保险公司应设立或指定部门作为本公司声誉风险管理部门，并配备相应管理资源	3	1.5		0	1.5		0	0
1.8	声誉风险管理部门负责牵头落实高级管理层工作部署，指导协调其他职能部门、分支机构和子公司贯彻声誉风险管理制度要求，协调组织开展声誉风险的监测报告、排查评估、应对处置等工作，制订并实施员工教育和培训计划	5	2.5		0	2.5		0	0
1.9	其他职能部门及分支机构负责执行声誉风险防范和声誉事件处置中与本部门（机构）有关的各项决策，同时应设置专职或兼职的声誉风险管理岗位，加强与声誉风险管理部门的沟通协调，筑牢声誉风险管理第一道防线	5	2.5		0	2.5		0	0
1.10	保险公司应指导子公司参照母公司声誉风险管理基本原则，建立与自身情况及外部环境相适应的声誉风险治理架构、制度和流程，落实母公司声誉风险管理有关要求，做好本机构声誉风险的监测、防范和处置工作	3	1.5		0	1.5		0	0

评估标准		标准分值小计	制度健全性			遵循有效性			得分小计	评分依据
			标准分值	评估结果	得分	标准分值	评估结果	得分		
2	全流程管理	45								
2.1	保险公司应建立声誉风险事前评估机制，在进行重大战略调整、参与重大项目、实施重大金融创新及展业、重大营销活动及媒体推广、披露重要信息、涉及重大法律诉讼或行政处罚、面临群体性事件、遇到行业规则或外部环境发生重大变化等容易产生声誉风险的情形时，应进行声誉风险评估，根据评估结果制定应对预案	5	2.5		0	2.5		0	0	
2.2	保险公司应建立声誉风险监测机制，充分考虑与保险风险、市场风险、信用风险、操作风险、战略风险、流动性风险以及其他风险的关联性，及时发现和识别声誉风险	8	4		0	4		0	0	
2.3	保险公司应建立声誉事件分级机制，结合本机构实际，对声誉事件的性质、严重程度、传播速度、影响范围和发展趋势等进行研判评估，科学分类，分级应对	8	4		0	4		0	0	
2.4	保险公司应加强声誉风险应对处置，按照声誉事件的不同级别，灵活采取相应措施，可包括： （一）核查引发声誉事件的基本事实、主客观原因，分析机构的责任范围； （二）检视其他经营区域及业务、宣传策略等与声誉事件的关联性，防止声誉事件升级或出现次生风险； （三）对可能的补救措施进行评估，根据实际情况采取合理的补救措施控制利益相关方损失程度和范围； （四）积极主动统一准备新闻口径，通过新闻发布、媒体通气、声明、公告等适当形式，适时披露相关信息，澄清事实情况，回应社会关切； （五）对引发声誉事件的产品设计缺陷、服务质量弊病、违法违规经营等问题进行整改，根据情节轻重进行追责，并视情公开，展现真诚担当的社会形象； （六）及时开展声誉恢复工作，加大正面宣传，介绍针对声誉事件的改进措施以及其他改善经营服务水平的举措，综合施策消除或降低声誉事件的负面影响； （七）对恶意损害本机构声誉的行为，依法采取措施维护自身合法权益； （八）声誉事件处置中其他必要的措施	10	5		0	5		0	0	
2.5	保险公司应建立声誉事件报告机制，明确报告要求、路径和时限。对于符合突发事件信息报告有关规定的，按要求向监管部门报告	4	2		0	2		0	0	
2.6	保险公司应强化考核问责，将声誉事件的防范处置情况纳入考核范围，对引发声誉事件或预防及处置不当造成重大损失或严重不良影响的相关人员和声誉风险管理部门、其他职能部门、分支机构等应依法依规进行问责追责	5	2.5		0	2.5		0	0	

评估标准		标准分值小计	制度健全性			遵循有效性			得分小计	评分依据
			标准分值	评估结果	得分	标准分值	评估结果	得分		
2.7	保险公司应开展全流程评估工作，对相关问题的整改情况进行跟踪评价，对整个声誉事件进行复盘总结，及时查缺补漏，进一步完善制度、规范流程，避免同类声誉事件再次发生	5	2.5		0	2.5		0	0	
3	常态化建设	25								
3.1	保险公司应定期开展声誉风险隐患排查，覆盖内部管理、产品设计、业务流程、外部关系等方面，从源头上减少声誉风险触发因素，持续完善声誉风险应对预案和相关内部制度	4	2		0	2		0	0	
3.2	保险公司应定期开展声誉风险情景模拟和应急演练，检视机构应对各种不利事件特别是极端事件的反应能力和适当程度，并将声誉风险情景纳入本机构压力测试体系，在开展各类压力测试过程中充分考虑声誉风险影响	3	1.5		0	1.5		0	0	
3.3	保险公司应建立与投诉、举报、调解、诉讼等联动的声誉风险防范机制，及时回应和解决有关合理诉求，防止处理不当引发声誉风险	4	2		0	2		0	0	
3.4	保险公司应主动接受社会舆论监督，建立统一管理的采访接待和信息发布机制，及时准确公开信息，避免误读误解引发声誉风险	4	2		0	2		0	0	
3.5	保险公司应做好声誉资本积累，加强品牌建设，承担社会责任，诚实守信经营，提供优质高效服务	4	2		0	2		0	0	
3.6	保险公司应将声誉风险管理纳入内部审计范畴，定期审查和评价声誉风险管理的规范性和有效性，包括但不限于： （一）治理架构、策略、制度和程序能否确保有效识别、监测和防范声誉风险； （二）声誉风险管理政策和程序是否得到有效执行； （三）风险排查和应急演练是否开展到位。	4	2		0	2		0	0	
3.7	保险公司应当在分析和监控声誉风险基础上，建立公司内部的声誉风险管理报告机制，声誉风险管理牵头部门或风险管理部门至少每半年向高级管理层报告一次对声誉风险的评估和管理情况	2	1		0	1		0	0	
得分		100	50		0	50		0		
总得分		0								
不适用项目总分值		0								
不适用项目调整后分值小计		0								

风险管理能力评估表——流动性风险

	评估标准	标准分值小计	制度健全性			遵循有效性			得分小计	评分依据
			标准分值	评估结果	得分	标准分值	评估结果	得分		
1	治理结构	20								
1.1	保险公司应当建立完善的流动性风险管理治理结构，明确董事会及其下设的专门委员会、高级管理层，以及相关部门在流动性风险管理中的职责和报告路线，并建立相应的考核及问责机制	5	2.5		0	2.5		0	0	
1.2	保险公司董事会承担流动性风险管理的最终责任，履行以下职责： （一）审批并至少每年审议一次流动性风险偏好和容忍度、流动性风险管理策略、重要的政策和流程； （二）监督高级管理层对流动性风险进行有效的管理和控制； （三）持续关注流动性风险状况，及时了解流动性风险水平及其重大变化 董事会可以授权其下设的专门委员会履行其部分职责 未设置董事会的外国保险公司分公司，应由高级管理层履行董事会的流动性风险管理职责并承担相应的责任	5	2.5		0	2.5		0	0	
1.3	保险公司的高级管理层应当在董事会授权下履行以下流动性风险管理职责： （一）根据董事会批准的流动性风险偏好和容忍度，制定并执行流动性风险管理策略、政策和流程； （二）定期评估和改进流动性风险管理制度，确保其有效性； （三）定期评估流动性风险，及时监测现有和潜在流动性风险的重大变化，并定期向董事会报告； （四）制订和组织实施流动性风险应急计划； （五）建立与公司实际情况相适应的信息系统，支持流动性风险的识别、计量、监测和控制； （六）其他有关职责	5	2.5		0	2.5		0	0	
1.4	保险公司应当建立健全流动性风险管理的工作程序和工作流程，指定一名高级管理人员负责流动性风险管理工作，并明确流动性风险管理牵头部门及相关部门的职责分工	5	2.5		0	2.5		0	0	
2	管理策略、政策和程序	20								
2.1	保险公司应当制定流动性风险管理策略，明确流动性风险管理的目标、管理模式、主要政策和程序	5	2.5		0	2.5		0	0	
2.2	保险公司应当根据业务规模、产品结构、风险状况和市场环境等因素，在充分考虑其他风险对流动性风险的影响和公司整体风险偏好的基础上，确定其流动性风险偏好和容忍度	5	2.5		0	2.5		0	0	

	评估标准	标准分值小计	制度健全性			遵循有效性			得分小计	评分依据
			标准分值	评估结果	得分	标准分值	评估结果	得分		
2.3	保险公司应当根据流动性风险偏好和容忍度设定流动性风险限额，并建立流动性风险限额管理制度，至少应当包括以下内容： （一）各项流动性风险限额，包括现金头寸、非流动资产比例等； （二）流动性风险限额的设定、审批、监测和调整流程； （三）超限额的报告、审批及问责制度； （四）流动性风险限额管理的监督检查	5	2.5		0	2.5		0	0	
2.4	保险公司应当根据流动性风险偏好制定并持续完善流动性风险管理政策和流程，做好流动性风险管理工作，包括但不限于： （一）流动性风险识别、计量和监测； （二）日常现金流管理； （三）业务管理； （四）投资管理； （五）融资管理； （六）再保险管理； （七）现金流压力测试； （八）流动性应急计划	5	2.5		0	2.5		0	0	
3	识别、计量、监测、控制和报告	60								
3.1	保险公司应当结合公司实际，运用适当的方法、工具和模型，有效识别、计量、监测和控制流动性风险，维持充足的流动性水平以满足各种资金需求和应对不利的市场状况	3	1.5		0	1.5		0	0	
3.2	保险公司应当根据自身业务结构及风险特征，识别和关注可能引发流动性风险的重大事件，及时分析其对流动性水平的影响。重大事件包括但不限于： （一）非正常的集中退保； （二）大规模满期或者生存金给付； （三）重大理赔事件； （四）投资大幅亏损； （五）巨灾风险事件； （六）失去关键销售渠道； （七）重要交易对手出现违约风险或外部信用评级下调至 BB + 及以下； （八）公司信用评级发生不利变化； （九）重大声誉风险事件； （十）其他重大事件	5	2.5		0	2.5		0	0	

评估标准		标准分值小计	制度健全性			遵循有效性			得分小计	评分依据
			标准分值	评估结果	得分	标准分值	评估结果	得分		
3.3	保险公司应当识别、评估和监测保险风险、市场风险、信用风险、操作风险、战略风险、声誉风险等风险对公司流动性水平的影响，防范其他风险向流动性风险的转化与传递	3	1.5		0	1.5		0	0	
3.4	保险公司应当加强对传统保险账户、分红保险账户、投资连结保险账户、万能保险账户的流动性水平的计量和监测，及时识别和控制流动性风险	5	2.5		0	2.5		0	0	
3.5	保险公司应当加强日常现金流管理，合理安排经营活动、投资活动和融资活动等各类现金流，确保有充足的流动性履行各项支付义务	3	1.5		0	1.5		0	0	
3.6	保险公司日常现金流管理至少应当包括以下内容： （一）定期监测公司现金流入和现金流出，分红保险账户、投资连结保险账户和万能保险账户等账户的现金流入和现金流出，以及各分支机构的现金流入和现金流出； （二）根据公司的经营活动、投资活动和融资活动，合理估计公司现金流需求； （三）合理调配资金，按时履行各项支付义务	5	2.5		0	2.5		0	0	
3.7	保险公司在制订业务发展计划、销售新产品和开展各项保险业务活动前，应当充分考虑公司的流动性状况，评估其对公司流动性的影响，并采取相应的措施	3	1.5		0	1.5		0	0	
3.8	保险公司应当评估和管理下列保险业务活动对公司流动性风险状况的影响： （一）业务发展计划的重大调整； （二）销售新产品或停售现有产品； （三）开发或调整销售渠道； （四）制定分红保险的分红政策、万能保险的结算利率等； （五）退保、赔付、保单质押贷款等因素的变化情况； （六）其他可能对公司流动性风险状况产生影响的保险业务活动	5	2.5		0	2.5		0	0	
3.9	保险公司在制订投资策略和投资计划时，应当考虑公司的流动性状况，充分评估投资活动对公司未来流动性水平的影响	3	1.5		0	1.5		0	0	
3.10	保险公司投资管理至少应当考虑以下因素： （一）保持适当的流动资产比例，控制非流动资产比重，维持合理的资产结构； （二）加强资产与负债的流动性匹配管理，根据公司业务特点和负债特点，确定投资资产结构，从期限、币种、现金流等方面合理匹配资产与负债； （三）定期评估投资资产的风险、流动性水平和市场价值，检验投资资产的变现能力； （四）密切关注金融市场环境对投资资产流动性的影响	5	2.5		0	2.5		0	0	

评估标准		标准分值小计	制度健全性			遵循有效性			得分小计	评分依据
			标准分值	评估结果	得分	标准分值	评估结果	得分		
3.11	保险公司融资管理至少应当考虑以下因素： （一）加强融资渠道管理，保持在其选定的融资渠道中的适当活跃程度，定期检验其在各类融资渠道中的融资能力； （二）提高融资渠道的分散化程度，加强交易对手、融资市场等集中度管理； （三）加强对可抵（质）押资产的管理，定期评估通过抵（质）押资产融资的能力； （四）密切关注金融市场流动性对保险公司外部融资能力的影响	3	1.5		0	1.5		0	0	
3.12	保险公司应当评估再保险业务对流动性风险的影响，加强再保险业务现金流的管理，并合理利用再保险工具，缓释重大保险事故可能引发的流动性风险	4	2		0	2		0	0	
3.13	保险公司应当按照《保险公司偿付能力监管规则第13号：流动性风险》的有关要求，建立现金流压力测试模型，使用审慎合理的假设，定期进行现金流压力测试	3	1.5		0	1.5		0	0	
3.14	保险公司应定期评估现金流压力测试的各项假设，根据需要进行修正，并保留书面记录	3	1.5		0	1.5		0	0	
3.15	保险公司应当根据公司实际情况，制订有效的流动性应急计划。流动性应急计划至少应当包括以下内容： （一）触发启动应急计划的条件； （二）董事会、管理层及各部门在应急计划中的权限和职责； （三）可以使用的各类应急措施、每类应急措施可以筹集资金的规模和所需时间； （四）应急计划组织实施的程序和流程； （五）与交易对手、客户、媒体等外部相关方的沟通机制	3	1.5		0	1.5		0	0	
3.16	保险公司综合考虑业务发展及市场变化等因素，定期评估流动性风险管理机制和制度的有效性，必要时进行适当调整	2	1		0	1		0	0	
3.17	保险公司应当在识别、计量和监控流动性风险基础上，建立公司内部的流动性风险管理报告机制，流动性风险管理牵头部门或风险管理部门至少每半年向高级管理层报告一次对流动性风险的评估和管理情况	2	1		0	1		0	0	
得分		100	50		0	50		0		
总得分		0								
不适用项目总分值		0								
不适用项目调整后分值小计		0								

附件 6

现金流压力测试的压力情景

保险公司在开展现金流压力测试时，应当评估在下列不利情景同时发生时，公司的流动性水平。

一、财产保险公司

（一）保费收入较去年同期下降 50%。

（二）测试期间综合成本率为基本情景的 130%。

二、人身保险公司

（一）新单保费较去年同期下降 80%。

（二）退保率假设为以下二者取大：

1. 年化退保率为 25%；

2. 基本情景退保率的 2 倍（绝对值不超过 100%）。

（三）预测期内到期的固定收益类资产 10% 无法收回本金和利息。

三、再保险公司

（一）发生巨灾事件，导致预测期内分保赔付的现金流出较基本情景增长 50%。

（二）非关联方应收分保账款已确认账单金额的 30% 无法收回。

附件 7

保险集团偿付能力风险管理能力评估表

被评估集团：

集团类别：

评估时间：

评估单位：

评估说明

一、本评估表依据《保险公司偿付能力监管规则第 19 号：保险集团》及相关监管规则制定，监管机构根据本评估表对保险集团偿付能力风险管理能力进行评估。

二、保险集团偿付能力风险管理能力评估的内容包括七部分：偿付能力风险治理、风险管理策略与实施、风险传染、组织结构不透明、集中度风险、非保险领域风险和其他风险。每一部分都从"制度健全性"和"遵循有效性"两方面进行评价，其中，"制度健全性"和"遵循有效性"的权重均为 50%。七部分的评价得分加权汇总得到保险公司偿付能力风险管理能力评估绝对分。

三、"制度健全性""遵循有效性"的评估结果分为"完全符合""大部分符合""部分符合""不符合"和"不适用"五档，分别对应不同的得分："完全符合"得标准分值，"大部分符合"得标准分值的 80%，"部分符合"得标准分值的 50%，"不符合"得零分。

（一）"制度健全性"四档评估结果的定义

1. "完全符合"是指保险集团建立了全面的风险管理制度，且管理制度的内容和要素完全达到监管要求。

2. "大部分符合"是指保险集团的风险管理制度及其内容和要素符合监管要求的程度在 80% 到 100% 之间。比如，保险集团建立了主要的风险管理制度，且其内容和要素符合监管要求，或者保险集团建立了全面的风险管理制度，但其内容和要素符合监管要求的程度在 80% 以上，但未达到 100%。

3. "部分符合"是指保险集团的风险管理制度及其内容和要素符合监管要求的程度在 50% 到 80% 之间。比如，保险集团建立了部分风险管理制度，且其内容和要素符合监管要求，或者保险集团建立了相关的风险管理制度，但其内容和要素符合监管要求的程度在 50% 以上，但未达到 80%。

4. "不符合"是指保险集团未建立相关的风险管理制度，或相关的风险管理制度及其内容和要素符合监管要求的程度在 50% 以下。

（二）"遵循有效性"四档评估结果的定义

1. "完全符合"是指保险集团现有风险管理制度完全得到了有效执行。

2. "大部分符合"是指保险集团现有风险管理制度得到有效执行的程度在80%以上，但未达到100%。

3. "部分符合"是指保险集团现有风险管理制度得到有效执行的程度在50%以上，但未达到80%。

4. "不符合"是指保险集团现有风险管理制度完全没有执行，或执行程度在50%以下。

四、若某一项评估标准的"制度健全性"的评估结果为"不符合"，则该评估标准对应的"遵循有效性"的评估结果应为"不符合"。

五、若保险集团没有某类业务或事项，不适用某风险管理评估项目，则不需对其进行评估，该风险管理评估项目的评估结果应为"不适用"，该项评估标准得分为0分；同时，在总分中扣除此项评估内容的分值，并将最终得分按比例调整为百分制得分。

六、每项评估标准的"评分依据"一栏应填列得分依据，简要注明具体制度、决议、文件等支持评估结果的依据或文件索引。

七、"封面"中的公司类别应填写"保险控股集团""非保险控股型集团"或"混合控股集团"。

风险管理能力评分结果汇总表

评估项目	标准分值	制度健全性（50%）	遵循有效性（50%）	得分（不适用项目调整前）	得分（不适用项目调整后）	权重	得分	最终得分S（重大事项调整后）
(1)	(2)	(3)	(4)	(5) ＝(3) ＋(4)	(6)	(7)	(8) ＝(6) × (7)	(9)
偿付能力风险治理	100	0	0	0	0	15%	0	
风险管理策略与实施	100	0	0	0	0	15%	0	
风险传染	100	0	0	0	0	12%	0	
组织结构不透明	100	0	0	0	0	12%	0	
集中度风险	100	0	0	0	0	12%	0	
非保险领域风险	100	0	0	0	0	12%	0	
其他风险	100	0	0	0	0	10%	0	
资本管理	100	0	0	0	0	12%	0	
分值合计		0	0	0	0	100%	0	0

制度健全性	50%	
遵循有效性	50%	

风险管理能力评估表——偿付能力风险治理

评估标准		标准分值小计	制度健全性		遵循有效性		得分小计	评分依据
			标准分值	评估结果	得分	标准分值	评估结果	得分	
1	董事会	15								
1.1	保险控股型集团母公司应统筹协调集团内的资本规划和风险管理。母公司董事会履行下列偿付能力风险管理职责：								
1.1.1	审批集团偿付能力风险管理总体目标、风险偏好、风险容忍度和风险管理政策；	3	1.5	0		1.5	0	0	
1.1.2	审批集团偿付能力风险管理组织结构和职责；	3	1.5	0		1.5	0	0	
1.1.3	监督管理层对偿付能力风险进行有效的管理和控制；	5	2.5	0		2.5	0	0	
1.1.4	审批集团资本规划；	2	1	0		1	0	0	
1.1.5	审批集团偿付能力报告。	2	1	0		1	0	0	
2	风险管理委员会	20							
2.1	保险控股型集团母公司董事会应当设立风险管理委员会：	3	1.5	0		1.5	0	0	
2.1.1	风险管理委员会应当审议集团偿付能力风险管理的总体目标、风险偏好、风险容忍度和风险管理政策；	3	1.5	0		1.5	0	0	
2.1.2	风险管理委员会应当审议集团偿付能力风险管理组织结构和职责；	2	1	0		1	0	0	
2.1.3	风险管理委员会应当审议集团偿付能力报告，并提交董事会审批；	2	1	0		1	0	0	
2.1.4	风险管理委员会应当审议集团偿付能力风险评估报告及其他专项风险报告，全面了解集团及主要成员公司面临的各类风险及其管理状况；	3	1.5	0		1.5	0	0	
2.1.5	风险管理委员会应当评估偿付能力风险管理体系运行的有效性；	3	1.5	0		1.5	0	0	
2.1.6	风险管理委员会应当评估集团重大经营管理事项的风险，并审议影响偿付能力管理相关的重大事项解决方案；	2	1	0		1	0	0	
2.2	风险管理委员会主任应当由具有保险集团或保险公司风险管理经验的董事担任。	2	1	0		1	0	0	
3	高级管理层	15							
3.1	保险控股型集团母公司高级管理层负责组织实施偿付能力风险管理工作，履行以下职责：								
3.1.1	执行偿付能力风险管理目标，贯彻落实风险偏好要求；	4	2	0		2	0	0	
3.1.2	制定并组织执行偿付能力风险管理政策和流程；	4	2	0		2	0	0	
3.1.3	制定并组织实施资本规划；	4	2	0		2	0	0	

续表

评估标准		标准分值小计	制度健全性			遵循有效性			得分小计	评分依据
			标准分值	评估结果	得分	标准分值	评估结果	得分		
3.2	保险控股型保险控股型集团母公司应指定一名高级管理人员为首席风险官，负责集团偿付能力风险管理相关工作，并向风险管理委员会报告。首席风险官有关要求参照《保险公司偿付能力监管规则第12号：偿付能力风险管理要求与评估》。	3	1.5		0	1.5		0	0	
4	风险管理部门	20								
4.1	保险控股型集团应当设立独立的风险管理部门牵头负责偿付能力风险管理工作。	10	5		0	5		0	0	
4.2	风险管理部门至少应配备8名具有偿付能力和风险管理相关工作经验的人员，且至少5人应具有3年以上相关经验。	10	5		0	5		0	0	
5	考核评价	15								
5.1	保险控股型集团母公司内部审计部门每年至少应当检查、评估一次集团偿付能力风险管理体系运行情况和运行效果，监督风险管理政策的执行情况，并向董事会报告。	5	2.5		0	2.5		0	0	
5.2	保险控股型集团母公司应当在偿付能力风险管理制度中明确偿付能力风险管理考核评价方法，将风险管理制度健全性和遵循有效性指标纳入对高级管理人员、风险管理部及相关部门，以及保险成员公司风险管理条线的绩效考核体系，增强各级管理人员的风险意识和责任。	10	5		0	5		0	0	
6	培训	10								
6.1	保险控股型集团应当建立风险管理培训制度，至少符合以下要求：									
6.1.1	首席风险官和风险管理相关部门负责人每年至少参加一次由银保监会组织或认可的风险管理相关培训；	4	2		0	2		0	0	
6.1.2	保险集团应当每年至少组织一次针对保险成员公司的偿付能力相关风险管理培训。	6	3		0	3		0	0	
7	其他类集团的风险管理	5								
7.1	非保险控股型集团的偿付能力风险管理由母公司牵头负责，母公司应当明确一名高级管理人员为偿付能力风险管理负责人，确定偿付能力风险管理的责任部门，并每年将本集团偿付能力风险管理情况报告银保监会。混合型集团由银保监会指定某一成员公司履行母公司的牵头职责，并每年将本集团偿付能力风险管理情况报告银保监会。	5	2.5		0	2.5		0	0	
得分		100	50			50				
总得分		0								
不适用项目总分值		0								
不适用项目调整后分值小计		0								

风险管理能力评估表——风险管理策略与实施

评估标准	标准分值小计	制度健全性			遵循有效性			得分小计	评分依据
		标准分值	评估结果	得分	标准分值	评估结果	得分		
1　风险管理策略	10								
1.1　保险集团母公司应当结合集团发展战略、组织架构和经营特点建立科学有效的集团偿付能力风险管理策略。保险集团成员公司应当根据集团偿付能力风险管理策略制定自身风险管理策略，并与集团风险管理策略保持一致。	5	2.5		0	2.5		0	0	
1.2　保险集团偿付能力风险管理策略至少应当包括以下内容： （一）风险偏好、风险容忍度和风险限额； （二）风险识别、评估、监控的工具； （三）风险应对及危机管理策略； （四）风险管理有效性评估； （五）风险传染和传递的防范机制； （六）风险管理的人力、财务、组织等资源配置。	5	2.5		0	2.5		0	0	
2　风险偏好制度及目标	40								
2.1　保险集团应当制定偿付能力风险偏好管理政策，明确风险偏好管理机制，包括：									
2.1.1　结合集团经营战略、资本状况、市场环境和成员公司业务特点等因素，确定集团层面的风险偏好和风险容忍度，并经董事会批准；	5	2.5		0	2.5		0	0	
2.1.2　成员公司风险偏好、风险容忍度和风险限额应与集团风险偏好、风险容忍度和风险限额相协调，各成员公司风险限额总和超过集团风险限额时，集团母公司应基于集团风险限额要求各成员公司对风险限额进行调整；	3	1.5		0	1.5		0	0	
2.1.3　保险集团应当建立并不断完善风险偏好传导机制，将风险偏好体系融入集团主要经营决策中；	3	1.5		0	1.5		0	0	
2.1.4　保险集团应当建立定期管理机制，及时监控和报告风险容忍度和风险限额的执行情况；	3	1.5		0	1.5		0	0	
2.1.5　保险集团应每年对风险偏好进行评估和必要的更新。	3	1.5		0	1.5		0	0	
2.2　保险集团应当在成员公司风险管控的基础上，加强对保险风险、市场风险、信用风险、操作风险、战略风险、声誉风险和流动性风险在集团层面的管理。	5	2.5		0	2.5		0	0	
2.3　保险集团应当加强对集团层面特有的偿付能力风险的管理，包括但不限于： （一）风险传染； （二）组织结构不透明风险； （三）集中度风险； （四）非保险领域风险。	5	2.5		0	2.5		0	0	

评估标准		标准分值小计	制度健全性			遵循有效性			得分小计	评分依据
			标准分值	评估结果	得分	标准分值	评估结果	得分		
2.4	保险集团应当建立偿付能力重大风险预警机制，对集团层面重大风险进行持续监控，采取风险规避、风险转移和风险控制等应对方法。	5	2.5		0	2.5		0	0	
2.5	保险集团应当定期评估和分析偿付能力风险管理体系的有效性和合理性，结合集团发展情况，完善偿付能力风险管理体系，不断提高风险管理能力。	5	2.5		0	2.5		0	0	
3	风险管理工具	40								
3.1	保险集团应当运用合适的风险管理工具，管理集团母公司及主要成员公司经营范围内的各类固有风险。风险管理工具包括但不限于： （一）全面预算； （二）资产负债管理； （三）资本规划与配置； （四）压力测试。	15	7.5		0	7.5		0	0	
3.2	保险集团应当建立偿付能力风险应急管理机制，明确重大突发风险事件的定义和分类、应急管理组织架构、应急预案内容、应急预案启动触发点、应急处置方法和措施、应急预案责任人以及应急事件报告等。保险集团应当定期开展应急演练，根据演练中发现的问题改善相关制度，并将演练情况和总结留档备查。	15	7.5		0	7.5		0	0	
3.3	保险集团在开展需进行信用评级的业务时，应当聘请符合《保险公司偿付能力监管规则第17号：保险公司信用评级》规定的外部信用评级机构进行信用评级，并公开披露评级结果。	10	5		0	5		0	0	
4	报告	10								
4.1	保险集团母公司或银保监会指定的成员公司应当至少每半年向董事会或风险管理委员会报告一次集团偿付能力风险状况和风险管理情况。	5	2.5		0	2.5		0	0	
得分		100	46		0	46		0		
总得分			0							
不适用项目总分值			0							
不适用项目调整后分值小计			0							

风险管理能力评估表——风险传染

评估标准		标准分值小计	制度健全性			遵循有效性			得分小计	评分依据
			标准分值	评估结果	得分	标准分值	评估结果	得分		
1	牵头部门	10								
1.1	保险集团应当指定风险传染的牵头管理部门，负责统筹指导和管理集团整体的风险传染管理工作。	10	5		0	5		0	0	

续表

评估标准		标准分值小计	制度健全性			遵循有效性			得分小计	评分依据
			标准分值	评估结果	得分	标准分值	评估结果	得分		
2	关联交易	40								
2.1	保险集团应当加强关联交易，尤其是集团内关联交易的管理工作，管理因关联交易可能导致的保险集团内部的风险传染。	5	2.5	0	0	2.5	0	0		
2.2	保险集团应当设立关联交易控制委员会负责关联方识别维护、关联交易的管理、审查、批准和风险控制。一般关联交易按照内部程序审批，并报关联交易控制委员会备案或审批；重大关联交易经由关联交易控制委员会审查后，按照有关规定提交董事会或股东（大）会审批。	8	4	0	0	4	0	0		
2.3	保险集团应当指定关联交易的管理部门，并制定关联交易管理制度，将成员公司之间的内部关联交易纳入管理。	8	4	0	0	4	0	0		
2.4	保险集团应当至少每年组织一次关联交易专项审计，并将审计结果报董事会和监事会，确保关联交易，尤其是成员公司之间、成员公司与集团本级之间关联交易的合规性和科学性。	8	4	0	0	4	0	0		
2.5	保险集团应当加强关联交易管理，制定科学完善的关联交易管理制度，包括但不限于以下内容： （一）关联方的识别、报告、核查和信息管理； （二）关联交易的发起、定价和审查； （三）关联交易的报告、披露、报备与归档； （四）关联交易的审计、监督与处罚； （五）文化建设与培训宣导。	6	3	0	0	3	0	0		
2.6	保险集团应设定关联交易额度管理指标及监控机制，并要求主要成员公司建立符合集团整体关联交易制度和监管规定的关联交易管理机制。	5	2.5	0	0	2.5	0	0		
3	风险隔离	40								
3.1	保险集团应当在法人管理、资金管理、财务管理、信息管理以及人员管理等方面建立风险防火墙，规范成员公司之间、成员公司与集团本级之间的关联交易行为，防范重大风险传染与传递。	6	3	0	0	3	0	0		
3.2	保险集团资金管理采取集中化管理模式的，应当单独管理保险资金与非保险资金，单独管理各成员公司的资金，不得相互占用资金。	8	4	0	0	4	0	0		
3.3	保险集团应当严格规范集团内成员公司之间的相互担保行为，设定成员公司之间合理的相互担保风险限额，建立监测预警机制，防范风险在成员公司之间的累积和传递。	8	4	0	0	4	0	0		
3.4	保险集团成员公司可以将部分非核心业务或运营层面职能外包给其他成员公司，不得将金融核心业务违规外包给非金融成员公司或集团外机构。	3	1.5	0	0	1.5	0	0		
3.5	保险集团应当严格管理成员公司之间的交叉销售，规范销售队伍和销售行为，不得损害消费者利益。	3	1.5	0	0	1.5	0	0		

评估标准		标准分值小计	制度健全性			遵循有效性			得分小计	评分依据
			标准分值	评估结果	得分	标准分值	评估结果	得分		
3.6	保险集团成员公司之间的资产转让应当按照公允的原则进行定价，不得通过操控转让价格进行利益输送和风险转移。	5	2.5		0	2.5		0	0	
3.7	保险集团成员公司不得违规将资产、业务等通过内部交易从监管要求较高的领域转移到监管要求较低的领域，或者将应适用较高监管要求的业务变相包装为监管要求较低的业务。	5	2.5		0	2.5		0	0	
3.8	保险集团应对集团成员公司的品牌、宣传、公开信息披露等工作实施集中管理或统筹协调，防范相关风险在集团范围内扩散和放大。	2	1		0	1		0	0	
4	报告	10								
4.1	风险传染牵头管理部门应当至少每半年向保险集团高级管理层和风险管理委员会报告风险传染管理情况。	10	5		0	5		0	0	
得分		100	50		0	50		0		
总得分		0								
不适用项目总分值		0								
不适用项目调整后分值小计		0								

风险管理能力评估表——组织结构不透明

评估标准		标准分值小计	制度健全性			遵循有效性			得分小计	评分依据
			标准分值	评估结果	得分	标准分值	评估结果	得分		
2	集团股权结构	50								
2.1	保险集团应当具有清晰的内部股权结构，简化控制层级，避免内部交叉持股和违规认购资本工具。保险成员公司与集团内其他关联公司之间不得交叉持股和违规认购资本工具，母公司与成员公司之间不得交叉持股和违规认购资本工具。	25	12.5		0	12.5		0	0	
2.2	保险集团应当建立内部股权结构评估机制，定期评估集团的股权结构、交叉持股和资本工具认购情况。	25	12.5		0	12.5		0	0	
3	职责分工	40								
3.1	保险控股型集团和非保险控股型集团的母公司应明确母公司、成员公司职能部门的职责权限，避免职能交叉、缺失或权责过于集中，形成各司其职、各负其责、相互制约、相互协调的工作机制。	40	20		0	20		0	0	
4	报告	10								
4.1	保险集团组织结构不透明风险牵头管理部门应当至少每半年向保险集团高级管理层和风险管理委员会报告组织结构不透明风险的评估及管理情况。	10	5		0	5		0	0	

续表

评估标准	标准分值小计	制度健全性			遵循有效性			得分小计	评分依据
		标准分值	评估结果	得分	标准分值	评估结果	得分		
得分	100	50		0			0		
总得分	0								
不适用项目总分值	0								
不适用项目调整后分值小计	0								

风险管理能力评估表——集中度风险

	评估标准	标准分值小计	制度健全性			遵循有效性			得分小计	评分依据
			标准分值	评估结果	得分	标准分值	评估结果	得分		
1	牵头部门	5								
1.1	保险集团应当明确集中度风险的牵头管理部门，负责管理集团整体的集中度风险，并统筹指导主要成员公司的集中度风险管理工作。	5	2.5		0	2.5		0	0	
2	集中度管理体系	10								
2.1	保险集团应当建立健全集中度风险管理体系，有效识别、计量、管理和防范集团及各成员公司层面的集中度风险。	5	2.5		0	2.5		0	0	
2.2	保险集团的集中度风险管理，应至少包括以下维度： （一）交易对手集中度风险； （二）行业集中度风险； （三）客户集中度风险； （四）业务集中度风险。	5	2.5		0	2.5		0	0	
3	保险集团应当建立交易对手评估和管理制度，包括：	20								
3.1	定期评估整个集团的交易对手集中度情况；	5	2.5		0	2.5		0	0	
3.2	定期评估整个集团的主要交易对手的信用风险和财务状况；	5	2.5		0	2.5		0	0	
3.3	设定整个集团的交易对手集中度限额，分散交易对手；	5	2.5		0	2.5		0	0	
3.4	监督并指导集团内主要成员公司交易对手集中度风险管理。	5	2.5		0	2.5		0	0	
4	保险集团应当建立投资资产的行业集中度风险管理制度，包括：	20								
4.1	定期评估、分析整个集团投资行业的集中度情况；	10	5		0	5		0	0	
4.2	设立整个集团投资行业的集中度限额，指导成员公司分散投资。	10	5		0	5		0	0	
5	保险集团应当建立客户集中度风险管理制度，包括：	20								
5.1	定期评估整个集团的收入来源和单一客户收入集中度情况，并加强对来自同一集团客户的集中度风险管理；	10	5		0	5		0	0	
5.2	按客户维度设定风险限额，并根据风险限额对相关业务和成员公司进行监控。	10	5		0	5		0	0	

评估标准		标准分值小计	制度健全性			遵循有效性			得分小计	评分依据
			标准分值	评估结果	得分	标准分值	评估结果	得分		
6	保险集团应当建立集团保险业务和非保险业务集中度风险监控体系，至少包括：	15								
6.1	定期评估整个集团保险业务集中度情况。	5	2.5		0	2.5		0	0	
6.2	定期评估整个集团非保险业务集中度情况。	4	2		0	2		0	0	
6.3	按照地域、客户、风险类别等维度设定风险限额，并根据风险限额对相关业务和成员公司进行监控。	3	1.5		0	1.5		0	0	
6.4	定期对巨灾等重大风险进行分析预警并采取防范措施。	3	1.5		0	1.5		0	0	
7	报告	10								
7.1	对保险集团偿付能力或流动性产生实质威胁的集中度风险，相关部门应当及时向母公司董事会、相关专业委员会和高级管理人员报告。	5	2.5		0	2.5		0	0	
7.2	保险集团集中度风险牵头管理部门应当至少每半年向保险集团高级管理层和风险管理委员会报告集中度风险的评估及管理情况。	5	2.5		0	2.5		0	0	
得分		100	50		0	50		0		
总得分					0					
不适用项目总分值					0					
不适用项目调整后分值小计					0					

风险管理能力评估表——非保险领域风险

评估标准		标准分值小计	制度健全性			遵循有效性			得分小计	评分依据
			标准分值	评估结果	得分	标准分值	评估结果	得分		
1	牵头部门	10								
1.1	保险集团应指定非保险领域风险的牵头管理部门，识别、监测和防范非保险成员公司的业务活动对集团偿付能力的影响。	10	5		0	5		0	0	
2	管理机制	10								
2.1	保险集团应当建立投资非保险领域的决策和管理流程，根据银保监会相关规定和集团内部投资政策与风险偏好，充分评估投资的风险和收益，合理选择投资对象。	10	5		0	5		0	0	
3	投资管理	20								
3.1	保险集团应当建立非保险领域股权投资管理制度，明确投资管理流程、审批权限及职责划分，定期评估非保险领域投资的风险暴露，并向投资管理委员会报告。	20	10		0	10		0	0	
4	股权管理	25								

续表

评估标准		标准分值小计	制度健全性			遵循有效性			得分小计	评分依据
			标准分值	评估结果	得分	标准分值	评估结果	得分		
4.1	保险集团应当对银行、证券、信托、房地产、信息技术、互联网等非保险成员公司进行股权管理和风险监测，及时对集团的多元化战略进行评估和调整。	25	12.5		0	12.5		0	0	
5	风险隔离	25								
5.1	保险集团应当建立保险成员公司与非保险成员公司的资产、流动性等隔离制度，对非保险成员公司的投资不得损害保单持有人利益。	25	12.5		0	12.5		0	0	
6	报告	10								
6.1	保险集团非保险领域风险牵头管理部门应当至少每半年向保险集团高级管理层和风险管理委员会报告非保险领域风险的评估及管理情况。	10	5		0	5		0	0	
	得分	100	50		0	50		0		
	总得分				0					
	不适用项目总分值				0					
	不适用项目调整后分值小计				0					

风险管理能力评估表——其他风险

评估标准		标准分值小计	制度健全性			遵循有效性			得分小计	评分依据
			标准分值	评估结果	得分	标准分值	评估结果	得分		
1	总体要求	10								
1.1	保险集团应当结合自身特点，加强保险风险、市场风险、信用风险、战略风险、声誉风险、流动性风险、操作风险在集团层面的管理，对各类风险提出集团层面的管理要求。	5	2.5		0	2.5		0	0	
1.2	保险集团应指导和协调成员公司做好对相关风险的管理工作，推动集团层面的管理要求在主要成员公司予以落实。	5	2.5		0	2.5		0	0	
2	战略风险管理	25								
2.1	保险集团应当要求各成员公司与集团建立协调一致的整体战略目标，确保集团整体战略的一致性和集团内部的协调性。	10	5		0	5		0	0	
2.2	保险集团应当加强对产品战略、投资战略、品牌战略、海外发展战略的管理，定期评估自身能力，持续跟踪分析市场环境的变化，确保集团战略与自身能力和外部环境相匹配。	5	2.5		0	2.5		0	0	
2.3	保险集团母公司风险管理部门应当参与战略目标和战略规划的制定，并对战略目标和规划进行独立的风险评估，加强战略风险管理。	10	5		0	5		0	0	

续表

评估标准		标准分值小计	制度健全性			遵循有效性			得分小计	评分依据
			标准分值	评估结果	得分	标准分值	评估结果	得分		
3	声誉风险管理	25								
3.1	保险集团应当在集团层面建立声誉风险管理体系，识别和防范整个集团范围内的声誉风险，应对声誉事件带来的负面影响。	10	5		0	5		0	0	
3.2	保险集团应当关注可能会引发声誉风险的重大事件，包括但不限于： （一）成员公司偿付能力或资本不足； （二）重大负面报道； （三）重大自然灾害、公共事件或投资损失； （四）集中退保或挤兑； （五）重大法律诉讼； （六）重大群访群诉事件。	5	2.5		0	2.5		0	0	
3.3	保险集团应当密切关注和防范可能由于市场风险、信用风险、操作风险、流动性风险等其他风险引发和转化的声誉风险。	5	2.5		0	2.5		0	0	
3.4	保险集团应当对成员公司发生的声誉风险及时采取有效措施进行处置和化解，避免其演化为集团整体的声誉风险。	5	2.5		0	2.5		0	0	
4	流动性风险管理	30								
4.1	保险集团应当根据集团战略、业务结构、风险状况和市场环境等因素，在充分考虑其他风险对流动性的影响和集团整体风险偏好的基础上，确定其流动性风险偏好和风险容忍度，建立流动性风险限额管理制度；	5	2.5		0	2.5		0	0	
4.2	保险集团应当定期评估保险板块（分为财产险、人身险、健康险等）、银行板块、非金融板块以及集团层面的流动性状况和流动性风险；	5	2.5		0	2.5		0	0	
4.3	保险集团应当定期评估和监测集团整体的流动资产和到期负债情况，控制集团整体的负债融资规模，合理安排资金偿付到期债务；	5	2.5		0	2.5		0	0	
4.4	保险集团应当建立流动性储备制度，保持充足的流动性资产，并保持稳定、便捷的融资渠道，以覆盖可能的流动性缺口；	5	2.5		0	2.5		0	0	
4.5	保险集团应当加强对非保险成员公司流动性风险管理，建立防火墙，防止非保险成员公司流动性风险向保险成员公司传递；	5	2.5		0	2.5		0	0	
4.6	保险集团应当根据实际情况，制定有效的流动性应急预案。	5	2.5		0	2.5		0	0	
5	报告	10								
5.1	保险集团风险管理部门应每半年对集团其他风险情况进行评估并形成评估报告，评估内容应包括各类风险在集团层面的管理情况，以及在各主要成员公司的管理情况，并报集团风险管理委员会。	10	5		0	5		0	0	

评估标准	标准分值小计	制度健全性			遵循有效性			得分小计	评分依据
		标准分值	评估结果	得分	标准分值	评估结果	得分		
得分	100	50		0	50		0		
总得分					0				
不适用项目总分值					0				
不适用项目调整后分值小计					0				

风险管理能力评估表——资本管理

	评估标准	标准分值小计	制度健全性			遵循有效性			得分小计	评分依据
			标准分值	评估结果	得分	标准分值	评估结果	得分		
1	保险集团应当根据战略发展规划和业务发展计划，结合集团风险偏好，参照《保险公司偿付能力监管规则第14号：资本规划》每年制定三年滚动资本规划，并于每年5月31日之前报银保监会	15	7.5		0	7.5		0	0	
2	保险集团应当明确资本规划的管理部门及相关部门的职责分工，搭建清晰的管理架构和流程，制定规范健全的管理制度体系，对集团资本进行整体规划、统筹管理和有效配置	15	7.5		0	7.5		0	0	
3	保险集团应当采用科学的方法与模型工具，考虑保险业务发展、投资管理、风险管理等目标，在遵循监管规定的前提下，评估集团及各成员公司的资本需求	10	5		0	5		0	0	
4	对于未来三年的资本需求，保险集团应当综合考虑自身内源性资本的积累能力和外源性资本的可获得性、资本成本等，制订合理的资本补充方案，明确相应的资本补充措施，确保资本充足	15	7.5		0	7.5		0	0	
5	保险集团应当根据三年滚动资本规划，综合使用各种权益类资本工具、债务类资本工具募集资本，加强资本管理，提高资本使用效率并确保资本充足	15	7.5		0	7.5		0	0	
6	保险集团应当建立资本配置体系，根据业务发展需要和风险收益水平，在各成员公司间有效分配资本	10	5		0	5		0	0	
7	保险集团应当将资本规划的制定和执行情况作为考核体系的重要组成部分，研究制定相应的资本管理考核指标，实现资本管理意图的有效传递和全面落实	10	5		0	5		0	0	
8	保险集团应当将资本规划作为风险管理的重要工具，识别公司经营管理过程中面临的风险，及时有效地补充资本	10	5		0	5		0	0	
得分		100	50		0	50		0		
总得分					0					
不适用项目总分值					0					
不适用项目调整后分值小计					0					

附件 8

应当编报保险集团偿付能力报告的公司名单

下列保险集团应当按照《保险公司偿付能力监管规则第 19 号：保险集团》有关规定，编报保险集团偿付能力报告。其他符合《保险公司偿付能力监管规则第 19 号：保险集团》定义的保险集团暂不编报偿付能力报告。

一、保险控股型集团

下列保险控股型集团应当编制保险集团偿付能力报告：

（一）中国人民保险集团股份有限公司

（二）中国人寿保险（集团）公司

（三）中国太平保险集团有限责任公司

（四）中国再保险（集团）股份有限公司

（五）中国平安保险（集团）股份有限公司

（六）中国太平洋保险（集团）股份有限公司

（七）中华联合保险集团股份有限公司

（八）阳光保险集团股份有限公司

（九）泰康保险集团股份有限公司

（十）新华人寿保险股份有限公司

（十一）华泰保险集团股份有限公司

（十二）富德生命人寿保险股份有限公司

（十三）大家保险集团有限责任公司

（十四）安联（中国）保险控股有限公司

（十五）合众人寿保险股份有限公司

二、非保险控股型集团

下列非保险控股型集团应当编制保险集团偿付能力报告：

（一）英大泰和财产保险股份有限公司和英大泰和人寿保险股份有限公司；编报主体为国家电网有限公司或其指定的成员公司。

（二）中意人寿保险有限公司、中意财产保险有限公司、中意资产管理有限责任公司和中石油专属财产保险公司；编报主体为中国石油天然气集团公司或其指定的成员公司。

（三）复星保德信人寿保险有限公司和复星联合健康保险有限公司；编报主体为复星集团或其指定的成员公司。

（四）前海人寿保险股份有限公司和新疆前海联合财产保险股份有限公司；编报主体为深圳市钜盛华股份有限公司或其指定的成员公司。

（五）建信人寿保险股份有限公司和建信财产保险有限公司；编报主体为中国建设银行股份有限公司或其指定的成员公司。

附件 9

保险公司偿付能力季度报告 Excel 样表

编报日期：20×× - ×× - ××

序号	报表种类	报表名称	适用的公司
1	主表	S01 - 偿付能力状况表	
2	主表	S02 - 实际资本表	
3	主表	S03 - 认可资产表	
4	主表	S04 - 认可负债表	
5	主表	S05 - 最低资本表	
6	主表	AC01 - 资本工具表	
7	明细表	ST01 - 季度压力测试	
8	明细表	L01 - 寿险合同未到期责任准备金负债	
9	明细表	IR01 - 财险和人身险公司非寿险业务保险风险 - 保费和准备金风险	仅适用于财险公司和人身险公司
10	明细表	IR01 - 1 - 财险和人身险公司非寿险业务保险风险 - 融资性信用保证险	仅适用于财险公司
11	明细表	IR02 - 财产和人身险公司非寿险业务保险风险 - 巨灾风险	仅适用于财险公司和人身险公司
12	明细表	IR03 - 再保险公司非寿险再保险业务保险风险 - 保费和准备金风险	仅适用于再保险公司
13	明细表	IR04 - 再保险公司非寿险再保险业务保险风险 - 巨灾风险	仅适用于再保险公司
14	明细表	IR05 - 寿险业务保险风险	
15	明细表	LT01 - 穿透后投资资产表	
16	明细表	IN01 - 人身保险公司利率风险	仅适用于人身险公司
17	明细表	IN02 - 再保险公司利率风险	仅适用于从事人身险业务的再保险公司
18	明细表	IN03 - 人身保险公司利率风险资产	仅适用于人身险公司和从事人身险业务的再保险公司
19	明细表	CT01 - 集中度风险资产表	
20	明细表	基础资产 MR01 - 股票（未套保及不符合条件的套保）	
21	明细表	基础资产 MR02 - 股票（符合条件的套期保值）	
22	明细表	基础资产 MR03 - 优先股	
23	明细表	基础资产 MR04 - 无固定期限资本债券	
24	明细表	基础资产 MR05 - 未上市股权	
25	明细表	基础资产 MR06 - 对子公司、合营企业和联营企业的长期股权投资	
26	明细表	基础资产 MR07 - 证券投资基金	
27	明细表	基础资产 MR08 - 可转债、可交换债	
28	明细表	基础资产 MR09 - 利率类金融衍生品	
29	明细表	基础资产 MR10 - 其他金融衍生品 - 股指期货（不符合条件套保）	
30	明细表	基础资产 MR11 - 投资性房地产	

序号	报表种类	报表名称	适用的公司
31	明细表	基础资产 MR12 – 境外固定收益类资产	
32	明细表	基础资产 MR13 – 境外权益类资产（长期股权投资）	
33	明细表	基础资产 MR14 – 境外权益类资产（其他权益）	
34	明细表	基础资产 MR15 – 境外权益类资产（投资性房地产）	
35	明细表	基础资产 CR01 – 现金及流动性管理工具	
36	明细表	基础资产 CR02 – 银行存款	
37	明细表	基础资产 CR03 – 金融债	
38	明细表	基础资产 CR04 – 企业债、公司债	
39	明细表	基础资产 CR05 – 非金融企业债务融资工具	
40	明细表	基础资产 CR06 – 其他债券类资产	
41	明细表	基础资产 CR07 – 套期保值的外汇远期和利率互换	
42	明细表	基础资产 CR08 – 应收利息	
43	明细表	基础资产 CR09 – 对企业或个人的债权资产	
44	明细表	非基础资产 MR16 – 权益类信托计划	
45	明细表	非基础资产 MR17 – 组合类保险资管产品	
46	明细表	非基础资产 MR18 – 股权投资计划	
47	明细表	非基础资产 MR19 – 股权投资基金	
48	明细表	非基础资产 MR20 – 债转股投资计划	
49	明细表	非基础资产 MR21 – 商业银行理财产品	
50	明细表	非基础资产 MR22 – 特殊目的载体 SPV	
51	明细表	非基础资产 MR23 – 不动产金融产品	
52	明细表	非基础资产 MR24 – 公募基础设施证券投资基金	
53	明细表	非基础资产 MR25 – 境外固定收益类非基础资产	
54	明细表	非基础资产 MR26 – 境外权益类非基础资产	
55	明细表	MR27 – 汇率风险所涉项目明细表	
56	明细表	非基础资产 CR10 – 固定收益类信托计划	
57	明细表	非基础资产 CR11 – 债权投资计划	
58	明细表	非基础资产 CR12 – 资产支持计划	
59	明细表	非投资资产 CR13 – 再保分出	
60	明细表	非投资资产 CR14 – 再保分入	
61	明细表	非投资资产 CR15 – 应收保费	
62	明细表	非投资资产 CR16 – 其他应收及预付款项	
63	明细表	非投资资产 CR17 – 保单质押贷款	
64	明细表	非投资资产 CR18 – 债务担保	

S01 - 偿付能力状况表

行次	项目	期末数	期初数
1	认可资产		
2	认可负债		
3	实际资本		
3.1	核心一级资本		
3.2	核心二级资本		
3.3	附属一级资本		
3.4	附属二级资本		
4	最低资本		—
4.1	量化风险最低资本		—
4.1.1	寿险业务保险风险最低资本		—
4.1.2	非寿险业务保险风险最低资本	—	—
4.1.3	市场风险最低资本	—	—
4.1.4	信用风险最低资本	—	—
4.1.5	量化风险分散效应	—	—
4.1.6	特定类别保险合同损失吸收效应	—	—
4.2	控制风险最低资本	—	—
4.3	附加资本	—	—
5	核心偿付能力溢额	—	—
6	核心偿付能力充足率		
7	综合偿付能力溢额	—	—
8	综合偿付能力充足率		

S02 - 实际资本表

行次	项目	期末数	期初数
1	核心一级资本	—	—
1.1	净资产		
1.2	对净资产的调整额	—	—
1.2.1	各项非认可资产的账面价值		
1.2.2	长期股权投资的认可价值与账面价值的差额		
1.2.3	投资性房地产（包括保险公司以物权方式或通过子公司等方式持有的投资性房地产）的公允价值增值（扣除减值、折旧及所得税影响）		
1.2.4	递延所得税资产（由经营性亏损引起的递延所得税资产除外）		
1.2.5	对农业保险提取的大灾风险准备金		
1.2.6	计入核心一级资本的保单未来盈余		
1.2.7	符合核心一级资本标准的负债类资本工具且按规定可计入核心一级资本的金额		

续表

行次	项目	期末数	期初数
1.2.8	银保监会规定的其他调整项目		
2	核心二级资本	—	—
2.1	优先股		
2.2	计入核心二级资本的保单未来盈余		
2.3	其他核心二级资本		
2.4	减：超限额应扣除的部分		
3	附属一级资本	—	—
3.1	次级定期债务		
3.2	资本补充债券		
3.3	可转换次级债		
3.4	递延所得税资产（由经营性亏损引起的递延所得税资产除外）		
3.5	投资性房地产（包括保险公司以物权方式或通过子公司等方式持有的投资性房地产）公允价值增值可计入附属一级资本的金额（扣除减值、折旧及所得税影响）		
3.6	计入附属一级资本的保单未来盈余		
3.7	其他附属一级资本		
3.8	减：超限额应扣除的部分		
4	附属二级资本	—	—
4.1	应急资本等其他附属二级资本		
4.2	计入附属二级资本的保单未来盈余		
4.3	减：超限额应扣除的部分		
5	实际资本合计	—	—

S03－认可资产表

行次	项目	期末数			期初数		
		账面价值	非认可价值	认可价值	账面价值	非认可价值	认可价值
1	现金及流动性管理工具	—	—	—	—	—	—
1.1	库存现金						
1.2	活期存款						
1.3	流动性管理工具						
2	投资资产	—	—	—	—	—	—
2.1	定期存款						
2.2	协议存款						
2.3	政府债券						

行次	项目	期末数			期初数		
		账面价值	非认可价值	认可价值	账面价值	非认可价值	认可价值
2.4	金融债券						
2.5	企业债券						
2.6	公司债券						
2.7	权益投资						
2.8	资产证券化产品						
2.9	保险资产管理产品						
2.10	商业银行理财产品						
2.11	信托计划						
2.12	基础设施投资						
2.13	投资性房地产						
2.14	衍生金融资产						
2.15	其他投资资产						
3	在子公司、合营企业和联营企业中的权益		—				—
4	再保险资产	—	—	—	—	—	—
4.1	应收分保准备金						
4.2	应收分保账款						
4.3	存出分保保证金						
4.4	其他再保险资产						
5	应收及预付款项	—	—	—	—	—	—
5.1	应收保费						
5.2	应收利息						
5.3	应收股利						
5.4	预付赔款						
5.5	存出保证金						
5.6	保单质押贷款						
5.7	其他应收和暂付款						
6	固定资产	—	—	—	—	—	—
6.1	自用房屋						
6.2	机器设备						
6.3	交通运输设备						

行次	项目	期末数			期初数		
		账面价值	非认可价值	认可价值	账面价值	非认可价值	认可价值
6.4	在建工程						
6.5	办公家具						
6.6	其他固定资产						
7	土地使用权			—			—
8	独立账户资产			—			
9	其他认可资产	—	—		—	—	
9.1	递延所得税资产						
9.2	应急资本						
9.3	其他						
10	合计	—	—		—	—	

S04－认可负债表

行次	项目	认可价值期末数	认可价值期初数
1	准备金负债	—	—
1.1	未到期责任准备金	—	—
1.1.1	寿险合同未到期责任准备金		
1.1.2	非寿险合同未到期责任准备金		
1.2	未决赔款责任准备金		
1.2.1	其中：已发生未报案未决赔款准备金		
2	金融负债	—	—
2.1	卖出回购证券		
2.2	保户储金及投资款		
2.3	衍生金融负债		
2.4	其他金融负债		
3	应付及预收款项	—	—
3.1	应付保单红利		
3.2	应付赔付款		
3.3	预收保费		
3.4	应付分保账款		
3.5	应付手续费及佣金		
3.6	应付职工薪酬		
3.7	应交税费		
3.8	存入分保保证金		

行次	项目	认可价值期末数	认可价值期初数
3.9	其他应付及预收款项		
4	预计负债		
5	独立账户负债		
6	资本性负债		
7	其他认可负债	—	—
7.1	递延所得税负债		
7.2	现金价值保证		
7.3	所得税准备		
8	认可负债合计	—	—

S05 - 最低资本表

行次	项目	期末数	期初数
1	量化风险最低资本		—
1.1	寿险业务保险风险最低资本合计		—
1.1.1	寿险业务保险风险 - 损失发生风险最低资本		
1.1.2	寿险业务保险风险 - 退保风险最低资本		
1.1.3	寿险业务保险风险 - 费用风险最低资本		
1.1.4	寿险业务保险风险 - 风险分散效应		
1.2	非寿险业务保险风险最低资本合计	—	—
1.2.1	非寿险业务保险风险 - 保费及准备金风险最低资本		
1.2.2	非寿险业务保险风险 - 巨灾风险最低资本		
1.2.3	非寿险业务保险风险 - 风险分散效应		
1.3	市场风险 - 最低资本合计	—	—
1.3.1	市场风险 - 利率风险最低资本		
1.3.2	市场风险 - 权益价格风险最低资本		
1.3.3	市场风险 - 房地产价格风险最低资本		
1.3.4	市场风险 - 境外固定收益类资产价格风险最低资本		
1.3.5	市场风险 - 境外权益类资产价格风险最低资本		
1.3.6	市场风险 - 汇率风险最低资本		
1.3.7	市场风险 - 风险分散效应		
1.4	信用风险 - 最低资本合计	—	—
1.4.1	信用风险 - 利差风险最低资本		
1.4.2	信用风险 - 交易对手违约风险最低资本		
1.4.3	信用风险 - 风险分散效应		
1.5	量化风险分散效应		

续表

行次	项目	期末数	期初数
1.6	特定类别保险合同损失吸收效应	—	—
1.6.1	损失吸收调整——不考虑上限		
1.6.2	损失吸收效应调整上限		
2	控制风险最低资本		
3	附加资本	—	—
3.1	逆周期附加资本		
3.2	D－SII 附加资本		
3.3	G－SII 附加资本		
3.4	其他附加资本		
4	最低资本	—	—

AC01－资本工具表

行次	资本工具名称	发行日期	发行金额	期限（年）	赎回条款	利率跳升机制	清偿顺序	本息支付条件
1	核心一级资本工具	—	—	—	—	—	—	—
1.1								
1.2								
1.3								
1.4								
…								
2	核心二级资本工具	—	—	—	—	—	—	—
2.1								
2.2								
2.3								
2.4								
…								
3	附属一级资本工具	—	—	—	—	—	—	—
3.1								
3.2								
3.3								
3.4								
…								
4	附属二级资本工具	—	—	—	—	—	—	—
4.1								
4.2								
4.3								

续表

行次	资本工具名称	发行日期	发行金额	期限（年）	赎回条款	利率跳升机制	清偿顺序	本息支付条件
4.4								
...								
5	资本工具合计	—	—	—	—	—	—	—

填表说明：

本表填列保险公司已发行的且在报告日仍有效的各类资本工具（普通股、优先股、次级定期债务、资本补充债券、次级可转换债券等）以及其他资本补充工具（接受的捐赠等）。

ST01 – 季度压力测试

行次	下季度末预测指标	基本情景	必测风险因素一	必测风险因素二	自测风险因素一	自测风险因素二
1	风险因素描述					
2	实际资本					
3	核心资本					
4	最低资本					
5	核心偿付能力溢额					
6	核心偿付能力充足率					
7	综合偿付能力溢额					
8	综合偿付能力充足率					

填报说明：

劳合社保险（中国）有限公司仅需列报各情景下公司整体的核心偿付能力充足率和综合偿付能力充足率。

L01 – 寿险合同未到期责任准备金负债

行次	项目	传统险（不含高利率保单）	分红险	万能险	投连险（含其他）	高利率保单	期末合计	期初合计
1	偿付能力报告下寿险合同未到期责任准备金							
1.1	最优估计准备金							
1.1.1	其中：选择权及保证利益的时间价值（TVOG）							
1.2	风险边际							
2	财务报表下寿险合同未到期责任准备金							
2.1	最优估计准备金							
2.2	风险边际							
2.3	剩余边际							
3	现金价值							
4	账户价值							

IR01 – 财险和人身险公司非寿险业务保险风险 – 保费风险和准备金风险

行次	类型	过去12个月比例分保分出保费	过去12个月非比例分保分出保费	过去12个月分保净保费	过去12个月前的过去12个月自留保费	过去12个月自留保费	再保后未决赔款准备金	综合成本率	综合成本率变动	未决赔款准备金回溯偏差率的算术平均数	上一会计年度累计原保费收入与分入保费收入之和	上年同期累计原保费收入与分入保费收入之和	报告期当年累计原保费收入费收入	风险分散前的最低资本	风险分散效应	风险分散后的最低资本	保费风险							准备金风险			
																	风险暴露	特征系数 k1	特征系数 k2	特征系数 k3	特征系数 k4	特征系数 k5	最低资本	风险暴露	特征系数 k1	特征系数 k2	最低资本
1	车险																										
2	财产险																										
3	船货特险																										
4	责任险																										
5	农业险																										
6	信用保证险																										
6.1	融资性信用保证保险																										
6.2	非融资性信用保证保险																										
7	短意险																										
8	短健险																										
9	短寿险																										
10	其他险																										
11	合计																										

填报说明：

1. 所有变动率保留四位小数。
2. 车险的综合成本率为最近6个月综合成本率。
3. 财产险，船货特险，责任险，短健险，短意险，信用保证险，农业险，非融资性信用保证险的上两个财务年度末的综合成本率为最近12个月综合成本率。
4. 因经营期限不足无法计算最近一个财务年度末上两个季度末的，此项填"不适用"。
5. 财产险，船货特险，责任险，农业险，信用保证险，短意险，短健险，短寿险的未决赔款准备金回溯偏差率的算术平均数。

款准备金和短寿险为所有非车险业务整体的再保后未决赔款准备金回溯偏差率的算术平均数为所有非车险业务整体的再保后未决赔

IR01－1－财险和人身险公司非寿险业务保险风险－融资性信用保证险

行次	融资性信用保证保险	再保后贷款余额	再保后未决赔款准备金余额	风险暴露	基础因子	特征系数 $k1$	特征系数 $k2$	特征系数 $k3$	特征系数 $k4$	特征系数 $k5$	特征系数 $k6$	最低资本
1	个人类贷款											
1.1	个人住房抵押贷款											
1.2	对已抵押房产，在购房人没有全部归还贷款前，以再评估后的净值为抵押追加贷款的，追加的部分											
1.3	个人其他贷款											
2	企业类贷款											
3	其他贷款											
4	合计											

IR02－财险和人身险公司非寿险业务保险风险－巨灾风险

行次	项目	期末数
1	国内车险巨灾风险最低资本	
2	国内财产险台风及洪水巨灾风险最低资本	
3	国内财产险地震巨灾风险最低资本	
4	国际台风及洪水巨灾风险最低资本	
5	国际地震巨灾风险最低资本	
6	巨灾风险分散效应（1＋2＋3＋4＋5－7）	
7	非寿险业务巨灾风险最低资本	——

IR03－再保险公司非寿险再保险业务保险风险－保费和准备金风险

行次	类型	过去12个月自留保费	综合成本率	再保后未决赔款准备金	再保后贷款余额	风险分散前的最低资本	风险分散效应	风险分散后的最低资本	保费风险				准备金风险		
									风险暴露	特征系数 $k1$	特征系数 $k2$	最低资本	风险暴露	特征系数 $k1$	最低资本
1	比例车险					——		——	——						——
2	比例财产险														
3	比例船货特险														
4	比例责任险														
5	比例农业险					——		——	——						——

续表

行次	类型	过去12个月自留保费	综合成本率	再保后未决赔款准备金	再保后贷款余额	风险分散前的最低资本	风险分散效应	风险分散后的最低资本	保费风险				准备金风险		
									风险暴露	特征系数$k1$	特征系数$k2$	最低资本	风险暴露	特征系数$k1$	最低资本
6	比例非融资性信用保证险				—		—	—			—			—	
7	比例融资性信用保证险	—	—	—			—		—	—	—	—	—	—	—
7.1	个人类贷款	—	—	—			—		—	—	—	—	—	—	—
7.1.1	个人住房抵押贷款	—	—	—			—		—	—	—	—	—	—	—
7.1.2	对已抵押房产，在购房人没有全部归还贷款前，以再评估后的净值为抵押追加贷款的，追加的部分	—	—						—	—	—	—	—	—	—
7.1.3	个人其他贷款	—	—	—			—		—	—	—	—	—	—	—
7.2	企业类贷款	—	—	—			—		—	—	—	—	—	—	—
7.3	其他贷款	—	—	—			—		—	—	—	—	—	—	—
8	比例短期意外险				—		—	—			—			—	
9	比例短健险				—		—	—			—			—	
10	比例短寿险				—		—	—			—			—	
11	比例其他险				—		—	—			—			—	
12	非比例财产险		—		—		—	—			—			—	
13	非比例责任险、短意险、短健险、短寿险		—		—		—	—			—			—	
14	非比例特殊风险		—		—		—	—			—			—	
15	合计	—	—	—	—	—	—	—	—	—	—	—	—	—	—

填报说明：

1. 所有变动率保留四位小数；

2. 车险的综合成本率为最近6个月综合成本率；

3. 财产险、船货特险、责任险、意健险、农业险，信用保证险的综合成本率为最近12个月综合成本率；

4. 非比例财产险的自留保费，仅包括财产险险位超赔再保险的保费，不包括财产险巨灾超赔再保险和财产险险位与巨灾混合超赔再保险的自留保费。

IR04－再保险公司非寿险再保险业务保险风险－巨灾风险

行次	项目	期末数
1	比例再保险业务巨灾风险最低资本	—
1.1	比例业务－车险巨灾风险最低资本	
1.2	比例业务－财产险台风及洪水巨灾风险最低资本（国内）	
1.3	比例业务－财产险地震巨灾风险最低资本（国内）	
1.4	比例业务－财产险台风及洪水巨灾风险最低资本（国际）	
1.5	比例业务－财产险地震巨灾风险最低资本（国际）	
1.6	比例再保险业务巨灾风险分散效应	
2	非比例再保险业务巨灾风险最低资本	
3	非寿险再保险业务巨灾风险分散效应	
4	非寿险再保险业务巨灾风险最低资本	—

IR05－寿险业务保险风险

行次	项目	期末数
1	寿险业务保险风险－损失发生风险最低资本	
1.1	损失发生风险最低资本－死亡发生率风险	
1.2	损失发生风险最低资本－死亡巨灾风险	
1.3	损失发生风险最低资本－长寿风险	
1.4	损失发生风险最低资本－疾病风险	
1.4.1	损失发生风险最低资本－疾病风险－疾病发生率风险	
1.4.2	损失发生风险最低资本－疾病风险－疾病趋势风险	
1.4.3	损失发生风险最低资本－疾病风险－风险分散效应	
1.5	损失发生风险最低资本－医疗及健康赔付损失率风险	
1.6	损失发生风险最低资本－其他损失发生率风险	
1.7	损失发生风险最低资本－风险分散效应	
2	寿险业务保险风险－退保风险最低资本	
2.1	退保风险最低资本－退保率风险	
2.1.1	退保风险最低资本－退保率风险－类型1	
2.1.2	退保风险最低资本－退保率风险－类型2	
2.2	退保风险最低资本－大规模退保风险	
3	寿险业务保险风险－费用风险最低资本	
4	寿险业务保险风险－风险分散效应	
5	寿险业务保险风险最低资本合计	

LT01－穿透后投资资产表

行次	资产类型	认可价值	风险暴露			底层资产风险暴露 (4)	穿透后整体风险暴露 (5) ＝ (1) ＋ (3) ＋ (4)
			无须/豁免穿透 (1)	进行穿透 (2)	无法穿透 (3)		
1	基础资产	—					—
1.1	现金及流动性管理工具						—
1.2	银行存款	—	—	—	—	—	—
1.2.1	定期存款						—
1.2.2	协议存款						—
1.2.3	大额存单						—
1.2.4	结构性存款						—
1.2.5	其他存款（企业集团财务公司）						—
1.3	债券类资产	—	—	—	—	—	—
1.3.1	政府债券						—
1.3.2	央行票据						—
1.3.3	政府支持机构债券						—
1.3.4	金融债券						—
1.3.5	企业债券、公司债券						—
1.3.6	非金融企业债务融资工具						—
1.3.7	同业存单						—
1.3.8	信贷资产支持证券						—
1.3.9	证券交易所交易的资产支持证券						—
1.3.10	可转债、可交换债						—
1.3.11	无固定限期资本债券						—
1.4	股权投资	—	—	—	—	—	—
1.4.1	上市普通股股票（含港股通、存托凭证等）						—
1.4.2	优先股						—
1.4.3	未上市股权（不含子公司、合营企业和联营企业的长期股权投资）						—
1.4.4	对子公司、合营和联营企业的长期股权投资						—
1.5	证券投资基金						—
1.6	投资性房地产	—	—	—	—	—	—
1.6.1	投资性房地产物权						—

续表

行次	资产类型	认可价值	风险暴露			底层资产风险暴露 (4)	穿透后整体风险暴露 (5) = (1) + (3) + (4)
			无须/豁免穿透 (1)	进行穿透 (2)	无法穿透 (3)		
1.6.2	不动产项目公司股权						—
1.6.3	向其控股的经营投资性房地产业务的项目公司提供的各项融资借款						
1.6.4	房地产信托投资基金（公募）						—
1.7	金融衍生工具						—
1.8	对企业或个人的债权资产						—
2	非基础资产	—	—		—	—	—
2.1	信托计划	—	—	—	—	—	—
2.1.1	权益类信托计划						—
2.1.2	固定收益类信托计划						—
2.2	保险资产管理产品	—	—	—	—	—	—
2.2.1	组合类保险资产管理产品						—
2.2.2	股权投资计划						—
2.2.3	债权投资计划						—
2.3	股权投资基金						—
2.4	债转股投资计划						—
2.5	商业银行理财产品						—
2.6	特殊目的载体SPV						—
2.7	资产支持计划						—
2.8	不动产金融产品						—
2.9	公开募集基础设施证券投资基金						—
3	合计	—	—	—	—	—	—

填报说明：

1. 本表填列公司持有的境内投资资产和境外投资资产。

2. 公司持有的基础资产，其风险暴露需填报在"无须/豁免穿透"列；

公司持有的非基础资产，按其穿透情况进行填列，如豁免穿透的，则填报在"无须/豁免穿透"列；如进行穿透的，则填报在"进行穿透"列；如无法穿透的，则填报在"无法穿透"列。

3. 非基础资产进行穿透后，其底层资产的风险暴露应填报在"底层资产风险暴露"列。

IN01 – 人身保险公司利率风险

行次	利率风险 \ 账户	传统险（不含高利率保单）	分红险	万能险	投连险（含其他）	高利率保单	股东账户及其他	总计
1	$PV（NCF）_{基础情景}$							—
2	利率下降 $PV（NCF）_{不利情景}$							—
3	利率上升 $PV（NCF）_{不利情景}$							—
4	利率下降情景最低资本							—
5	利率上升情景最低资本							—
6	利率风险最低资本							—

IN02 – 再保险公司利率风险

行次	利率风险 \ 账户	传统险（不含高利率保单）	分红险	万能险	投连险（含其他）	高利率保单	股东账户及其他	总计
1	寿险业务 $PV（NCF）_{基础情景}$							—
2	寿险业务利率下降 PV $（NCF）_{不利情景}$							—
3	寿险业务利率上升 PV $（NCF）_{不利情景}$							—
4	寿险业务利率下降情景最低资本							—
5	寿险业务利率上升情景最低资本	—	—	—	—	—	—	—
6	寿险业务利率风险最低资本							—
7	非寿险业务利率风险最低资本	—	—	—	—	—	—	—
8	再保险公司利率风险最低资本	—	—	—	—	—	—	—

IN03 – 人身保险公司利率风险资产

行次	资产类别	认可价值（名义本金）	修正久期
1	存款		
1.1	定期存款		
1.2	协议存款		
1.3	结构性存款		
1.4	大额存单		

续表

行次	资产类别	认可价值（名义本金）	修正久期
1.5	其他存款		
2	债券类资产		
2.1	政府债券		
2.2	中央银行票据		
2.3	政策性金融债券		
2.4	政府支持机构债券		
2.5	企业债券、公司债券		
2.6	非金融企业债务融资工具		
2.7	金融债券		
2.8	同业存单		
2.9	信贷资产支持证券		
2.10	资产支持票据		
2.11	其他证券交易所挂牌交易的资产支持证券		
2.12	其他债券类资产		
3	其他固定收益类产品		
3.1	固定收益类信托计划		
3.2	债权投资计划		
3.2.1	基础设施债权投资计划		
3.2.2	不动产债权投资计划		
3.3	资产支持计划		
3.4	其他固定收益类投资产品		
4	利率类金融衍生品		
4.1	国债期货		
4.1.1	国债期货空头合约		
4.1.2	国债期货多头合约		
4.2	利率互换		
4.3	其他利率类金融衍生品		
5	保单质押贷款		

填报说明：

1. 本表应填列纳入利率风险计量的全部资产。

2. 纳入利率风险计量的资产应当分类逐项填报，无须逐笔列示。

3. 利率类金融衍生品填报名义本金，其他资产类别填报认可价值。

CT01 – 集中度风险资产表

行次	集中度项目	占总资产比例	风险暴露限额	风险暴露	集中度最低资本
1	大类资产集中度				
1.1	权益类资产				
1.2	其他金融资产				
1.3	境外投资资产				
2	交易对手集中度				
2.1	（第一大交易对手名称）				
2.2	（第二大交易对手名称）				
2.3	（第三大交易对手名称）				
2.4	（第四大交易对手名称）				
2.5	（第五大交易对手名称）				
3	房地产集中度				
4	合计				

填报说明：

1. 总资产是指报告日母公司会计报表上所列示的总资产。

2. 如突破交易对手集中度阈值的，应当填报前五大交易对手的相关信息。

MR01 – 股票（未套保及不符合条件的套保）

行次	股票名称	股票代码	股票类型	是否为沪深300指数成分股	持股比例	购买成本	认可价值	风险暴露
1	公司直接持有							
1.1								
1.2								
...	...							
2	穿透法还原后持有							
2.1								
2.2								
...	...							
3	合计					—	—	—

填报说明：

1. 本表需逐笔填报每项资产的明细信息，如公司持有该类资产的数量超过上表现有行数，可采用插入行的方式自行添加行数。

2. 本表填列的上市股票不包括保险公司持有的子公司、合营企业和联营企业的股票。

3. 股票类型：填报"沪深主板股"或"创业板股、科创板股"。

4. 是否为沪深300指数成分股：填报"是"或"否"。

5. 持股比例：仅需对保险公司持有的或者通过协议、其他安排或与他人共同持有的一个上市公司已发行的股份达到百分之五的股票填写，填写的比例为本公司的持股比例。

MR02 – 股票（符合条件的套期保值）

行次	股票名称	股票代码	股票类型	是否为沪深300指数成分股	持股比例	套期期限	股票的购买成本	股票的认可价值	股票的风险暴露	空头合约价值	套期有效性
1	公司直接持有										
1.1	套保组合1										
1.1.1	股票1										
1.1.2	股票2										
…	…										
1.2	套保组合2										
1.2.1	股票1										
1.2.2	股票2										
…	…										
2	穿透法还原后持有										
2.1	套保组合1										
2.1.1	股票1										
2.1.2	股票2										
…	…										
2.2	套保组合2										
2.2.1	股票1										
2.2.2	股票2										
…	…										
3	合计										

填报说明：

1. 本表需逐笔填报每项资产的明细信息，如公司持有该类资产的数量超过上表现有行数，可采用插入行的方式自行添加行数。

2. 被套保的股票组合类型：填报"沪深主板股"或"创业板股、科创板股"。

3. 被套保的股票组合是否为沪深300指数成分股：填报"是"或"否"。

4. 持股比例：仅需对保险公司持有的或者通过协议、其他安排或与他人共同持有的一个上市公司已发行的股份达到百分之五的股票填写，填写的比例为本公司的持股比例。

5. 空头合约价值、套期有效性：只需填报套保组合层，被套保股票无须填报。

MR03 – 优先股

行次	优先股类别	购买成本	认可价值	风险暴露
1	公司直接持有			
1.1	银行、金融资产管理公司、保险公司发行的不带强制转换为普通股或减记条款的			

行次	优先股类别	购买成本	认可价值	风险暴露
1.2	银行发行的带有强制转换为普通股或减记条款的			
1.2.1	各级资本充足率全部达到监管要求			
1.2.1.1	政策性银行、国有商业银行			
1.2.1.2	股份制商业银行			
1.2.1.3	城市商业银行			
1.2.1.4	其他商业银行			
1.2.2	各级资本充足率未全部达到监管要求			
1.3	金融资产管理公司发行的带有强制转换为普通股或减记条款的			
1.3.1	各级资本充足率全部达到监管要求			
1.3.2	各级资本充足率未全部达到监管要求			
1.4	保险公司发行的带有强制转换为普通股或减记条款的			
1.4.1	各级偿付能力充足率全部达到监管要求			
1.4.2	各级偿付能力充足率未全部达到监管要求			
1.5	非金融机构发行			
1.5.1	不带强制转换为普通股条款的			
1.5.2	带有强制转换为普通股条款的			
2	穿透法还原后持有的			
2.1	银行、金融资产管理公司、保险公司发行的不带强制转换为普通股或减记条款的			
2.2	银行发行的带有强制转换为普通股或减记条款的			
2.2.1	各级资本充足率全部达到监管要求			
2.2.1.1	政策性银行、国有商业银行			
2.2.1.2	股份制商业银行			
2.2.1.3	城市商业银行			
2.2.1.4	其他商业银行			
2.2.2	各级资本充足率未全部达到监管要求			
2.3	金融资产管理公司发行的带有强制转换为普通股或减记条款的			
2.3.1	各级资本充足率全部达到监管要求			
2.3.2	各级资本充足率未全部达到监管要求			
2.4	保险公司发行的带有强制转换为普通股或减记条款的			
2.4.1	各级偿付能力充足率全部达到监管要求			
2.4.2	各级偿付能力充足率未全部达到监管要求			
2.5	非金融机构发行			
2.5.1	不带强制转换为普通股条款的			
2.5.2	带有强制转换为普通股条款的			
3	合计			

MR04－无固定期限资本债券

行次	无固定期限资本债券类别	购买成本	认可价值	风险暴露
1	公司直接持有			
1.1	银行、金融资产管理公司、保险公司发行的不带强制转换为普通股或减记条款的			
1.2	银行发行的带有强制转换为普通股或减记条款的			
1.2.1	各级资本充足率全部达到监管要求			
1.2.1.1	政策性银行、国有大型商业银行			
1.2.1.2	股份制商业银行			
1.2.1.3	城市商业银行			
1.2.1.4	其他商业银行			
1.2.2	各级资本充足率未全部达到监管要求			
1.3	金融资产管理公司发行的带有强制转换为普通股或减记条款的			
1.3.1	各级资本充足率全部达到监管要求			
1.3.2	各级资本充足率未全部达到监管要求			
1.4	保险公司发行的带有强制转换为普通股或减记条款的			
1.4.1	各级偿付能力充足率全部达到监管要求			
1.4.2	各级偿付能力充足率未全部达到监管要求			
2	穿透法还原后持有的			
2.1	银行、金融资产管理公司、保险公司发行的不带强制转换为普通股或减记条款的			
2.2	银行发行的带有强制转换为普通股或减记条款的			
2.2.1	各级资本充足率全部达到监管要求			
2.2.1.1	政策性银行、国有大型商业银行			
2.2.1.2	股份制商业银行			
2.2.1.3	城市商业银行			
2.2.1.4	其他商业银行			
2.2.2	各级资本充足率未全部达到监管要求			
2.3	金融资产管理公司发行的带有强制转换为普通股或减记条款的			
2.3.1	各级资本充足率全部达到监管要求			
2.3.2	各级资本充足率未全部达到监管要求			
2.4	保险公司发行的带有强制转换为普通股或减记条款的			
2.4.1	各级偿付能力充足率全部达到监管要求			
2.4.2	各级偿付能力充足率未全部达到监管要求			
3	合计			

MR05 - 未上市股权

行次	股权名称	持股比例	购买成本	认可价值	风险暴露
1	公司直接持有				
1.1					
1.2					
…	…				
2	穿透法还原后持有				
2.1					
2.2					
…	…				
3	合计				

填报说明：

1. 本表需逐笔填报每项资产的明细信息，如公司持有该类资产的数量超过上表现有行数，可采用插入行的方式自行添加行数。

2. 本表填列的未上市股权不包括保险公司对子公司、合营企业和联营企业的长期股权投资。

MR06 - 对子公司、合营企业和联营企业的长期股权投资

行次	企业名称	是否在公开、规范的证券交易所上市交易	投资对象性质	持股比例	持股成本	认可价值	风险暴露
1	公司直接持有						
1.1	对子公司的长期股权投资						
1.1.1							
1.1.2							
…	…						
1.2	对合营企业和联营企业的长期股权投资						
1.2.1							
1.2.2							
…	…						
2	穿透法还原后持有						
2.1	对子公司的长期股权投资						
2.1.1							
2.1.2							
…	…						
2.2	对合营企业和联营企业的长期股权投资						
2.2.1							
2.2.2							
…	…						
3	合计						

填报说明：

1. 本表需逐笔填报每项资产的明细信息，如公司持有该类资产的数量超过上表现有行数，可采用插入行的方式自行添加行数。

2. 是否在公开、规范的证券交易所上市交易：填列"是"或"否"。

3. 投资对象性质：仅适用于对子公司的长期股权投资，填列"保险类子公司""属于保险主业范围内的子公司"或"其他子公司"。

MR07 – 证券投资基金

行次	基金名称	购买成本	认可价值	风险暴露
1	公司直接持有			
1.1	债券基金			
1.2	股票基金			
1.3	混合基金			
1.4	商品及金融衍生品基金			
1.5	货币市场基金			
2	穿透法还原后持有			
2.1	债券基金			
2.2	股票基金			
2.3	混合基金			
2.4	商品及金融衍生品基金			
2.5	货币市场基金			
3	合计			

MR08 – 可转债、可交换债

行次	证券名称	证券代码	发行人	购买成本	认可价值	风险暴露
1	公司直接持有					
1.1						
1.2						
…	…					
2	穿透法还原后持有					
2.1						
2.2						
…	…					
3	合计					

填报说明:

本表需逐笔填报每项资产的明细信息,如公司持有该类资产的数量超过上表现有行数,可采用插入行的方式自行添加行数。

MR09 – 利率类金融衍生品

行次	金融衍生品名称	合约方向	合约修正久期(年)	合约本金	合约价值	套期有效性	证券代码	债券修正久期(年)	债券的认可价值	债券的风险暴露
1	公司直接持有									
1.1	利率互换									
1.1.1	合约1									

续表

行次	金融衍生品名称	合约方向	合约修正久期（年）	合约本金	合约价值	套期有效性	证券代码	债券修正久期（年）	债券的认可价值	债券的风险暴露
1.1.2	合约2									
…	…									
1.2	国债期货									
1.2.1	空头合约（套保有效且期限不低于1个月）									
1.2.1.1	套期组合1									
1.2.1.1.1	债券1									
1.2.1.1.2	债券2									
…	…									
1.2.1.2	套期组合2									
1.2.1.2.1	债券1									
1.2.1.2.2	债券2									
…	…									
1.2.2	空头合约（套保有效但期限低于1个月）									
1.2.2.1	合约1									
1.2.2.2	合约2									
…	…									
1.2.3	空头合约（套保无效）									
1.2.3.1	合约1									
1.2.3.2	合约2									
…	…									
1.2.4	多头合约									
1.2.4.1	合约1									
1.2.4.2	合约2									
…	…									
2	穿透法还原后持有									
2.1	利率互换									
2.1.1	合约1									
2.1.2	合约2									
…	…									
2.2	国债期货									

续表

行次	金融衍生品名称	合约方向	合约修正久期（年）	合约本金	合约价值	套期有效性	证券代码	债券修正久期（年）	债券的认可价值	债券的风险暴露
2.2.1	空头合约（套保有效且期限不低于1个月）									
2.2.1.1	套期组合1									
2.2.1.1.1	债券1									
2.2.1.1.2	债券2									
…	…									
2.2.1.2	套期组合2									
2.2.1.2.1	债券1									
2.2.1.2.2	债券2									
…	…									
2.2.2	空头合约（套保有效但期限低于1个月）									
2.2.2.1	合约1									
2.2.2.2	合约2									
…	…									
2.2.3	空头合约（套保无效）									
2.2.3.1	合约1									
2.2.3.2	合约2									
…	…									
2.2.4	多头合约									
2.2.4.1	合约1									
2.2.4.2	合约2									
…	…									
3	合计									

填报说明：

1. 根据公司实际的套保组合，按照套期组合1的样式逐笔进行填报；如套期组合超过2个，可采用复制套期组合整项–插入复制行数的方式添加。

2. 利率互换应当填报合约方向，如为收固定利率、付浮动利率的，填写"正"，反之则填写"负"；其他利率类金融衍生品无须填报此列。

3. 合约修正久期（年）以年为单位，填写数值，并保留四位小数。

4. 国债期货空头合约修正久期（年）、合约本金、合约价值、套期有效性：在套保有效且期限不低于1个月时填报在套保组合层，被套保债券无须填报。

MR10－其他金融衍生品－股指期货空头（不符合条件套保）和多头

行次	股指期货合约名称	股指期货合约价值	风险暴露
1	公司直接持有		
1.1	空头合约（不符合条件套保）		
1.1.1	股指期货空头合约1		
1.1.2	股指期货空头合约2		
…	…		
1.2	多头合约		
1.2.1	股指期货多头合约1		
1.2.2	股指期货多头合约2		
…	…		
2	穿透法还原后持有		
2.1	空头合约（不符合条件套保）		
2.1.1	股指期货空头合约1		
2.1.2	股指期货空头合约2		
…	…		
2.2	多头合约		
2.2.1	股指期货多头合约1		
2.2.2	股指期货多头合约2		
…	…		
3	合计		

填报说明：

1. 根据每笔合约的明细信息逐笔进行填报；如公司持有的合约数量超过上表现有行数，可采用插入行的方式自行添加行数。

2. 不符合条件套保的空头合约包括符合套期有效性但套期期限小于1个月以及不符合套期有效性的股指期货空头合约。

MR11－投资性房地产

行次	资产名称	所在城市	持股比例	投资时间	计量属性	购买成本	账面价值	认可价值	风险暴露
1	公司直接持有								
1.1	投资性不动产物权								
1.1.1									
1.1.2									
…	…								
1.2	不动产项目公司股权								
1.2.1									

行次	资产名称	所在城市	持股比例	投资时间	计量属性	购买成本	账面价值	认可价值	风险暴露
1.2.2									
…	…								
1.3	向其控股的经营投资性房地产业务的项目公司提供的各项融资借款								
1.3.1									
1.3.2									
…	…								
2	穿透法还原后持有								
2.1	投资性不动产物权								
2.1.1									
2.1.2									
…	…								
2.2	不动产项目公司股权								
2.2.1									
2.2.2									
…	…								
2.3	向其控股的经营投资性房地产业务的项目公司提供的各项融资借款								
2.3.1									
2.3.2									
…	…								
3	合计								

填报说明：

1. 本表需逐笔填报每项资产的明细信息，如公司持有该类资产的数量超过上表现有行数，可采用插入行的方式自行添加行数。

2. 对于不动产物权投资，资产名称填写所投资不动产项目的名称，对于不动产股权投资及向其项目公司提供的融资借款，填写所投资项目公司的名称。

3. 持股比例：对于不动产项目公司股权投资，填写保险公司对项目公司的持股比例。

4. 投资时间：填写年月，如2020年12月。

5. 计量属性：填写会计账簿中的计量属性，"历史成本"或"公允价值"。

MR12－境外固定收益类资产

行次	资产名称	资产类型	到期日	所在国家（地区）	购买成本	认可价值	风险暴露
1	公司直接持有						
1.1	发达市场						
1.1.1							
1.1.2							
…	…						
1.2	新兴市场						
1.2.1							
1.2.2							
…	…						
2	穿透法还原后持有						
2.1	发达市场						
2.1.1							
2.1.2							
…	…						
2.2	新兴市场						
2.2.1							
2.2.2							
…	…						
3	合计						

填报说明：

1. 本表需逐笔填报每项资产的明细信息，如公司持有该类资产的数量超过上表现有行数，可采用插入行的方式自行添加行数。

2. 资产类型：按《LT01－穿透后投资资产表》"资产类型"列的资产分类进行填报。如债券类资产，则应根据债券类型填写"政府债券""金融债券"或"同业存单"等。

3. 到期日：填列到期年月，如 2020 年 12 月；没有到期日的，填写"不适用"。

MR13－境外权益类资产（对子公司、合营企业和联营企业的长期股权投资）

行次	企业名称	与本公司的关系	是否在公开、规范的证券交易所上市交易	投资对象性质	所在国家（地区）	持股比例	持股成本	认可价值	风险暴露
1	公司直接持有								
1.1	发达市场								
1.1.1									
1.1.2									
…	…								

续表

行次	企业名称	与本公司的关系	是否在公开、规范的证券交易所上市交易	投资对象性质	所在国家（地区）	持股比例	持股成本	认可价值	风险暴露
1.2	新兴市场								
1.2.1									
1.2.2									
…	…								
2	穿透法还原后持有								
2.1	发达市场								
2.1.1									
2.1.2									
…	…								
2.2	新兴市场								
2.2.1									
2.2.2									
…	…								
3	合计								

填报说明：

1. 本表需逐笔填报每项资产的明细信息，如公司持有该类资产的数量超过上表现有行数，可采用插入行的方式自行添加行数。

2. 与本公司的关系，填列"子公司""合营企业"或"联营企业"。

3. 是否在公开、规范的证券交易所上市交易：填列"是"或"否"。

4. 投资对象性质：仅适用对子公司的长期股权投资，填列"保险类子公司""属于保险主业范围内的子公司"或"其他子公司"。

MR14－境外权益类资产（其他权益类资产）

行次	资产名称	资产代码	资产类型	所在国家（地区）	购买成本	认可价值	风险暴露
1	公司直接持有	—	—				
1.1	发达市场						
1.1.1							
1.1.2							
…	…						
1.2	新兴市场	—					
1.2.1							
1.2.2							
…	…						
2	穿透法还原后持有	—	—				
2.1	发达市场						
2.1.1							
2.1.2							

续表

行次	资产名称	资产代码	资产类型	所在国家（地区）	购买成本	认可价值	风险暴露
…	…						
2.2	新兴市场	—					
2.2.1							
2.2.2							
…	…						
3	合计	—	—				

填报说明：

1. 本表需逐笔填报每项资产的明细信息，如公司持有该类资产的数量超过上表现有行数，可采用插入行的方式自行添加行数。

2. 资产类型：按《LT01－穿透后投资资产表》"资产类型"列的资产分类进行填报。如股票，填写"上市普通股票（含港股通、存托凭证等）"。

3. 如持有的境外权益类资产无资产代码，资产代码列可不填。

MR15－境外权益类资产（投资性房地产）

行次	资产名称	所在国家（地区）	持股比例	投资时间	计量属性	购买成本	账面价值	认可价值	风险暴露
1	公司直接持有								
1.1	投资性不动产物权								
1.1.1									
1.1.2									
…	…								
1.2	不动产项目公司股权								
1.2.1									
1.2.2									
…	…								
1.3	向其控股的经营投资性房地产业务的项目公司提供的各项融资借款								
1.3.1									
1.3.2									
…	…								
1.4	房地产信托投资基金（公募）								
1.4.1									
1.4.2									
…	…								
2	穿透法还原后持有								
2.1	投资性不动产物权								
2.1.1									

行次	资产名称	所在国家（地区）	持股比例	投资时间	计量属性	购买成本	账面价值	认可价值	风险暴露
2.1.2									
…	…								
2.2	不动产项目公司股权								
2.2.1									
2.2.2									
…	…								
2.3	向其控股的经营投资性房地产业务的项目公司提供的各项融资借款								
2.3.1									
2.3.2									
…	…								
2.4	房地产信托投资基金（公募）								
2.4.1									
2.4.2									
…	…								
3	合计								

填报说明：

1. 本表需逐笔填报每项资产的明细信息，如公司持有该类资产的数量超过上表现有行数，可采用插入行的方式自行添加行数。

2. 对于不动产物权投资，资产名称填写所投资不动产项目的名称；对于不动产股权投资及向其项目公司提供的融资借款，填写所投资项目公司的名称。

3. 持股比例：对于不动产项目公司股权投资，填写保险公司对项目公司的持股比例。

4. 投资时间：填写年月，如2020年12月。

5. 计量属性：填写会计计量方法，"历史成本"或"公允价值"。

CR01－现金及流动性管理工具

行次	资产类别	认可价值	应收利息	风险暴露
1	公司直接持有			
1.1	库存现金			
1.2	活期存款			
1.3	通知存款			
1.4	买入返售证券			
1.5	商业银行票据			
1.6	大额可转让存单			

行次	资产类别	认可价值	应收利息	风险暴露
1.7	拆出资金			
1.8	存放在中国证券登记结算公司和中央国债登记结算公司的备付金和保证金			
1.9	其他流动性管理工具			
2	穿透法还原后持有			
2.1	库存现金			
2.2	活期存款			
2.3	通知存款			
2.4	买入返售证券			
2.5	商业银行票据			
2.6	大额可转让存单			
2.7	拆出资金			
2.8	存放在中国证券登记结算公司和中央国债登记结算公司的备付金和保证金			
2.9	其他流动性管理工具			
3	合计			

填报说明：

本表填列境内和境外各类现金及流动性管理工具。

CR02－银行存款

行次	资产类别	认可价值	应收利息	风险暴露
1	公司直接持有			
1.1	定期存款、协议存款、大额存单			
1.1.1	政策性银行			
1.1.2	国有大型商业银行			
1.1.3	股份制商业银行			
1.1.4	城市商业银行			
1.1.5	国际信用评级在 A 级及以上的外资商业银行			
1.1.6	农村商业银行			
1.1.7	其他境内商业银行和境外银行			
1.2	保本结构性存款			
1.2.1	政策性银行			
1.2.2	国有大型商业银行			
1.2.3	股份制商业银行			
1.2.4	城市商业银行			

行次	资产类别	认可价值	应收利息	风险暴露
1.2.5	国际信用评级在 A 级及以上的外资商业银行			
1.2.6	农村商业银行			
1.2.7	其他境内商业银行和境外银行			
1.3	非保本结构性存款			
1.4	其他存款			
1.4.1	其中：企业集团财务公司			
2	穿透法还原后持有			
2.1	定期存款、协议存款、大额存单			
2.1.1	政策性银行			
2.1.2	国有大型商业银行			
2.1.3	股份制商业银行			
2.1.4	城市商业银行			
2.1.5	国际信用评级在 A 级及以上的外资商业银行			
2.1.6	农村商业银行			
2.1.7	其他境内商业银行和境外银行			
2.2	保本结构性存款			
2.2.1	政策性银行			
2.2.2	国有大型商业银行			
2.2.3	股份制商业银行			
2.2.4	城市商业银行			
2.2.5	国际信用评级在 A 级及以上的外资商业银行			
2.2.6	农村商业银行			
2.2.7	其他境内商业银行和境外银行			
2.3	非保本结构性存款			
2.4	其他存款			
2.4.1	其中：企业集团财务公司			
3	合计			

填报说明：

本表中各类存款包括保险公司在境内和境外的存款。

CR03－金融债

行次	债券名称	债券代码	剩余期限（年）	资产的信用评级	修正久期（年）	认可价值	风险暴露
1	公司直接持有						
1.1	金融债（不含次级债、资本补充债等资本工具）						
1.1.1	政策性金融债券						
…	…						
1.1.2	商业银行债券						
…	…						
1.1.3	非银行金融债券						
…	…						
1.2	银行和其他保险公司发行的次级债、资本补充债等资本工具						
1.2.1	银行发行的二级资本工具						
…	…						
1.2.2	其他保险公司发行的次级债、资本补充债券						
…	…						
2	穿透法还原后持有						
2.1	金融债（不含次级债、资本补充债等资本工具）						
2.1.1	政策性金融债券						
…	…						
2.1.2	商业银行债券						
…	…						
2.1.3	非银行金融债券						
…	…						
2.2	银行和其他保险公司发行的次级债、资本补充债等资本工具						
2.2.1	银行发行的二级资本工具						
…	…						
2.2.2	其他保险公司发行的次级债、资本补充债券						
…	…						
3	合计						

填报说明：

1. 本表需逐笔填报每项资产的明细信息，如公司持有该类资产的数量超过上表现有行数，可采用插入行的方式自行添加行数。

2. 金融机构发行的无固定期限资本债券不在本表填列。

3. 剩余期限（年）以年为单位，填写数值，并保留四位小数。

4. 修正久期（年）以年为单位，填写数值，并保留四位小数。

CR04 – 企业债、公司债

行次	债券名称	债券代码	剩余期限（年）	资产的信用评级	修正久期（年）	认可价值	风险暴露
1	公司直接持有						
1.1							
1.1.1							
1.1.2							
…	…						
1.2							
1.2.1							
1.2.2							
…	…						
2	穿透法还原后持有						
2.1							
2.1.1							
2.1.2							
…	…						
2.2							
2.2.1							
2.2.2							
…	…						
3	合计						

填报说明：

1. 本表需逐笔填报每项资产的明细信息，如公司持有该类资产的数量超过上表现有行数，可采用插入行的方式自行添加行数。

2. 剩余期限（年）以年为单位，填写数值，并保留四位小数。

3. 修正久期（年）以年为单位，填写数值，并保留四位小数。

CR05 – 非金融企业债务融资工具

行次	债券名称	剩余期限（年）	资产的信用评级	修正久期（年）	认可价值	风险暴露
1	公司直接持有					
1.1	短期融资券、超短期融资券					
1.1.1						
1.1.2						
…	…					
1.2	中期票据					

续表

行次	债券名称	剩余期限（年）	资产的信用评级	修正久期（年）	认可价值	风险暴露
1.2.1						
1.2.2						
…	…					
2	穿透法还原后持有					
2.1	短期融资券、超短期融资券					
2.1.1						
2.1.2						
…	…					
2.2	中期票据					
2.2.1						
2.2.2						
…	…					
3	合计					

填报说明：

1. 本表需逐笔填报每项资产的明细信息，如公司持有该类资产的数量超过上表现有行数，可采用插入行的方式自行添加行数。

2. 剩余期限（年）以年为单位，填写数值，并保留四位小数。

3. 修正久期（年）以年为单位，填写数值，并保留四位小数。

CR06－其他债券类资产

行次	债券名称	剩余期限（年）	资产的信用评级	修正久期（年）	认可价值	风险暴露
1	公司直接持有					
1.1	政府支持机构债券					
…	…					
1.2	同业存单					
…	…					
1.3	信贷资产支持证券					
…	…					
1.4	资产支持票据					
…	…					
1.5	证券交易所挂牌交易的资产支持证券					
…	…					
2	穿透法还原后持有					

续表

行次	债券名称	剩余期限（年）	资产的信用评级	修正久期（年）	认可价值	风险暴露
2.1	政府支持机构债券					
…						
2.2	同业存单					
…						
2.3	信贷资产支持证券					
…						
2.4	资产支持票据					
…						
2.5	证券交易所挂票交易的资产支持证券					
…	…					
3	合计					

填报说明：

1. 本表需逐笔填报每项资产的明细信息，如公司持有该类资产的数量超过上表现有行数，可采用插入行的方式自行添加行数。

2. 剩余期限（年）以年为单位，填写数值，并保留四位小数。

3. 修正久期（年）以年为单位，填写数值，并保留四位小数。

CR07 - 套期保值的外汇远期和利率互换

行次	合约名称	交易对手信用评级	债权净额	风险暴露
1	公司直接持有	—		
1.1	外汇远期	—		
1.1.1				
1.1.2				
…	…			
1.2	利率互换	—		
1.2.1				
1.2.2				
…	…			
2	穿透法还原后持有	—		
2.1	外汇远期	—		
2.1.1				
2.1.2				
…	…			
2.2	利率互换	—		

行次	合约名称	交易对手信用评级	债权净额	风险暴露
2.2.1				
2.2.2				
…	…			
3	合计	—		

填报说明：

1. 套期保值的外汇远期或利率互换按照交易对手汇总填列，如果债权净额为负数，则不填。

2. 如公司进行套期保值的外汇远期或利率互换的数量超过上表现有行数，可采用插入行的方式自行添加行数。

CR08 - 应收利息

行次	资产类别	认可价值	风险暴露
1	公司直接持有		
1.1	债券类资产		
1.1.1	金融债券		
1.1.2	企业债券、公司债券		
1.1.3	非金融企业债务融资工具		
1.1.4	政府支持机构债券		
1.1.5	同业存单		
1.1.6	信贷资产支持证券		
1.1.7	资产支持票据		
1.1.8	证券交易所挂票交易的资产支持证券		
1.2	现金及流动性管理工具		
1.3	银行存款		
1.4	固定收益类信托计划		
1.5	债权投资计划		
1.6	资产支持计划		
1.7	保单质押贷款		
1.8	其他		
2	穿透法还原后持有	—	
2.1	债券类资产		
2.1.1	金融债券		
2.1.2	企业债券、公司债券		
2.1.3	非金融企业债务融资工具		
2.1.4	政府支持机构债券		
2.1.5	同业存单		
2.1.6	信贷资产支持证券		
2.1.7	资产支持票据		
2.1.8	证券交易所挂票交易的资产支持证券		
2.2	现金及流动性管理工具		

行次	资产类别	认可价值	风险暴露
2.3	银行存款		
2.4	固定收益类信托计划		
2.5	债权投资计划		
2.6	资产支持计划		
2.7	保单质押贷款		
2.8	其他		
3	合计	—	

CR09 – 对企业或个人的债权资产

行次	资产类别	资产风险分类等级	认可价值	风险暴露
1	公司直接持有			
1.1	保险公司向其非控股的、经营投资性房地产业务的项目公司的各项融资借款			
1.1.1				
1.1.2				
...				
1.2	保险公司向集团外的关联方提供的融资借款			
1.2.1				
1.2.2				
...				
2	穿透法还原后持有			
2.1	保险公司向其非控股的、经营投资性房地产业务的项目公司的各项融资借款			
2.1.1				
2.1.2				
...				
2.2	保险公司向集团外的关联方提供的融资借款			
2.2.1				
2.2.2				
...				
2.3	其他底层贷款资产			
2.3.1				
2.3.2				

行次	资产类别	资产风险分类等级	认可价值	风险暴露
...				
3	合计			

填报说明：

1. 本表需逐笔填报每项资产的明细信息，如公司持有该类资产的数量超过上表现有行数，可采用插入行的方式自行添加行数。

2. 对企业或个人的债权资产的风险分类等级参照商业银行贷款五级分类标准进行确定，填写"正常类""关注类""次级类""可疑类"或"损失类"。

MR16 – 权益类信托计划

行次	资产名称	穿透情况	交易结构层级	资产类型	发行主体	交易对手	购买成本	认可价值	风险暴露
1	进行穿透的权益类信托计划								
1.1	权益类信托计划1		1						
1.1.1	底层资产1								
1.1.2	底层资产2								
...	...								
1.2	权益类信托计划2		1						
1.2.1	底层资产1								
1.2.2	底层资产2								
...	...								
2	无法穿透的权益类信托计划								
2.1	权益类信托计划1								
2.2	权益类信托计划2								
...	...								
3	合计								

填报说明：

1. 本表需逐笔填报每项资产的明细信息。对于能够穿透的，需填报表层资产和底层资产的相关信息，不需填报中间层级的资产；对于部分穿透的，需填报能够穿透部分的表层资产和底层资产，以及无法穿透部分的非基础资产。

2. 资产名称：表层资产填写该权益类信托计划的产品名称；底层资产根据类别进行填写：如为未上市股权，则填写股权名称如××有限公司。

3. 穿透情况：表层资产无须填报；底层资产填写"无须穿透"；豁免穿透的非基础资产，填写"豁免穿透"；无法穿透的非基础资产部分，填写"无法穿透"。

4. 交易结构层级：为该资产所处交易结构的层数（n），其中表层资产填1，底层资产填交易结构的层数。

5. 资产类型：按《LT01 – 穿透后投资资产表》"资产类型"列的资产分类进行填报。如债券类资产，则应根据债券类型填写"政府债券""金融债券"或"同业存单"等。

6. 交易对手：按照《保险公司偿付能力监管规则第8号：市场风险最低资本》第七章集中度风险规则进行认定。

7. 如公司持有该类资产或底层资产的数量超过上表现有行数，可采用插入行的方式自行添加行数。

MR17－组合类保险资管产品

行次	资产名称	穿透情况	交易结构层级	资产类型	投资性质	产品代码	发行主体	交易对手	购买成本	认可价值	风险暴露
1	进行穿透的组合类保险资管产品										
1.1	组合类保险资管产品1		1								
1.1.1	底层资产1										
1.1.2	底层资产2										
…	…										
1.2	组合类保险资管产品2		1								
1.2.1	底层资产1										
1.2.2	底层资产2										
…	…										
2	豁免穿透的组合类保险资管产品										
2.1	组合类保险资管产品1										
2.2	组合类保险资管产品2										
…	…										
3	无法穿透的组合类保险资管产品										
3.1	组合类保险资管产品1										
3.2	组合类保险资管产品2										
…	…										
3	合计										

填报说明：

1. 本表需逐笔填报每项资产的明细信息。对于能够穿透的，需填报表层资产和底层资产的相关信息，不需填报中间层级的资产；对于部分穿透的，需填报能够穿透部分的表层资产和底层资产，以及无法穿透部分的非基础资产。

2. 资产名称：表层资产填写该资产管理产品的产品名称；底层资产根据类别进行填写：如为上市股票，则填写股票名称；如为证券投资基金，则填写基金名称；如为债券类资产，则填写债券简称。

3. 穿透情况：表层资产无须填报；底层资产填写"无须穿透"；豁免穿透的非基础资产，填写"豁免穿透"；无法穿透的非基础资产部分，填写"无法穿透"。

4. 交易结构层级：为该资产所处交易结构的层数（n），其中表层资产填1，底层资产填交易结构的层数。

5. 资产类型：表层资产无须填报；底层资产按《LT01－穿透后投资资产表》"资产类型"列的资产分类进行填报，如债券类资产，则应根据债券类型填写"政府债券""金融债券"或"同业存单"等。

6. 投资性质：按照《保险资产管理产品暂行办法》等相关规定确认，填写为"固定收益类""权益类""混合类"或"商品及金融衍生品类"。

7. 产品代码：在中保登公司获得的登记编码；如果没有，则不需要填列产品代码；底层资产无须填报本列。

8. 发行主体：填写该保险资管产品的发行机构名称，如××资产管理股份有限公司；底层资产无须填报本列。

9. 交易对手：按照《保险公司偿付能力监管规则第8号：市场风险最低资本》第七章集中度风险规则进行认定。

10. 如公司持有该类资产或底层资产的数量超过上表现有行数，可采用插入行的方式自行添加行数。

MR18 - 股权投资计划

行次	资产名称	穿透情况	交易结构层级	资产类型	产品代码	发行主体	交易对手	购买成本	认可价值	风险暴露
1	进行穿透的股权投资计划									
1.1	股权投资计划1		1							
1.1.1	底层资产1									
1.1.2	底层资产2									
…	…									
1.2	股权投资计划2		1							
1.2.1	底层资产1									
1.2.2	底层资产2									
…	…									
2	无法穿透的股权投资计划									
2.1	股权投资计划1									
2.2	股权投资计划2									
…	…									
3	合计									

填报说明：

1. 本表需逐笔填报每项资产的明细信息。对于能够穿透的，需填报表层资产和底层资产的相关信息，不需填报中间层级的资产；对于部分穿透的，需填报能够穿透部分的表层资产和底层资产，以及无法穿透部分的非基础资产。

2. 资产名称：表层资产填写该股权投资计划的产品名称；底层资产根据类别进行填写：如为未上市股权，则填写股权名称如××有限公司；如为非基础资产，则填写产品名称。

3. 穿透情况：表层资产无须填报；底层资产填写"无须穿透"；豁免穿透的非基础资产，填写"豁免穿透"；无法穿透的非基础资产部分，填写"无法穿透"。

4. 交易结构层级：为该资产所处交易结构的层数（n），其中表层资产填1，底层资产填交易结构的层数。

5. 资产类型：表层资产无须填报；底层资产按《LT01 - 穿透后投资资产表》"资产类型"列的资产分类进行填报，如债券类资产，则应根据债券类型填写"政府债券""金融债券"或"同业存单"等。

6. 产品代码：在中保登公司获得的登记编号；如果没有，则不需要填列产品代码；底层资产无须填报本列。

7. 交易对手：按照《保险公司偿付能力监管规则第8号：市场风险最低资本》第七章集中度风险规则进行认定。

8. 如公司持有该类资产或底层资产的数量超过上表现有行数，可采用插入行的方式自行添加行数。

MR19 - 股权投资基金

行次	资产名称	穿透情况	交易结构层级	资产类型	交易对手	购买成本	认可价值	风险暴露
1	进行穿透的股权投资基金							
1.1	股权投资基金1		1					
1.1.1	底层资产1							

行次	资产名称	穿透情况	交易结构层级	资产类型	交易对手	购买成本	认可价值	风险暴露
1.1.2	底层资产2							
…	…							
1.2	股权投资基金1		1					
1.2.1	底层资产1							
1.2.2	底层资产2							
…	…							
2	无法穿透的股权投资基金							
2.1	股权投资基金1							
2.2	股权投资基金2							
…	…							
3	合计							

填报说明：

1. 本表需逐笔填报每项资产的明细信息。对于能够穿透的，需填报表层资产和底层资产的相关信息，不需填报中间层级的资产；对于部分穿透的，需填报能够穿透部分的表层资产和底层资产，以及无法穿透部分的非基础资产。

2. 资产名称：表层资产填写该股权投资基金的产品名称，如××股权投资管理基金合伙企业（有限合伙）；底层资产根据类别进行填写：如为未上市股权，则填写股权名称如××有限公司；如为上市股票，则填写股票名称如ST生物。

3. 穿透情况：表层资产无须填报；底层资产填写"无须穿透"；豁免穿透的非基础资产，填写"豁免穿透"；无法穿透的非基础资产部分，填写"无法穿透"。

4. 交易结构层级：为该资产所处交易结构的层数（n），其中表层资产填1，底层资产填交易结构的层数。

5. 资产类型：表层资产无须填报；底层资产按《LT01－穿透后投资资产表》"资产类型"列的资产分类进行填报，如债券类资产，则应根据债券类型填写"政府债券""金融债券"或"同业存单"等。

6. 交易对手：按照《保险公司偿付能力监管规则第8号：市场风险最低资本》第七章集中度风险规则进行认定。

7. 如公司持有该类资产或底层资产的数量超过上表现有行数，可采用插入行的方式自行添加行数。

MR20－债转股投资计划

行次	资产名称	穿透情况	交易结构层级	资产类型	交易对手	购买成本	认可价值	风险暴露
1	进行穿透的债转股投资计划							
1.1	债转股投资计划1		1					
1.1.1	底层资产1							
1.1.2	底层资产2							
…	…							
1.2	债转股投资计划2		1					

续表

行次	资产名称	穿透情况	交易结构层级	资产类型	交易对手	购买成本	认可价值	风险暴露
1.2.1	底层资产1							
1.2.2	底层资产2							
…	…							
2	无法穿透的债转股投资计划							
2.1	债转股投资计划1							
2.2	债转股投资计划2							
…	…							
3	合计							

填报说明：

1. 本表需逐笔填报每项资产的明细信息。对于能够穿透的，需填报表层资产和底层资产的相关信息，不需填报中间层级的资产；对于部分穿透的，需填报能够穿透部分的表层资产和底层资产，以及无法穿透部分的非基础资产。

2. 资产名称：表层资产填写该股权投资计划的产品名称；底层资产根据类别进行填写；如为未上市股权，则填写股权名称如××有限公司。

3. 穿透情况：表层资产无须填报；底层资产填写"无须穿透"；豁免穿透的非基础资产，填写"豁免穿透"；无法穿透的非基础资产部分，填写"无法穿透"。

4. 交易结构层级：为该资产所处交易结构的层数（n），其中表层资产填1，底层资产填交易结构的层数。

5. 资产类型：表层资产无须填报；底层资产按《LT01－穿透后投资资产表》"资产类型"列的资产分类进行填报，如债券类资产，则应根据债券类型填写"政府债券""金融债券"或"同业存单"等。

6. 交易对手：按照《保险公司偿付能力监管规则第8号：市场风险最低资本》第七章集中度风险规则进行认定。

7. 如公司持有该类资产或底层资产的数量超过上表现有行数，可采用插入行的方式自行添加行数。

MR21－商业银行理财产品

行次	资产名称	穿透情况	交易结构层级	资产类型	投资性质	产品代码	发行主体	交易对手	购买成本	认可价值	风险暴露
1	进行穿透的商业银行理财产品										
1.1	商业银行理财产品1		1								
1.1.1	底层资产1										
1.1.2	底层资产2										
…	…										
1.2	商业银行理财产品2		1								
1.2.1	底层资产1										
1.2.2	底层资产2										
…	…										
2	豁免穿透的商业银行理财产品										

行次	资产名称	穿透情况	交易结构层级	资产类型	投资性质	产品代码	发行主体	交易对手	购买成本	认可价值	风险暴露
2.1	商业银行理财产品1										
2.2	商业银行理财产品2										
…	…										
3	无法穿透的商业银行理财产品										
3.1	商业银行理财产品1										
3.2	商业银行理财产品2										
…	…										
3	合计										

填报说明：

1. 本表需逐笔填报每项资产的明细信息。对于能够穿透的，需填报表层资产和底层资产的相关信息，不需填报中间层级的资产；对于部分穿透的，需填报能够穿透部分的表层资产和底层资产，以及无法穿透部分的非基础资产。

2. 资产名称：表层资产填写该理财产品的产品名称；底层资产根据类别进行填写：如为上市股票，则填写股票名称；如为证券投资基金，则填写基金名称；如为债券类资产，则填写债券简称。

3. 穿透情况：表层资产无须填报；底层资产填写"无须穿透"；豁免穿透的非基础资产，填写"豁免穿透"；无法穿透的非基础资产部分，填写"无法穿透"。

4. 交易结构层级：为该资产所处交易结构的层数（n），其中表层资产填1，底层资产填交易结构的层数。

5. 资产类型：表层资产无须填报；底层资产按《LT01 – 穿透后投资资产表》"资产类型"列的资产分类进行填报，如债券类资产，则应根据债券类型填写"政府债券""金融债券"或"同业存单"等。

6. 投资性质：按照《商业银行理财业务监督管理办法》等相关规定确认，填写为"固定收益类""权益类""混合类"或"商品及金融衍生品类"。

7. 产品代码：在全国银行业理财信息登记系统获得的登记编码；如果没有，则不需要填列产品代码；底层资产无须填报本列。

8. 发行主体：填写该理财产品的发行机构名称，如××银行；底层资产无须填报本列。

9. 交易对手：按照《保险公司偿付能力监管规则第8号：市场风险最低资本》第七章集中度风险规则进行认定。

10. 如公司持有该类资产或底层资产的数量超过上表现有行数，可采用插入行的方式自行添加行数。

MR22 – 特殊目的载体SPV

行次	资产名称	穿透情况	交易结构层级	资产类型	持股比例	购买成本	认可价值	风险暴露
1	进行穿透的特殊目的载体							
1.1	特殊目的载体1		1					
1.1.1	底层资产1							
1.1.2	底层资产2							
…	…							

续表

行次	资产名称	穿透情况	交易结构层级	资产类型	持股比例	购买成本	认可价值	风险暴露
1.2	特殊目的载体2		1					
1.2.1	底层资产1							
1.2.2	底层资产2							
…	…							
2	无法穿透的特殊目的载体							
2.1	特殊目的载体1							
2.2	特殊目的载体2							
…	…							
3	合计							

填报说明：

1. 本表需逐笔填报每项资产的明细信息。对于能够穿透的，需填报表层资产和底层资产的相关信息，不需填报中间层级的资产；对于部分穿透的，需填报能够穿透部分的表层资产和底层资产，以及无法穿透部分的非基础资产。

2. 资产名称：表层资产填写该特殊目的载体的公司名称；底层资产根据类别进行填写；如为未上市股权，则填写股权名称如××有限公司。

3. 穿透情况：表层资产无须填报；底层资产填写"无须穿透"；豁免穿透的非基础资产，填写"豁免穿透"；无法穿透的非基础资产部分，填写"无法穿透"。

4. 交易结构层级：为该资产所处交易结构的层数（n），其中表层资产填1，底层资产填交易结构的层数。

5. 资产类型：表层资产无须填报；底层资产按《LT01－穿透后投资资产表》"资产类型"列的资产分类进行填报，如债券类资产，则应根据债券类型填写"政府债券""金融债券"或"同业存单"等。

6. 如公司持有该类资产或底层资产的数量超过上表现有行数，可采用插入行的方式自行添加行数。

MR23－不动产金融产品

行次	资产名称	穿透情况	交易结构层级	资产类型	交易对手	购买成本	认可价值	风险暴露
1	进行穿透的不动产金融产品							
1.1	不动产金融产品1		1					
1.1.1	底层资产1							
1.1.2	底层资产2							
…	…							
1.2	不动产金融产品2		1					
1.2.1	底层资产1							
1.2.2	底层资产2							
…	…							

行次	资产名称	穿透情况	交易结构层级	资产类型	交易对手	购买成本	认可价值	风险暴露
2	无法穿透的不动产金融产品							
2.1	不动产金融产品1							
2.2	不动产金融产品2							
…	…							
3	合计							

填报说明：

1. 本表需逐笔填报每项资产的明细信息。对于能够穿透的，需填报表层资产和底层资产的相关信息，不需填报中间层级的资产；对于部分穿透的，需填报能够穿透部分的表层资产和底层资产，以及无法穿透部分的非基础资产。

2. 资产名称：表层资产填写该不动产金融产品的产品名称；底层资产根据类别进行填写：如为未上市股权，则填写股权名称如××有限公司。

3. 穿透情况：表层资产无须填报；底层资产填写"无须穿透"；豁免穿透的非基础资产，填写"豁免穿透"；无法穿透的非基础资产部分，填写"无法穿透"。

4. 交易结构层级：为该资产所处交易结构的层数（n），其中表层资产填1，底层资产填交易结构的层数。

5. 资产类型：表层资产无须填报；底层资产按《LT01－穿透后投资资产表》"资产类型"列的资产分类进行填报，如债券类资产，则应根据债券类型填写"政府债券""金融债券"或"同业存单"等。

6. 如公司持有该类资产或底层资产的数量超过上表现有行数，可采用插入行的方式自行添加行数。

MR24－公募基础设施证券投资基金

行次	资产名称	穿透情况	交易结构层级	资产类型	交易对手	购买成本	认可价值	风险暴露
1	进行穿透的公募基础设施证券投资基金							
1.1	公募基础设施REITs1		1					
1.1.1	底层资产1							
1.1.2	底层资产2							
…	…							
1.2	公募基础设施REITs2		1					
1.2.1	底层资产1							
1.2.2	底层资产2							
…	…							
2	无法穿透的公募基础设施证券投资基金							
2.1	公募基础设施REITs1							
2.2	公募基础设施REITs2							

续表

行次	资产名称	穿透情况	交易结构层级	资产类型	交易对手	购买成本	认可价值	风险暴露
…	…							
3	合计							

填报说明：

1. 本表需逐笔填报每项资产的明细信息。对于能够穿透的，需填报表层资产和底层资产的相关信息，不需填报中间层级的资产；对于部分穿透的，需填报能够穿透部分的表层资产和底层资产，以及无法穿透部分的非基础资产。

2. 资产名称：表层资产填写该公募基础设施 REITs 的产品名称；底层资产根据类别进行填写：如为未上市股权，则填写股权名称如××有限公司。

3. 穿透情况：表层资产无须填报；底层资产填写"无须穿透"；豁免穿透的非基础资产，填写"豁免穿透"；无法穿透的非基础资产部分，填写"无法穿透"。

4. 交易结构层级：为该资产所处交易结构的层数（n），其中表层资产填 1，底层资产填交易结构的层数。

5. 资产类型：表层资产无须填报；底层资产按《LT01 - 穿透后投资资产表》"资产类型"列的资产分类进行填报，如债券类资产，则应根据债券类型填写"政府债券""金融债券"或"同业存单"等。

6. 如公司持有该类资产或底层资产的数量超过上表现有行数，可采用插入行的方式自行添加行数。

MR25 - 境外固定收益类非基础资产

行次	资产名称	穿透情况	交易结构层级	资产类型	交易对手	购买成本	认可价值	风险暴露
1	进行穿透的境外固收类资产							
1.1	发达市场							
1.1.1	境外固收类资产 1		1					
1.1.1.1	底层资产 1							
1.1.1.2	底层资产 2							
…	…							
1.1.2	境外固收类资产 2		1					
1.1.2.1	底层资产 1							
1.1.2.2	底层资产 2							
…	…							
1.2	新兴市场							
1.2.1	境外固收类资产 1		1					
1.2.1.1	底层资产 1							
1.2.1.2	底层资产 2							
…	…							
1.2.2	境外固收类资产 2		1					
1.2.2.1	底层资产 1							

续表

行次	资产名称	穿透情况	交易结构层级	资产类型	交易对手	购买成本	认可价值	风险暴露
1.2.2.2	底层资产2							
…	…							
2	豁免穿透的境外固收类资产							
2.1	发达市场							
2.1.1	境外固收类资产1							
2.1.2	境外固收类资产2							
…	…							
2.2	新兴市场							
2.2.1	境外固收类资产1							
2.2.2	境外固收类资产2							
…	…							
3	无法穿透的境外固收类资产							
3.1	发达市场							
3.1.1	境外固收类资产1							
3.1.2	境外固收类资产2							
…	…							
3.2	新兴市场							
3.2.1	境外固收类资产1							
3.2.2	境外固收类资产2							
…	…							
3	合计							

填报说明：

1. 本表需逐笔填报每项资产的明细信息。对于能够穿透的，需填报表层资产和底层资产的相关信息，不需填报中间层级的资产；对于部分穿透的，需填报能够穿透部分的表层资产和底层资产，以及无法穿透部分的非基础资产。

2. 资产名称：表层资产填写该境外固收类资产的产品名称；底层资产根据类别进行填写：如为企业贷款，则填写融资主体名称如××股份有限公司；如为债券类资产，则填写债券简称。

3. 穿透情况：表层资产无须填报；底层资产填写"无须穿透"；豁免穿透的非基础资产，填写"豁免穿透"；无法穿透的非基础资产部分，填写"无法穿透"。

4. 交易结构层级：为该资产所处交易结构的层数（n），其中表层资产填1，底层资产填交易结构的层数。

5. 资产类型：表层资产无须填报底层资产按《LT01-穿透后投资资产表》"资产类型"列的资产分类进行填报，如债券类资产，则应根据债券类型填写"政府债券""金融债券"或"同业存单"等。

6. 如持有的境外权益类资产无资产代码，资产代码列可不填。

7. 交易对手：按照《保险公司偿付能力监管规则第8号：市场风险最低资本》第七章集中度风险规则进行认定。

8. 如公司持有该类资产或底层资产的数量超过上表现有行数，可采用插入行的方式自行添加行数。

MR26－境外权益类非基础资产

行次	资产名称	穿透情况	交易结构层级	资产类型	交易对手	购买成本	认可价值	风险暴露
1	进行穿透的境外权益类资产							
1.1	发达市场							
1.1.1	境外权益类资产1		1					
1.1.1.1	底层资产1							
1.1.1.2	底层资产2							
…	…							
1.1.2	境外权益类资产2		1					
1.1.2.1	底层资产1							
1.1.2.2	底层资产2							
…	…							
1.2	新兴市场							
1.2.1	境外权益类资产1		1					
1.2.1.1	底层资产1							
1.2.1.2	底层资产2							
…	…							
1.2.2	境外权益类资产2		1					
1.2.2.1	底层资产1							
1.2.2.2	底层资产2							
…	…							
2	豁免穿透的境外权益类资产							
2.1	发达市场							
2.1.1	境外权益类资产1							
2.1.2	境外权益类资产2							
…	…							
2.2	新兴市场							
2.2.1	境外权益类资产1							
2.2.2	境外权益类资产2							
…	…							
3	无法穿透的境外权益类资产							
3.1	发达市场							
3.1.1	境外权益类资产1							
3.1.2	境外权益类资产2							
…	…							
3.2	新兴市场							

行次	资产名称	穿透情况	交易结构层级	资产类型	交易对手	购买成本	认可价值	风险暴露
3.2.1	境外权益类资产1							
3.2.2	境外权益类资产2							
…	…							
4	合计							

填报说明：

1. 本表需逐笔填报每项资产的明细信息。对于能够穿透的，需填报表层资产和底层资产的相关信息，不需填报中间层级的资产；对于部分穿透的，需填报能够穿透部分的表层资产和底层资产，以及无法穿透部分的非基础资产。

2. 资产名称：表层资产填写该境外权益资产的产品名称，如××股权投资管理基金合伙企业（有限合伙）；底层资产根据类别进行填写：如为未上市股权，则填写股权名称如××有限公司；如为上市股票，则填写股票名称如ST生物。

3. 穿透情况：表层资产无须填报；底层资产填写"无须穿透"；豁免穿透的非基础资产，填写"豁免穿透"；无法穿透的非基础资产部分，填写"无法穿透"。

4. 交易结构层级：为该资产所处交易结构的层数（n），其中表层资产填1，底层资产填交易结构的层数。

5. 资产类型：表层资产无须填报；底层资产按《LT01－穿透后投资资产表》"资产类型"列的资产分类进行填报，如债券类资产，则应根据债券类型填写"政府债券""金融债券"或"同业存单"等。

6. 交易对手：按照《保险公司偿付能力监管规则第8号：市场风险最低资本》第七章集中度风险规则进行认定。

7. 如公司持有该类资产或底层资产的数量超过上表现有行数，可采用插入行的方式自行添加行数。

MR27－汇率风险所涉项目明细表

行次	合约名称	外币流动性管理工具	外币固定收益类资产	外币权益类资产	外汇衍生品	外币房地产	外币其他资产	外币负债	被套期外币资产/负债总规模	外汇远期合约名义价值	套期有效性	风险暴露
1	公司直接持有											
1.1	未套保或套保无效											
1.1.1	以美元和汇率跟美元挂钩的货币计价的外币项目											
1.1.2	以欧元计价的外币项目											
1.1.3	以英镑计价的外币项目											
1.1.4	以其他货币计价的外币项目											
1.1.4.1												

续表

行次	合约名称	外币流动性管理工具	外币固定收益类资产	外币权益类资产	外汇衍生品	外币房地产	外币其他资产	外币负债	被套期外币资产/负债总规模	外汇远期合约名义价值	套期有效性	风险暴露
...	...											
1.2	有效套保											
1.2.1	以美元和汇率跟美元挂钩的货币计价的外币项目											
1.2.2	以欧元计价的外币项目											
1.2.3	以英镑计价的外币项目											
1.2.4	以其他货币计价的外币项目											
1.2.4.1												
...	...											
2	穿透法还原后持有											
2.1	未套保或套保无效											
2.1.1	以美元和汇率跟美元挂钩的货币计价的外币项目											
2.1.2	以欧元计价的外币项目											
2.1.3	以英镑计价的外币项目											
2.1.4	以其他货币计价的外币项目											
2.1.4.1												
...	...											
2.2	有效套保										—	
2.2.1	以美元和汇率跟美元挂钩的货币计价的外币项目											

续表

行次	合约名称	外币流动性管理工具	外币固定收益类资产	外币权益类资产	外汇衍生品	外币房地产	外币其他资产	外币负债	被套期外币资产/负债总规模	外汇远期合约名义价值	套期有效性	风险暴露
2.2.2	以欧元计价的外币项目											
2.2.3	以英镑计价的外币项目											
2.2.4	以其他货币计价的外币项目											
2.2.4.1												
…	…											
3	合计											

填报说明：

1. 按上表所列外币资产（负债）项目逐项进行填报，无须逐笔列示资产信息。

2. 以其他货币计价的外币项目以币种汇总填报。

CR10 – 固定收益类信托计划

行次	资产名称	穿透情况	交易结构层级	资产类型	资产的信用评级	发行主体	交易对手	起息日	到期日	应收利息	认可价值	风险暴露
1	进行穿透的固定收益类信托计划											
1.1	固定收益类信托计划1		1									
1.1.1	底层资产1											
1.1.2	底层资产2											
…	…											
1.2	固定收益类信托计划2		1									
1.2.1	底层资产1											
1.2.2	底层资产2											
…	…											
2	无法穿透的固定收益类信托计划											
2.1	固定收益类信托计划1											

续表

行次	资产名称	穿透情况	交易结构层级	资产类型	资产的信用评级	发行主体	交易对手	起息日	到期日	应收利息	认可价值	风险暴露
2.2	固定收益类信托计划2											
…	…											
3	合计											

填报说明：

1. 本表需逐笔填报每项资产的明细信息。对于能够穿透的，需填报表层资产和底层资产的相关信息，不需填报中间层级的资产；对于部分穿透的，需填报能够穿透部分的表层资产和底层资产，以及无法穿透部分的非基础资产。

2. 资产名称：表层资产填写该信托计划的产品名称；底层资产根据类别进行填写：如为企业贷款，则填写融资主体名称如××股份有限公司；如为银行存款，则填写存款银行如××银行××分行；如为债券类资产，则填写债券简称。

3. 穿透情况：表层资产无须填报；底层资产填写"无须穿透"；豁免穿透的非基础资产，填写"豁免穿透"；无法穿透的非基础资产部分，填写"无法穿透"。

4. 交易结构层级：为该资产所处交易结构的层数（n），其中表层资产填1，底层资产填交易结构的层数。

5. 资产类型：表层资产无须填报；底层资产按《LT01－穿透后投资资产表》"资产类型"列的资产分类进行填报，如债券类资产，则应根据债券类型填写"政府债券""金融债券"或"同业存单"等。

6. 资产的信用评级：填写该信托计划的评级，AAA、AA＋、AA、AA－、A＋/A/A－、BBB＋及以下或无评级；底层资产无须填报本列。

7. 发行主体：填写该信托计划的发行机构名称，如××信托有限公司；底层资产无须填报本列。

8. 交易对手：按照《保险公司偿付能力监管规则第8号：市场风险最低资本》第七章集中度风险规则进行认定。

9. 到期日：如有分期还本的安排，则按最终到期日填报；底层资产无须填报本列。

10. 如公司持有该类资产或底层资产的数量超过上表现有行数，可采用插入行的方式自行添加行数。

CR11－债权投资计划

行次	资产名称	穿透情况	交易结构层级	资产类型	资产的信用评级	产品代码	发行主体	交易对手	起息日	到期日	应收利息	认可价值	风险暴露
1	进行穿透的债权投资计划												
1.1	债权投资计划1		1										
1.1.1	底层资产1												
1.1.2	底层资产2												

行次	资产名称	穿透情况	交易结构层级	资产类型	资产的信用评级	产品代码	发行主体	交易对手	起息日	到期日	应收利息	认可价值	风险暴露
…	…												
1.2	债权投资计划2		1										
1.2.1	底层资产1												
1.2.2	底层资产2												
…	…												
2	无法穿透的债权投资计划												
2.1	债权投资计划1												
2.2	债权投资计划2												
…	…												
3	合计												

填报说明:

1. 本表需逐笔填报每项资产的明细信息。对于能够穿透的,需填报表层资产和底层资产的相关信息,不需填报中间层级的资产;对于部分穿透的,需填报能够穿透部分的表层资产和底层资产,以及无法穿透部分的非基础资产。

2. 资产名称:表层资产填写该债权投资计划的产品名称;底层资产根据类别进行填写:如为企业贷款,则填写融资主体名称如××股份有限公司;如为银行存款,则填写存款银行如××银行××分行;如为债券类资产,则填写债券简称。

3. 穿透情况:表层资产无须填报;底层资产填写"无须穿透";豁免穿透的非基础资产,填写"豁免穿透";无法穿透的非基础资产部分,填写"无法穿透"。

4. 交易结构层级:为该资产所处交易结构的层数(n),其中表层资产填1,底层资产填交易结构的层数。

5. 资产类型:表层资产无须填报;底层资产按《LT01 – 穿透后投资资产表》"资产类型"列的资产分类进行填报,如债券类资产,则应根据债券类型填写"政府债券""金融债券"或"同业存单"等。

6. 资产的信用评级:填写该债权投资计划的评级,AAA、AA +、AA、AA –、A +/A/A –、BBB +及以下或无评级;底层资产无须填报本列。

7. 产品代码:在中保登公司获得的登记编码;如果没有,则不需要填列产品代码;底层资产无须填报本列。

8. 发行主体:填写该债权投资计划的发行机构名称,如××保险资产管理公司;底层资产无须填报本列。

9. 交易对手:按照《保险公司偿付能力监管规则第 8 号:市场风险最低资本》第七章集中度风险规则进行认定。

10. 到期日:如有分期还本的安排,则按最终到期日填写;底层资产无须填报本列。

11. 如公司持有该类资产或底层资产的数量超过上表现有行数,可采用插入行的方式自行添加行数。

CR12 - 资产支持计划

行次	资产名称	穿透情况	交易结构层级	资产类型	资产的信用评级	发行主体	交易对手	起息日	到期日	应收利息	认可价值	风险暴露
1	进行穿透的资产支持计划											
1.1	资产支持计划 1		1									
1.1.1	底层资产 1											
1.1.2	底层资产 2											
…	…											
1.2	资产支持计划 2		1									
1.2.1	底层资产 1											
1.2.2	底层资产 2											
…	…											
2	豁免穿透的资产支持计划											
2.1	资产支持计划 1											
2.2	资产支持计划 2											
…	…											
3	无法穿透的资产支持计划											
3.1	资产支持计划 1											
3.2	资产支持计划 2											
…	…											
4	合计											

填报说明：

1. 本表需逐笔填报每项资产的明细信息。对于能够穿透的，需填报表层资产和底层资产的相关信息，不需填报中间层级的资产；对于部分穿透的，需填报能够穿透部分的表层资产和底层资产，以及无法穿透部分的非基础资产。

2. 资产名称：表层资产填写该资产支持计划的产品名称；底层资产根据类别进行填写：如为企业贷款，则填写融资主体名称如××股份有限公司；如为银行存款，则填写存款银行如××银行××分行；如为债券类资产，则填写债券简称。

3. 穿透情况：表层资产无须填报；底层资产填写"无须穿透"；豁免穿透的非基础资产，填写"豁免穿透"；无法穿透的非基础资产部分，填写"无法穿透"。

4. 交易结构层级：为该资产所处交易结构的层数（n），其中表层资产填 1，底层资产填交易结构的层数。

5. 资产类型：表层资产无须填报；底层资产按《LT01 - 穿透后投资资产表》"资产类型"列的资产分类进行填报，如债券类资产，则应根据债券类型填写"政府债券""金融债券"或"同业存单"等。

6. 资产的信用评级：填写该资产支持计划的评级，AAA、AA +、AA、AA -、A +/A/A -、BBB + 及以下或无评级；底层资产无须填报本列。

7. 发行主体：填写该资产支持计划的发行机构名称，如××保险资产管理有限公司；底层资产无须填报本列。

8. 交易对手：按照《保险公司偿付能力监管规则第8号：市场风险最低资本》第七章集中度风险规则进行认定。

9. 到期日：如有分期还本的安排，则按最终到期日填写；底层资产无须填报本列。

10. 如公司持有该类资产或底层资产的数量超过上表现有行数，可采用插入行的方式自行添加行数。

非投资资产 CR13 - 再保分出

行次	再保分入人偿付 能力水平或评级	应收分保 准备金	应收分保 款项	风险暴露	基础因子 RF_0	最低资本
1	再保险分出人为直接保险公司					
1.1	境内再保险分入人					
1.1.1	200%（含）及以上					
1.1.2	［150%，200%)					
1.1.3	［100%，150%)					
1.1.4	［50%，100%)					
1.1.5	50%以下或无法获取					
1.2	境外再保险分入人					
1.2.1	各级偿付能力充足率全部达到监管要求					
1.2.1.1	有担保措施的部分					
1.2.1.2	无担保措施的部分					
1.2.2	最近一期偿付能力充足率不能满足当地偿付能力监管要求或无法获得再保险人偿付能力数据					
1.2.3	所在国家或地区获得中国偿付能力监管等效资格					
1.2.3.1	合格的香港再保险机构					
1.2.3.2	……					
2	再保险分出人为再保险公司					
2.1	境内再保险分入人					
2.1.1	200%（含）及以上					
2.1.2	［150%，200%)					
2.1.3	［100%，150%)					
2.1.4	［50%，100%)					
2.1.5	50%以下或无法获取					
2.2	境外再保险分入人					
2.2.1	最近一期偿付能力充足率满足当地偿付能力监管要求					
2.2.1.1	AAA					
2.2.1.2	AA＋					
2.2.1.3	AA					
2.2.1.4	AA－					
2.2.1.5	A＋					
2.2.1.6	A					

行次	再保分入人偿付 能力水平或评级	应收分保 准备金	应收分保 款项	风险暴露	基础因子 RF_0	最低资本
2.2.1.7	A –					
2.2.1.8	BBB + 及以下					
2.2.2	最近一期偿付能力充足率不能满足当地偿付能力监管要求或无法获得再保险人偿付能力数据					
3	合计					

非投资资产 CR14 – 再保分入

行次	再保险资产的账龄	债权净额	风险暴露
1	账龄不大于 6 个月		
2	账龄在（6 个月，12 个月]		
3	账龄在 12 个月以上		
4	合计		

填报说明：

本表按分入业务再保险资产的账龄汇总填列。

非投资资产 CR15 – 应收保费

行次	项目	认可价值	风险暴露	基础因子 RF_0	最低资本
1	农业保险、与各级政府合作的城乡居民大病保险等享受各级政府保费补贴的业务	—	—	—	—
1.1	不大于 9 个月				
1.2	（9 个月，12 个月]				
1.3	（12 个月，18 个月]				
1.4	18 个月以上				
2	其他业务	—	—	—	—
2.1	不大于 6 个月				
2.2	（6 个月，12 个月]				
2.3	12 个月以上				
3	合计	—			

填报说明：

本表按保险业务类型与应收保费的账龄进行分类填报。

非投资资产 CR16 – 其他应收及预付款项

行次	资产类别	认可价值	风险暴露	基础因子 RF_0	最低资本
1	预付赔款、待抵扣的预交税费				
1.1	预付赔款				
1.2	待抵扣的预交保费				

行次	资产类别	认可价值	风险暴露	基础因子 RF_0	最低资本
2	未通过重大保险风险测试的保险业务所对应的应收及预付款项				
2.1	不大于6个月				
2.2	(6个月,12个月]				
2.3	12个月以上				
3	保险公司向经营房地产业务的项目公司的各项融资借款				
3.1	保险公司向其控股的、经营投资性房地产业务的项目公司的各项融资借款				
3.1.1					
3.1.2					
3.1.3					
…					
3.2	保险公司向其非控股的、经营投资性房地产业务的项目公司的各项融资借款				
3.2.1					
3.2.2					
3.2.3					
…					
4	保险集团向集团外的关联方提供的融资借款				
4.1					
4.2					
4.3					
…					
5	除上述外的其他应收及预付款项				
5.1	不大于6个月				
5.2	(6个月,12个月]				
5.3	(12个月,18个月]				
5.4	18个月以上				
6	合计				

填报说明:

1. 未通过重大保险风险测试的保险业务所对应的应收及预付款项,以及其他应收及预付款项,按款项的账龄进行分类填报。

2. 保险公司向经营房地产业务的项目公司的各项融资借款、保险集团向集团外的关联方提供的融资借款应逐笔填报每项资产的明细信息。如公司持有该类资产的数量超过上表行数,可自行插入行。

非投资资产 CR17 – 保单质押贷款

行次	账户类别	认可价值	风险暴露	基础因子 RF_0	最低资本
1	传统险（不含高利率保单）				
2	分红险				
3	万能险				
4	高利率保单				
5	其他				
6	合计				

非投资资产 CR18 – 债务担保

行次	被担保方	担保金额	风险暴露	基础因子 RF_0	最低资本合计
1					
2					
3					
4					
5					
6					
7					
8					
9					
10					
11	其他				
12	合计				

填报说明：

担保金额前十位的"债务担保"的相关信息单独列示，剩余部分汇总填入"11 其他"项。

附件 10

保险控股型集团偿付能力状况表

保险集团名称：_____　　　　_____年___月___日　　　　单位：万元

序号	项目	行次	期末数	期初数
1	实际资本	(1) = (2) + (3) + (4) + (5)		
2	核心一级资本	(2)		
3	核心二级资本	(3)		
4	附属一级资本	(4)		
5	附属二级资本	(5)		
6	最低资本	(6) = (7) + (22) + (23)		
7	量化风险最低资本	(7) = (8) + (9) + (10) + (11) + (12) + (13) + (14) − (21)		
8	母公司最低资本	(8)		
9	保险类成员公司的最低资本	(9)		
11	银行类成员公司的最低资本	(11)		
12	证券类成员公司的最低资本	(12)		
13	信托类成员公司的最低资本	(13)		
14	集团层面可量化的特有风险最低资本	(14) = (15) + (16)		
15	风险传染最低资本	(15)		
16	集中度风险最低资本	(16) = (17) + (18) + (19) − (20)		
17	交易对手集中度风险最低资本	(17)		
18	行业集中度风险最低资本	(18)		
19	客户集中度风险最低资本	(19)		
20	风险分散效应	(20)		
21	风险分散效应的资本要求减少	(21)		
22	控制风险最低资本	(22)		
23	附加资本	(23)		
24	核心偿付能力溢额	(24) = (2) + (3) − (6) × 50%		
25	核心偿付能力充足率	(25) = [(2) + (3)] / (6) × 100%		
26	综合偿付能力溢额	(26) = (1) − (6)		
27	综合偿付能力充足率	(27) = (1) / (6) × 100%		

保险控股型集团实际资本表

保险集团名称：＿＿＿＿＿＿＿　　　　＿＿＿＿＿年＿＿月＿＿日　　　　　　单位：万元

序号	项目	行次	期末数	期初数
1	核心一级资本	(1) = (2) + (3) + (15) + (16) + (17) + (18) + (19) + (20)		
2	集团合并财务报表的净资产	(2)		
3	保险类成员公司的调整项	(3) = (4) + (5) + (6) + (7) + (8) + (9) + (10) + (11)		
4	各项非认可资产的账面价值	(4)		
5	长期股权投资的认可价值与账面价值的差额	(5)		
6	投资性房地产（包括保险公司以物权方式或通过子公司等方式持有的投资性房地产）的认可价值与账面价值的差额（扣除所得税影响）	(6)		
7	递延所得税资产（由经营性亏损引起的递延所得税资产除外）	(7)		
8	对农业保险提取的大灾风险准备金	(8)		
9	计入核心一级资本的保单未来盈余	(9)		
11	符合核心一级资本标准的负债类资本工具且按规定可计入核心一级资本的金额	(10)		
12	银保监会规定的其他调整项目	(11)		
14	银行类成员公司的调整项	(13)		
15	信托类成员公司的调整项	(14)		
16	证券、期货类成员公司的调整项	(15)		
17	商誉	(16)		
18	保监会规定的其他调整项目	(17)		
19	核心二级资本	(18) = (19) + (24) + (25)		
20	保险类成员公司的核心二级资本	(19) = (20) + (21) + (22) － (23)		
21	优先股	(20)		
22	计入核心二级资本的保单未来盈余	(21)		
23	其他核心二级资本	(22)		
24	减：超限额应扣除的部分	(23)		
25	银行类成员公司的其他一级资本	(24)		
26	银行类成员公司的二级资本工具	(25)		
27	附属一级资本	(26) = (27) + (28) + (29) + (30) + (31) + (32) － (33)		

序号	项目	行次	期末数	期初数
28	次级定期债务	(27)		
29	资本补充债券	(28)		
30	可转换次级债	(29)		
31	递延所得税资产（由经营性亏损引起的递延所得税资产除外）	(30)		
32	计入附属一级资本的保单未来盈余	(31)		
33	其他附属一级资本	(32)		
34	减：超限额应扣除的部分	(33)		
35	附属二级资本	(34) = (35) + (36) - (37)		
36	应急资本等其他附属二级资本	(35)		
37	计入附属二级资本的保单未来盈余	(36)		
38	减：超限额应扣除的部分	(37)		
39	实际资本合计	(38) = (1) + (18) + (26) + (34)		

非保险控股型集团和混合型集团偿付能力状况表

保险集团名称：_____　　　_____年___月___日　　　单位：万元

序号	项目	行次	期末数	期初数
1	实际资本	(1) = (2) + (3) - (4) - (5) = (6) + (7) + (8) + (9)		
2	其中：子公司实际资本合计	(2)		
3	合营企业实际资本中本集团持股部分	(3)		
4	集团成员公司之间重复计算的资本	(4)		
5	集团成员公司之间转让资产的资本调整	(5)		
6	其中：核心一级资本	(6)		
7	核心二级资本	(7)		
8	附属一级资本	(8)		
9	附属二级资本	(9)		
11	最低资本	(10) = (11) + (23) + (24)		
12	量化风险最低资本	(11) = (12) + (13) + (14) + (15) - (22)		
13	母公司最低资本	(12)		
14	保险类成员公司的最低资本	(13)		
15	其他成员公司的最低资本	(14)		

续表

序号	项目	行次	期末数	期初数
16	集团层面可量化的特有风险最低资本	（15）＝（16）＋（17）		
17	风险传染最低资本	（16）		
18	集中度风险最低资本	（17）＝（18）＋（19）＋（20）－（21）		
19	交易对手集中度风险最低资本	（18）		
20	行业集中度风险最低资本	（19）		
21	客户集中度风险最低资本	（20）		
22	风险分散效应	（21）		
23	风险分散效应的资本要求减少	（22）		
24	控制风险最低资本	（23）		
25	附加资本	（24）		
26	核心偿付能力溢额	（25）＝（6）＋（7）－（10）×50%		
27	核心偿付能力充足率	（26）＝［（6）＋（7）］／（10）×100%		
28	综合偿付能力溢额	（27）＝（1）－（10）		
29	综合偿付能力充足率	（28）＝（1）／（10）×100%		

附件 11 - 1

财产保险公司偿付能力压力测试报告 Excel 样表

压力测试明细表—1.1：保费增长率和保费自留比例假设

公司名称：　　　　　　　　　报告年度：

项目	行次	基本情景			必测情景一	必测情景二	自测情景	反向压力情景
		报告年度	报告年度后第一年	报告年度后第二年	报告年度后第一年	报告年度后第一年	报告年度后第一年	报告年度后第一年
		1	2	3	4	5	6	7
1	各业务类别保费增长率（%）							
1 - 1	车险							
1 - 2	财产险							
1 - 3	船货特险							
1 - 4	责任险							
1 - 5	农业险							
1 - 6	信用保证险							
1 - 7	短期意外伤害险							
1 - 8	短期健康险							
1 - 9	短期寿险							
1 - 10	其他险							
2	各业务类别保费自留比率（%）							
2 - 1	车险							
2 - 2	财产险							
2 - 3	船货特险							
2 - 4	责任险							
2 - 5	农业险							
2 - 6	信用保证险							
2 - 7	短期意外伤害险							
2 - 8	短期健康险							
2 - 9	短期寿险							
2 - 10	其他险							

填表说明：

（1）第1列填列报告年度各项目的实际值，第2列至第7列填列各项目的预测值。

（2）第4列至第6列填列3类压力情景下各项目的预测值。第7列仅适用于应当开展反向压力测试的公司。

压力测试明细表—1.2-1：保费赚取比例假设

基本情景：（再保前）

公司： 报告年度：

行次	业务类别	保费收入的赚取比例					
		第1年	第2年	第3年	第4年	第5年及以后	合计
		1	2	3	4	5	6
1	车险						
2	财产险						
3	船货特险						
4	责任险						
5	农业险						
6	信用保证险						
7	短期意外伤害险						
8	短期健康险						
9	短期寿险						
10	其他险						

基本情景：（再保后）

公司： 报告年度：

行次	业务类别	保费收入的赚取比例					
		第1年	第2年	第3年	第4年	第5年及以后	合计
		1	2	3	4	5	6
1	车险						
2	财产险						
3	船货特险						
4	责任险						
5	农业险						
6	信用保证险						
7	短期意外伤害险						
8	短期健康险						
9	短期寿险						
10	其他险						

压力测试明细表—1.2－2：保费赚取比例假设

必测情景一：（再保前）

公司：　　　　　　　　报告年度：

行次	业务类别	保费收入的赚取比例					
		第1年	第2年	第3年	第4年	第5年及以后	合计
		1	2	3	4	5	6
1	车险						
2	财产险						
3	船货特险						
4	责任险						
5	农业险						
6	信用保证险						
7	短期意外伤害险						
8	短期健康险						
9	短期寿险						
10	其他险						

必测情景一：（再保后）

公司：　　　　　　　　报告年度：

行次	业务类别	保费收入的赚取比例					
		第1年	第2年	第3年	第4年	第5年及以后	合计
		1	2	3	4	5	6
1	车险						
2	财产险						
3	船货特险						
4	责任险						
5	农业险						
6	信用保证险						
7	短期意外伤害险						
8	短期健康险						
9	短期寿险						
10	其他险						

压力测试明细表—1.2－3：保费赚取比例假设

必测情景二：（再保前）

公司： 报告年度：

行次	业务类别	保费收入的赚取比例					
		第1年	第2年	第3年	第4年	第5年及以后	合计
		1	2	3	4	5	6
1	车险						
2	财产险						
3	船货特险						
4	责任险						
5	农业险						
6	信用保证险						
7	短期意外伤害险						
8	短期健康险						
9	短期寿险						
10	其他险						

必测情景二：（再保后）

公司： 报告年度：

行次	业务类别	保费收入的赚取比例					
		第1年	第2年	第3年	第4年	第5年及以后	合计
		1	2	3	4	5	6
1	车险						
2	财产险						
3	船货特险						
4	责任险						
5	农业险						
6	信用保证险						
7	短期意外伤害险						
8	短期健康险						
9	短期寿险						
10	其他险						

压力测试明细表—1.2－4：保费赚取比例假设

自测情景：（再保前）

公司：　　　　　　　　报告年度：

行次	业务类别	保费收入的赚取比例					
		第1年	第2年	第3年	第4年	第5年及以后	合计
		1	2	3	4	5	6
1	车险						
2	财产险						
3	船货特险						
4	责任险						
5	农业险						
6	信用保证险						
7	短期意外伤害险						
8	短期健康险						
9	短期寿险						
10	其他险						

自测情景：（再保后）

公司：　　　　　　　　报告年度：

行次	业务类别	保费收入的赚取比例					
		第1年	第2年	第3年	第4年	第5年及以后	合计
		1	2	3	4	5	6
1	车险						
2	财产险						
3	船货特险						
4	责任险						
5	农业险						
6	信用保证险						
7	短期意外伤害险						
8	短期健康险						
9	短期寿险						
10	其他险						

压力测试明细表—1.2－5：保费赚取比例假设

反向压力情景：（再保前）

公司：　　　　　　　报告年度：

行次	业务类别	保费收入的赚取比例					
		第1年	第2年	第3年	第4年	第5年及以后	合计
		1	2	3	4	5	6
1	车险						
2	财产险						
3	船货特险						
4	责任险						
5	农业险						
6	信用保证险						
7	短期意外伤害险						
8	短期健康险						
9	短期寿险						
10	其他险						

反向压力情景：（再保后）

公司：　　　　　　　报告年度：

行次	业务类别	保费收入的赚取比例					
		第1年	第2年	第3年	第4年	第5年及以后	合计
		1	2	3	4	5	6
1	车险						
2	财产险						
3	船货特险						
4	责任险						
5	农业险						
6	信用保证险						
7	短期意外伤害险						
8	短期健康险						
9	短期寿险						
10	其他险						

填表说明：

（1）保险公司应根据实际的保费赚取经验决定各业务类别的保费赚取模式。

（2）表1.3－5仅适用于应当开展反向压力测试的公司。

压力测试明细表—1.3：费用率假设

公司名称：　　　　　　　　报告年度：

项目	行次	基本情景			必测情景一	必测情景二	自测情景	反向压力情景
		报告年度	报告年度后第一年	报告年度后第二年	报告年度后第一年	报告年度后第一年	报告年度后第一年	报告年度后第一年
		1	2	3	4	5	6	7
1	手续费及佣金支出（%）							
1-1	车险							
1-2	财产险							
1-3	船货特险							
1-4	责任险							
1-5	农业险							
1-6	信用保证险							
1-7	短期意外伤害险							
1-8	短期健康险							
1-9	短期寿险							
1-10	其他险							
2	税金及附加（%）							
3	业务及管理费（%）							
3-1	车险							
3-2	财产险							
3-3	船货特险							
3-4	责任险							
3-5	农业险							
3-6	信用保证险							
3-7	短期意外伤害险							
3-8	短期健康险							
3-9	短期寿险							
3-10	其他险							
4	摊回分保费用率（%）							
4-1	车险							
4-2	财产险							

续表

项目	行次	基本情景			必测情景一	必测情景二	自测情景	反向压力情景
		报告年度	报告年度后第一年	报告年度后第二年	报告年度后第一年	报告年度后第一年	报告年度后第一年	报告年度后第一年
		1	2	3	4	5	6	7
4-3	船货特险							
4-4	责任险							
4-5	农业险							
4-6	信用保证险							
4-7	短期意外伤害险							
4-8	短期健康险							
4-9	短期寿险							
4-10	其他险							

填表说明：

（1）第1列填列报告年度各项目的实际值，第2列至第7列填列各项目的预测值。

（2）第4列至第6列填列3类压力情景下各项目的预测值。第7列仅适用于应当开展反向压力测试的公司。

（3）其他业务及管理费应当分业务类别列示。如无法按业务类别区分该费用率，可将同一费用率填列在对应的各个业务类别上。

压力测试明细表—1.4：赔付率假设

（再保前）

公司：　　　　　　　　　报告年度：

行次	项目	基本情景			必测情景一	必测情景二	自测情景	反向压力情景
		报告年度	报告年度后第一年	报告年度后第二年	报告年度后第一年	报告年度后第一年	报告年度后第一年	报告年度后第一年
		1	2	3	4	5	6	7
1	车险							
2	财产险							
3	船货特险							
4	责任险							
5	农业险							
6	信用保证险							
7	短期意外伤害险							
8	短期健康险							
9	短期寿险							
10	其他险							

（再保后）

公司：　　　　　　　　报告年度：

行次	项目	基本情景			必测情景一	必测情景二	自测情景	反向压力情景
		报告年度	报告年度后第一年	报告年度后第二年	报告年度后第一年	报告年度后第一年	报告年度后第一年	报告年度后第一年
		1	2	3	4	5	6	7
1	车险							
2	财产险							
3	船货特险							
4	责任险							
5	农业险							
6	信用保证险							
7	短期意外伤害险							
8	短期健康险							
9	短期寿险							
10	其他险							

填表说明：

（1）第1列填列报告年度各项目的实际值，第2列至第7列填列各项目的预测值。

（2）第4列至第6列填列3类压力情景下各项目的预测值。第7列仅适用于应当开展反向压力测试的公司。

（3）保险公司应当填写包含理赔费用的最终赔付率。

（4）保险公司应当填写包含巨灾赔付率的财产险赔付率。

压力测试明细表—1.5－1：赔付模式假设

基本情景：（再保前）

公司：　　　　　　　　报告年度：

行次	项目	赔款发展年度中各年赔付比例					合计
		第1年	第2年	第3年	第4年	第5年及以后	
		1	2	3	4	5	6
1	车险						
2	财产险						
3	船货特险						
4	责任险						
5	农业险						

续表

行次	项目	赔款发展年度中各年赔付比例					
		第 1 年	第 2 年	第 3 年	第 4 年	第 5 年及以后	合计
		1	2	3	4	5	6
6	信用保证险						
7	短期意外伤害险						
8	短期健康险						
9	短期寿险						
10	其他险						

基本情景：（再保后）

公司：　　　　　　　　报告年度：

行次	项目	赔款发展年度中各年赔付比例					
		第 1 年	第 2 年	第 3 年	第 4 年	第 5 年及以后	合计
		1	2	3	4	5	6
1	车险						
2	财产险						
3	船货特险						
4	责任险						
5	农业险						
6	信用保证险						
7	短期意外伤害险						
8	短期健康险						
9	短期寿险						
10	其他险						

压力测试明细表—1.5 – 2：赔付模式假设

必测情景一：（再保前）

公司：　　　　　　　　　　报告年度：

行次	项目	赔款发展年度中各年赔付比例					
		第 1 年	第 2 年	第 3 年	第 4 年	第 5 年及以后	合计
		1	2	3	4	5	6
1	车险						
2	财产险						
3	船货特险						
4	责任险						
5	农业险						
6	信用保证险						
7	短期意外伤害险						
8	短期健康险						
9	短期寿险						
10	其他险						

必测情景一：（再保后）

公司：　　　　　　　　　　报告年度：

行次	项目	赔款发展年度中各年赔付比例					
		第 1 年	第 2 年	第 3 年	第 4 年	第 5 年及以后	合计
		1	2	3	4	5	6
1	车险						
2	财产险						
3	船货特险						
4	责任险						
5	农业险						
6	信用保证险						
7	短期意外伤害险						
8	短期健康险						
9	短期寿险						
10	其他险						

压力测试明细表—1.5-3：赔付模式假设

必测情景二：（再保前）

公司：　　　　　　　　报告年度：

行次	项目	赔款发展年度中各年赔付比例					
		第1年	第2年	第3年	第4年	第5年及以后	合计
		1	2	3	4	5	6
1	车险						
2	财产险						
3	船货特险						
4	责任险						
5	农业险						
6	信用保证险						
7	短期意外伤害险						
8	短期健康险						
9	短期寿险						
10	其他险						

必测情景二：（再保后）

公司：　　　　　　　　报告年度：

行次	项目	赔款发展年度中各年赔付比例					
		第1年	第2年	第3年	第4年	第5年及以后	合计
		1	2	3	4	5	6
1	车险						
2	财产险						
3	船货特险						
4	责任险						
5	农业险						
6	信用保证险						
7	短期意外伤害险						
8	短期健康险						
9	短期寿险						
10	其他险						

压力测试明细表—1.5－4：赔付模式假设

自测情景：（再保前）

公司：　　　　　　　　报告年度：

行次	项目	赔款发展年度中各年赔付比例					
		第1年	第2年	第3年	第4年	第5年及以后	合计
		1	2	3	4	5	6
1	车险						
2	财产险						
3	船货特险						
4	责任险						
5	农业险						
6	信用保证险						
7	短期意外伤害险						
8	短期健康险						
9	短期寿险						
10	其他险						

自测情景：（再保后）

公司：　　　　　　　　报告年度：

行次	项目	赔款发展年度中各年赔付比例					
		第1年	第2年	第3年	第4年	第5年及以后	合计
		1	2	3	4	5	6
1	车险						
2	财产险						
3	船货特险						
4	责任险						
5	农业险						
6	信用保证险						
7	短期意外伤害险						
8	短期健康险						
9	短期寿险						
10	其他险						

压力测试明细表—1.5－5：赔付模式假设

反向压力情景：（再保前）

公司：　　　　　　　报告年度：

行次	项目	赔款发展年度中各年赔付比例					
		第1年	第2年	第3年	第4年	第5年及以后	合计
		1	2	3	4	5	6
1	车险						
2	财产险						
3	船货特险						
4	责任险						
5	农业险						
6	信用保证险						
7	短期意外伤害险						
8	短期健康险						
9	短期寿险						
10	其他险						

反向压力情景：（再保后）

公司：　　　　　　　报告年度：

行次	项目	赔款发展年度中各年赔付比例					
		第1年	第2年	第3年	第4年	第5年及以后	合计
		1	2	3	4	5	6
1	车险						
2	财产险						
3	船货特险						
4	责任险						
5	农业险						
6	信用保证险						
7	短期意外伤害险						
8	短期健康险						
9	短期寿险						
10	其他险						

填表说明：

（1）以上赔付模式是针对保单年度或事故年度发生损失的赔付模式，保险公司可依此预测有效业务未决赔款准备金的赔付模式。

（2）表1.6－5仅适用于应当开展反向压力测试的公司。

压力测试明细表—1.6：投资收益率假设

公司：　　　　　　　　　报告年度：

行次	项目	基本情景			必测情景一	必测情景二	自测情景	反向压力情景
		报告年度	报告年度后第一年	报告年度后第二年	报告年度后第一年	报告年度后第一年	报告年度后第一年	报告年度后第一年
		1	2	3	4	5	6	7
1	投资资产占总资产的比例（%）							
1.1	境内流动性资产占总资产比例（%）							
1.2	境内固定收益类投资资产占总资产比例（%）							
1.3	境内权益类投资资产占总资产比例（%）							
1.4	境内不动产投资资产占总资产比例（%）							
1.5	境外固定收益类投资资产占总资产比例（%）							
1.6	境外权益类投资资产占总资产比例（%）							
1.7	其他投资资产占总资产比例（%）							
2	投资资产的预期投资收益率（%）							
2.1	境内流动性资产投资收益率（%）							
2.2	境内固定收益类投资收益率（%）							
2.3	境内权益类投资收益率（%）							
2.4	境内不动产投资收益率（%）							
2.5	境外固定收益类投资资产收益率（%）							
2.6	境外权益类投资资产收益率（%）							
2.7	其他投资资产收益率（%）							
3	公司总资产的投资收益（不考虑AFS资产的公允价值变动）							
4	公司总资产的投资收益（考虑AFS资产的公允价值变动）							

填表说明：

（1）第1列填列报告年度各项目的实际值，第2列至第7列填列各项目的预测值。

（2）第4列至第6列填列3类压力情景下各项目的预测值，第7列仅适用于应当开展反向压力测试的公司。

（3）保险公司按照保险公司偿付能力监管规则中相关资产分类标准填写上述资产占比和收益。

（4）项目3的总资产的投资收益＝项目1×项目2，投资收益应扣除投资费用。

压力测试明细表—2.1：预测利润表

公司：　　　　　　　　报告年度：　　　　　　　　　　　单位：万元

行次	项目	基本情景		必测情景一	必测情景二	自测情景	反向压力情景
		报告年度	报告年度后第二年	报告年度后第一年	报告年度后第一年	报告年度后第一年	报告年度后第一年
		1	2	3	4	5	6	7
1	营业收入						
1.1	已赚保费						
1.1.1	保险业务收入						
1.1.1.1	其中：分保费收入						
1.1.2	减：分出保费						
1.1.3	提取未到期责任准备金						
1.2	投资收益						
1.3	其他业务收入						
2	营业支出						
2.1	赔付支出						
2.2	减：摊回赔付支出						
2.3	提取保险责任准备金						
2.4	减：摊回保险责任准备金						
2.5	提取农业保险大灾风险准备金						
2.6	保单红利支出						
2.7	分保费用						
2.8	税金及附加						
2.9	手续费及佣金支出						
2.10	业务及管理费支出						
2.11	减：摊回分保费用						
2.12	其他业务成本						
3	营业利润						
4	利润总额						
5	减：所得税						
6	净利润						

填表说明：

（1）第 1 列填列报告年度各项目的实际值，第 2 列至第 7 列填列各项目的预测值。

（2）第 4 列至第 6 列填列 3 类压力情景下各项目的预测值，第 7 列仅适用于应当开展反向压力测试的公司。

（3）保险业务支出各项目均填报再保后的净额。

压力测试明细表—2.2：预测最低资本表

公司：   报告年度：   单位：万元

行次	项目	基本情景			必测情景一	必测情景二	自测情景	反向压力情景
		报告年度	报告年度后第一年	报告年度后第二年	报告年度后第一年	报告年度后第一年	报告年度后第一年	报告年度后第一年
		1	2	3	4	5	6	7
1	量化风险最低资本							
1.1	非寿险业务保险风险最低资本							
1.1.1	保费风险和准备金风险最低资本合计							
1.1.1.1	其中：车险							
1.1.1.2	财产险							
1.1.1.3	船货特险							
1.1.1.4	责任险							
1.1.1.5	农业险							
1.1.1.6	信用保证险							
1.1.1.6.1	其中：非融资性信用保证保险							
1.1.1.6.2	融资性信用保证保险							
1.1.1.7	短期意外伤害险							
1.1.1.8	短期健康险							
1.1.1.9	短期寿险							
1.1.1.10	其他险							
1.1.2	巨灾风险最低资本							
1.1.3	非寿险业务保险风险－风险分散效应							
1.2	市场风险最低资本							
1.2.1	利率风险最低资本							
1.2.2	权益价格风险最低资本							
1.2.3	房地产价格风险最低资本							
1.2.4	境外固定收益类资产价格风险最低资本							
1.2.5	境外权益类资产价格风险最低资本							
1.2.6	汇率风险最低资本							

续表

行次	项目	基本情景			必测情景一	必测情景二	自测情景	反向压力情景
		报告年度	报告年度后第一年	报告年度后第二年	报告年度后第一年	报告年度后第一年	报告年度后第一年	报告年度后第一年
		1	2	3	4	5	6	7
1.2.7	市场风险－风险分散效应							
1.3	信用风险最低资本							
1.3.1	利差风险最低资本							
1.3.2	交易对手违约风险最低资本							
1.3.3	信用风险－风险分散效应							
1.4	量化风险分散效应							
2	控制风险最低资本							
3	附加资本							
3.1	逆周期附加资本							
3.2	系统重要性保险机构附加资本							
3.3	其他附加资本							
4	最低资本合计							

填表说明：

（1）第1列填列报告年度各项目的实际值，第2列至第7列填列各项目的预测值。

（2）第4列至第6列填列3类压力情景下各项目的预测值，第7列仅适用于应当开展反向压力测试的公司。

压力测试明细表—2.3：预测偿付能力表

公司：　　　　　　　　报告年度：　　　　　　　　　　　　　　单位：万元

项目	行次	基本情景			必测情景一	必测情景二	自测情景	反向压力情景
		报告年度	报告年度后第一年	报告年度后第二年	报告年度后第一年	报告年度后第一年	报告年度后第一年	报告年度后第一年
		1	2	3	4	5	6	7
年初资产	（1）							
年度内资产变化	（2）							
年末资产	（3）＝（2）＋（1）							
非认可资产	（4）							
认可资产	（5）＝（3）－（4）							
责任准备金	（6）							
独立账户负债	（7）							
资本性负债	（8）							

续表

项目	行次	基本情景			必测情景一	必测情景二	自测情景	反向压力情景
		报告 年度	报告年度后 第一年	报告年度后 第二年	报告年度后 第一年	报告年度后 第一年	报告年度后 第一年	报告年度后 第一年
		1	2	3	4	5	6	7
保户储金及投资款	(9)							
其他认可负债	(10)							
认可负债	(11) = (6) + (7) + (8) + (9) + (10)							
实际资本	(12) = (5) - (11)							
核心资本	(13)							
最低资本	(14)							
综合偿付能力溢额	(15) = (12) - (14)							
核心偿付能力溢额	(16) = (13) - (14)							
综合偿付能力充 足率	(17) = (12) / (14)							
核心偿付能力充 足率	(18) = (13) / (14)							

填表说明:

(1) 第1列填列报告年度各项目的实际值,第2列至第7列填列各项目的预测值。

(2) 第4列至第6列填列3类压力情景下各项目的预测值,第7列仅适用于应当开展反向压力测试的公司。

压力测试明细表—3:敏感性测试结果

公司:　　　　　　报告年度:　　　　　公司类型:　　　　　　单位:万元

项目	行次	基本情景		必测情景一	必测情景二	自测情景
		报告 年度末	报告年度后 第一年	报告年度后 第一年	报告年度后 第一年	报告年度后 第一年
		1	2	3	4	5
实际资本	(1)					
核心资本	(2)					
最低资本	(3)					
综合偿付能力溢额	(4) = (1) - (3)					
核心偿付能力溢额	(5) = (2) - (3)					
综合偿付能力充足率	(6) = (1) / (3)					
核心偿付能力充足率	(7) = (2) / (3)					

附件 11－2

人身保险公司偿付能力压力测试报告 Excel 样表

压力测试明细表一1.1：新业务保费假设

公司：

报告年度：

行次	销售渠道	业务类别	基本情景			必测情景一	必测情景二	必测情景三	自测情景	反向压力情景
			报告年度	报告年度后第一年	报告年度后第二年	报告年度后第一年	报告年度后第一年	报告年度后第一年	报告年度后第一年	报告年度后第一年
			1	2	3	4	5	6	7	8
1	个人	各渠道保费增长率（%）								
1－1		长期传统保险产品								
1－2		长期分红保险产品								
1－3		长期健康保险产品								
1－4		万能保险产品								
1－5		投资连结保险产品								
1－6		变额年金保险产品								
1－7		短期意外伤害保险产品								
1－8		短期健康保险产品								
1－9		短期人寿保险产品								
1－10		其他保险产品类型								
2	银邮	各渠道保费增长率（%）								
2－1		长期传统保险产品								
2－2		长期分红保险产品								

续表

行次	销售渠道	业务类别	基本情景			必测情景一	必测情景二	必测情景三	自测情景	反向压力情景
			报告年度	报告年度后第一年	报告年度后第二年	报告年度后第一年	报告年度后第一年	报告年度后第一年	报告年度后第一年	报告年度后第一年
			1	2	3	4	5	6	7	8
2-3		长期健康保险产品								
2-4		万能保险产品								
2-5		投资连结保险产品								
2-6		变额年金保险产品								
2-7		短期意外伤害保险产品								
2-8		短期健康保险产品								
2-9		短期人寿保险产品								
2-10		其他保险产品类型								
3	团体	各渠道保费增长率（%）								
3-1		长期传统保险产品								
3-2		长期分红保险产品								
3-3		长期健康保险产品								
3-4		万能保险产品								
3-5		投资连结保险产品								
3-6		变额年金保险产品								
3-7		短期意外伤害保险产品								
3-8		短期健康保险产品								
3-9		短期人寿保险产品								

续表

行次	销售渠道	业务类别	基本情景			必测情景一	必测情景二	必测情景三	自测情景	反向压力情景
			报告年度	报告年度后第一年	报告年度后第二年	报告年度后第一年	报告年度后第一年	报告年度后第一年	报告年度后第一年	报告年度后第一年
			1	2	3	4	5	6	7	8
3-10	网销	其他保险产品类型								
4		各渠道保费增长率（%）								
4-1		长期传统保险产品								
4-2		长期分红保险产品								
4-3		长期健康保险产品								
4-4		万能保险产品								
4-5		投资连结保险产品								
4-6		变额年金保险产品								
4-7		短期意外伤害保险产品								
4-8		短期健康保险产品								
4-9		短期人寿保险产品								
4-10		其他保险产品类型								
5	其他	各渠道保费增长率（%）								
5-1		长期传统保险产品								
5-2		长期分红保险产品								
5-3		长期健康保险产品								
5-4		万能保险产品								
5-5		投资连结保险产品								

续表

销售渠道	业务类别	行次	基本情景			必测情景一	必测情景二	必测情景三	自测情景	反向压力情景
			报告年度	报告年度后第一年	报告年度后第二年	报告年度后第一年	报告年度后第一年	报告年度后第一年	报告年度后第一年	报告年度后第一年
			1	2	3	4	5	6	7	8
	变额年金保险产品	5-6								
	短期意外伤害保险产品	5-7								
	短期健康保险产品	5-8								
	短期人寿保险产品	5-9								
	其他保险产品类型	5-10								
合计	公司合计保费增长率（%）	6								
	长期传统保险产品	6-1								
	长期分红保险产品	6-2								1
	长期健康保险产品	6-3								
	万能保险产品	6-4								
	投资连结保险产品	6-5								
	变额年金保险产品	6-6								
	短期意外伤害保险产品	6-7								
	短期健康保险产品	6-8								
	短期人寿保险产品	6-9								
	其他保险产品类型	6-10								

填表说明：

第1列填列报告年度各项目的实际值，第2列至第8列填列各项目的预测值。

压力测试明细表—1.2：死亡率、重疾率和其他损失发生率假设

情景：基本情景（合理估计假设）

公司名称：　　　　　　报告年度：　　　　　　测试对象：

行次	项目	性别	发生率表	乘数	各保单年度下的选择因子			
					第1年	第2年	第3年	第4年	第5＋年
		1	2	3	4	5	6	7	8
1	报告年度死亡率、重疾发生率等经验分析结果								
1－1	死亡率	男							
1－2	死亡率	女							
1－3	重疾发生率	男							
1－4	重疾发生率	女							
1－5	其他损失发生率	男							
1－6	其他损失发生率	女							
2	合理估计假设								
2－1	死亡率	男							
2－2	死亡率	女							
2－3	重疾发生率	男							
2－4	重疾发生率	女							
2－5	其他损失发生率	男							
2－6	其他损失发生率	女							

情景：基本情景（负债评估假设）

公司名称：　　　　　　报告年度：　　　　　　测试对象：

行次	项目	性别	发生率表	乘数	各保单年度下的选择因子			
					第1年	第2年	第3年	第4年	第5＋年
		1	2	3	4	5	6	7	8
1	死亡率	男							
2	死亡率	女							
3	重疾发生率	男							
4	重疾发生率	女							
5	其他损失发生率	男							
6	其他损失发生率	女							

情景：必测压力情景一（合理估计假设）

公司名称：　　　　　　　报告年度：　　　　　　　测试对象：

行次	项目	性别	发生率表	乘数	各保单年度下的选择因子				
					第1年	第2年	第3年	第4年	第5+年
		1	2	3	4	5	6	7	8
1	报告年度死亡率、重疾发生率等经验分析结果								
1－1	死亡率	男							
1－2	死亡率	女							
1－3	重疾发生率	男							
1－4	重疾发生率	女							
1－5	其他损失发生率	男							
1－6	其他损失发生率	女							
2	合理估计假设								
2－1	死亡率	男							
2－2	死亡率	女							
2－3	重疾发生率	男							
2－4	重疾发生率	女							
2－5	其他损失发生率	男							
2－6	其他损失发生率	女							

情景：必测压力情景一（负债评估假设）

公司名称：　　　　　　　报告年度：　　　　　　　测试对象：

行次	项目	性别	发生率表	乘数	各保单年度下的选择因子				
					第1年	第2年	第3年	第4年	第5+年
		1	2	3	4	5	6	7	8
1	死亡率	男							
2	死亡率	女							
3	重疾发生率	男							
4	重疾发生率	女							
5	其他损失发生率	男							
6	其他损失发生率	女							

情景：必测压力情景二（合理估计假设）

公司名称：　　　　　　　　报告年度：　　　　　　　测试对象：

行次	项目	性别	发生率表	乘数	各保单年度下的选择因子				
					第1年	第2年	第3年	第4年	第5+年
		1	2	3	4	5	6	7	8
1	报告年度死亡率、重疾发生率等经验分析结果								
1-1	死亡率	男							
1-2	死亡率	女							
1-3	重疾发生率	男							
1-4	重疾发生率	女							
1-5	其他损失发生率	男							
1-6	其他损失发生率	女							
2	合理估计假设								
2-1	死亡率	男							
2-2	死亡率	女							
2-3	重疾发生率	男							
2-4	重疾发生率	女							
2-5	其他损失发生率	男							
2-6	其他损失发生率	女							

情景：必测压力情景二（负债评估假设）

公司名称：　　　　　　　　报告年度：　　　　　　　测试对象：

行次	项目	性别	发生率表	乘数	各保单年度下的选择因子				
					第1年	第2年	第3年	第4年	第5+年
		1	2	3	4	5	6	7	8
1	死亡率	男							
2	死亡率	女							
3	重疾发生率	男							
4	重疾发生率	女							
5	其他损失发生率	男							
6	其他损失发生率	女							

情景：必测压力情景三（合理估计假设）

公司名称： 报告年度： 测试对象：

行次	项目	性别	发生率表	乘数	各保单年度下的选择因子				
					第1年	第2年	第3年	第4年	第5+年
		1	2	3	4	5	6	7	8
1	报告年度死亡率、重疾发生率等经验分析结果								
1-1	死亡率	男							
1-2	死亡率	女							
1-3	重疾发生率	男							
1-4	重疾发生率	女							
1-5	其他损失发生率	男							
1-6	其他损失发生率	女							
2	合理估计假设								
2-1	死亡率	男							
2-2	死亡率	女							
2-3	重疾发生率	男							
2-4	重疾发生率	女							
2-5	其他损失发生率	男							
2-6	其他损失发生率	女							

情景：必测压力情景二（负债评估假设）

公司名称： 报告年度： 测试对象：

行次	项目	性别	发生率表	乘数	各保单年度下的选择因子				
					第1年	第2年	第3年	第4年	第5+年
		1	2	3	4	5	6	7	8
1	死亡率	男							
2	死亡率	女							
3	重疾发生率	男							
4	重疾发生率	女							
5	其他损失发生率	男							
6	其他损失发生率	女							

情景：自测压力情景（合理估计假设）

公司名称： 　　　　　报告年度： 　　　　　测试对象：

行次	项目	性别	发生率表	乘数	各保单年度下的选择因子				
					第1年	第2年	第3年	第4年	第5+年
		1	2	3	4	5	6	7	8
1	报告年度死亡率、重疾发生率等经验分析结果								
1－1	死亡率	男							
1－2	死亡率	女							
1－3	重疾发生率	男							
1－4	重疾发生率	女							
1－5	其他损失发生率	男							
1－6	其他损失发生率	女							
2	合理估计假设								
2－1	死亡率	男							
2－2	死亡率	女							
2－3	重疾发生率	男							
2－4	重疾发生率	女							
2－5	其他损失发生率	男							
2－6	其他损失发生率	女							

情景：自测压力情景（负债评估假设）

公司名称： 　　　　　报告年度： 　　　　　测试对象：

行次	项目	性别	发生率表	乘数	各保单年度下的选择因子				
					第1年	第2年	第3年	第4年	第5+年
		1	2	3	4	5	6	7	8
1	死亡率	男							
2	死亡率	女							
3	重疾发生率	男							
4	重疾发生率	女							
5	其他损失发生率	男							
6	其他损失发生率	女							

情景：反向压力情景（合理估计假设）

公司名称：　　　　　　　　报告年度：　　　　　　　测试对象：

行次	项目	性别	发生率表	乘数	各保单年度下的选择因子				
					第1年	第2年	第3年	第4年	第5+年
		1	2	3	4	5	6	7	8
1	报告年度死亡率、重疾发生率等经验分析结果								
1－1	死亡率	男							
1－2	死亡率	女							
1－3	重疾发生率	男							
1－4	重疾发生率	女							
1－5	其他损失发生率	男							
1－6	其他损失发生率	女							
2	合理估计假设								
2－1	死亡率	男							
2－2	死亡率	女							
2－3	重疾发生率	男							
2－4	重疾发生率	女							
2－5	其他损失发生率	男							
2－6	其他损失发生率	女							

情景：反向压力情景（负债评估假设）

公司名称：　　　　　　　　报告年度：　　　　　　　测试对象：

行次	项目	性别	发生率表	乘数	各保单年度下的选择因子				
					第1年	第2年	第3年	第4年	第5+年
		1	2	3	4	5	6	7	8
1	死亡率	男							
2	死亡率	女							
3	重疾发生率	男							
4	重疾发生率	女							
5	其他损失发生率	男							
6	其他损失发生率	女							

填表说明：

（1）如果不同的测试对象有不同的死亡率、重疾发生率和其他承保事故发生率假设，应根据不同的测试对象提供本表；

（2）保险公司应根据测试对象的特点提供相应的发生率假设，若涉及其他事故发生率或不同的测试对象有不同的假设，公司可根据具体情况增加行数；

（3）第2列填列保险公司采用的生命表及其他损失发生率表的名称。

压力测试明细表—1.3：退保率假设

情景：基本情景（合理估计假设）

公司名称：　　　　　　　　　　　　　　报告年度：

行次	项目	保单年度				
		第1年	第2年	第3年	第4年	第5+年
		1	2	3	4	5
1	测试对象A					
1-1	报告年末实际退保率经验分析结果					
1-1-1	期缴					
1-1-2	趸缴					
1-2	未来退保率合理估计假设					
1-2-1	期缴					
1-2-2	趸缴					
2	测试对象B					
2-1	报告年末实际退保率经验分析结果					
2-1-1	期缴					
2-1-2	趸缴					
2-2	未来退保率合理估计假设					
2-2-1	期缴					
2-2-2	趸缴					
…	…					

情景：基本情景（负债评估假设）

公司名称：　　　　　　　　　　　　　　报告年度：

行次	项目	保单年度				
		第1年	第2年	第3年	第4年	第5+年
		1	2	3	4	5
1	测试对象A					
1-1	负债评估假设					
1-1-1	期缴					
1-1-2	趸缴					
2	测试对象B					
2-1	负债评估假设					
2-1-1	期缴					
2-1-2	趸缴					
…	…					

情景：必测压力情景一（合理估计假设）

公司名称：　　　　　　　　　　报告年度：

行次	项目	保单年度				
		第1年	第2年	第3年	第4年	第5+年
		1	2	3	4	5
1	测试对象A					
1－1	报告年末实际退保率经验分析结果					
1－1－1	期缴					
1－1－2	趸缴					
1－2	未来退保率合理估计假设					
1－2－1	期缴					
1－2－2	趸缴					
2	测试对象B					
2－1	报告年末实际退保率经验分析结果					
2－1－1	期缴					
2－1－2	趸缴					
2－2	未来退保率合理估计假设					
2－2－1	期缴					
2－2－2	趸缴					
…	…					

情景：必测压力情景一（负债评估假设）

公司名称：　　　　　　　　　　报告年度：

行次	项目	保单年度				
		第1年	第2年	第3年	第4年	第5+年
		1	2	3	4	5
1	测试对象A					
1－1	负债评估假设					
1－1－1	期缴					
1－1－2	趸缴					
2	测试对象B					
2－1	负债评估假设					
2－1－1	期缴					
2－1－2	趸缴					
…	…					

情景：必测压力情景二（合理估计假设）

公司名称：　　　　　　　　　　报告年度：

行次	项目	保单年度				
		第1年	第2年	第3年	第4年	第5+年
		1	2	3	4	5
1	测试对象 A					
1－1	报告年末实际退保率经验分析结果					
1－1－1	期缴					
1－1－2	趸缴					
1－2	未来退保率合理估计假设					
1－2－1	期缴					
1－2－2	趸缴					
2	测试对象 B					
2－1	报告年末实际退保率经验分析结果					
2－1－1	期缴					
2－1－2	趸缴					
2－2	未来退保率合理估计假设					
2－2－1	期缴					
2－2－2	趸缴					
…	…					

情景：必测压力情景二（负债评估假设）

公司名称：　　　　　　　　　　报告年度：

行次	项目	保单年度				
		第1年	第2年	第3年	第4年	第5+年
		1	2	3	4	5
1	测试对象 A					
1－1	负债评估假设					
1－1－1	期缴					
1－1－2	趸缴					
2	测试对象 B					
2－1	负债评估假设					
2－1－1	期缴					
2－1－2	趸缴					
…	…					

情景：必测压力情景三（合理估计假设）

公司名称：　　　　　　　　　　　　　报告年度：

行次	项目	保单年度				
		第1年	第2年	第3年	第4年	第5＋年
		1	2	3	4	5
1	测试对象A					
1－1	报告年末实际退保率经验分析结果					
1－1－1	期缴					
1－1－2	趸缴					
1－2	未来退保率合理估计假设					
1－2－1	期缴					
1－2－2	趸缴					
2	测试对象B					
2－1	报告年末实际退保率经验分析结果					
2－1－1	期缴					
2－1－2	趸缴					
2－2	未来退保率合理估计假设					
2－2－1	期缴					
2－2－2	趸缴					
…	…					

情景：必测压力情景二（负债评估假设）

公司名称：　　　　　　　　　　　　　报告年度：

行次	项目	保单年度				
		第1年	第2年	第3年	第4年	第5＋年
		1	2	3	4	5
1	测试对象A					
1－1	负债评估假设					
1－1－1	期缴					
1－1－2	趸缴					
2	测试对象B					
2－1	负债评估假设					
2－1－1	期缴					
2－1－2	趸缴					
…	…					

情景：自测压力情景（合理估计假设）

公司名称：　　　　　　　　　　　报告年度：

行次	项目	保单年度				
		第1年	第2年	第3年	第4年	第5＋年
		1	2	3	4	5
1	测试对象A					
1－1	报告年末实际退保率经验分析结果					
1－1－1	期缴					
1－1－2	趸缴					
1－2	未来退保率合理估计假设					
1－2－1	期缴					
1－2－2	趸缴					
2	测试对象B					
2－1	报告年末实际退保率经验分析结果					
2－1－1	期缴					
2－1－2	趸缴					
2－2	未来退保率合理估计假设					
2－2－1	期缴					
2－2－2	趸缴					
…	…					

情景：自测压力情景（负债评估假设）

公司名称：　　　　　　　　　　　报告年度：

行次	项目	保单年度				
		第1年	第2年	第3年	第4年	第5＋年
		1	2	3	4	5
1	测试对象A					
1－1	负债评估假设					
1－1－1	期缴					
1－1－2	趸缴					
2	测试对象B					
2－1	负债评估假设					
2－1－1	期缴					
2－1－2	趸缴					
…	…					

情景：反向压力情景（合理估计假设）

公司名称：　　　　　　　　　　　　报告年度：

行次	项目	保单年度				
		第1年	第2年	第3年	第4年	第5+年
		1	2	3	4	5
1	测试对象A					
1－1	报告年末实际退保率经验分析结果					
1－1－1	期缴					
1－1－2	趸缴					
1－2	未来退保率合理估计假设					
1－2－1	期缴					
1－2－2	趸缴					
2	测试对象B					
2－1	报告年末实际退保率经验分析结果					
2－1－1	期缴					
2－1－2	趸缴					
2－2	未来退保率合理估计假设					
2－2－1	期缴					
2－2－2	趸缴					
…	…					

情景：反向压力情景（负债评估假设）

公司名称：　　　　　　　　　　　　报告年度：

行次	项目	保单年度				
		第1年	第2年	第3年	第4年	第5+年
		1	2	3	4	5
1	测试对象A					
1－1	负债评估假设					
1－1－1	期缴					
1－1－2	趸缴					
2	测试对象B					
2－1	负债评估假设					
2－1－1	期缴					
2－1－2	趸缴					
…	…					

填表说明：

（1）第1行、第2行等行次应当填列测试对象的具体名称，本表中的"测试对象A""测试对象B"仅为示例；

（2）保险公司应当根据测试对象的数量自行增加行次。

压力测试明细表—1.4：费用假设

情景：基本情景（合理估计假设）

公司名称：　　　　　　报告年度：　　　　　　公司类型：

行次	销售渠道	项目	趸缴/缴清保单		期缴	
			首年	续年	首年	续年
			1	2	3	4
1		经验分析单位成本费用				
1－1	个人	获取费用占首年佣金比例				
1－2		获取费用占首年保费比例				
1－3		每件新单初始固定费用				
1－4		维持费用占保费收入比例				
1－5		每单维持费用				
1－6	银邮	获取费用占首年佣金比例				
1－7		获取费用占首年保费比例				
1－8		每件新单初始固定费用				
1－9		维持费用占保费收入比例				
1－10		每单维持费用				
1－11	团体	获取费用占首年佣金比例				
1－12		获取费用占首年保费比例				
1－13		每件新单初始固定费用				
1－14		维持费用占保费收入比例				
1－15		每单维持费用				
1－16	网销	获取费用占首年佣金比例				
1－17		获取费用占首年保费比例				
1－18		每件新单初始固定费用				
1－19		维持费用占保费收入比例				
1－20		每单维持费用				
1－21	其他	获取费用占首年佣金比例				
1－22		获取费用占首年保费比例				
1－23		每件新单初始固定费用				
1－24		维持费用占保费收入比例				
1－25		每单维持费用				
2		合理估计假设				
2－1	个人	获取费用占首年佣金比例				
2－2		获取费用占首年保费比例				
2－3		每件新单初始固定费用				
2－4		维持费用占保费收入比例				
2－5		每单维持费用				
2－6	银邮	获取费用占首年佣金比例				
2－7		获取费用占首年保费比例				
2－8		每件新单初始固定费用				
2－9		维持费用占保费收入比例				
2－10		每单维持费用				

续表

行次	销售渠道	项目	趸缴/缴清保单		期缴	
			首年	续年	首年	续年
			1	2	3	4
2-11	团体	获取费用占首年佣金比例				
2-12		获取费用占首年保费比例				
2-13		每件新单初始固定费用				
2-14		维持费用占保费收入比例				
2-15		每单维持费用				
2-16	网销	获取费用占首年佣金比例				
2-17		获取费用占首年保费比例				
2-18		每件新单初始固定费用				
2-19		维持费用占保费收入比例				
2-20		每单维持费用				
2-21	其他	获取费用占首年佣金比例				
2-22		获取费用占首年保费比例				
2-23		每件新单初始固定费用				
2-24		维持费用占保费收入比例				
2-25		每单维持费用				

情景：基本情景（负债评估假设）

公司名称：　　　　　　　　　　　　　　报告年度：

行次	销售渠道	项目	趸缴/缴清保单		期缴	
			首年	续年	首年	续年
			1	2	3	4
1	个人	维持费用占保费收入比例				
2		每单维持费用				
3	银邮	维持费用占保费收入比例				
4		每单维持费用				
5	团体	维持费用占保费收入比例				
6		每单维持费用				
7	网销	维持费用占保费收入比例				
8		每单维持费用				
9	其他	维持费用占保费收入比例				
10		每单维持费用				

情景：必测压力情景一（合理估计假设）

公司名称：　　　　　　报告年度：　　　　　　公司类型：

行次	销售渠道	项目	趸缴/缴清保单		期缴	
			首年	续年	首年	续年
			1	2	3	4
1		经验分析单位成本费用				
1－1	个人	获取费用占首年佣金比例				
1－2		获取费用占首年保费比例				
1－3		每件新单初始固定费用				
1－4		维持费用占保费收入比例				
1－5		每单维持费用				
1－6	银邮	获取费用占首年佣金比例				
1－7		获取费用占首年保费比例				
1－8		每件新单初始固定费用				
1－9		维持费用占保费收入比例				
1－10		每单维持费用				
1－11	团体	获取费用占首年佣金比例				
1－12		获取费用占首年保费比例				
1－13		每件新单初始固定费用				
1－14		维持费用占保费收入比例				
1－15		每单维持费用				
1－16	网销	获取费用占首年佣金比例				
1－17		获取费用占首年保费比例				
1－18		每件新单初始固定费用				
1－19		维持费用占保费收入比例				
1－20		每单维持费用				
1－21	其他	获取费用占首年佣金比例				
1－22		获取费用占首年保费比例				
1－23		每件新单初始固定费用				
1－24		维持费用占保费收入比例				
1－25		每单维持费用				
2		合理估计假设				
2－1	个人	获取费用占首年佣金比例				
2－2		获取费用占首年保费比例				
2－3		每件新单初始固定费用				
2－4		维持费用占保费收入比例				
2－5		每单维持费用				
2－6	银邮	获取费用占首年佣金比例				
2－7		获取费用占首年保费比例				
2－8		每件新单初始固定费用				

续表

行次	销售渠道	项目	趸缴/缴清保单		期缴	
			首年	续年	首年	续年
			1	2	3	4
2-9		维持费用占保费收入比例				
2-10		每单维持费用				
2-11	团体	获取费用占首年佣金比例				
2-12		获取费用占首年保费比例				
2-13		每件新单初始固定费用				
2-14		维持费用占保费收入比例				
2-15		每单维持费用				
2-16	网销	获取费用占首年佣金比例				
2-17		获取费用占首年保费比例				
2-18		每件新单初始固定费用				
2-19		维持费用占保费收入比例				
2-20		每单维持费用				
2-21	其他	获取费用占首年佣金比例				
2-22		获取费用占首年保费比例				
2-23		每件新单初始固定费用				
2-24		维持费用占保费收入比例				
2-25		每单维持费用				

情景：必测压力情景一（负债评估假设）

公司名称：　　　　　　报告年度：　　　　　　公司类型：

行次	销售渠道	项目	趸缴/缴清保单		期缴	
			首年	续年	首年	续年
			1	2	3	4
1	个人	维持费用占保费收入比例				
2		每单维持费用				
3	银邮	维持费用占保费收入比例				
4		每单维持费用				
5	团体	维持费用占保费收入比例				
6		每单维持费用				
7	网销	维持费用占保费收入比例				
8		每单维持费用				
9	其他	维持费用占保费收入比例				
10		每单维持费用				

情景：必测压力情景二（合理估计假设）

公司名称：　　　　　　　报告年度：　　　　　　　公司类型：

行次	销售渠道	项目	趸缴/缴清保单		期缴	
			首年	续年	首年	续年
			1	2	3	4
1		经验分析单位成本费用				
1－1	个人	获取费用占首年佣金比例				
1－2		获取费用占首年保费比例				
1－3		每件新单初始固定费用				
1－4		维持费用占保费收入比例				
1－5		每单维持费用				
1－6	银邮	获取费用占首年佣金比例				
1－7		获取费用占首年保费比例				
1－8		每件新单初始固定费用				
1－9		维持费用占保费收入比例				
1－10		每单维持费用				
1－11	团体	获取费用占首年佣金比例				
1－12		获取费用占首年保费比例				
1－13		每件新单初始固定费用				
1－14		维持费用占保费收入比例				
1－15		每单维持费用				
1－16	网销	获取费用占首年佣金比例				
1－17		获取费用占首年保费比例				
1－18		每件新单初始固定费用				
1－19		维持费用占保费收入比例				
1－20		每单维持费用				
1－21	其他	获取费用占首年佣金比例				
1－22		获取费用占首年保费比例				
1－23		每件新单初始固定费用				
1－24		维持费用占保费收入比例				
1－25		每单维持费用				
2		合理估计假设				
2－1	个人	获取费用占首年佣金比例				
2－2		获取费用占首年保费比例				
2－3		每件新单初始固定费用				
2－4		维持费用占保费收入比例				
2－5		每单维持费用				
2－6	银邮	获取费用占首年佣金比例				
2－7		获取费用占首年保费比例				
2－8		每件新单初始固定费用				

续表

行次	销售渠道	项目	趸缴/缴清保单		期缴	
			首年	续年	首年	续年
			1	2	3	4
2 – 9		维持费用占保费收入比例				
2 – 10		每单维持费用				
2 – 11	团体	获取费用占首年佣金比例				
2 – 12		获取费用占首年保费比例				
2 – 13		每件新单初始固定费用				
2 – 14		维持费用占保费收入比例				
2 – 15		每单维持费用				
2 – 16	网销	获取费用占首年佣金比例				
2 – 17		获取费用占首年保费比例				
2 – 18		每件新单初始固定费用				
2 – 19		维持费用占保费收入比例				
2 – 20		每单维持费用				
2 – 21	其他	获取费用占首年佣金比例				
2 – 22		获取费用占首年保费比例				
2 – 23		每件新单初始固定费用				
2 – 24		维持费用占保费收入比例				
2 – 25		每单维持费用				

情景：必测压力情景二（负债评估假设）

公司名称：　　　　　　　报告年度：　　　　　　　公司类型：

行次	销售渠道	项目	趸缴/缴清保单		期缴	
			首年	续年	首年	续年
			1	2	3	4
1	个人	维持费用占保费收入比例				
2		每单维持费用				
3	银邮	维持费用占保费收入比例				
4		每单维持费用				
5	团体	维持费用占保费收入比例				
6		每单维持费用				
7	网销	维持费用占保费收入比例				
8		每单维持费用				
9	其他	维持费用占保费收入比例				
10		每单维持费用				

情景：必测压力情景三（合理估计假设）

公司名称：　　　　　　　报告年度：　　　　　　公司类型：

行次	销售渠道	项目	趸缴/缴清保单		期缴	
			首年	续年	首年	续年
			1	2	3	4
1		经验分析单位成本费用				
1-1	个人	获取费用占首年佣金比例				
1-2		获取费用占首年保费比例				
1-3		每件新单初始固定费用				
1-4		维持费用占保费收入比例				
1-5		每单维持费用				
1-6	银邮	获取费用占首年佣金比例				
1-7		获取费用占首年保费比例				
1-8		每件新单初始固定费用				
1-9		维持费用占保费收入比例				
1-10		每单维持费用				
1-11	团体	获取费用占首年佣金比例				
1-12		获取费用占首年保费比例				
1-13		每件新单初始固定费用				
1-14		维持费用占保费收入比例				
1-15		每单维持费用				
1-16	网销	获取费用占首年佣金比例				
1-17		获取费用占首年保费比例				
1-18		每件新单初始固定费用				
1-19		维持费用占保费收入比例				
1-20		每单维持费用				
1-21	其他	获取费用占首年佣金比例				
1-22		获取费用占首年保费比例				
1-23		每件新单初始固定费用				
1-24		维持费用占保费收入比例				
1-25		每单维持费用				
2		合理估计假设				
2-1	个人	获取费用占首年佣金比例				
2-2		获取费用占首年保费比例				
2-3		每件新单初始固定费用				
2-4		维持费用占保费收入比例				
2-5		每单维持费用				
2-6	银邮	获取费用占首年佣金比例				
2-7		获取费用占首年保费比例				
2-8		每件新单初始固定费用				

续表

行次	销售渠道	项目	趸缴/缴清保单		期缴	
			首年	续年	首年	续年
			1	2	3	4
2-9		维持费用占保费收入比例				
2-10		每单维持费用				
2-11	团体	获取费用占首年佣金比例				
2-12		获取费用占首年保费比例				
2-13		每件新单初始固定费用				
2-14		维持费用占保费收入比例				
2-15		每单维持费用				
2-16	网销	获取费用占首年佣金比例				
2-17		获取费用占首年保费比例				
2-18		每件新单初始固定费用				
2-19		维持费用占保费收入比例				
2-20		每单维持费用				
2-21	其他	获取费用占首年佣金比例				
2-22		获取费用占首年保费比例				
2-23		每件新单初始固定费用				
2-24		维持费用占保费收入比例				
2-25		每单维持费用				

情景：必测压力情景二（负债评估假设）

公司名称：　　　　　　　　　　　报告年度：

行次	销售渠道	项目	趸缴/缴清保单		期缴	
			首年	续年	首年	续年
			1	2	3	4
1	个人	维持费用占保费收入比例				
2		每单维持费用				
3	银邮	维持费用占保费收入比例				
4		每单维持费用				
5	团体	维持费用占保费收入比例				
6		每单维持费用				
7	网销	维持费用占保费收入比例				
8		每单维持费用				
9	其他	维持费用占保费收入比例				
10		每单维持费用				

情景：自测压力情景（合理估计假设）

公司名称：　　　　　　　报告年度：　　　　　　公司类型：

行次	销售渠道	项目	趸缴/缴清保单		期缴	
			首年	续年	首年	续年
			1	2	3	4
1		经验分析单位成本费用				
1－1	个人	获取费用占首年佣金比例				
1－2		获取费用占首年保费比例				
1－3		每件新单初始固定费用				
1－4		维持费用占保费收入比例				
1－5		每单维持费用				
1－6	银邮	获取费用占首年佣金比例				
1－7		获取费用占首年保费比例				
1－8		每件新单初始固定费用				
1－9		维持费用占保费收入比例				
1－10		每单维持费用				
1－11	团体	获取费用占首年佣金比例				
1－12		获取费用占首年保费比例				
1－13		每件新单初始固定费用				
1－14		维持费用占保费收入比例				
1－15		每单维持费用				
1－16	网销	获取费用占首年佣金比例				
1－17		获取费用占首年保费比例				
1－18		每件新单初始固定费用				
1－19		维持费用占保费收入比例				
1－20		每单维持费用				
1－21	其他	获取费用占首年佣金比例				
1－22		获取费用占首年保费比例				
1－23		每件新单初始固定费用				
1－24		维持费用占保费收入比例				
1－25		每单维持费用				
2		合理估计假设				
2－1	个人	获取费用占首年佣金比例				
2－2		获取费用占首年保费比例				
2－3		每件新单初始固定费用				
2－4		维持费用占保费收入比例				
2－5		每单维持费用				
2－6	银邮	获取费用占首年佣金比例				
2－7		获取费用占首年保费比例				
2－8		每件新单初始固定费用				

续表

行次	销售渠道	项目	趸缴/缴清保单		期缴	
			首年	续年	首年	续年
			1	2	3	4
2-9		维持费用占保费收入比例				
2-10		每单维持费用				
2-11	团体	获取费用占首年佣金比例				
2-12		获取费用占首年保费比例				
2-13		每件新单初始固定费用				
2-14		维持费用占保费收入比例				
2-15		每单维持费用				
2-16	网销	获取费用占首年佣金比例				
2-17		获取费用占首年保费比例				
2-18		每件新单初始固定费用				
2-19		维持费用占保费收入比例				
2-20		每单维持费用				
2-21	其他	获取费用占首年佣金比例				
2-22		获取费用占首年保费比例				
2-23		每件新单初始固定费用				
2-24		维持费用占保费收入比例				
2-25		每单维持费用				

情景：自测压力情景（负债评估假设）

公司名称：　　　　　　　　　　　报告年度：

行次	销售渠道	项目	趸缴/缴清保单		期缴	
			首年	续年	首年	续年
			1	2	3	4
1	个人	维持费用占保费收入比例				
2		每单维持费用				
3	银邮	维持费用占保费收入比例				
4		每单维持费用				
5	团体	维持费用占保费收入比例				
6		每单维持费用				
7	网销	维持费用占保费收入比例				
8		每单维持费用				
9	其他	维持费用占保费收入比例				
10		每单维持费用				

情景：反向压力情景（合理估计假设）

公司名称：　　　　　　报告年度：　　　　　公司类型：

行次	销售渠道	项目	趸缴/缴清保单		期缴	
			首年	续年	首年	续年
			1	2	3	4
1		经验分析单位成本费用				
1－1	个人	获取费用占首年佣金比例				
1－2		获取费用占首年保费比例				
1－3		每件新单初始固定费用				
1－4		维持费用占保费收入比例				
1－5		每单维持费用				
1－6	银邮	获取费用占首年佣金比例				
1－7		获取费用占首年保费比例				
1－8		每件新单初始固定费用				
1－9		维持费用占保费收入比例				
1－10		每单维持费用				
1－11	团体	获取费用占首年佣金比例				
1－12		获取费用占首年保费比例				
1－13		每件新单初始固定费用				
1－14		维持费用占保费收入比例				
1－15		每单维持费用				
1－16	网销	获取费用占首年佣金比例				
1－17		获取费用占首年保费比例				
1－18		每件新单初始固定费用				
1－19		维持费用占保费收入比例				
1－20		每单维持费用				
1－21	其他	获取费用占首年佣金比例				
1－22		获取费用占首年保费比例				
1－23		每件新单初始固定费用				
1－24		维持费用占保费收入比例				
1－25		每单维持费用				
2		合理估计假设				
2－1	个人	获取费用占首年佣金比例				
2－2		获取费用占首年保费比例				
2－3		每件新单初始固定费用				
2－4		维持费用占保费收入比例				
2－5		每单维持费用				
2－6	银邮	获取费用占首年佣金比例				
2－7		获取费用占首年保费比例				
2－8		每件新单初始固定费用				

续表

行次	销售渠道	项目	趸缴/缴清保单		期缴	
			首年	续年	首年	续年
			1	2	3	4
2-9		维持费用占保费收入比例				
2-10		每单维持费用				
2-11	团体	获取费用占首年佣金比例				
2-12		获取费用占首年保费比例				
2-13		每件新单初始固定费用				
2-14		维持费用占保费收入比例				
2-15		每单维持费用				
2-16	网销	获取费用占首年佣金比例				
2-17		获取费用占首年保费比例				
2-18		每件新单初始固定费用				
2-19		维持费用占保费收入比例				
2-20		每单维持费用				
2-21	其他	获取费用占首年佣金比例				
2-22		获取费用占首年保费比例				
2-23		每件新单初始固定费用				
2-24		维持费用占保费收入比例				
2-25		每单维持费用				

情景：反向压力情景（负债评估假设）

公司名称：　　　　　　　　　　报告年度：

行次	销售渠道	项目	趸缴/缴清保单		期缴	
			首年	续年	首年	续年
			1	2	3	4
1	个人	维持费用占保费收入比例				
2		每单维持费用				
3	银邮	维持费用占保费收入比例				
4		每单维持费用				
5	团体	维持费用占保费收入比例				
6		每单维持费用				
7	网销	维持费用占保费收入比例				
8		每单维持费用				
9	其他	维持费用占保费收入比例				
10		每单维持费用				

填表说明：

（1）上述费用假设不含佣金手续费、保险保障基金、监管费和流转税（如有）。

（2）保险公司应当根据测试对象的数量自行增加行次。

（3）保险公司应当区分基本情景和各种不利情景分别填列本表。

（4）公司分类按照《保险公司偿付能力监管规则第12号：偿付能力风险管理要求与评估》中的要求填报Ⅰ类公司或Ⅱ类公司。

压力测试明细表—1.5：公司整体费用预测

情景：

公司名称：　　　　　　　报告年度：　　　　　　公司类型：　　　　　单位：万元

行次	项目	基本情景			必测情景一	必测情景二	必测情景三	自测情景	反向压力情景
		报告年度	报告年度后第一年	报告年度后第二年	报告年度后第一年	报告年度后第一年	报告年度后第一年	报告年度后第一年	报告年度后第一年
		1	2	3	4	5	6	7	8
1	精算费用								
2	财务费用								
3	费用超支率								
4	年加权保费								
5	费用率								

填表说明：

（1）第1列填列报告年度末各项目的实际值，第2列至第3列填列各项目的最优估计值；

（2）精算费用是指根据费用假设表中的未来年度单位成本合理估计；

（3）财务费用是指由财务部门根据公司未来各年度的预算和公司发展计划预计的公司未来各年度的费用支出；

（4）费用超支率 =（财务费用 − 精算费用）÷精算费用；

（5）费用率=财务费用÷年加权保费，年加权保费 = 趸缴保费×0.1 + 首年期缴保费 + 续年期缴保费；

（6）公司分类按照《保险公司偿付能力监管规则第12号：偿付能力风险管理要求与评估》中的要求填报Ⅰ类公司或Ⅱ类公司。

压力测试明细表—1.6：投资收益相关假设

情景：基本情景

公司：　　　　　　　　　　　　　　　报告年度：

行次	项目	基本情景			必测情景一	必测情景二	必测情景三	自测情景	反向压力情景
		报告年度	报告年度后第一年	报告年度后第二年	报告年度后第一年	报告年度后第一年	报告年度后第一年	报告年度后第一年	报告年度后第一年
		1	2	3	4	5	6	7	8
1	投资资产占总资产的比例（%）								
1.1	境内流动性资产占总资产比例（%）								
1.2	境内固定收益类投资资产占总资产比例（%）								
1.3	境内权益类投资资产占总资产比例（%）								

续表

行次	项目	基本情景			必测情景一	必测情景二	必测情景三	自测情景	反向压力情景
		报告年度	报告年度后第一年	报告年度后第二年	报告年度后第一年	报告年度后第一年	报告年度后第一年	报告年度后第一年	报告年度后第一年
		1	2	3	4	5	6	7	8
1.4	境内不动产投资资产占总资产比例（%）								
1.5	境外固定收益类投资资产占总资产比例（%）								
1.6	境外权益类投资资产占总资产比例（%）								
1.7	其他投资资产占总资产比例（%）								
2	投资资产的预期投资收益率（%）								
2.1	境内流动性资产投资收益率（%）								
2.2	境内固定收益类投资收益率（%）								
2.3	境内权益类投资收益率（%）								
2.4	境内不动产投资收益率（%）								
2.5	境外固定收益类投资资产收益率（%）								
2.6	境外权益类投资资产收益率（%）								
2.7	其他投资资产收益率（%）								
3	公司总资产的投资收益（不考虑 AFS 资产的公允价值变动）								
4	公司总资产的投资收益（考虑 AFS 资产的公允价值变动）								

填表说明：

（1）第 1 列填列报告年度各项目的实际值，第 2 列至第 7 列填列各项目的预测值。

（2）第 4 列至第 6 列填列 3 类压力情景下各项目的预测值，第 7 列仅适用于应当开展反向压力测试的公司。

（3）保险公司按照保险公司偿付能力监管规则中相关资产分类标准填写上述资产占比和收益。

（4）项目 3 的总资产的投资收益＝项目 1×项目 2，投资收益应扣除投资费用。

压力测试明细表—2.1：预测利润表

公司：　　　　　　报告年度：　　　　　　公司类型：　　　　　　单位：万元

行次	项目	基本情景			必测情景一	必测情景二	必测情景三	自测情景	反向压力情景
		报告年度	报告年度后第一年	报告年度后第二年	报告年度后第一年	报告年度后第一年	报告年度后第一年	报告年度后第一年	报告年度后第一年
		1	2	3	4	5	6	7	8
1	营业收入								
1.1	已赚保费								
1.1.1	保险业务收入								
1.1.1.1	其中：分保费收入								
1.1.2	减：分出保费								
1.2	投资收益								
2	营业支出								
2.1	退保金								
2.2	赔付支出								
2.3	减：摊回赔付支出								
2.4	保单红利支出								
2.5	未决赔款准备金提转差								
2.6	减：摊回未决赔款准备金								
2.7	未到期责任准备金提转差								
2.8	减：摊回未到期责任准备金提转差								
2.9	现金价值保证提转差								
2.10	手续费及佣金支出								
2.11	业务及管理费支出								
2.12	减：摊回分保费用								
2.13	税金及附加								
3	其他业务利润								
4	利润总额								
5	所得税								
6	净利润								

填表说明：

（1）第1列填列报告年度各项目的实际值，第2列至第8列填列各项目的预测值。

（2）公司分类按照《保险公司偿付能力监管规则第12号：偿付能力风险管理要求与评估》中的要求填报Ⅰ类公司或Ⅱ类公司。

压力测试明细表—2.2：预测最低资本

公司：　　　　报告年度：　　　　公司类型：　　　　单位：万元

项目	行次	基本情景			必测情景一	必测情景二	必测情景三	自测情景	反向压力情景	风险载体说明	
		报告年度	报告年度后第一年	报告年度后第二年	报告年度后第一年	报告年度后第一年	报告年度后第一年	报告年度后第一年	报告年度后第一年	是否使用风险载体	选取的风险载体
		1	2	3	4	5	6	7	8	9	10
1.1	量化风险最低资本（不考虑损失吸收效应调整）										
1.1.1	其中：寿险业务保险风险最低资本										
1.1.1.1	其中：损失发生率风险最低资本										
1.1.1.1.1	其中：死亡发生率风险										
1.1.1.1.2	长寿风险										
1.1.1.1.3	疾病风险										
1.1.1.1.4	其中：疾病发生率风险										
	其中：疾病趋势风险										
1.1.1.1.5	医疗及健康赔付损失率风险										
1.1.1.1.6	其他损失发生率风险										
1.1.1.1.7	其中：损失发生风险－风险分散效应										
1.1.1.2	其中：退保风险最低资本										
1.1.1.2.1	其中：退保率风险										
1.1.1.2.2	大规模退保风险										
1.1.1.3	其中：费用风险最低资本										
1.1.1.4	其中：寿险业务保险风险－风险分散效应										
1.1.2	其中：非寿险业务保险风险最低资本										
1.1.2.1	其中：保费风险最低资本										
1.1.2.2	其中：准备金风险最低资本										
1.1.2.3	其中：非寿险业务保险风险－风险分散效应										
1.1.3	其中：市场风险最低资本										

续表

项目	行次	基本情景			必测情景一	必测情景二	必测情景三	自测情景	反向压力情景	风险载体说明	
		报告年度	报告年度后第一年	报告年度后第二年	报告年度后第一年	报告年度后第一年	报告年度后第一年	报告年度后第一年	报告年度后第一年	是否使用风险载体	选取的风险载体
		1	2	3	4	5	6	7	8	9	10
1.1.3.1	其中：利率风险最低资本										
1.1.3.1.1	其中：利率情景上升评估结果										
1.1.3.1.2	利率情景下降评估结果										
1.1.3.2	其中：权益价格风险最低资本										
1.1.3.3	其中：房地产价格风险最低资本										
1.1.3.4	其中：境外固定收益类资产价格风险最低资本										
1.1.3.5	其中：境外权益类资产价格风险最低资本										
1.1.3.6	其中：汇率风险最低资本										
1.1.3.7	其中：市场风险－风险分散效应										
1.1.4	信用风险最低资本										
1.1.4.1	其中：利差风险最低资本										
1.1.4.2	其中：交易对手违约风险最低资本										
1.1.4.3	其中：信用风险－风险分散效应										
1.1.5	其中：量化风险分散效应										
1.2	损失吸收效应调整										
1	量化风险最低资本（考虑损失吸收效应调整后）										
2	控制风险最低资本										
3	附加资本										
3.1	逆周期附加资本										
3.2	系统重要性保险机构附加资本										
3.3	其他附加资本										
4	最低资本合计										

填表说明：

（1）第1列填列报告年度各项目的实际值；第2列至第8列填列各项目的预测值。

（2）公司分类按照《保险公司偿付能力风险管理要求与评估》中的要求填报Ⅰ类公司或Ⅱ类公司。

压力测试明细表—2.3：预测偿付能力表

公司：　　　　　　　　报告年度：　　　　　公司类型：　　　　　　单位：万元

项目	行次	基本情景			必测情景一	必测情景二	必测情景三	自测情景	反向压力情景
		报告年度末	报告年度后第一年	报告年度后第二年	报告年度后第一年	报告年度后第一年	报告年度后第一年	报告年度后第一年	报告年度后第一年
		1	2	3	4	5	6	7	8
年初资产	(1)								
年度内资产变化	(2)								
年末资产	(3) = (2) + (1)								
可投资资产	(4)								
其他资产	(5) = (3) - (4)								
非认可资产	(6)								
认可资产	(7) = (3) - (6)								
责任准备金	(8)								
独立账户负债	(9)								
资本性负债	(10)								
保户储金及投资款	(11)								
其他认可负债	(12)								
其中：现金价值保证	(13)								
认可负债	(14) = (8) + (9) + (10) + (11) + (12)								
实际资本	(15) = (7) - (14)								
核心资本	(16)								
最低资本	(17)								
综合偿付能力溢额	(18) = (15) - (17)								
核心偿付能力溢额	(19) = (16) - (17)								

续表

项目	行次	基本情景			必测情景一	必测情景二	必测情景三	自测情景	反向压力情景
		报告年度末	报告年度后第一年	报告年度后第二年	报告年度后第一年	报告年度后第一年	报告年度后第一年	报告年度后第一年	报告年度后第一年
		1	2	3	4	5	6	7	8
综合偿付能力充足率	（20）=（15）/（17）								
核心偿付能力充足率	（21）=（16）/（17）								

填表说明：

（1）第1列填列报告年度各项目的实际值；第2列至第8列填列各项目的预测值。

（2）公司分类按照《保险公司偿付能力监管规则第12号：偿付能力风险管理要求与评估》中的要求填报Ⅰ类公司或Ⅱ类公司。

压力测试明细表—3：敏感性测试结果

公司：　　　　　　　　报告年度：　　　　　　公司类型：　　　　　　单位：万元

项目	行次	基本情景		必测情景一	必测情景二	自测情景
		报告年度末	报告年度后第一年	报告年度后第一年	报告年度后第一年	报告年度后第一年
		1	2	3	4	5
实际资本	（1）					
核心资本	（2）					
最低资本	（3）					
综合偿付能力溢额	（4）=（1）-（3）					
核心偿付能力溢额	（5）=（2）-（3）					
综合偿付能力充足率	（6）=（1）/（3）					
核心偿付能力充足率	（7）=（2）/（3）					